中国原始神话与传说注解本

"中国原始神话与传说"丛书

ZHONGGUO YUANSHI SHENHUA YU CHUANSHUO ZHUJIEBEN

于成鲲 编著

上海科学技术文献出版社
Shanghai Scientific and Technological Literature Press

图书在版编目（CIP）数据

中国原始神话与传说注解本/于成鲲编著．—上海：上海科学技术文献出版社，2022
（"中国原始神话与传说"丛书）
ISBN 978-7-5439-7871-3

Ⅰ．①中… Ⅱ．①于… Ⅲ．①神话—研究—中国—古代 Ⅳ．① B932.2

中国版本图书馆 CIP 数据核字（2019）第 074747 号

本书由上海文化发展基金资助出版

责任编辑：于学松
封面设计：幻灵广告

中国原始神话与传说注解本
ZHONGGUO YUANSHI SHENHUA YU CHUANSHUO ZHUJIEBEN
于成鲲　编著
出版发行：上海科学技术文献出版社
地　　址：上海市长乐路 746 号
邮政编码：200040
经　　销：全国新华书店
印　　刷：商务印书馆上海印刷有限公司
开　　本：720mm×1000mm　1/16
印　　张：27
字　　数：498 000
版　　次：2022 年 3 月第 1 版　2022 年 3 月第 1 次印刷
书　　号：ISBN 978-7-5439-7871-3
定　　价：128.00 元
http://www.sstlp.com

　　于成鲲，男，生于1933年，四川西充人。原复旦大学和上海大学中文系教授，原中国《写作》杂志副主编，中国写作学会创建人之一。1959年、1965年先后出席上海市和全国青年文学创作积极分子大会。现离休。出版过《现代服务业文书写作规范》《现代企业管理文书写作规范》《公务与事务文书写作规范》《科教文与社交文书写作规范》《中国应用文大全》《中国高校通用教材：现代应用文》《现代应用文教程》《中西喜剧研究》《吴炳与粲花》《怎样写论文》《追梦人生》《凡人小记》等著作。并在报刊杂志上发表散文、小说、戏剧等文学作品300多篇。

前 言

我是一位教书先生。走下讲台后,想得最多的一件事,就是如何使自己静下来,读几本书,做点笔记,以供将来记忆力再度衰退时翻一翻。十几年过去了,我把随手记下的神话传说资料整理了一下,给它取了一个名字叫"中国原始神话与传说",以和通常的神话传说相区别。通过阅读与分析这些神话与传说,使我认识到:第一,中国神话很丰富。中国不缺神话,缺乏的是对神话的基础研究。第二,原始神话的中心是人。原始神话就是原始人话,原始传说是原始祖先的传说。中国原始神话与传说负载着中华文明久远的历史,是被图腾文化、农牧文化、巫术文化、百家文化包裹着浸润着的文化。第三,原始神话与传说是母权与父权交织时期的神话与传说。在中国原始神话与传说这面镜子中,我们看到了我国上古母权与父权相互交织,父系确立、母权退让的身影。现在,我国古代史向前推了。子孙们想了解这段历史,老师们要教这段历史,了解神话传说是必不可少的。

(一)

袁柯先生曾感叹:"中国、印度、希腊、埃及,古代都有丰富的神话,希腊和印度的神话更相当完整地保存下来,只有中国的神话,原先不能说不丰富,可中间经过散失,只留下一些零星的片断,东一处西一处地分散在古人的著作里,毫无系统条理,不能和希腊各民族的神话比美,是非常抱憾的。"[①] 老人家伤心得都要哭出来了。可我不认同这一看法。我以为世界文化无优劣之分,各有各的特点。古希腊神话是古希腊人口述历史的艺术品,像一块金子闪亮发光,固然令人羡慕。中国原始神话犹如包裹金子的矿石。粗糙的石头里包裹着金子,又何尝不值得高兴呢?澄湖陶罐耳壶上有一个八角星,它不是供人欣赏的艺术品,而是上古立杆测影的实录。东南西北四方立杆测量╳╳交错而形成了*形态。八角谐音八卦,这就是八卦一词的来历。看似粗糙,却是千金难买的原始科学、原始文化。所以,我相信子孙们会守护它。总有一天会有能人将这些朴实粗糙、含金量高的碎金子,为中华

---

① 见袁珂著,《中国古代神话》,华夏出版社。

圣殿铸造出一个辉煌的金顶来的。我国原始神话不仅数量多，很原始，未经加工，且埋藏极为分散。有的藏在甲骨文里；有的保存在竹简上；有的湮没在典籍里；加上大多是用中国的不同时代文字书写的，艰深难懂，只能依靠专家释读，才能读懂。比如我国的晚周楚帛书，它记载了伏羲创世和十二月神的故事（原件藏于美国大都会博物馆）。这则伏羲创世神话可与古希腊的宙斯创世神话媲美。这个神话由于是用古篆字书写的，虽有专家译出大意，到目前为止未见有人用现代口语将它转述为现代的口述艺术。这个故事在袁先生的"上古神话"中未见提及。甲骨文的概括力是惊人的。比如河伯娶妇的故事，在甲骨文里就有记载，只用了三个字，"与我女"。故事讲的是一个王者一边祷告一边哭诉着向河伯献上自己心爱的女儿，说："给你吧，这是我的女儿。"三个字，字字是血，声声是泪，让人撕心裂肺。所以，我说中国不缺神话，缺的是对原始神话的基础研究。离开了原始神话与传说，远古史就是一片空白。

（二）

从文化学的角度观察，中国原始神话文化负载量在世界上是屈指可数的。无论古埃及、古巴比伦、古印度还是古易洛魁人，都有自己的悠久历史与文明。由于他们的古文字失传，未能连续使用至今，因而遗失了许多宝贵的远古的文明资料。中国不同，因有六书文字的存在，从古至今连续使用，用这些文字保存了许多原始的神话与传说故事，加上它们的文化承载量大，读了会使人脑洞大开。以女娲神为例，我国各民族都有女娲创世的传说，她身上既有龙图腾神的身影，有母系氏族高禖神的身影，也闪烁着百家争鸣时期治世神的身影。炎黄神话也同样，他们身上有牛图腾、龟（鼋）图腾和知母不知父的烙印，也有百家争鸣时期农医治世、仙道治世的理想。它所显示的影像是：中国原始神话，是原始文化培育的果实，万古流芳的宠儿，傲视寰宇的骄子。我们每读一个故事，并非颔首一笑而已，而是让人久久思索那些故事背后隐藏的先民、他们的社会习俗和不同历史意味的文化内涵。所以，我以为原始神话的主角是人，是原始人。原始神话，就是原始人话，绝不同于后世的把宗教哲学人格化的神话。

（三）

很长时间以来，我一直在问自己：我们一方面在讲知母不知父，一方面表现的都是父，都是三皇五帝，都是父系社会。那么，我国有没有母系社会呢？母系社会是在三皇五帝之前、之中还是之后呢？怎么到现在为止，只字未见正面表现母系社会的故事呢？抑或在我国根本就不存在母系社会？这些问题纠结一团，不得其解。看了这些原始神话，似乎找到了答案。

最近看了《两性社会学》①的叙述才恍然大悟。作者说："哈兰特的全体著作，都使我们不变地遇着这个陈述：永远有个母权和父权的混合体。实际上，哈氏有这样一项总结的话——普遍全世都有父权统治和父系宗亲常侵入母权制度；所以母系制也发生在任何等级的过渡社会，那就是过渡到父系为宗亲和政府为中心的社会。其实，正当的陈述应该是世界各处都会见到母系宗亲与父系权威各种制度并列存在，两种纪认后嗣的办法都是交错混合的。"中国原始神话表明，我国上古时代，也同样是母职与父职永未彼此独立过，母权与父权永远不能单独纪认宗亲或后嗣的。这一观点，使我意识到在我国的原始神话中，虽是见父不见母，母权制仍是有迹可循的。为此本书将有关母权的故事放在突出的地位。但历史是历史，神话是神话。虽然神话中有历史，但它并不是真实的历史。错把神话当历史，是谬误。否认神话表述的历史，也同样是错误的。神话传说中有历史的根须。人们可由神话追溯历史。从神话与考古事实两方面认定中华民族的文明史不是5000年，而应当是8000年。从河姆渡跨湖桥、良渚、裴李岗、大地湾等远古文化遗迹认定并不为过。

我们过去讨厌巫术，认为它只是骗术，仔细想想这种看法错了。因为我们见到的巫术是后世被肢解了的巫术，并不是原始的巫术。全世界原始先民的杰出领导者、头人、老民、智者都是会巫术的人。我们的老祖宗也不例外，三皇五帝中不少人都懂巫术。神巫都是智者，他们懂数学、天文、历史、文化、医术。神话传说大多是他们在主持祭仪时流传下来的。巫的想象力是神话的翅膀。古人七八千年前造了独木舟，这是历史；巫将独木舟说成为会在天上飞的独木舟就变成了神话。所以说没有巫就没有神话。通过神话传说探索我们民族的远古历史，就知道我们的祖先是神，就可以大声地向世人宣告：我们是神的后代。

以上这几点就是我的点滴体会。我已年迈，记忆力、视力很差，能力有限，尽管我想做一个诚实的学者，由于对书中许多故事实在无力释读，只能借重原注原解。有些故事，除注释外，本人进行了复述补充修正，但有些古字不认识，字典辞典里也查不到。有的故事内容也不能完全理解，所以有的复述与解说未必使人满意。不妥之处，敬候指正。

于成鲲

2022年3月25日

海鸿公寓

---

① ［英］勃洛尼斯拉夫·马林诺夫斯基著，《两性社会学》，上海人民出版社，第251页。

目 录

第一章 创世神话

一、盘古王开天辟地 / 005
  （一）天地混沌如鸡子 / 005
  （二）盘古垂死化身 / 005
  （三）盘古开天地 / 006

二、混沌创世神话 / 009
  （一）混沌开窍 / 009
  （二）二神混生 / 010

三、九头神的传说 / 012
  （一）九头神 / 012
  （二）九头神时代的生活 / 013
  （三）九皇之治 / 013

四、有巢氏构木为巢的传说 / 016
  （一）构木为巢 / 016
  （二）有巢之民 / 016

五、燧人氏钻木取火的传说 / 019
  遂民国里钻木取火 / 019

六、伏羲创世神话 / 023
  （一）母曰华胥 / 023
  （二）伏羲女娲兄妹为婚 / 024
  （三）伏羲创世　四子步时 / 027
  （四）伏羲始作八卦 / 031

七、女娲补天造人神话 / 034
  （一）人王女娲 / 034
  （二）女娲炼五彩石以补苍天 / 035
  （三）女娲抟黄土造人 / 037

（四）女娲七十化 / 037

八、中国的第一个天帝 / 041

　　（一）纳四妃，育四神，得八元 / 041

　　（二）帝喾孕日月 / 042

　　（三）天帝命神犬盘瓠擒敌 / 046

九、千里眼烛龙 / 051

　　（一）烛九阴 / 051

　　（二）千里眼烛龙 / 051

十、夸父逐日神话 / 054

　　（一）夸父逐日 / 054

　　（二）应龙杀夸父 / 054

十一、苗族创世祖神 / 057

　　（一）制天造地 / 057

　　（二）运金银造日月 / 057

　　（三）洪水滔天 / 058

　　（四）溯河西迁 / 059

十二、廪君和盐水女神 / 064

　　务相投壶，女神求爱 / 064

第二章　图腾神话

一、中国上古江淮部落图腾神——龙 / 073

　　（一）江淮龙部落的蛇身人首与二龙神 / 073

　　（二）八卦乾龙 / 074

　　（三）龙为帝王瑞兆，是王权的象征 / 075

　　（四）祭龙与豢龙 / 075

二、中国上古东夷部落图腾神——凤 / 080

　　（一）凤为相风知时鸟 / 080

　　（二）凤为太阳鸟 / 081

　　（三）凤为瑞兆鸟 / 081

三、中国上古西羌部落图腾神——虎 / 089

　　（一）羌人敬虎 / 089

　　（二）虎神 / 089

四、大野的传说——麟 / 091

五、石头创世神话 / 096
  （一）石头创世 / 096
  （二）人与石头的战争 / 096

六、昆仑神话 / 100
  （一）海内昆仑 / 100
  （二）昆仑九层 / 101
  （三）昆仑三角 / 101

七、扶桑神话 / 105
  （一）天鸡打鸣 / 105
  （二）若木在西 / 105
  （三）汤谷上有扶木 / 106
  （四）建木百仞无枝 / 106

八、西王母神话 / 109
  （一）《山海经》里的西王母 / 109
  （二）周穆王宾于西王母国 / 110
  （三）岩画中的西王母 / 113

九、图腾山神神话 / 115
  （一）司天之神 / 115
  （二）恶兽之神 / 116
  （三）守山之神 / 117

十、中国母系社会的唯一遗存——云南摩梭人、普米人等氏族的原始婚俗 / 120
  （一）泸沽湖 / 120
  （二）摩梭人的婚姻与家庭 / 120
  （三）摩梭人的传说 / 121
  （四）普米人的神话 / 122
  （五）普米人过吾昔节打锅庄 / 122
  （六）火把节 / 122

第三章　星空神话

一、天宫的传说 / 133
  （一）弓盖天宫 / 133

（二）星宿天宫 / 134
　　　（三）五帝 / 135
二、太白金星与皇娥 / 137
三、春神句芒 / 140
　　　（一）春神句芒 / 140
　　　（二）句芒赐寿 / 140
　　　（三）九隆神话 / 141
四、夏神祝融 / 144
　　　火正祝融 / 144
五、秋神蓐收 / 146
　　　（一）虢公贺梦 / 146
　　　（二）西望日入 / 146
六、冬神玄冥 / 149
　　　（一）禺强归墟固仙山 / 149
　　　（二）北海有鱼 / 151
七、羲和御日 / 154
　　　（一）羲和生十日 / 154
　　　（二）羲和定四时 / 154
　　　（三）羲和御六龙 / 155
八、地母常仪 / 159
　　　（一）常仪生日 / 159
　　　（二）嫦娥奔月 / 160
　　　（三）半坡考古发掘人面鱼纹月相图 / 160
九、实沈与阏伯 / 163
　　　（一）实沈与阏伯失和 / 163
十、造父王良御天车 / 167
　　　（一）造父之御 / 167
　　　（二）王良之御 / 167
　　　（三）王良造父之御 / 168
　　　（四）王良星与造父星 / 170
十一、牛郎织女 / 172
　　　（一）天文学上的牛郎织女星 / 174
　　　（二）民俗中的牛郎织女 / 174

（三）民俗七夕节 / 175

第四章　古神之战

一、炎黄蚩三神之战 / 181

（一）炎（神农）、黄、蚩简介 / 182

（二）战争缘起 / 185

（三）炎黄之战 / 186

（四）炎蚩之战 / 187

（五）黄蚩之战 / 188

（六）逐鹿之战 / 188

（七）釜山会盟 / 190

二、共工颛顼争神之战 / 193

（一）共工 / 193

（二）颛顼 / 194

（三）共工颛顼天帝之争 / 195

三、尧舜禹神位之战 / 198

（一）尧令后羿射十日，伐猰貐 / 198

（二）舜征三苗 / 201

（三）大禹南征 / 203

第五章　贤王治世的传说

一、黄帝无为而治 / 211

二、蚩尤五刑治世 / 219

三、少昊鸟官治世 / 222

（一）西方少昊 / 222

（二）东方少昊 / 223

四、颛顼巫政治世 / 227

五、帝尧仁德治世 / 231

（一）帝尧生于斗维之野 / 231

（二）仁德治世 / 232

（三）敬授民时 / 233
　　（四）帝尧治洪水 / 234
　　（五）尧的禅让 / 237
六、大舜孝养治世 / 242
　　（一）二瞳三眸 / 242
　　（二）大舜敬孝 / 244
　　（三）大舜理政 / 245
　　（四）大舜传位 / 246
七、少康复国 / 249
八、商汤为民请命 / 252
　　（一）商汤求哭 / 252
　　（二）商汤求雨 / 252
　　（三）商汤求贤 / 253
九、傅说、妇好与武丁中兴 / 256
　　（一）武丁 / 256
　　（二）武丁与傅说 / 257
　　（三）武丁与妇好 / 259
　　（四）妇好之征伐 / 260
　　（五）妇好之丧葬 / 261

第六章　农牧神话与传说

一、神农的女儿们 / 269
二、狗尾巴草和鸟衔穗、象耕田的故事 / 271
　　（一）狗尾巴草的故事 / 271
　　（二）鸟衔穗、象耕田的故事 / 271
三、炎帝神农发明农医的传说 / 274
　　（一）神农以农为本，无制而治 / 274
　　（二）神农尝百草 / 275
四、7000 年前河姆渡人的稻谷种植生活 / 278
　　（一）河姆渡 / 278
　　（二）7000 年前的稻谷 / 278
　　（三）河姆渡人的农业种植生活 / 279
五、种植之神姜嫄 / 282

六、农神后稷 / 285

七、蚕神嫘祖 / 289

  （一）嫘祖养蚕、献丝 / 289

  （二）马头娘的传说 / 290

八、牧神王亥 / 293

第七章 水神与治水英雄的传说

一、黄河水神河伯 / 299

  （一）周穆王见河伯 / 299

  （二）河伯娶妇 / 301

二、三峡女神瑶姬 / 306

三、汉水女神延娟与延娱 / 310

四、涡淮水神巫支祁 / 313

五、湘潇女神 / 315

六、鲧伯盗息土堙洪水 / 317

  （一）鲧受命治洪水 / 317

  （二）高筑城，防洪水 / 317

  （三）鲧斥帝尧怀私心 / 318

  （四）鲧窃息壤以救民生 / 318

  （五）剖腹生禹，化熊渡江 / 320

七、大禹治水 / 327

  （一）禹生石纽，两耳参漏 / 327

  （二）禹病偏枯，足不相过 / 327

八、蜀王治水 / 330

  （一）杜宇导江 / 330

  （二）鳖令浮尸西蜀 / 330

  （三）开明治滩 / 331

九、李冰治水 / 334

  雍江作堋别支流 / 334

第八章 创造之神

一、上古药典《神农草本经》的传说 / 343

二、黄帝教制九针的传说 / 346

三、蚩尤以铜作兵的传说 / 350

四、仓颉造字的传说 / 352

  （一）仓颉沮诵作书 / 352

  （二）仓颉指事造字 / 352

  （三）仓颉作书，依类象形 / 352

五、上古音乐的创造之神 / 357

六、上古歌舞的创造之神 / 364

七、跨湖桥独木舟 / 368

  《吕氏春秋·勿躬》/ 368

八、弓矢的发明 / 371

  （一）弓矢是谁发明的？/ 371

  （二）弓矢制作需要很高的技巧与智慧 / 371

  （三）考古发掘的弓矢 / 372

九、穿井的传说 / 376

  （一）经典中记载的井 / 376

  （二）考古发掘出的三种上古木制水井 / 376

  （三）考古发掘的土井与第一个上海人 / 377

十、大章、竖亥步地的神话 / 379

十一、奚仲、吉光以木为车的传说 / 382

  （一）奚仲作车 / 382

  （二）悬崖上的大车 / 383

  （三）大禹乘蹻车 / 384

  （四）周时的马车制作规范 / 385

十二、彭祖的传说 / 387

  （一）彭祖的出身 / 387

  （二）彭祖拜师学艺 / 387

  （三）王师灭大彭 / 388

十三、巫咸占星的传说 / 394

  （一）十巫 / 394

  （二）巫咸答天运 / 394

  （三）巫咸义王家 / 395

十四、奇肱人善为机巧 / 399

十五、颛顼羽人国里驾铁轮的传说 / 401

　　颛顼巡访羽人国 / 401

十六、偃师造机器人的传说 / 403

　　《列子·汤问》/ 403

参考文献 / 405

后记 / 411

第一章
创 世 神 话

本章除了对传统的创世神话如盘古、大巢氏、燧人氏等故事作了一些补充之外，新增了混沌创世、九头神、《晚周楚帛书》中的伏羲创世、中国第一个天帝帝喾、千里眼烛龙、苗族创世祖神及廪君和盐水女神等故事。

一、盘古王开天辟地
二、混沌创世神话
三、九头神的传说
四、有巢氏构木为巢的传说
五、燧人氏钻木取火的传说
六、伏羲创世神话
七、女娲补天造人神话
八、中国的第一个天帝
九、千里眼烛龙
十、夸父逐日神话
十一、苗族创世祖神
十二、廪君和盐水女神

一、盘古王[1]开天辟地

（一）天地混沌如鸡子①

"天地混沌如鸡子，盘古生其中。万八千岁，天地开辟，阳清为天，阴浊为地，盘古在其中，一日九变，神于天，圣于地；天日高一丈，地日厚一丈，盘古日长一丈。如此万八千岁，天数极高，地数极厚，盘古极长，后乃有三皇。数起于一，立于三，成于五，盛于七，处于九，[2]故天去地九万里。"

（二）盘古垂死化身②

"元气濛鸿[3]，萌芽兹始，遂分天地，肇立乾坤[4]，启阴感阳，分布元气，乃孕中和，是为人也[5]。首生盘古，垂死化身，气成风云，声为雷霆，左眼为日，右眼为月，四肢五体为四极五岳，血液为江河，筋脉为地里，肌肉为田土，发髭为星辰，皮毛为草木，齿骨为金石，精髓为珠玉，汗流为雨泽，身之诸虫，因风所感，化为黎甿"[6]。

注

[1] 盘古王：河南新郑有盘古城。《始祖山》③一书中写道："盘古城就在始祖山（具茨山）下，姬水河汊上，周长3000米左右，今保存下来的还有500米一段古城墙。此城自古以来就叫盘古城。该城三面环水，攻守兼备，是上古先人的光辉杰作。而裴李岗文化遗址就在始祖山下，盘古城北，其考古发掘可与盘古时代的天元氏族相互印证，所以盘古是裴李岗文化时代的代表人物，是天元氏族的首领。始祖山（具茨山）、盘古城、裴李岗文化遗址，都属8000年文明史的范畴之内。"1992年12月在郑州召开的历史研讨会一致认为盘古出自河南新郑的盘古城。

---

① 徐整著，《三五历纪》，玉函本辑自《艺文类聚》。
② ［清］马骕撰，《绎史》引《五运历年纪》。
③ 赵国鼎著，《始祖山》，中州古籍出版社，第7页。

〔2〕"天一、地二、天三、地四、天五、地六、天七、地八、天九、地十。天数五，地数五，五位相得而各有合；天数二十有五，地数三十，凡天地之数五十有五。"这是《周易·系辞》里的一段话。后来变成一三五七九就代表天，天一即天帝，九就是天，二四六八十代表地，四即是地，故九五九四即指天地。文中的天数地数来源于此，均指天地自然。值得注意的是在天数地数中均无"0"的概念。启用"零"的概念比较晚。

〔3〕元气濛鸿：《列子》中关于阴阳以统天地之说，讲天地是无形变成有形的，是由气变出来的。其过程是：开始为太易，未见气；继而是太初，气之始也；再后来是太始，太始即形之始；最后是太素，质之始。元气，即开始之气，濛鸿指气的形、质已具而未能分离，处于一种混沌状态。

〔4〕肇立乾坤：乾坤指天地。古人认为天和地是连在一起的，人就像生活在鸡蛋里一样，生活在一团气里面。后来依靠神的力量才把这气分离开来。那轻的气上升为天，重的气下降为地。这分开的天地就叫乾坤。肇立，开始成为，变为乾坤。

〔5〕启阴感阳，分布元气，乃孕中和，是为人也：指的是分开的天地分布着元气。这元气有阴有阳，阴阳结合，而为中和，在这样的条件下才产生了人。如果阳气太盛，没有阴气，庄稼就长不出来，人不能生存，相反如果没有阳气，只有阴气，人也没法在潮湿中生活，只有阴阳调和才适于人的生存。气为人的生存本原，是中国原始文化的独创。

〔6〕黎甿：甿（méng），同氓。古指民，初民。黎甿，即黎民百姓。

（三）盘古开天地

〔明〕周游著的《开辟衍绎通俗志传》第一回说，盘古"将身一伸，天即渐高，地便坠下。而天地更有相连者，左手执凿，右手执斧，或用斧劈，或以凿开。自是神力，久而天地乃分开。二气升降，清者上为天，浊者下为地，自是混沌开矣"。

注

《述异记》说："盘古氏，天地万物之祖也。然则生物始于盘古。昔盘古氏之死也，头为四岳，目为日月，脂膏为江海，毛发为草木。"秦汉间俗说：盘古氏头为东岳，腹为中岳，左臂为南岳，右臂为北岳，足为西岳。先儒说：泣为江河，气为风，声为雷，目瞳为电。古说，喜为晴，怒为阴。吴楚间说，盘古氏夫妻，阴阳之始也。今南海有盘古氏墓，亘三百余里。俗云："后人追葬盘古之魂也。"按此说盘古实为中华地理形态拟人化的概括。

故事大意

故事说的是在天地未分之前，宇宙只是一个暗淡无光的混沌气团，样子像一个鸡蛋，盘古就孕育其中。过了一万八千年，盘古突然醒来，发现四周漆黑一片，他觉得特别烦闷，抓过一把大板斧奋力一挥，混沌气团裂开了，轻而清的气体上升变成了天，重而浊的气体下沉变成了地。从此宇宙才有天地之分。此后，天日高一丈，地日厚一丈。盘古每日也长一丈。又过了一万八千年，盘古长成九万里长、顶天立地的巨人。盘古像擎天玉柱一样把天地分开，天地间再也不是过去的混沌状态了。

但开辟天地并不是那么容易的，经历过了一场极其残酷的战争。因为和阳神盘古氏一同生活在混沌如"鸡子"的天地中的还有另一个神，即阴神。他反对开天辟地。阳神要开天辟地，阴神要阻止开天辟地，因此他们发生了冲突。战争的结果阴神失败了。盘古氏把他的身体进行了解剖，拿了他的肉补充从前损失的土，拿了他的骨补充从前敲坏的石，拿了他的血液补充从前消耗了的水，又拿他的肢体竖起来，恢复从前崩坏的山岳，再把他的肠胃铺起来，恢复从前淹没的江河。此后，万物在其中生长，人类也渐渐滋生出来，一个生机盎然的世界才由此产生。后来盘古也老死了。

盘古临死时，他口里呼出的气体变成了风和云，他的声音变成了雷霆，他的左眼变成了太阳，右眼变成了月亮，他的手足和身躯变成了大地的四极和五方名山，他的血液变成了江河，他的经脉变成了道路，他的肌肉变成了沃土，他的头发和胡须变成了天上的星星，他的皮肤和汗毛变成了花草树木，他的牙齿、骨头、骨髓等也变成了闪光的金属和坚硬的石头、美丽的珍珠、温润的玉石。即使他身上的汗珠，也变成了雨露和甘霖。盘古用他身上的一切，给大地生灵创造了世界上一个美好的家园。因此，盘古成了一个人类初始的英雄。伟大领袖毛泽东曾用盘古的无私奉献和英勇斗争激励了无数的革命者。①

故事解说

盘古是中华古神

这是一个以阴阳为依托编织的神话。这些以阴阳破除混沌状态，而产生了人类、宇宙、万物的思想观念，正是我国古典哲学中阴阳论的源头。

有人以为这个故事是从印度、古希腊进口的。主要依据是这个故事主要在西南地区流传，那里离印度比较近，流传时间较晚，是从三国时徐整的《三五历记》

---

① 时鉴著，《听毛泽东讲中国》，红旗出版社，第105—106页。

后才开始的。我们在文中补充了盘古城被发现一事，以说明这些说法难以立足。

在汉以前有关三皇的姓氏中，没有盘古氏族的记载。但在《世本集览》第一册中有"盘古初三皇"的记载。《路史·中三皇纪》说，"有号而无世，自是而上而有九皇氏、地皇氏、天皇氏，又上乃有盘古氏基之混沌之说"，在因提纪里也提到了盘古氏。之所以后世在记载"三皇"氏族时，没有记载盘古氏，那是因为盘古比三皇还早，难以记述。

故事中提到盘古"龙首人身""人首蛇身"，夏曾佑、杨意、吕思勉等专家据此认为此故事是由"烛龙""盘瓠"演化而来的，是龙族神。

随着中国考古事业的发展，一些传说被证实，西方中心论逐步破产。赵国鼎著的《始祖山》（中州古籍出版社）一书有"盘古开天地"一节。文中说："1992年12月召开了历史研讨会，到会40多名专家教授一致公认，盘古出自河南省新郑市的盘古城。""研讨会公认盘古氏出于裴李岗文化时代，约距今8000年左右，是天元部落时代。""盘古城就在始祖山（具茨山）下、姬水河滩上，周长3000米左右。今保存下来的还有500米一段古城墙。此城自古以来就叫盘古城。"

这些事实说明盘古神话产自中国，并非"进口"货。

无论盘古故事流传于少数民族地区，还是汉族地区，盘古都是中华民族的共同始祖。

二、混沌创世神话

（一）混沌开窍

《庄子·应帝王第七》说：南海之帝为儵[1]，北海之帝为忽，中央之帝为浑沌[2]。儵与忽时相与遇于浑沌之地，浑沌待之甚善。儵与忽谋报浑沌之德，曰："人皆有七窍以视听食息，此独无有，尝试凿之。"日凿一窍，七日而浑沌死。

注

[1] 儵（shū）忽：儵同倏。疾速，极快。倏神、忽神，都是时间之神。开窍，指开七窍，喻开创时空观念。

[2] 浑沌：与混沌、浑敦、浑沦同义，指事物处于混成的模糊状态，没有时空观念。这里的浑沌指氏族祖神。

故事大意

故事讲的是天地还没开辟的时候，是连在一起的。到处茫茫无边，昏昏暗暗，模模糊糊，混混沌沌。那时候，天地间只有三个神：一个神叫儵，一个神叫忽，一个神叫混沌。儵神住南海，忽神住北海，混沌神住中央，儵忽都是时间之神。混沌常邀他们到他家去玩，混沌对儵忽可好啦。每次儵忽去混沌家玩，他总是一会儿招待这样，一会儿招待那样，弄得儵忽二神不好意思。他们总想报答他一番。

有一天他们在一起商量，忽神说："混沌对我们这么好，怎么才能报答他啊？"儵神说："你我都有眼耳口鼻大便小便生殖七窍，可他没有。我们帮他也凿眼耳口鼻大便小便生殖七窍，不就报答他了吗？"儵神说："它会同意吗？万一不同意怎么办？"

"走，我们去找它谈谈。"

他们来到混沌家，混沌照例殷勤招待。过了一会，儵忽说了想帮他开窍的事。混沌一愣，没有答应，也没有一下拒绝，而是表示"让我好好想想"。儵忽二神反复说明了开窍的好处，说明他们都是为了他好，不会害他的。在他们的一再说服下，混沌神终于松口了，表示"那就试试吧"。

过些天，儵忽二神每天拿锤子凿子为混沌神开七窍。第一天开凿了一对眼睛，天空从此有了太阳与月亮，分出了白天黑夜；第二天凿成了两只耳朵，天地间才有了风云雷电；第三天凿成了一个鼻子，大地有了雨雾；第四天凿成了嘴巴，……，到了第七天，七窍全部开成了，天地分开了，有了阴阳，有了万物。他们都高兴极了，想为混沌祝贺一番，可没有想到混沌不混沌了，却死了。儵忽二神十分伤心，他们都觉得对不起他们的朋友混沌，十分后悔。

（二）二神混生

《淮南子·精神训》有阴阳二神混生的故事。故事说：

古未有天地之时，惟象无形[1]，窈窈冥冥[2]，芒芠漠闵[3]，澒蒙鸿洞[4]，莫知其门。有二神混生[5]，经天营地，孔乎[6]莫知其所终极，滔乎莫知其所止息。于是乃别为阴阳，离为八极，刚柔相成，万物乃形。烦气为虫，精气为人。①

注

[1] 惟象无形：惟，唯独。象，状貌。

[2] 窈窈冥冥：深远昏暗的样子。

[3] 芒芠漠闵：芒，茫。芠（wén），芠草。漠闵（mǐn），忧愁。全句意为模糊不清、混沌不分的样子。

[4] 澒（hòng）蒙鸿洞：混沌不分。以上三句皆指无形之象。

[5] 二神混生：指阴阳二神同生。

[6] 孔乎：深貌。

故事大意

全文大意是还没有天地的时候，只是一种无形的状态，这种状态深远昏暗，茫茫无边，混混沌沌，没有谁能知道它的门道。然后有阴阳二神同时诞生，一起经营天地，它们深远得没谁知道它的尽头，广大得没有谁知道它的止息之处。于是阴阳二神就把混沌状态分成天地，离散为八极，阴阳二气相互作用，万物就形成了。其中杂乱的气体形成虫类，精纯的气体形成了人类。

---

① 赵宗乙译注，《淮南子》，黑龙江人民出版社，第322—323页。

故事解说

混沌是最古老的宇宙观

初始的人类没有空间的概念，分不清东西南北，不分天地，认为天地是连在一起的；他们也没有时间观念，四季不分，年岁不分，时辰不分，都是糊里糊涂过日子。打破"有物混成"状态的功臣是阴神和阳神。或许这就是阴阳学派产生的来历。

但古人对混沌有不同的理解。第一个故事混沌开窍是第一种理解。他们认为事物都有一个发展过程，其最初阶段就处于混沌阶段。第二个故事强调的是任何一个事物都是阴阳（即矛盾对立的）两个方面的对立的统一，这个"有物混成"的统一体就是混沌，这是第二种理解。第三种理解，认为不学好，做坏事，思想糊里糊涂的人，就是处于混沌状态的人。

《山海经·西次三经》说："又西三百五十里，曰天山，多金玉，有青雄黄。英水出焉，而西南流注于汤谷。有神焉，其状如黄囊，赤如丹火，六足四翼，浑敦无面目，是识歌舞，实为帝江也。"毕阮注云："帝江指帝鸿氏有不才子，掩火隐贼，好行凶，惹天下怒，谓之混沌。"作为氏族的混沌、不才之子的混沌与前述开窍的混沌，字虽相同，却并不是一回事，它们是两个不同的概念。前者是混沌氏族创立人类时空观念的开辟之神，后面的混沌是指不分是非的"不才之子"。前者指一个统一体中所包含的不同特性的事物，后者指的是糊涂人办糊涂事。

三、九头神的传说

九头神是中华民族有文字记载最早的祖先神。据《春秋命历序》说："自开辟至获麟，凡二百二十六万七千岁，分为十纪，每纪为二十六万七千年。凡世七万六百年。一曰九头纪，二曰五龙纪，三曰摄提纪，四曰合雒纪，五曰连通纪，六曰叙命纪，七曰循蜚纪，八曰因提纪，九曰禅通纪，十曰疏讫纪。"

又说天皇十二头，地皇十一头，以火德王，一姓十一人，兴于熊耳龙门等山。人皇九头。①

（一）九头神

人皇[1]，九头[2]，提羽[3]乘云车，使风雨，出阳谷[4]，分九河[5]。

人皇出于提地之国。九男，九兄弟相似，别长九国[6]，地精女[7]出为之后。人皇氏依山川地土之势裁度为九州岛，谓之九囿，九囿各居其一而为之长[8]，人皇居中州，以制八辅[9]。分长九州岛，各立城邑，凡一百五十世，合四万五千六百年。

九头纪时，有臣无官位尊卑之别：皇伯、皇仲、皇叔、皇季、皇少五姓同期，俱驾龙号曰五龙。

有人黄头大腹，出天齐政，则有官统，三百四岁为神。次之，号曰皇神，出淮，驾六蜚羊[10]，上下天地与神合谋，政三百岁，五世，千五百岁。

注

[1] 人皇：古人讲的三皇指天皇、地皇、人皇三个不同的遂古时代，据记述者推测从开天辟地到春秋末鲁哀公十四年（公元前481年）西狩获麟，共二百二十六万七千岁，也有人说为二百二十七万六千岁。

[2] 九头：指九个部落首领。

① 《玉函山房辑佚书·春秋命历序》，第2168—2169页。

[3]提羽：身披提地之羽衣。

[4]阳谷：太阳出来的地方，又称旸谷。位在东方。

[5]九河：泛指黄河上的九大支流。

[6]别长九国：分别为九国之长。九国即九囿。囿（yòu），养动物的园子。

[7]地精女：根据易卦离艮的推测以地神女配。它告诉我们九头神之后，五帝颛顼之前存在着一个以母性为主体的社会阶段。

[8]长：指部落首领，酋长。

[9]俌：古俌字，同辅，八方之佐助。

[10]蜚羊：蜚（fēi），古同飞。会飞的羊。

（二）九头神时代的生活

《春秋命历序》说："古初之人卉服蔽体，至辰放氏时多阴风，乃教民搴木[1]茹皮以御风霜，绹发閐首以去灵雨[2]，而民从之。命之曰衣皮之人。"

《吕氏春秋·恃君览》的描述与之吻合："昔太古常无君矣，其民聚生群处[3]，知母不知父，无亲戚兄弟男女之别，无上下长幼之道，无进退揖让之理，无衣服履带宫室蓄积之便，无器械舟车城郭险阻之备。此无君之患。"

注

[1]搴木：搴（qiān），意为拔，取些树枝烧火御寒。

[2]绹发閐首：绹（táo），绳子，指用绳子扎紧头发。閐（sàn），覆盖。閐首，指其时无雨具，下雨时用手蒙着头以躲避神灵降下的雨。

[3]聚生群处：指其时处于群居群婚原始时代，不知父，天下无君，也无男女之别，无上下之道和进退之礼、衣履宫室之便、舟车之备，生活十分艰难。

（三）九皇之治

《鹖冠子·天则》第四记载：

"九皇之制，主不虚王，臣不虚贵。[1]尊卑名号，自君吏民。[2]次者无国，历宠历录，副所付授。[3]与天人参相连，钩考[4]之具不备故也。"

注

[1]主不虚王，臣不虚贵：王者务实，不徒虚名，臣子重爵，不贪虚授。

[2]尊卑名号，自君吏民：君与臣都从下面老百姓中产生。

[3]次者无国，历宠历录，副所付授：表现差的国王，人民就取消他当国王的资格，表现差的臣僚不能受宠受禄，其下级也同样。

[4]钩考：指考官制度。上古时没有考官制度。上一横为天，下一横为地，中一横为人，能将天地人连通，即为"王"。所以，王者主要是看他是否顺乎天地人情，上下沟通，能天地人沟通者王。

故事大意

在开天辟地后不久，距今260多万年的时候，中华大地就有人类了。那时候河南、山西、陕西、湖北交界的地方，如熊耳山、荆山和龙门山一带的森林里就住着一个古老的部落。据说他们有九个兄弟，他们把中国划分成九块地方，叫做九州岛，或九国。老大管中央，八个兄弟分置四方四隅，因此子孙后代都称他们为九头神。

在九头神时代，生活十分艰苦，大多靠采集野果，抓些动物如兔子、鹿和摸一些鸟蛋维生。得到了就茹毛饮血地吃一顿，没有就一同饿肚子。天冷了没有衣服穿，就取些野草树叶遮身；没地方住，就在地上堆些树枝，上面放柴草遮身。后来为防潮湿虫害，才用木头柱支撑着，像个鸟窝一样，人就在上面过夜。

男男女女大家混住在一起，相互过着知母不知父、男女无别、上下长幼无礼，赤身裸体，住无定宿，走无舟车，风里来雨里去的生活。但他们无所畏惧，以云当飞车，以蜚羊当天马，出阳谷驾风雨，上天入地，走高山，跨深谷，划定九州，为中华民族的发展作出了不朽的贡献。

故事解说

九头神是中华人类最早的记载。九头神是人皇之祖。据《春秋命历序》的记载，我国历史有2267000年，从九头神算起至三皇时有40000多年。九头神始于中州熊耳山、荆山、龙门山一带，说明华夏人并非从黄河源头或昆仑山东迁而来。

《春秋命历序》《丹壶书》《路史》均将鲁哀公十四年大野获麟往上推到距今2267000年为远古泰皇即人皇九头神时期，再往上为地皇、天皇、混沌开辟时期。根据这个算法，让我们相信我们民族的历史有200多万年。《春秋命历序》说人皇九头为九兄弟，他们分掌九州岛，各立城邑，凡一百五十世，合45600年。即使依此计算，也要比许多古老民族早很多。分掌九州岛，也说明上古时九州岛地区水多。那时的海边并不在现在的位置，加上江河缺乏治理，所以许多地区都是水，全国处于岛屿状态。

九头神中所涉事实有一定可信性。如故事中涉及的荆山、熊耳山、龙门山等地望说明九头神生活于河南、山西、陕西、湖北交界处，为古中州仰韶文化地区，已得到考古证实；划定九州的九州岛，中州为其一，在中央；贾湖文化、裴李岗文化也是远古文化高度发达的地区。它加大了九头神的可信性与现实性。

故事中描述的原始生活具体生动。如说："天皇氏逸，地皇氏作，出于熊耳、龙门之岳，鉴名岳姓。地皇十一君，皆女面龙颡马蹄。"《水经注》也说："兄弟十一人，面皆如女子，兽足龙门。"《始学篇》说："人皇九头，兄弟各三百岁，依山川土地之势，裁度为九州岛，各居一方。"诸如此类关于母性的描述都与《山海经》中"其状如人，豹尾虎齿而善啸，蓬发戴胜"的描述一致。这一切说明九头神实是我国母系社会的摹本，是极其珍贵的研究资料。

据罗泌说，他的《路史》是根据他的朋友赠送给他的一本《丹壶记》写的。有关九头神的内容与《春秋命历序》完全相同。可见，九头神话在春秋战国时期影响是十分广大的。特别是有关禅通十八世的记载：仓颉、柏皇、中央、大庭、栗陆、骊连、轩辕、赫胥、葛天、尊卢、祝融、昊英、有巢、朱襄、阴康、无怀、伏羲、女娲、神农，更是研究上古的主要依据，没有哪个史家敢随意摒弃。从这个意义上说九皇神话具有无可争辩的史料价值。

四、有巢氏[1]构木为巢的传说

（一）构木为巢[2]

《始学篇》说："上古皆穴处，有圣人教之以巢居，号'大巢氏'。"

《韩非子·五蠹》说："上古之世，人民少而禽兽众，人民不胜禽兽虫蛇。有圣人作，构木为巢以避群害，而民悦之，使王天下，号曰有巢氏。"①

注

[1] 有巢氏：有关有巢氏的数据流传下来的较少。《遁甲开山图》说："石楼山在琅琊，昔有巢氏治此山南。"《水经注》卷二十四引《邹山记》说："徂徕在梁甫、奉高、博三界，……山东有巢父庙，山高十里，山下有陂，水方百步许，三道流注。"从这些记录看，有巢氏确有其人。

[2] 构木为巢：巢就是窝。所谓巢居，最初在树林的平地上堆些树枝，上面放一些干草，像个鸟窝一样，男女群居在这个窝里。这就叫积薪为巢。后来为防止潮湿、虫害兽侵，就用木头支撑为巢，这就是架木为巢或构木为巢。其原型见《中国巫傩史》一书。②在此基础上，进一步发展为半干栏、半地穴式或干栏式建筑。在这个意义上，有巢氏可称是中华房屋建筑的始祖。

（二）有巢之民

《三坟》说："有巢氏生太古之先觉，俾人居巢穴，积鸟兽之肉，聚草木之实，天下九头咸归。有巢始君也，寿一太易[1]，本通姓氏[2]之后也。""太古之民穴居而野处，搏生而咀华，与物相友，人无炕物之心，而物亦无伤人之意……食鸟兽之肉，若不能饱者，饮其血，嚼其臑[3]，茹其皮毛[4]，未有火化，捆橡栗以为食[5]，草栖木末，令之曰：有巢氏之民。刻木结绳以为政。其政好生而

---

① 刘坤、张国昉、韩建立、刘干先译注，《韩非子·五蠹》，黑龙江人民出版社，第779页。
② 林河著，《中国巫傩史》，花城出版社，第174页。

恶杀、节上而羡下，故天下之人不归其服，而归其义。治三百余载。"①

注

[1] 太易：《列子·天瑞》云，有形生于无形，"太易者未见气也"。《帝王世纪》说，"天地未分谓之太易"。

[2] 通姓氏：《世本集览》记载中华民族史前远古皇古一阶段分为初三皇：天皇、地皇、人皇三个时期。皇古一阶段有禅通纪十大氏，其中就有巢氏七氏。它在朱襄氏三世、阴康氏二世、无怀氏六世和庖牺（羲）一世之先。

[3] 喙其臑：牲畜前肢的下半截为臑（nào）。喙（chuài），咬，吃。指撕咬牲畜的腿肉吃。

[4] 茹其皮毛：茹（rú），吃。带皮毛一起吃。

[5] 捆橡栗以为食：即拣橡树的果实吃。

故事大意

泰山东面有个叫琅琊的地方，有座山叫石楼山。山高十里，山上绿树浓荫，山下有个小湖泊，是三条小河的汇聚之地。据说石楼山南地方就是有巢氏曾经治理过的地方。那儿有座巢父庙，是巢父的后人为纪念巢父的功绩而建立的。从那时起香火不断，世代都很想念他。

人们为什么要在这儿建庙纪念巢父呢？这话说来就长了。有巢氏生活于太古之先，那时候的人没有房屋住，住在洞穴里。那时也没有粮食吃，吃的东西或者是爬到树上采摘一些果，如橡栗之类，剥了皮吃，或者拣些野菜野花充饥，或者是用草绳做成网子抓点动物如兔子、獐子、鹿子、野鸡、野鸭之类，"饮其血，喙其臑"，撕开来连皮带毛一起吃，自然免不了常常饿肚子。自从出了巢父后，一切都改变了。首先，他改穴居为巢居。穴居，洞很小，凿岩石没工具，打土坑，一下雨就不行了。他观察鸟儿搭窝睡觉，让大家在地上找些树枝架起来，在上面放些干草，睡起来就舒服多了。后来发现这样也不行，在森林的草地搭巢不仅潮湿，而且难防野兽袭击，就用木头把窝架得高高的，再后来，就改进成了现代人的干栏式建筑了。巢父是巢居的发明者，所以人民拥护他为君，立庙纪念他，尊奉他为神。巢父死了后，燧人氏诞生，帮助人们解决了茹毛饮血的问题。

---

① [宋]罗泌著，《路史·因提纪》，北京图书馆出版社。

故事解说

有巢氏是干栏式建筑的发明人

有巢氏是神话中的人物,是否实有其人,不敢说。但干栏式建筑是客观存在的。以发明人名命名为有巢氏并不为过。在经典著作中记有巢氏的不止韩非一人,在考古发掘中,发现干栏式建筑也并非一处。

《庄子·盗跖》中说"古者禽兽多而人民少,于是民皆巢居以避之,昼拾橡栗,暮栖木上,故命之曰有巢氏之民"。《太平御览》也记载"有圣人教之巢居,号大巢氏"。这些记载说明古人从无居到有居,从穴居到半地穴半干栏式的房屋,是一个事实。最早的干栏式建筑是将树枝木条用藤条绑在几根相邻的树干上,像一个鸟窝,也许这就是有巢氏之民造的房屋。

魏书说,依树积木居其上名曰干栏。从现有材料看,干栏式建筑广泛存在于新石器时期的稻作农业地区,主要是江淮地区。如淮河上游的贾湖遗址,那里有半地穴半干栏式建筑。《中国文物报》(1997年4月6日第1版)刊载一篇文章说湖南临澧县官亭乡竹马村出土了中国最早的干栏式建筑。根据复原图可见这是一个长方形的建筑。该建筑下面是地穴,上面搭建一层竹楼,竹楼上盖着茅草的顶棚。据林河《中国巫傩史》引述贺刚《中国史前神器纲要》一文的附图,其中有距今7400年时湖南黔阳县高庙的干栏式建筑。该处遗址出土的陶器上画有干栏图。这是一个干栏式祭塔。塔的基座呈横式W形。基座上有一座四折楼梯的塔身,顶端是一座祭塔。楼上还有像窗户的五角形几何纹饰。

如果说这几例只是一些图案,那么在长江下游地区我们就可以看到大量的干栏式建筑的实物了。江苏吴县梅堰遗址出土了几座保存完好的浅地穴式的长方形干栏式建筑;浙江杭州余杭良渚遗址群庙前聚落遗址有不少比较完整的干栏式建筑;但保存最完好、建筑水平最高、最有代表性的,是浙江余姚河姆渡遗址的干栏式建筑。一走进河姆渡村,我们就看到一排排长屋林立着。每一幢房屋有柱有梁有椽有地基,下层离地面有一米多高,比较潮湿,用以养鸡养羊堆杂物。上层盖楼住人,楼上有走廊,两端有扶梯,中间的大屋供祭祀议事用,两厢的房屋住人。屋顶用藤条竹篾捆绑板条加盖稻草。其形态和现代人的茅草房相差不多。在建筑技术上也十分先进。他们采用了多种榫卯技术,如柱头柱脚榫、梁头榫、销钉孔榫、燕尾榫、平身柱卯眼等相结合的方法解决了梁柱椽之间的衔接。在当时的历史条件下,这是十分了不起的伟大发明。

五、燧人氏钻木取火的传说

遂民国里钻木取火

"遂民国有大树名遂，屈盘万顷。后有圣人游于日月之外，至于其国，息此树下。有鸟啄树，粲然火出。圣人感焉，因用小枝钻火，号燧人氏。"或曰："目此树表，有鸟若鸮（xiāo），以口啄树，粲然火出，圣人感焉，因取小枝以钻火，号燧人氏。在庖羲之前。"[1]

"不周之巅有宜城焉。日月之所不屆，而无四时昏昼之辨。有圣人者游于日月之都，至于南垂，有木焉，鸟啄其枝，则粲然火出，圣人感之，于是仰察辰星，取以出火，作钻燧别五木以改火。壬子年云：去都数万里，有申弥国，近燧明之国，地与西王母近。"[2]

"民食果蓏（luǒ）蚌蛤，腥臊恶臭，而伤肠胃，民多疾病。有圣人作钻燧取火，以化腥臊而民悦之，使王天下，号曰燧人氏。"[3]

"遂人以火纪。火，太阳也。阳尊，故托遂皇于天。"[4]

《尸子》（孙星衍校集）云，"天左舒而起牵牛，地右辟而起毕昴"，燧人上观晨星，下察五木，[5]以为火。燧人之世，天下多水，故教民以渔。

注

[1]《太平御览》卷八六九、七八引壬子年《拾遗记》，原本失。

[2][宋]罗泌纂，《路史·前纪》第四卷，《因提纪》(下)。南苹注，[明]乔可传校。

[3][战国]韩非子，《韩非子·五蠹》。

[4][汉]应劭著，《风俗通义》"三皇"。

[5]《孔子集语》引《易纬通卦验》说：燧皇始出，握机矩表计宜，其刻曰"苍牙通灵"。这里讲的是天文，说燧人根据"上观晨星，下察五木"，而钻木取火。五木，春取榆柳，夏取枣杏，季夏取桑柘，秋取柞楢，冬取槐檀。

故事大意

　　西北不周山那地方，是太阳落下去的地方，太阳月亮都照不到，一年四季白天黑夜很难分辨得出来。那儿有一个叫遂民国的氏族国。这个国家里有一棵大树，树幅很大，像一把雨伞，伞盖屈盘万顷，遮蔽了日月。有一天，有个圣人游历到这里，在树下休息，看到一只啄木鸟在树上啄虫子，它啄着，突然树干上冒出火星子来。于是便从地上拣了一根枯树枝用手搓钻起来，不一会儿就冒出火花来了。他十分高兴，便将钻木取火的方法告诉了他的人民，后来他又发明以东方大火星来区别四时，指导人们生活。所以古人说他作钻燧别五木以改火。据说那时候我国北部地区冰川已经融化，天下多水，他又教民以渔为生。由于他发明了人工造火改变了人民食腥臊的习惯，老百姓都很高兴，就拥戴他为王，称他为燧皇。燧人氏王燧国以后，就根据东方大火星的出现，定历法，以火纪年，以火命官，成为人类最早的历法制造者。

故事解说

中国的第一位普罗米修斯

　　燧人氏钻木取火揭开了一个崭新的时代。

　　火的发现、发明并非起于燧人氏。即便根据王大有所说燧人氏距今50000年，说燧人氏发明火也难以成立。因为就已知材料，我们晓得了许多古人用火的实迹。

　　我国考古工作者发现早在170多万年前的云南元谋人就留下了火的痕迹；距今70万年前的北京周口店原始人留下了火的灰烬层，最厚处有6米；金牛山人已学会了使用火、管理火，距今28万年。《人民日报》2015年4月2日第12版刊登了记者杨雪梅的文章《北京猿人用火有新证》。文章说：早在1929年考古学家裴文中即指出"北京猿人已经能够有控制地用火"，"周口店遗址保留人类用火的最早证据"。2009年起中科院古脊椎动物与古人类研究所同中国安全生产研究院燃烧实验室，在遗址第四层、第六层提取灰烬样品，经过一系列化学处理提纯，利用扫描和X射线衍射仪进行试验，证明"在这两个层位发生过原地燃烧（用火）行为"。周口店遗址的一再发掘和分析表明，周口店遗址第四层保留周口店北京猿人有控制用火的原生和坚实的证据。因此，我们不能确切地说火是距今50000—10000年的燧人氏发明的。

　　有证据证明我国在20000年以前已出现了烧制的陶器、10000年前出现了保存火的陶罐，这说明虽然火不是燧人氏发明的，但说明到燧人时代，我国先民确实已学会了人工"制造火"、人工"控制火"、人工"保存火"了。燧人氏钻木取火,事实上是古人对火的发明与使用的一种具体、形象的概括。

恩格斯说,人类学会使用火,是比蒸汽机发明更伟大的事件。他认为火的使用"第一次使人支配了一种自然力,从而最终把人与动物分开"。①

恩格斯之所以这样说,是因为他认为火的使用,标志着人类走进了一个新的历史时代——原始文明时代。我国至迟在北京猿人时就已进入这一时代了。有了火,人们可以烧煮熟食,改变吃生腥的生活方式;有了人工火,人们可以利用火制作陶器,如锅碗盆鼎等生活器具;有了人工用火,人们可以烧荒种地"刀耕火种",改变渔猎生活方式;火的发明与运用使人们把生存的权利掌握在自己手里;有了人工火,人们才能渡过寒冬,才有后来的青铜和铁的冶炼,才能在漆黑之夜点着灯做事,才能举着火把前行,才能围着火炉跳舞,在黑暗中看到光明、希望。火开辟了人类走向光明的路,火揭开了一个崭新的时代。

在西方神话中,火是普罗米修斯从天帝那里偷来的,所以上帝把他锁在悬岩上遭恶鹰啄食心肝,受尽了折磨,而成为人类敬颂的英雄。燧人氏则不同,他没

---

① 恩格斯著,《反杜林论》,三联书店,1950 年,第 137 页。

有从上帝那里偷火，而是自己动脑筋造火。他见鸟儿啄木出火，受启发而钻木取火。虽然都是神话，都是为人类送火而成为英雄，但在"一偷""一取"之间，亦可见燧人氏的高明之处。两个神话，一个神话说火是受尽折磨的天神恩赐的；一个说火不是上天恩赐的，是老百姓自己发明创造出来的。西方有一个普罗米修斯，中国有个燧人氏。他是中国人心中的火神，所以中国人要纪念他。我国不少地方每年都要举行有关火神的祭祀活动。

六、伏羲创世神话

（一）母曰华胥

《史记·补三皇本纪》说："太昊庖牺氏，风姓[1]，代燧人氏继天而王，母曰华胥，履大人迹于雷泽[2]，生庖牺于成纪，蛇身人首[3]，有圣德。"

《春秋命历序》说："伏羲、燧人始名物、虫、鸟、兽。"

注

[1] 风姓：以风为姓。风与凤通。诸多著作认为伏羲太昊是东夷的一个强大的氏族集团的首领。他以凤为姓。

[2] 雷泽：《山海经·海内东经》："雷泽中有雷神，龙身而人头，鼓其腹，在吴西。"郭璞注："今城阳有尧冢灵台。雷泽在北也。"出自《巨野县图志》（中国文联出版社）第10页"中国历史地图集·战国时期巨野图"。在菏泽之北、巨野之西，鄄城东南确有雷泽。雷泽东南有阳城。这一记载表明伏羲太昊是东夷人，其后裔任宿颛臾等亦在巨野周边地区。

[3] 蛇身人首：蛇身人首是伏羲作为氏族始祖神的图腾标志，并非他的真实人形。据记载伏羲的个子很高，有九尺一寸长，母亲怀孕十二年才生下了他。他长得长头修目，龟齿龙唇，眉有白毫，日角龙颜，在陈仓仇夷山立国，有圣德，后人称之为太昊之治。但更多人认为他在河南东南部的淮阳立国，创造了贾湖文化、裴李岗文化。

华胥氏之国

《列子》记载：

黄帝三月不亲政事。昼寝而梦，游于华胥氏之国。华胥氏之国在弇州之西，台州之北，不知距齐国几千万里；盖非舟车足力之所及，神游而已。其国无帅长，自然而已。其民无嗜欲，自然而已。不知乐生，不知恶死，故无夭殇；不知亲己，不知疏物，故无爱憎；不知背逆，不知向顺，故无利害；都无所爱惜，都无所畏忌。入水不溺，入火不热。斫挞[1]无伤痛，指擿无痟痒[2]。乘空如履实，寝虚若处床。云雾不硋其视，雷霆不乱其听，美恶不滑其心，山谷不踬其步，[3]神行而已。①

注

［1］斫挞（zhuó tà）：刀砍鞭打。

［2］擿（zhì）：搔；痟，酸痛。

［3］硋（ài）：障碍；滑（huá），乱；踬（zhì），颠踬，绊倒，挫折，阻滞。

故事大意

黄帝三月不问政事，白天睡觉做了一个梦，梦见漫游到华胥氏之国。华胥氏之国在弇州西面、台州北面，离中国有几千几万里；不是船车和行走能去得到的。这个国家不设首领官位，听其自然而已；这里的百姓没有嗜好和欲望，听其自然而已；人们不知生的欢乐，不知道死的厌恶，所以婴儿和青少年没有夭折和死亡；不知道爱护自己，不知道疏远别人，所以没有爱憎；不知道违背迕逆，不知道趋向顺从，所以没有利害；他们全都没有什么爱憎，没有什么畏忌。入水不被淹，入火不被烧。刀砍鞭打没有伤痛感觉，指甲抓搔没有酸痒感觉。飞腾空中如脚踏实地，睡在虚处如睡在床上。云雾障碍不了视线，雷霆扰乱不了听觉，美的恶的迷惑不了内心，山丘深谷阻止不了脚步，这不过是精神运行罢了。

（二）伏羲女娲兄妹为婚

关于伏羲女娲的婚姻，有两种完全不同的传说，一说他们以娶嫁为婚，一说他们以兄妹为婚。二者反映的是不同历史时代的婚姻制度。

晋皇甫谧撰《帝王世纪》说女娲太昊"制嫁娶之礼"，"女娲祷祠神，祈而为女媒，因置婚姻，行媒始此明矣。……姻者，姻之始，媒者，姻之聚，所谓昏因姻媒如此"。罗泌在《路史·后纪·女皇氏》说："女皇氏砲娲，云姓，一曰女希[1]，蛇身牛首，太昊氏之女弟[2]。出于承匡，生而神灵，少佐太昊，祷于神祇，祈而为女妇，正姓氏，职婚姻，通行媒[3]，以重万民之判，是曰神媒。"这是第一种说法，说明他们是娶嫁婚。

另一种说法是兄妹为婚。见于唐李冗《独异志》，记曰："昔宇宙初开之时，

---

① 王强模译注，《列子全译》，贵州人民出版社，第29页。

只有伏羲、女娲兄妹二人在昆仑山,而天下未有人民,议以为夫妻,又自羞耻。兄即与妹上昆仑山,咒曰:'天若遗我兄妹二人为夫妻,而烟悉合;若不使,烟散。'于是烟即合,其妹即来就兄,乃结草为扇,以障其面。今时人取妇执扇,象其事也。"①

注

[1]女希:即女娲。传说中太昊氏衰,共工惟始作乱,壅洪水以祸天下,女娲以其神力与共工氏斗争,灭共工氏。女娲乃称帝,号女皇氏,即女希,治于中皇山,后人叫女娲山。在少数民族的洪水神话中,发动大洪水的不是共工,而是雷公。

[2]女弟:非确指胞妹,亦可指表妹。

[3]行媒:指实行婚媒制度,即改野合婚为行媒制,所以后人祀奉她为高禖(媒)神。

附言

记得辽宁阜平县曾发掘出一个8000年前的陶罐,上面有一个图案,一条小蛇咬住一个在奔逃中的青蛙的一条腿,名曰小龙逐蛙。这正是伏羲女娲兄妹为婚的故事的生动描述。可见兄妹为婚的故事8000年前就有了。

兄妹为婚的传说,在西南少数民族中流传很广。如彝族的《葛梅》《查姆》,苗族的《古歌》《创世记》,瑶族的《伏羲兄妹》,仫佬(mù lǎo)族的《伏羲兄弟的传说》等神话中都有大洪水后兄妹为婚的故事。苗族《召亚兄妹》因洪水兄妹滚磨盘为婚;瑶族《伏羲兄妹》有伏羲兄妹躲进葫芦避洪水,滚磨为婚;布依族、仫佬族、傈僳族、独龙族等都有避洪水,兄妹滚磨成婚再造人类的传说。

故事大意

汉族的伏羲女娲为夫妇,有文字记载的最早见于战国楚帛书"伏羲女娲创世,伏羲四子授四时"神话。李冗所记与各少数民族的传说相同。白族的创世神话说,洪水到来前,天神阿白偷偷告诉人们:地上要发大洪水啦,你们赶快搬到葫芦里去住吧!人们不相信,只有阿布帖和妹妹阿约帖相信阿白的话,躲进葫芦里去住了。几天后,地上果然发了99天大洪水,把地上的人全淹死了,只有阿布帖和阿约帖因躲进葫芦顺水漂流,才活了下来。洪水退了,地上没有了人烟。为了繁衍人类,阿布帖要求和阿约帖成为夫妻。妹妹说,要问天神的意思。哥哥

---

① 古小说丛刊,唐李冗撰,《独异志》,中华书局。

放了一个贝壳在河西，妹妹拿了一根银棍子在河东，请示天神说，如将银棍子丢过来正好打中贝壳，兄妹就成婚。天神同意了。妹妹在河东将银棍子丢去，正好打中贝壳。他们就成了婚，结为夫妻。后来生了五个儿女。分别嫁给熊、虎、蛇、鼠等动物，蔓延成了熊、虎、蛇、鼠等氏族，从此有了人类。

《民间文学》1964年第3期第49页刊载陈钧收集整理的《伏羲女娲制人烟》的故事。情节大略是：老百姓得罪了天帝，玉帝报复，令风伯雨师下凡，刮暴风下暴雨，三天内洪水漫天，百姓都淹死了。这一消息早被一位天神知道，他见伏羲、女娲二人勤劳善良，设计搭救，于是赠送了一只竹篮，并教给他们使用方法。洪水来后，这二人坐在竹篮里，避过了洪水。兄妹见世上无人，就用泥巴做人，这时地母娘娘不许，说："你们用泥巴做人，我到哪里去找泥填起？你们兄妹结婚不就得了？"女娲不应，兄妹商量了七天七夜。女娲决计叫哥哥追自己，追得上就成亲。女娲围山跑，伏羲在后面追，可总也追不上。这时乌龟对伏羲说："倒转来撵，就能抓住女娲了。"伏羲听了乌龟的话，果然一下就抓住了女娲。伏羲要成亲，女娲不答应，就提出在山上滚磨盘，若两扇磨盘重合在一起，就成亲。于是他们就滚磨盘，结果磨盘重叠在一起，他们便成亲了。婚后不久，女娲生了一个肉团，伏羲不高兴，拿刀砍，把肉团砍碎了，丢到山里头，都变成了人。伏羲数了一数，正好一百个，他们到哪儿，就以哪儿为姓，后来就成了百家姓。

这两个故事与李冗的故事情节基本一致。它们反映的都是原始时代的血缘婚姻制度。

故事解说

五帝时代存在多种婚姻制度

神媒为婚与兄妹为婚，是人类不同历史阶段的不同的婚姻制度。最原始的是群婚制。全世界都一样。开始是血缘群婚，后来发展为等级群婚，同族中的男女互为夫妻，再后来是族外对偶婚。伏羲女娲的婚姻应是胞族兄妹婚。到五帝时期发展为各种婚姻制度并存的格局：

（1）五帝时期的野合婚很普遍，五帝时期的帝王都有野合婚的传说；

（2）奴隶制时开始推行娶嫁制婚姻制度；

（3）血缘兄妹婚仍存在，表亲婚姻一直到1949年前都有；

（4）产生父母指定婚姻，如尧指定娥皇、女英为舜妻。

按历史发展顺序来说，兄妹婚与野合婚应是新石器时代或伏羲女娲前时代通行的婚姻制度。在传说中，我国新石器时代确实存在着血缘婚姻，后来打破了这种制度实行族外婚,即平辈男女为夫妻的群婚制度。这种习俗"三代"之前的历朝历代都有。战国之后,在一些少数民族中亦有。即使到战国后,此风俗亦存在很久。《列子·汤问》记载上古时"男女杂游,不媒不聘"。《北史·高丽传》说,其俗"多游女,夫无常人,夜则男女群聚而戏,无有贵贱之节"。《齐东野语》说西南诸蛮"其群皆雌,无匹偶,每遇男子,必负去求合"。至于表亲婚姻在中国从上古到20世纪末明令禁止为止,一直都有。所以,伏羲时代兄妹或表兄妹为婚实属正常,是群婚制的叛逆与进步。我认为:伏羲女娲的婚姻应是中国最早的族外婚。如果这一点成立,那么,我们可以说洪水之后再造人类的兄妹婚应在前,娶嫁婚制度应在后。它们是不同历史时期的婚姻制度。

(三)伏羲创世 四子步时

晚周(战国)楚帛书,于1942年9月在湖南长沙东南郊子弹库被盗出土,流失美国,现藏于美国赛克勒基金会(纽约)大都会博物馆。1944年我国收藏家蔡季襄著《晚周缯书考证》一书加以披露,震惊世人。他说此书以墨书于缯(帛)上,字若蝇头,笔画匀整,完全六国体。书分两面,互相颠倒:一面8行,行37字,计270字;一面13行,行34字,计412字。四周绘有奇禽异兽图像及诡异人物,为十二时神。那两面颠倒的即伏羲创世神话与创世论。

帛上的伏羲创世神话创世论和天地四时神的故事,是我国迄今为止发现的最早、最完整有关伏羲的创世神话与创世论。由于帛书文字艰深难懂,脱落难辨,无能解说,现将天文学家冯时和历史学家何新先生的释读文字分列于下,共诸君分享。

故事大意

楚帛书原文,中国社科院冯时著,《天文考古学》,第13—14页有注释。北大王大有教授编著,《三皇五帝时代》,时代经济出版社,第97页,译文综合校改。二人在文字断句方面均有较大差距。现将冯时先生的译文摘录于下。

冯时译文

在天地尚未形成的远古时代,大能氏伏羲降生,他生于华胥,居于雷夏,靠渔猎为生。当时的宇宙广大而无形,晦明难辨,草木繁茂,洪水浩渺,无风无雨,一片混沌景象。后来伏羲娶女娲为妻,生下四个孩子,他们立定天地,化育万物,于是天地形成,宇宙初开。以后夏禹和商契开始为天地的广狭周界规划立法，他们于大地勘定九州岛，敷平水土，又上分九天，测量天周度数，辛勤地来往于天地之间。大地上山陵横阻而淤塞不通，致使洪水泛滥，禹和契便导山导水，跋涉于山陵、激流与泥沼，命令山川四海的阴气阳气疏通。当时日月还没有产生，于是伏羲女娲的四个孩子依次在天盖上步算时间，轮流更替，确定春分、夏至、秋分和冬至。

在分至四时产生千百年之后，日月由帝俊孕育而产生。当时九州岛的地势不平，大地和山陵都向一侧倾斜。四子这时又来到天盖上，推动天盖开始绕北极转动，并守护着支撑天盖的五根天柱，使其精气不致散亡而朽损。接着，炎帝又命祝融，让四子定出春分、秋分和夏至、冬至时太阳在天盖上运行的三条轨道，又将天盖用钢绳固定于地的四维，同时定出东、西、南、北四正方向。在三天四极奠定之后，帝喾终于开始操纵日月正常地运行起来。

后来因为共工步算历法过疏而使阳历长于阴历十日，从而导致了四时失度，但四子归岁余为闰，创设闰法，终使年岁有序而无忧。共工的疏失又使风雨无定，七曜之行无常，朔晦失序，四子于是恭敬地迎送日月，使日月各行其道而安然无忧。人间这才有了朝、昏、昼、夜的分别，创造宇宙的过程才终于完成了。①

伏羲究竟是怎样创造出天地宇宙日月星辰的呢？简单地说就是用阴阳相搏的办法。具体的，请看何新先生对楚帛书中的一段帛书文字和周边帛画的释读与介绍。[1]帛书说：太极生水。水与太极相搏，形成天。天与太极相搏，形成大地；天地相搏，形成日、月、星、雷、电等神明。[2]神明相搏，形成了阴阳；阴阳相搏，形成四时；四时相搏，形成寒暑。寒暑相搏形成水、旱；水旱又相搏，形成年岁运行。所以说，太极藏在水中，运行于时空，乃是万物之母，一缺一盈，成为万物的经纬。②

帛书四周还有四时天神和十二月神[3]的帛画与说明文字。其中有秉司春（三、四、五月），秉即句芒；且司夏（六、七、八月），且（狙）即祝融；玄司秋（九、十、十一月），玄即玄冥；荼司冬（十二、一、二月），荼即神荼郁垒。

在十二月神中，三月是秉／毕方鸟／白芒神，四月是蚩尤神，五月是云神隗神，六月是举父祝融，九月是玄武蓐收，十二月是神荼虎神，一月是禺强。

这就是说在战国中期，四方天神东方勾芒、西方蓐收、南方祝融、北方玄冥（禺强）的观念就已基本形成了。

---

① 冯时著，《中国天文考古学》，中国社会科学院出版社，第30—31页。
② 何新著，《楚帛书与夏小正新解》，2007年，时事出版社，第32页。

注

[1] 伏羲创世神话根据冯时、何新先生对1942年出土之战国楚帛书的研究成果摘录。1973年再次发掘之楚帛画，确定楚墨帛书成书年代在战国中期，这就是说伏羲创世神话和四时天神体系在战国中期就已形成。

[2] 太极：指事物对立统一的统一体。相搏指在统一体内的矛盾斗争。所以，太极生水，水与太极相搏而形成天、地、日、月、星辰等神明。这一观点应是世界上最早最清晰且极具科学价值的本原神话表述。这也是中国古典哲学的基本出发点。天下万物都存在矛盾与斗争，经过矛盾斗争而产生新的事物，从而将传统的阴阳观念与五行学术通过四时神联系成了一体。

[3] 十二月神与四时神部分均为摘录，不是全文。四时神中，楚俗所传与其他地方不完全一样。如北方神玄冥，楚为西方神玄冥；北方神鲸（禺强、禺鲸），楚为神荼郁垒，其他地方民俗虽也有神荼郁垒，但法定四时神却是玄冥。

附言

四时神与十二月神帛画存于楚帛书方缯的四围，犹如一部通灵历法，让人膜拜。1973年我国再次对长沙子弹库进行发掘，获得了楚帛画等文物。经鉴定确认楚帛书为战国中期文物，极为珍贵。

故事解说

一个小故事一部神话史

载入维罗妮卡·艾恩斯《神话的历史》的中国神话故事有三则：盘古开天辟地，阴阳二神为混沌开窍，女娲抟黄土造人。其中没有伏羲创世神话。只因作者尚未接触伏羲创世这则神话。这则故事，并不亚于那几则故事，它有着许多非凡的意义。它像一部华夏民族的神话史和创世历史书，带给我们大量的见所未见、闻所未闻的信息。

首先是盖天论。我们过去从思想史、天文史上知道古人有盖天论，但具体是怎样的，不清楚。看了这个故事，我们才明白，原来他们认为天和地是连在一起的。在他们的想象中，天地像一把会转动的大伞。当中用一根大柱子、四面四根小柱子撑着，用四根绳子固定在地上。神可以从大柱子上爬到盖子上去。它的转动靠伏羲四子重该熙修的力量推动。在此基础上，才由帝夋驾驭日月，操纵日月的运行，再"恭敬地迎送日月，使日月各行其道"。当时人们运用的历法——太阳历，一年为10个月，每月36天，共有360天，外加5天过年。月亮历即农历以晦、朔、望、上弦、下弦月的月相为依据，一年为12个月，有大月小月之分，大月30天，小月29天。月亮历，又叫阴历。它比太阳历一年相差十多天。这则故事说是由于共工计算错误造成的。又是伏羲四子爬到天盖上去重新计算，以闰月形式，加以纠正，这才形成了后来的四时年岁之分，以共工之误喻两种历法的特点与存在，实是妙不可言。

其次，我们在这里看到了量天步地说。在伏羲女娲之前，宇宙广大而无形，天地晦明难辨，是一片混沌景象。伏羲女娲结为夫妻生了4个孩子，才立定天地，化育万物，使天地形成、宇宙初开。但是还未开发。天地之间空间的开发由天神禹和契为天地立法，敷平水土，勘定九州岛，上分九天，测量出天周的度数，又疏通江河才形成的。当时还没有日月，先由伏羲四子爬上天盖，步算时间分出春分、夏至、秋分、冬至，分出四时，然后由帝夋产生出日月来。当然，大禹和契的量天步地之功也难以磨灭。

第三，创造世界的过程是漫长而复杂的。这个故事里包容了许多神话故事。首先，它描述了伏羲女娲创世。他们的功绩是"立定天地""形成了天地"，使"宇宙初开"。

伏羲创世是通过太乙与水相搏才形成天地日月星辰的，四时也是通过"搏"而形成的；重该熙修四神，是位居四方掌管四季的授时天神，具有明确的时空观念。神话的本质是人话，改变现实的是人不是神。脱离人的神是怪物。所以，楚帛书中的十二月神的神形，完全不同于《山海经》里的人兽结合的图腾神。它们大多是方面、无眸、无耳、一头或多头，与鸟身、牛身、猴身、鱼身相结合而成的怪物。这是世界上最早的怪兽。从中我们不难看出，伏羲创世的故事和四季天神及十二月神的故事在战国秦汉时就已深入民间，形成了习俗。

在伏羲故事里，除了伏羲女娲与四季神的故事以外，还有三组故事：大禹与契平治水土、量天步地；帝俊（夋）造日月；共工步算天地。这几组神话集中在一个故事中，像是在叙述中华民族的历史，并以神话的形式描述了华夏民族的发展过程。简直像一部英雄史诗一样。难怪何新先生在解说这一故事时感叹道："我们原是英雄种族的后裔"，"华夏民族的先史中有一个神的时代，这个时代实际就是华夏民族肇始和文明滥觞的英雄时代"，"实在是一个群星灿烂的时代，慷慨悲壮的时代，奋进刚毅的时代……创造英雄和产生英雄的时代"。[①] 我以为，楚帛书的实质内容不是赞美诗，不是祷告词，不是艺人的说唱，而是继夏小正与月令之后的又一部天文历法史。伏羲神话与四季神话只是这一历法的依椐与厚重背景。它概括地记录了我国天文历法创造的历史，忠实地记录了先民们对空间、时

---

① 何新著，《楚帛书与夏小正新解·我们原是英雄种族的后裔》，时事出版社，总序。

间的区割与认识,以及他们的思维方式。如盖天论,阴阳五行观念,周而复始依太阳运转而分出四时等。表明他们已走出了混沌状态,从神话走向了科学。这在世界神话史上恐怕也是极其罕见的。我相信,这则故事要是被维罗妮卡发现,也同样会被写进她的《神话的历史》的。

(四)伏羲始作八卦

《周易·系辞》说,"古者包羲氏之王天下也,仰则观象于天,俯则观法于地,观鸟兽之文与地之宜,近取诸身,远取诸物,于是始作八卦[1],以通神明之德,以类万物之情","天垂象,现吉凶,圣人象之。河出图洛出书,圣人则之[2]"。又说包羲"作结绳而为网罟,以佃以渔,盖取诸《离》","包羲氏没,神农氏作,斩木为耜,揉木为耒,耒耜之利,以教天下,盖取诸《益》"。

注

[1] 始作八卦:始作,开始制作,即发明制作出八卦这一器物。说明八卦经历了历代帝王如神农、黄帝、尧舜等的不断补充发展才完成的。《周礼》记载历史上有三易。一是《连山易》,据说这是夏朝人用的易,称为夏易,它以艮为首。二是《归藏易》,人称为商易,以坤为首。三是乾坤易,即周易,以乾为首。前两种易已失传,周易尚存。《太平御览》《秘府略》均记载引述,前二种易曾存在。八卦以画卦形态表述天地山泽风雷水火等人类生存本原,推演四时八节的发展变化,可能是世界上寿命最长、生命力最旺的历书。因此说八卦始作者是伏羲。

[2] 河出图洛出书,圣人则之:指伏羲根据河图、洛书画出了八卦。这只是推测。河图与洛书,从记载数据来看,并不是一个东西。《春秋命历序》说:"河图帝王之阶,图载江河、山川、世界之分野。所以有尧坛于河,受《龙图》作《握河记》,逮虞舜、夏商,咸亦受焉。"说明河图是古帝王交接班时的国土四面八方九州岛九河疆界的凭证图书。而洛书表示的是以八角为中心指示四时八节的历法示意图。二者均是国家的神器,十分重要。二者均无"0",而有十进制原数的标识与运用。八卦可能是四五千年前古人运用了河图的四面八方九州岛山川的地理的标志,洛书是四时八节历法的标志。所以才有文王,甲象崇山而画八卦之说。

故事大意

上文的大意是说,从前包羲氏王天下的时候,通过长期对天象气象观察,对鸟兽虫鱼等物象观察，对人自身的观察结果综合河图四面八方的疆域标志，洛书四时八节的历法规定和十进制数的原理发明了八卦。传说伏羲时有一天黄河上出现了一条龙马，那龙马背上有许多黑点白点绘制的图形，后人称之为河图。后来在洛水上也出现了有图形的神龟，即洛书。伏羲就根据观象所得和神示的指引制作出了八卦。后来八卦经神农、黄帝、尧、舜、禹和三代王者的不断发展补充，至周文王孔子时代才成为一个系统完整的科学体系。这一体系的核心与主体是八卦。发明人是始祖伏羲。

故事解说

伏羲是八卦的创始人

"伏羲始作八卦"是说伏羲是八卦的创始者、发明人。八卦是由三皇五帝不断发展补充而成的。八卦概括的是天地间的八类事物，即天、地、水、火、风、雷、山、泽，代表着万物，它们是人类生存的本原。卦名为乾、坤、坎、离、巽、震、艮、兑。每一卦分阴阳六爻。八卦指示着自然界的四时八节、四面八方、日月星辰的运行规律和人间的吉凶祸福。它第一次将十进制、二进制、十二进制等数的概念与阴阳结合并以卦形显示出来，集中反映了我国古老的宇宙构

成模式和科学成就。从历史发展过程来看，我以为八卦至少有以下四种基本的形态。一是八角星八卦；二是八角星与数结合形态的八卦，如洛书之类；三是数字八卦；四是画卦。八卦与八角谐音，八角即八卦。而八角由四个立杆测影的勾股弦图形交汇而成。它具有时间观念、方位观念和数的观念。考古发掘的六七千年前的八角星很多，伏羲始作的八卦，很可能是他制作了类似于凌家滩的玉版八角一类器物，即河图与洛书一类器物，后来改进为画图八卦，所以称"始作"。

现代人对周易八卦的认识并不相同，他们各取所需，各自侧重一面进行强调。有人对巫术感兴趣，就说它是巫术之书；有人对历法感兴趣，就说它是历法记录；有人说它是最古老的哲学著作；有人说它是一部科学著作，它保存具有现代科学价值的数学发明二进制、十进制等。我以为由于古人认为言难尽意，数难尽意，以图示意，意在其中，故而意味无穷。陈久金、张敬国先生认定安徽含山凌家滩的玉版八角是伏羲始作的八卦，不无道理。含山玉版八角正是四面八方，四时八节与十进制数和阴阳结合的产物。至少，它十分契合伏羲八卦的理念。

七、女娲补天造人神话

女娲是中国神话史上神力最广大的地母神。她不仅抗洪水，救生民，补苍天，济民生，用泥土造人，而且还有七十二番变化，敢于抗击一切危害人民生命财产安全的阴阳气息与神怪鬼魅，是中国人心中最伟大的保护神。这里记载她的几个小故事。

（一）人王女娲

[宋]罗泌《路史·后纪·女皇氏》记载她是人王。文中说：女皇氏炮娲[1]，云姓，一曰女希[2]，蛇身牛首，太昊氏之女弟。出于承匡[3]，生而神灵，少佐太昊，祷于神祇，祈而为女妇，正姓氏，职婚姻，通行媒，以重万民之判，是曰神媒。

注

[1]炮娲：炮，文义同胞，指伏羲与女娲是兄妹。这一点有争议，战国楚帛书就记载他们是异族，非一母所生。

[2]女希：女娲朝的名号。《史记·补三皇本纪》云，女娲"代宓牺立，号曰女希氏"。

[3]承匡：承继伏羲的事业，以匡扶天下。女娲时代应是中国母系社会的鼎盛时代。

故事大意

女娲自幼聪明伶俐，高挑的个儿，大大的眼睛，俊俏迷人，爱民胜于爱己。她很小就帮助伏羲料理朝政，出谋划策。伏羲去世后，由她执掌朝政，号称女希，成为中国的第一个女皇，被称为女皇氏炮娲。传说她出身于与伏羲联姻的表亲氏族，风姓，也是以蛇身为图腾神的氏族。相传因一场大洪水，淹死了很多人，她与伏羲因躲进一个大葫芦里才得以逃生。为繁衍人类，她与伏羲祈求上天允诺与伏羲结为夫妇,也就是废除群婚制,实行聘婚制的开始。女娲也因此成了中华民族敬仰的高禖(媒)神。

(二)女娲炼五彩石以补苍天

《列子·汤问》中夏革在回答汤有关物的问题时,说:"天地亦是物也,物有不足,故昔者女娲氏炼五彩石以补其阙;断鳌之足以立四极[1]。其后共工氏与颛顼争为帝,[2]怒而触不周之山[3],折天柱,绝地维,故天倾西北,日月星辰就焉;地不满东南,故百川水潦归焉。"①

"往古之时,四极废,九州裂,天不兼覆,地不周载;[4]火爁焱[5]而不灭,水浩洋[6]而不息,猛兽食颛民[7],鸷鸟攫老弱。于是女娲炼五色石以补苍天,断鳌足以立四极,杀黑龙以济冀州,积芦灰以止淫水。苍天补,四极正,淫水涸,冀州平,狡虫[8]死,颛民生。背方州[9],抱圆天,和春阳夏,杀秋约冬,枕方寝绳[10],阴阳之所壅沈[11]不通者,窍理之;逆气戾物[12]伤民厚积者,绝止之。……考其功烈,上际九天,下契黄垆,名声被后世,光晖重万物。"②

注

[1]鳌(áo):神话中指海中大龟,大鳌鱼。四极,四荒,四海,均泛指四方边远之地。

[2]共工:古官名,古神名,古氏族名。传说共工是炎帝的后裔。其祖先,神形为蛇身赤发,乘二龙。曾与颛顼(zhuān xū)争为天帝。颛顼,高阳氏,古部落联盟首领。神话中说共工曾与女娲、颛顼、帝喾争帝,均败。他是治理洪水的能手,因败而被驱逐,被流放,被说成是发洪水的坏人。

[3]不周之山:神山,地处西北,因山峰之间有一缺口而不周延,寒风常年由此入侵内地。古人认为天是由四周八座大山作柱子撑着的。不周山是西北的天柱。神话中说不周山的缺口是共工撞断了的,由此引起了中国天倾西北、地倾东南的地貌特点。那不周山在何处众说纷纭,我猜想可能是宁夏与甘肃内蒙交界处的贺兰山、六盘山之间的缺口引发的联想。

[4]往古之时,四极废,九州裂,天不兼覆,地不周载:传说天由四根柱子撑着。废,指天柱折断了。由于天倾西北,所以天没有全部把地覆盖,地也不能普遍承载。

---

① 王强模译注,《列子全译》,贵州人民出版社,第122页。
② 赵宗乙译注,《淮南子》(上),黑龙江人民出版社,第307页。

［5］爁焱：爁（làn），指火一直燃烧着。

［6］浩洋：水如汪洋大海，无边无际。

［7］颛民：忠厚的老百姓。

［8］狡虫：狡犬，凶猛狂暴之犬。

［9］方州：大地。

［10］枕方寝绳：枕方石，睡绳床。

［11］壅沈：壅滞。

［12］逆气戾物：一切伤民身体，害民财物的事她都会制止。

故事大意

夏革答汤问时说天地是物，物总是有缺点，不完美的。所以有时天漏，就发生了大洪水。很古的时候，女娲为了补天漏，炼五彩石修补天地缺损，她砍了海里大鳌的脚作为天柱来支撑四方的天。后来共工氏同颛顼争帝位，争不过，一生气一头撞断了天柱不周山，也折断了维系天地的绳子，使天西北倾斜，天上的星星也移位了，地朝东南陷下去，地上河流的水都流到东南低洼海里去了。

淮南子说：由于洪水泛滥，猛兽吞食了善良的人民，鸷鸟攫取了老弱之人。在这种情况下，女娲站出来补天。她到西边高山上采集了五彩石用炉子炼了，飞上天修补缺陷的苍天，砍了鳌足支撑被折坏的四极，杀死黑龙拯救冀州，又堆积了大量的芦灰来阻止洪水，才把天修补好了，把四极立正了，把淫水止住了，把猛兽杀死了，使冀州安定了，人民得以生存。

她背靠方正的大地，怀抱圆环的苍天，让春天温和、夏天炎热、秋天萧杀、冬天敛藏，让人民枕方石、睡绳床，从而安居乐业。一切有害老百姓健康、有损老百姓财物的事，她都会制止。她的功劳那么大，声名上际九天，下及黄泉，传至千秋万世，功绩光辉映日月，可她从不彰其功，不扬其声，遵从天地之自然。

故事解说

洪水与女娲补天

有人否认古时有洪水发生。事实表明上古时代确实有洪水暴发。古人认为洪水是"天漏"即淫雨、暴雨造成的。这并不奇怪，直到现在我国每年都有大洪水。现在有，上古时代也有。洪水来了淹没村庄、农田，淹没了百姓，古今都是一样的。今天人们无法阻止洪水的发生，上古的人民同样无法阻止洪水的发生与破坏。古代的许多文明被毁灭都与洪水有关。考古证实著名的 8000 年前的贾湖文化、7000 年前的河姆渡文化、5000 年前的安徽含山凌家滩文化，都毁于洪水。

在这种情况下,人民盼望着有一位英雄能站出来补苍天,止洪水。女娲补天正是这一思想的产物。人民把她描绘成顶天立地的天下第一女英雄。所以在5300年前,人们就为她塑像立庙,尊奉她为女帝、高禖神。无疑这女神女帝便成了人民对母系氏族社会中一位最有权威的王者最难忘的记忆。

(三)女娲抟黄土造人

《风俗通义》及《太平御览》《博物志》均记载:天地开辟,未有人民,女娲抟[1]黄土作人,剧务,力不暇供,乃引絙于泥中,举以为人。故富贵者黄土人也,贫贱凡庸者絙[2]人也。(《太平御览》七八,三六〇,事物纪原一,广博志九)

注

[1] 抟(tuán):团泥巴。
[2] 絙(huán):说文,絙,缓也。段注,缓也,即线、绳子。

故事大意

天地开辟之后,未有人民,为了繁衍人类,女娲就抟黄泥巴做人。她开始是捏泥人,捏好一个吹一口气,一个泥人就活了。后来嫌这种方法太慢,就用一根粗大的绳子放在泥里绞动,泥浆飞动,飞出的小泥点经她一吹,也都一个个变成了人。由于女娲造人时用的泥不同,造出来的人地位也不同。富贵的人是用黄泥捏的,穷人是用绳子在烂泥里绞出来的。所以,他们富贵贫贱不同。

(四)女娲七十化

帝王世纪辑存

"天地初开,承伏羲制度,亦人头蛇身,一日七十化"[1]。

《淮南子·说林训》:"黄帝生阴阳,上骈生耳目,桑林生臂手,此女娲所以七十化也。"[2]

《山海经·大荒西经》:"有神十人,名曰女娲之肠,[3]化为神,处栗广之野,横道而处[4]。"

注

[1] 一日七十化:一天之内可有七十种变化。

〔2〕此女娲所以七十化也：黄帝（天帝）、上骈、桑林均为古神，由于他们的帮助，所以女娲能一日七十化。

〔3〕有神十人，名曰女娲之肠：郭璞注，肠为腹。女娲古神而帝者，人面蛇身，一日七十变，其腹化为此神。

〔4〕横道而处：横道而处，无畏无惧是蛇的习性。这里指十神居栗广之野，也是很有本事的。

上述几则故事表明女娲的法力广大，一日而七十变。不仅能补苍天，止洪水，用泥巴造人，禁止一切"逆气厌物"伤民害财的事，可以乘雷车、驾应龙，登上九霄云天，到祖先那里休息，而且她还能一日七十变，以应付各种伤民害民事件。不管到哪里，她都会生出神来，得到神助，帮她完成一般人神不能完成的任务。

故事大意

爱人者为神

王者爱人民，人民敬王者为神。这是原始神灵产生的根本原因。在圣人的眼里，妙万物者为神。在人民的眼里是圣而为神。女娲与伏羲本是龙氏族的表兄妹，并不是神。她自幼聪慧，常在伏羲身边蹦来跳去，渐渐地帮助伏羲处理一些氏族内部的事务，因此与普通族人联系密切，深知他们的疾苦，也深得老百姓的喜欢与拥护。伏羲十分喜欢她。谁料到夏天的几天暴雨，引发了一场大洪水，把这里的一切都改变了：稻田被淹，房屋被毁，人被淹死了，往日的"骨笛高扬白鹭飞"的情景不见了。她与伏羲要不是躲进一个大葫芦避难，恐怕也被淹死了。为了繁衍人类，她与伏羲祈求上天保佑，同意他们结为夫妇。他们结婚后生了四个儿子和一个女儿，开始了新的生活。可是不久，伏羲去世了，老百姓拥护她成了氏族的王者，这就是后人所说女皇女帝王朝。女娲为王以后，得到了上天和各方众神相助。她可以乘雷车，驾应龙，上下往来；可以炼五彩石补苍天；可以呼风唤雨；可以登九天揽月，下五洋捉鳖。她能一天七十变，法力无边，一切危害人民生命财产的妖魔鬼魅都在她的驱逐之列。在她的保护之下，大地很快恢复了生机。没有人，她就用黄泥造；没有粮，她就命天犬把狗尾巴草和野谷送给人们种植。在她的辛勤努力下，贾湖又现一派兴旺景象：日落贾湖白鹭飞，骨笛一声牛羊归。炊烟绕着茅檐转，琴瑟笙埙紧相随。女娲时代过去了，人民忘不了她。为纪念她，到处都建庙祭祀她，奉她为人类最高的祖母神——高禖神。一切求子求福保平安的事，无一不找着她。

故事解说

中国的第一女帝

关于女娲补天造人的说法很多。

世界上用泥土造人的神话,也并非只此一例,各地都有。维罗妮卡在《神话的历史》一书中说,北美洲西南部印第安人说第一代人是天父地母生出来的。霍皮族印第安人说是天上一对孪生兄弟来到人间,他们先造了动物,再用黏土造了人类。中美洲玛雅人认为,第一批人是泥土造的,很愚蠢,被毁灭了;第二批人是用木头造的,因没有良知,被烈火烧死、洪水淹死、魔鬼吞吃了;第三批人是用玉米造的,很聪明,他们成了玛雅人的祖先。

在我国西南部少数民族地区,有用石头造人,以石头为祖先的传说。藏族传说中有一则故事叫《女娲娘娘补天》。这则故事说由于火神、水神在路上相遇,互不让路打起架来,火神被打败很生气,碰到了布州山,压在天河上,使天河漏了,引起了大洪水。因此女娲应子孙要求出来补天。开始用泥巴补,漏水,后来用木头补,被水冲塌。再后来大虾为帮助女娲,用嘴咬断自己的虾钳交给女娲,女娲用两只长的虾脚顶东边天,用两只短的顶西边天,从海底找来五彩石把天补

起来。① 与世界诸多造人神话相比，中国的女娲造人有以下诸多不同。首先，作为人类始祖，由于她提倡娶嫁婚姻，提倡保育生子，所以后人奉她为生育之神，敬为高禖神。我国考古工作者 1984 年在辽宁省凌源县建平县交界处的牛河梁上发掘出一座古神庙，内有一座完整的女神像。她两颧突起，圆额头，扁鼻子，尖下巴，面部朱红色，两个眼珠碧绿有神，赤身裸体，鼓腹孕身，专家们鉴定它是 5300 年前的女娲神。这说明，女娲早在 5000 多年前就被尊为生育之神了。

其次，她作开辟之神，初创人类，以泥土造人，并给予种种繁衍生存条件，才有今日的人类。但她造的人是分等级的，也许并非她的本意。

第三，她作为最早的女帝、圣君的成就已有考古证实。由于一场大洪水毁灭了她创造的一切文明成就。据王大有著《三皇五帝时代》记载，女娲曾继伏羲之后在河南贾湖建都称帝。在这里创造了一个辉煌的时代。考古发掘出贾湖 8000 年前的骨笛、稻谷等文物证明了这一点。当大洪水到来，女娲面对大洪水，感慨万千，昔日桃红柳绿、莺歌燕舞的村庄没有了；百里鱼跃的镜湖与万顷馨香的稻花没有了。放眼全是茫茫的洪水，无尽的荒凉。她的勤劳的人民大都被淹没了，离散了；仙鹤不舞，骨笛不闻，神鬼不应。因此，她怒目仰视，愤而炼石补天，逼洪水消退，令春风再来，着杨花飞絮，让人民安居。这才使她安下心来，露出些许的自慰之情。

---

① 谷德明编，《中国少数民族神话》，中国民间文艺出版社，第 699—701 页。

八、中国的第一个天帝

　　现代许多人对帝喾不熟悉，很不了解他。其实他是我们民族很了不起的祖先，是中国的第一个天帝。中国的天帝殷以前是没有的，从殷开始才有天帝的称号。中国一共有三轮天帝。第一轮天帝就是帝喾。帝喾是人王，作为天帝称帝俊。他是殷人的祖先，被殷人称为天帝，所以帝俊应是中国最早的天帝。第二轮天帝，是战国时期才有的，依五行学术而成的五方天帝，即东方木德天帝太昊伏羲，南方火德天帝炎帝，西方金德天帝少昊，北方水德天帝颛顼，中央土德天帝黄帝，他是五位天帝中的最高统治者。第三轮天帝是宋明以后出现的玉皇大帝。

　　帝喾有四个妃子。第一个妃子叫姜嫄，她是天神。她生了个儿子名弃，即农神后稷，周人的祖先。第二个妃子叫简狄，生契，是测量大火星的天神，殷人的始祖。第三个妃子陈丰氏，她的儿子是"其仁如天"的帝尧。第四个妃子叫常仪，她是生十日十二月的天神。《山海经》里说，"帝俊生中容国、晏龙国、白民国、黑齿国（姜姓）、季釐国及禺号、三身国，此外还有八子，始为歌舞"，"三身生义均，义均始为巧倕"，巧倕是百工之神。所以说帝喾一家上下都是天神，他是中国最早的贡献巨大的天帝。

（一）纳四妃，育四神，得八元

　　《史记》说帝喾[1]是黄帝的曾孙。他的父亲叫蟜极，蟜极的父亲是黄帝的儿子玄嚣。高辛是颛顼的族子。据说帝喾"生而神灵，自言其名。普施利物，不于其身。聪以知远，明以察微。顺天之义，知民之急。仁而威，惠而信，修身而天下服"。《帝王世纪》说他"年十五而佐颛顼，三十登帝位，都亳[2]。以木承水[3]，以人事纪官[4]也，故以勾芒为木正，祝融为火正，蓐收为金正，玄冥为水正，后土为土正，是五行之官，分职而治诸侯，于是化被天下，遂作乐六茎[5]以康帝位。世有才子八人，号曰八元[6]。亦纳四妃，卜其子皆有天下。元妃，有邰氏女，曰姜嫄[7]，生后稷[8]；次有娀氏女，曰简狄，生契；[9]次陈丰氏女，曰庆都，生放勋；[10]次娵訾氏女，曰常仪，生帝挚，[11]帝喾在位七十五年，年一百五岁而崩，葬东郡顿丘广阳里"。《路史》说他能"叙三辰[12]，治历明时，以着众历日月而迎送之，以顺天时之则，谓寅宾出日，寅宾纳日，教民稼穑，以因民也"。

注

[1]喾（kù）：《说文》中"喾，急也，酷之甚也"，从告声，借，诰。现读kù。古帝王名。封于辛，尊为高辛。《白虎通》说："喾方颐，骈齿，招摇星为天戈，戈楯相副，戴之像见，天中以为表干。"说明喾字头上的学字头是象征招摇星，是以表为干，极具权威性的标志。

[2]亳（bó）：《帝王世纪》云，亳在今河南偃师。古称西亳。

[3]以木承水：帝喾居东方，属木；颛顼居北方，属水。以木承水，意为他继承了颛顼的事业。

[4]人事纪官：指以金木水火土五行之名设官职，命官员，与以鸟、云等设名相对。

[5]六茎：古乐曲名。

[6]八元：指八才子，有说帝喾的八才子是伯奋、仲堪、叔献、季仲、伯虎、仲熊、叔豹、季狸。据说他们"忠肃共懿，宣慈惠和"，天下之民谓之八元。他们"齐圣广渊，明允笃诚"，为八大才艺之元即创始者，被尊为音乐艺术之神。

[7]姜嫄：嫄（yuán），传为有邰（tái）氏女，后稷之母，周之祖先。

[8]后稷：稷（jì），周人的祖先，农业种植之神，善种稷子而闻名于世。

[9]有娀（sōng）：古国名，在今山西运城一带。简狄：殷人的始祖。契：殷始祖。

[10]陈丰氏：尧母庆都的氏族。放勋，帝尧名。

[11]娵訾氏：訾（zǐ），古氏族。娵（jū），古月秩，一月为娵訾。常仪，俗称嫦娥、姮娥、羲和。她的儿子帝挚，执政九年。

[12]三辰：以日、月、星运行规律计算时辰，这是古代最先进的计时法。

（二）帝喾孕日月

晚周《楚帛书》说："在分至产生千百年后，日月由帝俊孕育而产生。"[1]"在三天四极奠定之后，帝俊终于开始操纵着日月正常地运行起来。"《山海经》记载，有女子方浴月，帝俊妻常仪，生月十有二，此始浴之。有羲和之国，有女子名曰羲和，方浴日于甘渊，羲和者[2]帝俊之妻生十日。

《潜夫论》说帝喾生而"神灵，德行祇肃，迎送日月，顺天之则，能叙三辰，以周民"。

《史记》说高辛"生而神灵，自言其名，普施利物，不于其身，聪以知远，明以察微。顺天之义，知民之急。仁而威，惠而信，修身而天下服"，又说他能"历日月而迎送之，[3]明鬼神而敬事之"。

注

[1] 这里说的分至指四时的二分即春分、秋分，二至即夏至、冬至。日月运行而产生四时（分至）。这里却是分至产生千百年后才孕生日月。这个日应指下文的十日；月指生月十有二，并不是生十个太阳、十二个月亮，而是谐指十月太阳历的历法和十二月太阴历，即月历（又叫阴历，农历）这两种历法。孕指创造了这两种历法。

[2] 羲和、常仪为一人，均指常俊之妻。浴月、浴日，给月亮太阳洗澡，是神物的拟人化语言。

[3] 历日月而迎送之：包括前文的"迎送日月"，均指帝喾作为人王对日月神灵是很恭敬的，所以日出日入都要恭亲迎送。这里指的作为人王对待日月的态度。前文"孕日月，生日月，浴日月"和"操纵着日月正常地运行"均指天帝的神力行为。

这几段文字的大意是说，帝喾（俊）有个漂亮的妻子叫常仪，又叫羲和。她生了十个太阳、十二个月亮，每当日月升起之前，她都要为他们沐浴，然后才让他们从大海里钻出来到天上去运行。帝俊是常仪的丈夫，日月自然也是他的儿女。他是天帝，也有资格指挥日月的运行。但作为人王他又对日月非常恭敬。每天都要沐浴恭迎亲送，以求天地和谐、风调雨顺。所以说他能"顺天之义，知民之急"，一点也不能大意。由于他"仁而威，惠而信，修身而天下服"，所以天下人都归服于他。也正因为这样，才被人民敬祀为天神天帝。作为人王，依据日月的运行制定历法是他的责任；作为天帝，驾驭日月的运行是他的权利。

故事大意

帝喾是上古帝王，殷人的祖先，被殷人尊为天帝。据说他通过联姻等手段使各民族和睦相处，共同发展天文科学，实行以一年中的第十三月为正月的历法，从而促进农业生产，改善人民的生活。但最著名的是他娶了四个老婆，生了许多很能干、被敬奉为神的儿子。

大老婆姜嫄，是有邰氏的女儿，古羌族人，死后被殷人奉为姜嫄神。甲骨文里有关于她的记载。山西至今还有邰台庙。她被敬奉为地母神。第二个老婆简狄，是有娀氏的女儿，古羌族人，商人的祖先。第三个老婆叫庆都，是陈丰氏的女儿。第四个老婆常仪，人称姮娥，是蚩尤的后代，娵訾氏的女儿，因为探月相有功，成为月神、地母神。

大老婆姜嫄年轻的时候，有一天到山上去玩，她和帝喾跳起了踏脚印舞，又跳又唱，姜嫄一下坐到了帝喾的怀里，被朋友们大笑一场，回家不久就怀孕生了孩子。由于占卜说这孩子长大后个子要高出门楣不吉利，所以帝喾令人将孩子从母亲怀里夺走，扔到院子边上，可牛羊都不踩他。后又命人扔到森林里去，又被砍树的人搭救了。再命人将孩子扔到荒野的寒冰上，又被鸟儿们张开翅膀护救了。人们觉得很奇怪，认为这孩子一定是神，就把孩子抱回来还给母亲。母亲报告了帝喾，帝喾才允许把孩子抱进宫中抚养。母亲因为他是弃儿，就给他取了个名字叫"弃"。这孩子长大后，一门心思学习农艺，帮助帝喾发展农业生产，帮了帝喾的大忙。据说他还教弟弟叔均也和他一起种田，一同驯养牛，发明了用牛耕田，极大地提高了生产力，被老百姓尊为农神。称他为农神后稷。他的后代周朝人供奉他为始祖。这事《诗经·闷宫》里有记载。

帝喾的第二个老婆叫简狄。她长得十分漂亮，常常和妹妹一块玩耍。有一天她们在外捉迷藏，一只燕子从头上飞过，生了一个蛋掉在旁边的草窝里。蛋儿小小的、白白的，圆圆的，透亮晶莹。简狄俯身拾了起来，丢进嘴里，一口吞进肚里，不久身上就有一种异样的感觉，一检查，是怀孕了，不久就生了一个男孩。简狄给他取了一个名字叫契，又称益，被尊为阏伯（益伯）。他奉命在河南商丘观察大火星，指导农业生产，又善于驯养鸟兽，发展成家禽。当过舜的司徒，夏禹治水的助手。因此他一直被尊为农神与星神。殷氏族据此认定自己是上天派来的玄鸟（燕子）的后裔，契是他们的祖先。至今商丘那地还有纪念阏伯观大火星的庙宇。

三老婆是陈丰氏的女儿，叫庆都，据说她是天帝之女，生于斗维之野，长大后样子也像天帝。年满二十，出观三河遇赤龙孕而生尧。他就是千百载歌颂实行禅让的圣君——唐尧。

四老婆常仪（又叫嫦娥、姮娥、羲和）更了不起。她不仅生了一个儿子叫挚，因与东夷太皋挚氏族联姻，承袭了东夷封号，长大后承袭了帝喾的王位，当了九年执政王。据说她是羲和的后代，以测月亮的运行为主，观测月亮的阴晴圆缺，发现每个月的月相有生月、上弦月、下弦月、晦月等周期性月相变化，协助帝喾推行阴历法和月纪日法。

此外，在神话中帝喾有二个女儿、八个儿子。他的二个女儿一个嫁给了盘瓠神祖为妻；一个女儿名文嬉嫁给鲧为妻，生了儿子文命。他的八个儿子是八神。帝喾在四个妻子和儿子们的帮助下大力发展农业和天文历法工作。他好像并不怎么费力就把天下治得井井有条。他很喜欢音乐，叫咸黑为他作了《九招》《六列》《六英》等曲子；叫巧倕制做了许多乐器，如鼙鼓、钟、磬、苓、管、埙、篪、鼗等。兴致来的时候让乐队们按曲子奏乐，他在一旁击掌相和，或者命宫女们以凤鸟天翟扮相，展开五彩翅膀，跟着节拍击石拊石翩翩起舞，使宫廷内外充满了一派和谐欢乐之声。

故事解说

帝喾，中国的第一个天帝

帝喾是中国传说中极有成就的上古帝王。他的几个儿子尧、契、稷、挚都是圣君贤臣，被尊为神，故而帝喾在商周时代被尊为天帝、太阳神。

帝喾作为人王，他最重要的成就，是正朔服度惟时之宜，叙三辰，以着众历日月而迎送之，寅宾出日，寅饯纳日，治历明时，教民稼穑。正朔三而改，再而复。实行第十三个月为正。按此，一是其时他发明了十二个月置闰历法，即十三月。二是仁而威，惠而信。他穿着随便，冬轻以暖，夏轻以清。屋室也不甚考究，"土事不文，木事不饰"，提倡以德治世，谓德莫尚于博爱，能顺天之义，知民之急，修身而天下服。三是设立专职的天文官职。因民之需，实行五行命官制。他命重为木正，黎为火正，该为金正，修熙为水正。这种制度在颛顼时代就有了。《左传·昭公十七年传》注说颛顼以春官为木正，夏官为火正，秋官为金正，冬官为水正，中官为土正。高辛因之，以春夏秋冬四时为官职名。进而以重黎为祝融官职。这种以四时设官的制度延续到了周朝。四是在音乐方面的贡献很大，许多史书，如《吕氏春秋》《史记》等都记载说喾制吹苓、鼙鼓、埙、篪、钟、磬，作《九歌》《六茎》《六英》。

他的子孙后稷播五谷被尊为农神、田祖，契助禹治水、观大火，授民时，被尊为星神，其他八个儿子因皆八元之艺被祀为八神。他的妃子姜嫄、简狄、庆都、常仪都是天神。他是这一神系家族之长，被殷人尊为地位最高的创世天神。

《孔子家语》说，孔子告诉他的弟子们说，五帝指的是天帝、天神，不是指人王。因此在春秋之前的历朝历代都不称黄帝、颛顼、帝喾、尧舜等人王为帝，到战国中期以后五行盛行，才以金木水火土五星之精为帝而称为五方天帝，并改称夏以前的五个朝代的人王为五帝。但帝喾之称为天帝比这要早得多。殷人就一直称他们的祖先帝喾为天帝。帝喾是尧的父辈,据称帝喾朝有400多年,比战国的五帝之称早了2000多年,应该是中国最早的天帝。难怪在伏羲故事里就有"在分至四时产生千百年之后,日月由帝俊孕育而产生",所以帝喾(俊)是中国最早的天帝,后来道家的天帝太一,五帝升天以后五帝中的黄帝(儒家的天帝)相继取代了帝喾的天帝位置。到了佛教盛行后,又出现了玉皇大帝,取代了太一和黄帝。天帝是宗教哲学的标志,不同的宗教哲学有不同的天帝。中国天帝的改朝换代,反映了中国历朝宗教哲学的兴衰。

(三)天帝命神犬盘瓠擒敌[1]

高辛氏[2]有老妇人居于王宫,得耳疾历时。医为挑治,出顶虫[3],大如茧。妇人去后,置以瓠篱[4],覆之以盘。俄尔顶虫乃化为犬,其文五色,因名盘瓠,遂畜之。时戎吴强盛,数侵边境,遣将征讨,不能擒胜。乃募天下能得戎吴将首者,赠金千斤,封邑万户,又赐以少女。后盘瓠衔得一头,将造王阙。王诊视之,即是戎吴。为之奈何?群臣皆曰:"盘瓠是畜,不可官秩,又不可妻,虽有功,无施也。"少女闻之,启王曰:"大王既以我许天下矣,盘瓠衔首而来,为国除害,此天命使然,岂狗之智力哉!王者重言,伯者重信,不可以女子微躯而负约于天下,国之祸也。"王惧而从之,令少女从盘瓠。

盘瓠将女上南山,草木茂盛,无人行迹。于是女解去衣裳,为仆竖之结,着独立之衣,[5]随盘瓠升山,入谷,止于石室之中。王悲思之,遣往视觅,辄风雨,岭震云晦,往者莫至。

盖经三年,产六男六女。盘瓠死后,自相配偶,因为夫妇。织绩木皮,染以草实。好五色衣服,裁制皆有尾形。后母归,以语王,王遣使迎诸男女,天不复雨。衣服褊裢[6],语言侏离,食蹲踞,好山恶都。王顺其意,赐以名山广泽,号曰"蛮夷"。蛮夷者,外痴内黠,安土从旧。以其受异气于天命,故待以不常之律。田作贾贩,无关繻符使[7],租税之赋。有邑君长,皆赐印绶。冠用獭皮,取其游食于水。今即梁、汉、巴蜀、武陵、长沙、庐江郡夷是也。用糁杂鱼肉,叩槽而号,以祭盘瓠,[8]其俗至今。故世称:"赤髀横裙[9],盘瓠子孙。"

注

[1]本文的原文注释与译文均摘自[晋]干宝著、黄涤明译注的《搜神记全译》,贵州人民出版社,第382—385页。个别字句有改动。这是一则畲族的族源神话。

〔2〕高辛氏：即帝喾，上古帝王。后被殷人周人祀为天帝。在楚帛书伏羲神话中，他是造日月者。

〔3〕顶虫：畲族《狗皇（王）歌》作"金虫"。指天神老妇人的耳屎变神犬。

〔4〕瓠篱：葫芦所做的瓢笊篱之类厨具。

〔5〕仆竖之结：即作奴仆打扮。结，发髻。独立之衣，指奴仆干活时穿的衣服。"为仆竖之结，着独立之衣"指将其公主的衣着打扮改变为奴仆的衣着打扮。

〔6〕褊裢（biǎnlián）：衣服斑烂；侏离：语言难辩。

〔7〕关繻（xū）：即出入关口的通行证。符使，调兵遣将的凭证信符。

〔8〕糁杂鱼肉，叩槽而号，以祭盘瓠：这是一种图腾祭祀的仪式，据刘锡蕃《岭表纪蛮》说狗王唯狗瑶祀之。每值正朔，家人负狗环行炉灶前三匝，然后举家男女向狗膜拜。是日就餐，献上鱼肉掺杂的祭品，叩槽而歌，蹲地而食，以纪念盘瓠。

〔9〕赤髀横裙：赤，裸露；髀，大腿；横裙，遮前身的短裙。现在苗族人尚存在赤髀横裙的习俗。

故事大意

传说高辛时王宫里有一个天神老妇，她得了耳病很长时间没好。医生给她医治耳病，结果挑出来一条金虫。老妇人离开后，把这条虫子放在木盘子里，上面用瓢盖着。不一会儿那金虫就变成一条狗，身上五色斑斓，很漂亮，就给它取名"盘瓠"，将它饲养了起来。

当时戎族吴部很强大，屡次侵犯帝喾王国的边境。帝喾多次派兵征讨，都不能获胜。于是他就诏告天下，说有谁能取得戎吴将军首级，就赏他金千斤，封邑万户，还把小女儿许配于他。布告一出，众人皆惊。揭黄榜者，乃盘瓠。没过多久，那盘瓠果然衔了一颗人头来到宫中。帝喾仔细验视，正是吴将军的头颅。这可怎么办呢？帝喾征询群臣们的意见。大臣们都说："盘瓠是畜生，不能给他封官许俸禄，更不能许以公主为妻。即使有功，也不能用这样的办法奖赏它。"帝喾的小女儿听到后，跑去禀告帝喾说："大王既已拿我向天下人许诺，盘瓠衔得首级来，为国家除了害，这是上天的旨意，不是一条狗的智慧与力量。王者重言，霸者重信，不能因女儿轻微的身躯而违背向天下人许下的诺言。如果那样，就会给国家带来灾祸。"帝喾觉得女儿的话很有道理，但在感情上不舍，最后还是怀着畏惧之心，依小女儿的意见，将她许给了盘瓠。

盘瓠带着帝喾的小女儿到了南方，那里草木繁茂，没有人迹。于是小公主就脱下原来的衣服，像奴仆一样穿上干活的衣服，跟着盘瓠登高山、穿深谷、住石屋。帝喾思念小女儿，派人去看望她，可一去不是刮风下雨、山摇地动，就是乌云密布，难以到达那里找到小女儿。

三年过去了，小公主和她的丈夫有了六男六女。盘瓠死后，儿女们自相婚配，结为夫妇。他们用树皮纺线织布，用草籽染上颜色，缝成五彩斑斓的带有尾巴的衣服。后来他们的母亲回到王宫，把情况报给了帝喾。帝喾便派遣使者将那些孩子接回宫里。他们穿上五彩斑斓的衣服，讲着谁也听不懂的家乡话，在地上蹲着吃饭，别人看不惯他们，他们也不习惯城里人的习俗，吵着要回山里去。无可奈何，帝喾只好依从他们，赐给他们名山大川，称他们为"蛮夷"，让他们回到蛮夷地方去。蛮夷人表面很老实，内心却很狡黠，他们安于乡土，重视旧俗。他们在那里耕种经商，进出自由没有关卡，从来也不交租税，所有的部落首领都赐有官印绶带。他们的帽子是用獭皮制的。如今的梁州、汉中郡、巴郡、蜀郡、武陵郡、长沙郡、庐江郡的夷人就是这样的。他们用米饭掺杂着鱼肉，敲着木槽呼喊，以此来祭祀盘瓠，这种风俗现在还有。因此人们说，"露着大腿、系着横裙的，是盘瓠的子孙。"

故事解说

盘瓠与盘古

这个被称为盘瓠神犬的故事是一则原始风情十分浓郁的族源神话。它带给我们的重要信息是：犬首人身的犬图腾氏族原来是帝喾的后代，龙犬氏族的始祖神。这则故事讲述了这个氏族的来龙去脉。

故事最早见于《风俗通义》，后载于《后汉书·南蛮传》。它不仅说明这个书面文字记载的故事是很早就流行于民间的，而且说明他们和汉民族最早是同一个祖先，都是龙图腾氏族的后代。

汉民族，夏商周三代最崇拜的祖先除尧、舜、鲧、禹外，最为崇拜的"天帝"是帝喾。帝喾在夏商周三代时，被祀为天帝。盘瓠即天帝的女婿。在传说中，有关天狗的故事不少。畲族认为他们正是这位天狗神的后代。

畲族，汉藏语系，分布于福建、浙江、广东、江西、安徽等地。他们那里流行有"高辛与龙王"的创世神话。说的是高辛时，人们还住在黑黝黝的天地里，是高辛用松枝编成球，点着火挂在天上，才有月亮。天破了，是高辛捡来宝石作钉子，把天补起来，闪亮的宝石全部变成了星星。正是这位高辛把女儿嫁给了他们氏族的首领，使他们不能忘记，所以他们编了歌来唱。

畲族《狗皇歌》[①]

当初出朝高辛王，出来嬉游看田场；
皇后耳痛三年在，医出金虫三寸长。
医出金虫三寸长，便置金盘拿来养；
一日三时望长大，变成龙狗长二丈。
变成龙狗长二丈，五色花斑书成行；
五色花斑生得好，皇帝圣旨叫金龙。
收复番王是侩人，爱讨皇帝女结亲；
第三宫女生还愿，金钟内里去变身。
金钟内里去变身，断定七日变成人；
六日皇后来开看，奈是头未变成人；
头是龙狗身是人，爱讨皇帝女结亲；
皇帝圣旨话难改，开基蓝、雷、盘祖宗。

在这里，我们看到的是：

第一，畲族认为高辛是开天辟地的大神，是一个造月亮、造星星，能化树枝为飞鸟和走兽的天神，是他们民族的始祖。他们的蓝、雷、盘祖宗正是高辛的女儿生的儿子，他们和高辛有着血脉联系。

第二，他们的族神盘瓠，是人身狗头的图腾神。为什么变成这样的呢？原来那狗是帝喾老妇人耳中的金虫变的。这条金虫放在金钟里要七天才能变成人，由于第六天就急于揭盖子，所以才成了"头是龙狗身是人"的龙氏族与犬氏族综合图腾神形。老妇人是母系氏族的天神，盘瓠自然是天神的后代了。

第三，盘瓠氏族分蓝、雷、盘三祖。他们到汉代依旧保留着古老而朴实的与众不同的习俗。诸如"蹲地而食""掺杂鱼肉，叩槽而号""赤髀横裙"之类，至今仍是苗瑶畲等民族的习俗。

这个故事传播过程中，各地有较大的差别。如《风俗通》所载的故事，并无《后汉书》掏耳虫、置金钟等说法，而《风俗通》中有"冠用獭皮，名渠曰精夫，相呼为姎徒"之类，为原故事所无。我们采用《搜神记》十四卷的故事，是因为它比较完整，神话特点比较浓，民间传说又与之印证。它提供的历史信息不能忽视：汉藏语系一家，他们的祖先来自盘古。在汉族记载中，《世本》《路史》均记载盘古是古氏族，在地望中河南郑州新郑有盘古城等实迹可考，说明它是汉民族

[①] 顾颉刚著，《古史辨》第七册上编，第172页。

的老祖宗。在我国少数民族中以盘古为祖先的很多。如土族的"混沌周末",苗族的"盘古制天地""盘古",布依族的"混沌王和盘果王",傈僳族的"盘古造人"等等,都认盘古为始祖。不过盘古和盘瓠还是有区别的。盘古在汉民族的传说中是三皇五帝之前的神,而盘瓠是三皇五帝之后的神。它们虽然语音相近,但字形不同,图腾标识也不同。盘古是龙图腾神,而盘瓠是狗图腾神。这说明盘古确是汉族与少数民族的共祖神。盘古与不同民族的图腾结合,便成为不同民族的盘古祖先神。畲族的盘瓠神是一例。

九、千里眼烛龙

（一）烛九阴

山海经·大荒北经①

西北海之外，赤水之北，有章尾山。有神，人面蛇身而赤，直目正乘[2]，其瞑乃晦，其视乃明[3]，不食不寝不息，风雨是谒[4]。是烛九阴，是谓烛龙。

注

[1]烛龙：烛龙氏族的图腾神。烛龙是章尾山即钟山之神，钟山的具体地址，当在今阴山一带。烛龙因住在钟山的北面，故名烛阴、烛九阴。

[2]直目正乘：郭璞注为"直目，目从也，正乘未闻"，意为纵目人。"三星堆"遗址发掘出纵目人青铜像，眼珠鼓出眼眶外寸许，或许这就是传说中的身长千里的千里眼。

[3]其瞑乃晦，其视乃明：眼睛闭起来是黑夜，睁开来是白天。

[4]风雨是谒：能请风请雨。

（二）千里眼烛龙

《山海经·海外北经》："钟山之神，名曰烛阴，视为昼，瞑为夜，吹为冬，呼为夏，不饮，不食，不息。息为风[1]；身长千里。在无綮之东。其为物，人面，蛇身，赤色，居钟山下。"

注

[1]息：前面的息，为休息，后面的息，指气息，即喘气成风。

---

① 陈成译注，《山海经》，上海古籍出版社，第262页。

故事大意

一

西北海之外，赤水之北，有一座章尾山，古章尾山即今阴山。据说山的北面住着一个山神，他长着人的面孔，蛇的身体，浑身上下红红的，眼珠子鼓到眼眶外面一寸多长，老百姓叫它千里眼。他的眼睛一闭起来就是黑夜，一张开来就是白天。平时它不吃不睡不呼吸，能呼风唤雨。它的眼睛像灯一样，能照亮九阴之地，所以人们叫它烛九阴，或烛龙。

二

也有人讲烛九阴的眼睛一睁开来就是白天，一闭起来就是黑夜。它吸一口气就是冬天，呼一口气就是夏天，它不饮不食也不休息。它鼻子里出一下气，就是大风大雨。它身长千里，住在无启国的东面，长着人的面孔，蛇的身体，浑身上下都是红色的。

故事解说

烛龙是阴阳二气之神

何新先生在《艺术现象的符号——文化学阐释》中说："烛龙不是一种生物存在的，而是北极圈附近的一种自然现象——极光。"本人很疑惑。因为烛龙（烛九阴），是西北神山上主宰日夜的山神。这一点，在故事里已说得十分明白了。需要说明的是：

其一，那烛龙居住的地方不是现代的北极附近，如莫斯科一带，而是古人心目中的西北的枢纽之地：天地之中。那儿上对北斗，下对黄泉，天上的大神下地，地上的大神上天，都要经过这里；太阳落下去，月亮升起来，要经过这里；冥神出地狱要经过这里。所以，这里一向被称为幽都，天地的枢纽。章尾山、钟山就是想象中的幽都的门户，而烛龙正是这里的主神，它是主宰白天黑夜阴阳交替的大神，即阳气和阴气交接之神。他的视为昼，瞑为夜，息为风等特点与盘古的气为风，左眼为日，右眼为月相似，但不是盘古。盘古是把天地分开的大神，烛龙是掌管白天黑夜交替的时间之神，神性有别。

其二，烛龙（烛九阴）的神形是人与动物合一的图腾祖神。其神力无比，它本身就是主宰日月（昼夜）、操纵风雨的超自然神，它并不住在天上，而是住在西北的神山之上。

其三，烛龙和一般超自然神或自然神最不相同的地方是它具有族神标记：人面蛇身，色赤，纵目，身长千里。很显然，它具有龙氏族的族神标志，应是与龙氏族相关的一位祖先神。不过我们现在见到有关烛龙氏族的记载很少，不知其族裔。从四川广汉三星堆出土的纵目人像和常璩《华阳国志》的记载，我们知道巴蜀的先王中确有蚕丛其人。陈列在成都三星堆博物馆里的青铜纵目人"阔眉大眼，眉骨上挑，眉宽6.5—7厘米，双眼斜长，眼球极度夸张，直径在13.5厘米，突出眼眶长16.5厘米，前端略显菱形，中部有一圈镯似的箍，宽2.8厘米，眼球中空，鹰钩鼻……大嘴，两嘴角上翘接近耳根，双耳极大，耳尖向斜上方伸出，似桃尖……额中部有一个10.4厘米×5.8厘米的方孔"，有人认为是第一代蜀人蚕丛。①《路史》说"蚕丛纵目，王瞿上"，四川成都双流县南18里有瞿上乡。瞿就是纵目，就是蚕丛。古称为夋（俊），因此怀疑纵目人就是帝俊、帝喾。四川民间也有不少关于纵目人和千里眼的传说。根据这些事实，我以为蚕丛（四川的纵目人）或许是钟山纵目人烛龙氏族的后裔。烛龙神话是这一氏族的创世祖神。

---

① 胡太玉著，《众神之国三星堆》，中国言实出版社，四川广汉三星堆青铜立人像。

十、夸父逐日神话

（一）夸父逐日

《山海经·大荒北经》《山海经·海外北经》：

"大荒之中，有山名曰成都载天[1]，有人珥两黄蛇，把两黄蛇[2]，名曰夸父。后土生信，信生夸父，夸父不量力，欲追日景[3]，逮之于禺谷[4]，将饮河而不足也，将走大泽，未至，死于此。""夸父与日逐走，入日。渴欲得饮，饮于河渭，河渭不足，北饮大泽，未至，道渴而死。弃其杖，化为邓林[5]。"

（二）应龙杀夸父

"应龙已杀蚩尤又杀夸父[6]。乃去南方处之，故南方多雨。"

注

[1]成都载天：西北海中之大山。在神话传说中这座山是通往天上，通往天下，通往幽都之门。

[2]珥两黄蛇：耳朵上戴了两条黄蛇，以示英武。

[3]景：即影，指日影。"逐日景，逮之于禺谷"，即追逐太阳的影子，在禺谷那地方将日影逮住。表明夸父逮日影指的是立杆测影。逐日神话是立杆测影的演绎。大泽：指其时黄河以北地区如甘肃、宁夏、内蒙北面的大泽，现在是沙漠之地。

[4]禺谷：日落之地。

[5]邓林：神话中的桃林。郭璞注：邓林地"在今弘农湖县"，即豫西地区。"夸父者，盖神人之名也，其能及日景而倾河渭，岂以走饮哉？寄用于走饮耳。几乎不疾而速，不行而至者矣。此以一体为万殊，存亡代谢，寄邓林而遁形，恶得寻其灵化哉！"①木杖化为邓林，是上古人死而复生，死而不灭观念的反映。

---

① 《山海经·海外北经》，陈成译注，上海古籍出版社，第265—266页。

[6]应龙已杀蚩尤又杀夸父：应龙是天上旱神。传说他奉上天之命，下地助黄帝擒了蚩尤，但他违背天命，杀了蚩尤"又杀"夸父，所以回不了天上。这里的夸父与前面逐日的夸父不是一个人。前者是夸父氏族的开辟之神，后者是该氏族的后裔。在黄帝与蚩尤的战争中被应龙所杀的是后者，不是逐日的夸父。这是两个不同的故事。

故事大意

在西北大荒漠中，有一座神山叫成都载天，它是通往天地与地狱的大门。这儿住着一个巨人神，它住的地方叫聂耳国，又叫儋耳国，即大耳朵国。它的耳朵有多大？据说这儿的人走起路来，必须用手把耳朵托住才能走，睡觉的时候也不用铺席子，把耳朵拉起来，就能当席子睡觉。夸父人的耳朵上总是挂两条黄蛇，像两个耳坠子一样，向两肩垂着，一个手里还抓一条黄蛇。夸父国人一看这个神像就一眼认出来这是他们夸父族的祖先。据说这个神是一个叫信的神的儿子，信是中央天帝的助手后土的儿子。夸父是一个专门测日入影子的巨人神，有千里追风的本领，被世人称为风神。他干了一件一般神人不敢干的事，不仅能以自己的身体追踪太阳的影子，而且能抓住（重合）太阳的影子。

有一天他折下一根桃枝当拐杖去追快要下山的太阳。追到太阳将要落下去的地方——禺谷，终于把太阳的影子逮住了。但他却被太阳强烈的阳光与灼热，煎熬得饥渴难忍。为了解渴，他把黄河、渭河里的河水都喝干了，还是渴的不得了，他不得不拄着拐杖想要去北方去喝大泽里的水。还没走到哪里，就渴死了。死的时候，他两眼一闭，手一松，那根桃木拐杖从他手里滑了下来，掉在地上。后来那根桃木拐杖也有神力变成了一片桃林，后人叫它邓林。

前面那个夸父是陆上的风神，幽冥的祖神，相当于我们后人讲的专管阴间事情的阎罗王。古时没有阎罗王这个神，只有夸父神。夸父神管太阳落下去的事，具有阴神的品格，被夸父氏族敬为始祖神。到黄帝与蚩尤的逐鹿之战的时候，夸父氏族的人很同情蚩尤族，站在蚩尤一边，曾派兵帮蚩尤打黄帝。黄帝令天神应龙擒杀蚩尤，夸父氏族不平，认为蚩尤知天有功，发展农业生产有功，制兵有功，不应将他杀死，因而出兵相助，故被应龙追杀。夸父带着队伍逃到了南方。由于他是风雨之神，他到南方，使南方变得多风多雨，晦暗潮湿。由于应龙杀夸父并无天命，天帝使它变成腥臊的旱神，不允许它回天廷了。

故事解说

夸父神话是我国最古老的幽冥神话

台湾学者王孝廉先生写过一本书，叫《中国的神话世界》（作家出版社）。该书第七章是夸父神话，分八节专门论述分析夸父神话的来龙去脉，指出夸父神话的原始意义。他认为夸父神话的意义是他为玄冥地下之国的风神巨人，由此而形成夸父追日的神话传说。

1987年4月长沙马王堆汉墓出土了棺盖绢绘幡一幅。画分天上、人间、地狱三层。最下地底一层，有海中巨人负地而立，并有大鱼、元龟、大蛇、人面鸟身、白狗等图像。此图与《庄子》《楚辞》《山海经》《淮南子》中众多神话图像吻合。所以王先生认为巨人夸父以及夸父追日的神话，与中国古代的幽冥神话有关。夸父所住的大山成都载天为"日月所入"之处。那里是天地交接之处，是天门，北极的幽都，即逮住太阳的禺谷。"他北饮大泽的大泽是雁门的委羽之山，亦即幽都"，也是幽都之门。

夸父之所以逮住太阳"于禺谷"，是因为"他的速度较太阳为快"。夸父是北方海中的巨人，他有巨大的神力。王先生更认为风神夸父与风神禺强有相同的神格，应为一个神。

《山海经》所记载的四方之神、四海之神，神形相似，都有珥两蛇，践两蛇的共同特征。禺强居"儋耳之国"，珥两蛇，践两蛇。夸父也居"耽耳之国"，珥两蛇，践两蛇。禺强是北海中的风神，夸父也是海中的大风。"来风曰夷"，夷从大从弓，即夸，夸指夸父，说明夸父也是风神。

玄冥是夏朝水官的名称，是水神之名。禺强是海神，也是风神。所以，王先生认为夸父、禺强、屏翳同义。故可知夸父具有玄冥的神性，是北方天帝颛顼的助手，是主刑杀、寒冬、晦暝、阴间、幽冥、地狱之神。这一点是我们现代普通人无法理解的。人们把夸父当成"自不量力"追日而死的傻大个，把他当成一个可笑的人，没有想到他是古代地狱的主宰者。

从本质上来说，我以为夸父追日影、最终把日影逮住，反映的是最古老的，至少是6000年以前立杆测影而编织出的神话。

十一、苗族创世祖神

马学良、今旦译注的《苗族史诗》[1],① 俗称苗族古歌,中国民间文艺出版社出版。全诗6000余行,采用问答与盘歌的形式,分《金银歌》《古枫歌》《蝴蝶歌》和《洪水滔天》《溯河西迁》等篇章叙述了苗族的历史风俗,古代农业生产状况与人文脉络。西南地区诸多少数民族中流传的开辟神话、射日神话、洪水神话、迁徙传说的基本情节与之大同小异,而苗族古歌这几个方面的核心情节和原始内核又与华夏民族的相关传说一致,说明我们本来就是一家人。苗族的西迁东祭,表露出一种与华夏民族难以割舍的血肉联系。现对该诗的主要章节撮要介绍如下:

(一) 制天造地

太古的时候,天粘着地,地连着天。黄平凝成一块,余庆凝成一坨。[2]那时候人坐着都要弓着脊梁,抬头就要碰着天。远古造天的公公、太初制地的婆婆,他们造了一个大坩锅,用它来冶天、炼地。一次做成了两块。白的向上浮,黑的往下走,造成了一块宽宽的天,一块大大的地。天说天大,地说地大,他们相互争吵。天像一个斗笠,地像一只撮箕。公公用金柱子支天,银柱子撑地。起初是用华梧树支天,用梧木支地,一天要塌好几回,有个叫九昌昂公公的人他把天往上撑,撑久了撑不动了,天就裂开了一条缝,眼看要塌下来,有个叫友婆婆[3]的人,头戴钢锅进村大喊,天塌下来砸死了友婆婆。九昌昂公公也被砸死了。后来又造支天柱,造了十二年,造了十二根柱子。一根安在雷公山顶,一根安在京城,一根安在镇远,一根安在别娥……十二根柱子都安好了。没立稳又倒了,后来还是应用当匠人的申九波择良重新把天支起来。

(二) 运金银造日月

天地开辟后接下来就是去运金银铸造日月。金子出在幼鸠池,银子出在幼鸠

---

① 译本,马学良、今旦译注,《苗族史诗》,中国民间文艺出版社,1983年。

池。去找了没有，后来去东方方陇河里去找，也没有，说是神仙崖有金子，多得会掉下来，也错了。金子叫金力诺，银子叫银力诺，金子银子到了东方，住在深渊里，穿着水染的衣服，在水里发出了叫声，被善友听到，他择吉日把金子银子请上来，用它们来打造太阳和月亮。"我们到东方去吧，把金子银子运来造月亮，造太阳，挂在天上，让每一个角落都光亮。"

要开始铸日造月了，善友量场地，向东量三天，往西量三天。量好了地方，先造铸日月的风箱。用山谷做风箱，用山脊做拉杆，拿高山当把手，拿石头当铁锤，用霉蒙泥当木炭[4]，用流星当火种。寒冬是个能干的人，挑着风箱走林窜户找活干，包公公、送公公开始造月亮造太阳。铸了十二个月亮、十二个太阳。但不太圆，他们把边边角角剪一剪才圆了。造好了拿秤来称一称，给他们安了名字，叫子、丑、寅、卯、辰、巳、午、未、申、酉、戌、亥。再用剩下的金屑，造成星星。造日月呼出的气体冲上天变成了银河，烟子飘上天变成了红霞。

太阳月亮造好了挂到了天上，告诉他们该卯时出就卯时出来，该酉时出来就酉时出来。由于太阳耳朵聋，把话听错了，变成了要出来就一起出来，要不出来，就都不出来，结果晒得连山崖都熔化了，庄稼没法种，人民没法活。扎昌得了神箭站在船沿想射太阳，瞄不准没法射，爬到山崖上也站不稳，后来爬到马桑树上去射，那马桑树高万丈，他在树上张弓搭箭，射穿太阳心，日月往下落，一共射掉了十一个太阳、十一个月亮，剩下一个太阳、一个月亮吓得发抖，躲到屋里不敢出来。请公鸡喔喔叫才被叫出来张一下脸。那时候年成好，天狗吃谷子，年成不好，天狗吃太阳和月亮。昌扎离家十一年射了十一个太阳和月亮，连儿子也射死了。他自己也死了，他和儿子都变成了星星。那一个太阳和月亮这才敢从家里跑出来，照亮人间。

（三）洪水滔天

雷公姜央是两兄弟，姜央是哥，雷公是弟。姜央以种地为生。雷公不老实务农，比较自私。因此他们常发生争执，一会争地基、一会争晒谷场，姜央得了便宜，雷公不服气，一气之下跑上天，要降冰雹大雨，淹死姜央才消气。姜央犁田没有牛向雷公借，借来牛被犁召杀了吃了，把牛尾巴插在水口里，说是牛陷进去了。雷公来了拔牛尾，拉不动（被犁召往反方向助力），拉了一天也拉不动，雷公一用力，反而仰面朝天倒在田里。这一下雷公更生气了，他决心上天发洪水。姜央知道雷公的脾气，也有心理准备。他去种葫芦，早上种，晚上开花，三天三夜后，葫芦就长得像个大水缸。三天之后果然下起了冰雹大雨，一连下了三天三夜，冰雹下了三个早晚，洪水淹没了人家，淹到了天边。雷公叫鹅去看一看水情，鹅回来报告，还有一个小山包，雷公很生气在鹅头上敲了一下，立刻起一个大包；又叫鸭探水情，鸭也如实报告还有一个小山包，被雷公踩了一脚，把鸭脚踩扁了。后来他又叫羊去探看水情，羊回来报告还有一个小山头，他抓住羊角扭了一把，把羊角扭得歪歪扭扭的。雷公叫公鸡去探看，公鸡说天下一片汪洋了，雷公一乐，给它搓了个尖嘴巴，好让它啄米粮。但洪水没有淹死姜央，因为他和妹妹掏空了葫芦，把家搬到葫芦里去了。

洪水退去以后，姜央和妹妹出了葫芦回到大地上，只见到处一片荒凉，不见人影，人都淹死了，就剩他和妹妹两人。怎么办？楠竹劝他们成亲，他们生气把竹子砍了。妹妹不答应。他们来到桥西，编了九个笼子，关了九只画眉，妹妹取画眉被夹住，姜央要妹答应才救她。妹不应，说："你找付石磨，扛到山坳上，我们滚磨盘，滚下来合了我就嫁给你。"结果合了，妹还是不答应。后来他们比骑马绕山追，一个向东一个向西，终于碰了头，哥娶了妹，妹作了妻。过了一些年，妹妹生了一个肉坨坨。姜央很生气，拿刀将肉坨坨切成肉片片，撒到九座山上，这些肉片片后来就变成了人。

（四）溯河西迁

姜央家养了五对爹娘，生了六对西迁的爹妈。爹妈原来住在东方，吃的是清明菜，穿的是笋壳片，老葛根当饭，崖藤叶作衣衫。要吃饭种苦荞，要穿裙子靠芭蕉，去西方找好生活，是大家的共同希望。一窝难容许多鸟，大家商量决定西迁。西迁祖先叫什么名字？寅公和卯公，辰公和色公，黎公和诺公，姜公和文公五对祖先，五对先人向西迁。勇娃从东方来，吹着喇叭。爹妈往西方求温饱。喜鹊报告说："它们看见西方山山产水果，西方坝坝出稻谷，谷子黄熟闪金光，棉花粗过锄头柄，棉花像牛心一样大，一枚做一件衣衫，百枚做一份家产，米饭糯得像糍粑团，丢进九个飞瀑，流下七个险滩，冲也冲不散。"妈妈本来西迁有顾虑，听了这番话，也乐得要上西方求饱暖。

爹妈本经东方的江西果，他们从江西果动身，顺着沙滩西行，经过槽子岭、碎石山，到党耶蒙，在那里祭祀先人高陶，然后经展巴山——南萝——南泽——展该坪——七个潭——镰刀滩——贡雄汪七百天空，然后到了方玖桑的西方，即九千地方。那里天空开阔，地方广袤。

除上面几个部分外《史诗》还写了《古枫歌》《蝴蝶歌》两章，从寻找树种、犁耙大地、播撒种子、种古枫、砍古枫及蝶母、十二蛋、追寻水牯牛耕地种粮、寻找祭服、祭祀祖宗等，丰富多彩，优美多姿。

注

[1] 据《苗族史诗》马学良先生的序中说："这部《史诗》的收集和调查工作，早在1952年就开始了。诗稿由马学良和邹禺厚、潘旦荣、今旦等苗族同志共同完成，后来在十年动乱中散失了，粉碎江青反革命集团后，今旦同志重新收集补充才完成的。"

[2] 黄平、余庆及后面提到的许多地名，如展巴山、南罗等等均是贵州地名，很多是黔东南地区的古地名。

[3] 祖先高陶，即帮大禹治水的东夷人皋陶。九昌昂公公、友婆婆及雷公、姜央等人名均为神话人物，并非现实的历史人物。

[4] 诗中用了许多西南地区民间俗语，为诗歌酿造了浓厚的具有地方特色和民族特色。如前面讲的一坨（一团）、斗笠（竹制雨具）、撮箕（簸箕）、风箱（铁匠打铁时拉的风箱）、霉蒙泥（烂糊泥）、水牯牛（牯牛即公牛，水牛中的公牛）、糍粑（糯米饭在石臼里捣烂做成的糕团）等，十分生动，充满了生活气息。

故事大意

1. 苗族《创世歌》概要

谷德明编，中国民间文艺出版社出版的《中国少数民族神话》第545—603页有苗族的《创世歌》，这个故事流行于广西融水苗族自治县，由苗族人杨达香口述，梁彬（苗族）收集整理。同样是开天辟地造日月、发大洪水、再造人类、兄妹为婚、渡河西迁，说法不同，别有滋味。再摘要转述几例。

2. 开天辟地

远古的时候，天上没有日月星辰，地上没有山川河流。田没人开，地没人种，布没人织，树没人栽。天地像糍粑粘在一起，分也分不开，暗昏昏，黑沉沉的，世间也分不出年月日。后来出了个半人半兽的巨人才把天地分开了。他叫纳罗引勾。

纳罗引勾巨人有多大？他的脚板长两里多，十二丈布也盖不住他两个膝盖头，2000张蓑衣也缝不成他的一个裤兜兜。他伸手揽浮云，覆手戳穿地。3000担糍粑也不够他吃一顿饭。他口渴万年也不死。

有一天另一个巨人仍雍古罗对他说想开辟天地，分开阴阳。于是他们就合作开天辟地。仍雍古罗拿出他藏着的八根大木柱，十六根大横梁，帮助顶天架地。纳罗引勾用手掌当刀，把天地切成两块，用脚踩地两手撑天，仍雍古罗竖起木柱，把天顶起来。后来木柱被虫蛀了，天塌下来了。他们二人把木柱换成了大银柱，银柱碎了，换成了铁柱，铁柱生锈了，还是不行，又换成了大石柱，石柱又裂了。怎么办呢？于是他们来到银河边找罗素婆婆帮忙。婆婆说："你的脚指头不是很好吗？虫不蛀，不生锈，又压不碎，可以当柱呀。"纳罗引勾信以为真，便砍下自己的四根脚指头，一根插西边，一根插南角，一根插北边，一根插东坡，就这样才把天撑起来了。

3. 大洪水

关于大洪水，这个故事里也有，是这么说的：有一年天旱，久未下雨，雷公脾气暴，又不太讲理，他跑到天上去直奔天池，放下水闸，打开天池里的大肚脐，那肚脐是由乌龟用肚子堵塞的，他掀开乌龟，天下的瓢泼大雨，连下了两天两夜，田不干，地不旱了。

先前雷公戏耍时丢了几颗葫芦籽。那葫芦籽三天发芽，九天开花，十二天结出葫芦。洪水来了，亨英兄妹二人把葫芦掏空了，那"葫芦禾苍大，装铺装禾把，装牛装羊，堆犁耙，天下发大水，坐着走天下"。由于雷公在地上睡懒觉忘了把那天池的肚脐眼堵上，造成了漫天大洪水。雷公一觉醒来，大吃一惊，听不到水响，看不见人畜，除那一家躲进葫芦的人以外，都淹死了，水淹过了山头，淹到了南天门了，雷公忙跑回天上用乌龟把天池的肚脐眼堵牢。亨英右手执大斧，左手握铜锤，从葫芦里钻出来到天上要找雷公算账，雷公吓得又滚又爬躲进房里不敢出来；亨英放蜂刺他，往它伤口上抹辣椒粉，这才把雷公制服了。此后是兄妹二人成亲的事。情节与其他传说相似。

4. 渡河西迁

这渡河西迁的故事是极有特色的。他们为什么西迁，没有背景说明，只是说六层坡，六层岭，人多，没吃的，饿肚子。田少地不多，只好想办法西迁。俗话说，树大分叉，人多分家。当逗把十族100支人的队伍要带到西方落日的地方去。

经过长途跋涉，他们来到了一抹平原，"这片地方好开田，好种柿，不愁吃，不愁穿，让我们留下吧！"当逗说："好吧，你们就在这里安家。"他留下了一族人，把剩下的九族人带走了。

走哇走，足足走了一年，来到了浊水河边，那浊水河就是今日的黄河，那河水汹涌，浪高水急，河又宽，过不去怎么办？当逗指挥族人砍来大树，锯成一段一段的木料，再想办法把木头挖空成一个个木槽槽，就是当今叫的独木舟。独木舟造好了，乘上过河，可是没到河当中，就被冲回头了。正在这时，河中央冒出了一只怪兽。当逗认得，那是一只大水獭，忙上前打招呼说："兄弟帮帮忙，我们在东方没法生活了，想西迁找活路，你帮个忙吧，我在这木槽子上拴根绳子，你帮我牵到对面去，在大石头拴起来。水獭心肠好，也就答应了，说绳子我可以帮你牵，但我不会拴绳子。"当逗说："好吧，你不会拴就不拴，只要你把绳子背到对面那块石头上，绕着大石头多跑几圈就可以了。"水獭答应了，在它的帮助下，当逗带领的人才渡过了黄河。

过了河他们一直朝西走，足足走了10年，十一族人110支人马离开了六层岭、六层坡，到最后就剩下当逗一族10支继续朝西走，才来到了贵州榕江一带。太阳吊在枝头上，坡头地角一片金光。当逗把一族3支人留在拱桐、安陧、四茶洞一带定居。他们不要金，不要银，在这里开荒种地撒粟禾，种糯禾，"糯禾年年种，年年剪，粟禾年年撒，年年收"，终于过上了幸福的生活。

故事解说

令人思索的颂歌

看了上述两组故事我们发现：

第一，故事描述的是普通苗族祖先对美好理想的追求。故事的内核相同：开天辟地，打造日月，洪水，兄妹为婚，西迁。西南地区诸多少数民族神话中，都有这些故事。华夏民族，不论是东夷、华夏、西戎、北狄，还是蒙、满、藏民族也有类似故事。这些故事在汉族的经典中也早有记载。如《山海经》《列子》《楚辞》等，历史杂著如《拾遗记》《古文考》《竹书纪年》《帝王世纪》《路史》《绎史》《春秋纬元命苞》《春秋命历序》等等著作中均有不同片段的"兄妹为婚""后羿射日""洪水"等故事的记载，但汉族的故事大多是环绕古帝王打转。而苗族古歌将这些故事融化于平民生活并极度的夸张与想象加以表现，使之具体化、形象化、口语化，成为一种民间艺术品，而不拘于历实的考证或论说观点的证明。

第二，《苗族史诗》的原始内核保留了许多令人沉思与追索的记忆痕迹。例如西迁渡黄河。在汉民族的史实中苗黎是蚩尤集团的一员。蚩尤是与黄帝、炎帝并列的中华民族的三大人文始祖之一。史诗中多处提到姜央（姜炎）、高陶（皋陶）等与汉民族记载的声音相偕的上古人物，古歌用极大的热情热烈歌颂枫树。在汉族神话中蚩尤死于冀中。有记载说，蚩尤被擒后戴上木枷，杀死于解池，血染木枷与解池，使解池水变色，木枷再生变成了枫树。蚩尤因掩护苗人南去，他自己却牺牲了。诗中只字未提此事，只是说在我国的传说中蚩尤死后，苗人始终不服，因此他们在东方因地少人多无法生活要西迁，未提蚩尤，也未提战争。在颛顼时代、尧舜禹时代，一直都在征伐三苗，发配到昆仑山下的不毛之地虚危，诗中也未提到。只是说他们要去寻找美好的生活。在考古发掘中，苗族有自己的古国故地，即今日的丹江口地区。尧亲自带人征伐，他的儿子丹朱因站在苗人一边，而被打入另册。按理说，他们离开东方应是离开故国西行才对。可他们却是渡黄河西去。为什么要渡黄河到贵州呢？是蚩尤兵败而西逃，还是借黄河写世道的凶险呢？在5000年前的三苗国在湖北襄樊丹江口，他们的族部的辖地已迁徙到了湖南西部和南部，从这里西迁贵州不是很近吗？何必去北边渡黄河呢？许多谜团令人悬想猜测，所以我说这是诗，也是谜。

　　第三，诗中以大胆的想象、丰富的比喻、有趣的对答，抛开一切不愉快的记忆，只写对美好生活的追求与向往。就单体故事而言，西南许多少数民族的天地开辟，捏泥团造人，造日月，射日月等都与之大同小异，但格局大为不同。苗族史诗尤为杰出。在诗里没有天帝没有玉皇大帝，即便是最有权威的天神务罗务素婆婆也同普通村民一样亲切。平凡的人如雷公，姜央靠种田吃饭，都是法力无边的天神。天地间就像一个村子的人来往一样，想来就来想走就走。天神是人，人也是天神，人会讲话，物也会讲话。天地一统，神人一体，物物同类。天地万物竞自由，实在是一个神奇莫测的世界。

十二、廪君和盐水女神[1]

务相投壶，女神求爱

廪君之先，故出巫诞[2]。巴郡南郡蛮，本有五姓：巴氏、樊氏、曋氏、相氏、郑氏，皆出于武落钟离山。其山有赤黑二穴。巴氏之子生于赤穴，四姓之子生于黑穴，未有君长，俱事鬼神。仍共掷剑于石穴[3]，约能中者，奉以为君。巴氏子务相乃独中之，众皆服。又令各乘土船，约能浮者，当以为君。余姓悉沉，惟务相独浮。因共立之，是为廪君。乃乘土船，从夷水至盐阳。盐水有神女，谓廪君曰："此地广大，鱼盐所出，愿留共居。"廪君不许。盐神暮辄[4]来宿，旦即化为虫，与诸虫群飞，闭掩日光，天地晦冥，积十余日。廪君不知东西所向，七日七夜，使人操青缕[5]以遗盐神，曰："缨此，即相宜云，与女俱生，宜将去。"盐神受而缨之。廪君即立阳石上，应青缕而射之，中盐神。盐神死，天乃大开。廪君于是君乎夷城[6]，四姓皆臣之。①

注

[1]廪君和盐水女神：均为氏族联盟的领袖，君长。《水经注》："江水又东，巫溪水注之。水南有盐井，并在建平县北。盐水下通巫溪。溪水是兼盐水之称矣。"盐水女神即巫溪之女神。

[2]巫诞：《山海经·海内经》有："西南有巴国。大皞生咸鸟，咸鸟生乘厘，乘厘生后照，后照始为巴人。"说明巴人是伏羲的后代，是十分古老的民族。巴国是古老的国家。常璩《华阳国志·巴志》记载，至汉时巴国"凡统郡一十二（包括巴、巴东、涪陵、巴西、宕渠、汉中、梓潼、武都、阴平、新城、上庸、魏兴），县五十八。但在巴国产生之前这里只有巴氏、樊氏、曋氏、相氏、郑氏五姓，其先祖出于巫水边上，至今没有首领"。这里的争神，即产生首领。

[3]仍：作乃。掷剑于石，即掷剑于石臼一类东西里，后来的投壶活动源于

---

① 《世本》八种增订本，陈其荣，中华书局，第12页；齐鲁社《帝王世纪》《世本》《逸周书》《古本竹书纪年》合订本，第53—54页。

此。这是一种原始的选举方式。

[4] 暮辄：辄（zhé），总是。指天黑总是来取宿。

[5] 青缕：缕（lǚ），线状物。青缕，指青丝带，或青麻绳、布带一类的织物。陈其荣《世本》增订本姓氏部分有此故事。结尾文字继"积十余日"之后为"廪君伺其便，因射杀之"。

[6] 夷城：指平定盐水女神之城。

故事大意

这个故事讲的是巴郡南郡那地方的人，有巴氏、樊氏、曋氏、相氏、郑氏五大姓氏。巴氏、樊氏、曋氏、相氏、郑氏都生于武落地区的钟离山一带。钟离山上有赤黑两个洞穴。巴氏之子生长于赤穴，四姓之子生长于黑穴。那时候，他们没有君长，碰到问题，全部是求鬼神帮忙解决。南方的部族发展起来时，发生过一些战争，他们只能凭长江三峡的险峻固守，从而保护自己。这几个部落之间发生纠纷，如一个氏族的牛羊践踏了对方的庄稼也没法解决。因此，他们希望通过选举公推一个共同的领袖来管理他们的国家。

怎么推选呢？他们商量决定用投壶的办法进行，即用箭往石臼里投，投进一支得一票。那时还没有壶，有人就搬来一个舂米用的石臼，要求大家往石臼里投。投壶仪式在一个山坡上的小坝子上举行。这一天特别热闹，大人小孩全都来了，连巫溪国的盐水女神也从盐水城赶来。为了保证公平，他们公推了三位长者为监视人。三位长者，有的监视投箭者所站的位置有无违规，报告投壶结果；有的负责收箭递箭；有的负责监视投中与否。他们宣布：投壶人必须站在五十步以外；投中者一轮得一票，连投三轮；谁中得多，谁胜；如互相等同，则再进行一轮比赛，直至分出胜负为止。

第一轮投壶开始了，大人敲梆，小孩叫喊，连鸟儿也高兴得叫个不停，鱼儿欢快地激起朵朵浪花。投壶人一个挨一个往石臼里投箭。结果第一轮樊、相二人各得一票。第二轮曋、相二人各得一票，第三轮郑、相二人各得一票。三轮下来，务相独得三票。本应宣布务相得胜，但有人提出质疑，怀疑盐水女神作弊，因她开始在现场，后来变成了一只飞蛾，飞走了。故怀疑是她助阵。

监视人当即决定再进行一次浮船比赛，获胜者为廪君。比赛地点在捍关举行。《水经注》说捍关是"廪君浮夷水所置也"。其时巴、楚攻伐，巴人借险设关。这儿离巫溪（盐水）不远。

比赛开始，监视人宣布各人乘土船，即用一段大木头挖空为船，看谁能浮水中，能浮水者为君。大家一一乘上土船冲浪激流，从夷水涉险至盐水盐阳城。这里是盐水女神的统治地方。他们以煮盐种稻维生,生活富裕。女神自然欢迎。但她要求务相答应她,与她相好。务相不同意,说:"我不会为获得你损害我们国家的利益。"盐水女神要求把她的国家并入巴国,拥护务相为廪君,也被廪君拒绝了,"因为这要我们国家和你们国家的人民都同意才行"。但当务相进行浮船比赛进入盐阳城后,才发现站在他面前的盐水女神是那么美丽,简直像个玉人似的,小眼、细眉、高鼻梁、小嘴巴,耳朵上还挂了一串绿色的玉缀,挽着葫芦结,穿白布衫,绿筒裙,翩翩而来,飘飘而去。再加上那副薄嘴皮,会说话,快人快语,声音甜美,所以务相很是动心,但他一直没有表白出来。这一点被盐水女神察觉了。

而盐水女神呢,偏偏对巴国务相一见钟情,她一生不知有多少神人追求她,她看都不看人家一眼,可偏偏相中了务相。因投壶时,她暗中相助,使之百发百中,故而引起监视者的怀疑。但她很得意自己的作为。务相来到盐水城后,她便暮辄来取宿,且即化为飞虫离去。正像歌里唱的"花非花,雾非雾,夜半来,天明去",甚至径直地要求务相娶她,务相也并未允诺,而是一门心思准备着来日的比赛。结果比划船,务相又赢了。监视人宣布务相获胜,成为巴国廪君。

务相成为巴国廪君之后,盐水女神再一次要求与务相成为夫妻,务相不允,这才激起盐水女神的一席话。他的成功与她的暗中相助有关,这使务相十分恼怒、羞愧,更不愿与她结合,他觉得他必须赶走这个女人。

盐水女神仍如往日,暮来朝去。去后与许多飞虫结群在天空中飞来飞去,掩蔽了阳光,使天地晦暝晦暗,一连七天七夜。开始他弄不清楚是怎么回事,后来得知是盐水女神搞的,就派人给她送了一根青丝绳,叫她结在头发上,说只有这样,才能博得务相的欢心,娶她为妻。盐水女神信以为真,系上青丝绳与同伴在天空飞舞,被务相发现,照青丝绳的一箭射去,正中盐水女神。盐水女神其实也知道这是务相的计谋,宁愿死在他的箭下,死的时候还是笑着的,临死时还对她的臣民说:"从今以后,我们盐水国就可以加入巴国了,务相就成了我们的廪君。这是我用牺牲自己换来的,你们必须服从他的领导,才能过上好日子。"

几日之后,云开雾散,天气晴朗,务相不安地安葬了盐水女神,进入了盐水国的都城,并答应吸收他们的全体人民加入巴国,成为巴国的一员。

故事解说

世界最早的民主选举制

廪君与盐水女神的故事,非常美,许多文献里都有记载。最早的记载见于《山海经》《世本》《蜀录》《书钞》等文献中。袁珂选译《神话选译百题》(上海古籍出版社）亦有载。

　　这个故事是由好几个故事合成的。一是投壶比赛，一是浮船比赛，一个是与盐水女神的相恋。这几个故事表达的是同一个主题，古人对自由的向往和追求。

　　投壶表达的是古人对政治自由的追求，这是迄今为止我们见到的古氏族以投壶方式（有的以投豆）选君主的文字记载，可以说这是我们迄今见到的我国原始公社推选氏族首领最为完整的记载。几千年来，我国抛弃了这一民主选举制度，实行宗法制。国家的权力有父传子、子传孙，一代一代世袭的，有武力夺取的，却没有选举君主的。所以这个数千年前推选君主的故事，特别令人兴奋，感到新鲜。这使人马上想到摩尔根《古代社会》中的氏族选举制度，他们也是公推的。这种情况，在中国 4000 年以前就有了。（这种民主制）除了远古之外，今天在偏僻山区的个别氏族或有类似情况存在。即使如此，在古代的汉族统治区也是不可能存在的。所以，民主选举制只能是一部分中层人士的一种向往。他们借选举表达对世袭制的不满。对多数居于下层的老百姓来说，他们并不在乎选举或不选举谁，而是看谁能给他们带来实惠，切实维护他们的利益。

第二章
图腾神话

本章集中介绍图腾神话。

图腾并不是从外国进口的，它是原始先民的一种民族标识。外国有，中国也有，图腾神话就是证明。因此我们可以从图腾神话了解我国的原始先民。

一、中国上古江淮部落图腾神——龙

二、中国上古东夷部落图腾神——凤

三、中国上古西羌部落图腾神——虎

四、大野的传说——麟

五、石头创世神话

六、昆仑神话

七、扶桑神话

八、西王母神话

九、图腾山神神话

十、中国母系社会的唯一遗存——云南摩梭人、普米人等氏族的原始婚俗

一、中国上古江淮部落图腾神——龙

龙，指的是中华民族的图腾神，并非实指某一种生物。这几例说的不是龙的来龙去脉，而是龙神意识的展现与拓展。

（一）江淮龙部落的蛇身人首与二龙神

太皞帝庖牺氏，风姓也，母曰华胥。燧人之世，有大人之迹出于雷泽之中，华胥履之，生庖牺于成纪。蛇身人首[1]，有圣德，为百王先。帝出于震，未有所因，故仁在东，主春，象日之明，是以称太皞，一号黄熊氏。

《尚书序》正义、《史记》索引补《三皇纪》均说："女娲氏，亦风姓也。承庖牺制度。亦蛇身人首，一号女希，是为女皇。及女娲氏没，次有大庭氏、柏皇氏、中央氏、栗陆氏、骊连氏、赫胥氏、尊卢氏、浑混氏、昊英氏、有巢氏、朱

襄氏、葛天氏、阴康氏、无怀氏，凡十三氏，皆袭庖牺之号。"（《初学记》九、《御览》七八）

注

[1]庖牺氏蛇身人首，女娲氏亦蛇身人首。在前人的意识中蛇（蟒）即龙。所以他们均是龙氏族的始祖神，故称二龙神。

（二）八卦乾龙

易　经

原文：乾。元亨，利贞。

初九　潜龙勿用。

九二　见龙在田，利见大人。

九三　君子终日乾乾，夕惕若。厉，无咎。

九四　或跃在渊，无咎。

九五　飞龙在天，利见大人。

上九　亢龙有悔。

用九　见群龙无首，吉。

译文

在《周易》之前有《连山易》《归藏易》。均由伏羲八卦演变而来。"—"代表阳，三叠构成乾卦。干为天，为健，故元亨利贞。"--"代表阴，三叠阴构成坤卦。坤为地，为顺。故坤，元亨，利牝马之贞。伏羲八卦由乾坤二卦交互变化而成。周易六十四卦由两重伏羲乾坤卦重叠，交互变化而成。

乾卦爻译文如下：

初九　是龙潜藏于水下之象，不可有所作为。

九二　龙出现在地上，对贵人有利。

九三　君子整天忧愁戒惧，夜里也战战兢兢。好像很危险的样子，但不会有什么危害。

九四　龙跃入深渊中没有什么灾害。

九五　龙已经飞到了天上，利见大人。

上九　处于极高地位的龙必将造成追悔之事。

用九　见群龙无首，吉。

注

对乾卦语意的解释，千万注家，各有不同。其中有两大不同的类型。一是象辞说的"大明始终，六位时成，时乘六龙以御天"。指天道变化，四季交替，万物生长，和合有序，即"保合太和"。一是如孔子所说，完全是指人的道德修养。按前一种解释，人们将此卦与日月星辰的运行及其对人的影响联系起来。如东方七宿的象征青龙龙角的角宿二星与心宿大火的出现隐没，与人们按其出现的时间的规律进行农业种植。

按第二种解释，则强调人的道德修养和对社会的治理。由此可知孔子的解释的内涵："潜龙勿用"指"龙德而隐者也"；"见龙在田"指"龙德而中正者也"；"终日乾乾"指"君子进德修业"，讲忠信，立其诚；"或跃在渊"，谓进德修业，与时俱进；"飞龙在天"，指"同声相应，同气相求"；"亢龙有悔"曰"贵而无位，高而无民"，是以"动而有悔"。

一个重于从天文学方面，自然方面解释，一个重于从社会学方面，从人的道德修养方面解释，二者截然不同。均无蛇的自然属性。

（三）龙为帝王瑞兆，是王权的象征

几乎所有上古帝王的出身都与龙瑞有关。故有龙瑞必为王。王之子为龙子，龙子即天之子。他们穿的衣为龙袍，坐的椅子为龙椅，办公的地方为龙廷，一切以龙为贵。

《史记·天官书》说："黄帝人首蛇身，尾交首上。黄龙体。"

《韩非子·十过》中说："昔者黄帝合鬼神于泰山之上，驾象车而六蛟龙，毕方并辖，蚩尤居前，风伯进扫，雨师洒道，虎狼在前，鬼神在后，腾蛇伏地，凤凰覆上，大合鬼神，作为清角。"这里的象车，指象牙装饰之车；毕方，毕方鸟；腾蛇，会飞的大蛇，即龙；木神、句龙；雨师、风伯皆天神，如玄冥、赤松子之类。清角，指优美的乐调。这里写了黄帝乘龙合鬼神游泰山的情景。从颛顼、帝喾、尧、舜到鲧、禹及后世诸王侯伯所有华夏民族帝王，没有不是其母遇龙有感而生的。故而称为"龙种""龙族""龙子"，从而形成了以龙为贵，以龙为尊，以龙为荣的传统。

（四）祭龙与豢龙

夏之衰也，褒人之神化为二龙[1]，以同于王庭[2]，而言曰："余，褒之二君也。"夏后卜杀之与去之与止之，莫吉。卜请其漦而藏之，吉。乃布币焉而策告之，龙亡而漦在。椟而藏之，传郊之。及殷周莫之发也。及厉王之末，发而观之，漦流于庭，不可除也。①

《左传·昭公二十九年》记载是年秋天，传有龙降于晋都绛，即今山西侯马市。由此引出晋国执政魏献子，问蔡墨关于龙智的问题，而引出了豢龙氏、御龙氏的故事。蔡墨讲述的故事是："昔有飂[3]叔安，有裔子曰董父，实甚好龙，能求其嗜欲以饮食之，龙多归之。乃扰畜龙，以服事帝舜。帝赐之姓曰董，氏曰豢龙。封诸鬷川，鬷[4]夷氏其后也。故帝舜氏世有畜龙。及有夏孔甲，扰于有帝，帝赐之乘龙，河、汉各二，各有雌雄。孔甲不能食，而未获豢龙氏。有陶唐氏既衰，其后有刘累，学扰龙于豢龙氏，以事孔甲，能饮食之。夏后嘉之，赐氏曰御龙，以更豕韦之后。龙一雌死，潜醢以食夏后[5]。夏后飨之，既而使求之，惧而迁于鲁县，范氏其后也。"②

注

[1] 褒与包同音，暗指褒人为包羲之后裔，所以祭包羲、女娲二龙神。此故事讲先夏时天降雌雄二龙即褒之二君所化之龙。它与夏饲养可食的龙是两个不同的概念。前者指夏为龙族，其始祖图腾神为二龙神，现被他们抛弃了，故必亡；后者指可豢养可食之龙，如蛇鳄一类动物。豢龙之事，甲骨文里有记载：

丙戌卜　　王获龙　　　　　　后41.2
贞　　　　呼取龙　　　　　　合6589正
己亥卜　　负贞，毓（育）龙　合18937

《通志·氏族略》载"舜时，纳言龙之后"，"龙氏舜臣也。龙为纳言，子孙以名为氏"。

[2] 同于王庭：指交合于王庭之上。漦（chí），龙的吐沫，精气。

[3] 飂（liáo）：西方之风曰飂。

[4] 鬷（zōng）：釜的一种；扰龙、豢龙：均指养龙。

[5] 潜醢以食夏后：偷偷剁成肉酱给夏后吃。意指龙即是蛇的化身，蛇就是图腾禁物，夏弃祖宗神，违禁食龙，所以必亡。

故事大意

夏末时褒国的二龙神相交于王庭之上，夏后想杀之不能，去之不能，止之也

---

① 《国语·郑语》，上海古籍出版社，第519页。
② 赵生群注，《春秋左传新注》下册，陕西人民出版社，第925页。

不能，后来给它磕头求他去，留点龙沫保存，这二龙神才留沫而去。夏人将龙沫装在盒子里送郊区供起来，殷周以来，没人敢打开看一眼，到周厉王时妃子们打开看了，国便亡了。

究竟什么是龙，自古以来说法不一，至今也说不清楚。我们见到的最多的是以下几种古龙。

1. 龙是图腾神

三皇五帝中最著名的帝王大都以蛇为部族的图腾神，至今老百姓依然叫蛇为小龙。上古人认为龙就是一种长长的水生动物，所以他们把泥鳅、蛇、鳄鱼一类动物都叫龙。伏羲是他妈妈踏了雷泽中扬子鳄的脚印生下的龙种，他与女娲等氏族都是以蛇为预报季节变化的物候预测者。他们以两个人首蛇身相交合为氏族的标志，成为这一氏族集团崇拜的图腾神，后世称之为二龙神。在历史上，凡以二龙为传承标志者，均为伏羲女娲氏族的继承人。凡将二龙神杀之去之止之者，均是对祖宗的背叛与敌对者。上述褒之二君、天降二龙都是讲龙氏族始祖神伏羲女娲二神。孔甲、厉王之亡正在于背弃了龙族的始祖神，荒于授时为民的传统，骄奢淫逸，不能不亡。

2. 龙是天文历法

经过长期的摸索、观测、实践，人们以龙命名天文星宿，即东方苍龙，它管东方七宿。其中的主星是"大火"心宿二的出现，人们以它的出现决定农业生产的安排。所以天文学家称八卦中的干卦"潜龙勿用""见龙在田""终日乾乾""或跃在渊""飞龙在天""亢龙有悔"是对气象而说的。人们称大火星为"龙心。"

3. 龙是王者瑞兆

古代帝的出身大都和龙有关，无论黄帝、颛顼、帝喾、尧、舜、禹等，没有一个没用龙瑞的。封建时代的帝王个个都有龙瑞，没有龙瑞的都是没有当皇帝的命。因此，龙瑞就成了王者王位的象征。对帝王来说自然也是吉祥的象征，与其说母见红云（龙云）、红霓、闪电而孕，不如说是在为其王位的合法性而编造的悦耳谎言。

4. 龙是可豢养的动物

史书记载豢龙氏豢龙，刘累扰龙。那龙究竟是什么龙？是天龙么？不是。是现代的综合龙么？不是。那是什么龙呢？是蛇？是鳄鱼？从事孔甲"以食夏后""嗜欲以饮食之"等记录来看，可能是一种可以畜养的龙，如蛇鳄一类动物，否则便难潜醢以食夏后。据"夏后飨之，既而使求之"，我猜测这种龙或许是蛇或鳄鱼之类。至今我国南方海南岛以及东南亚泰国等地养蛇食鳄之风也很盛行。在我国"食龙""畜龙"之风，早在夏朝孔甲时代，甚至唐尧时代就开始了。

故事解说

蛇是怎样变成龙的？

闻一多先生说龙"是一种图腾，并且是存在于图腾中而不存在于生物界的一种虚拟的生物，因为它是由许多图腾糅合成的一种综合体"。龙是上古时代的图腾神。这话一点不错。从神形发展过程来看，我以为龙神可分为单一动物形状的龙神和综合形状的动物龙神两大类。单一动物形状的龙，其形状如泥鳅、蜥、蛇、鳄鱼等一类长条形的动物，他们都称之为龙，它们是现实的存在物。这在早期的陶画中可以看得很明白。另一类是综合型的龙，它是只存在于神话传说中，不存在于自然中的动物。它有蛇的头、马的鬃、象的鼻、猪的嘴、鹿的角、蛇的身、鸡的爪、鱼的鳞、眼似兔、掌似虎、耳似牛；有鳍能潜水，有脚会爬行，有翅能高飞；能幽能明，能细能巨，能短能长，春分祭天，秋分潜渊，置身鳞虫之长，会兴云播雨，令华夏子孙敬若神明。它是华夏人类综合智慧高度发展的产物。

龙并不是一开始就是这个样子。它的形态与内涵发展有一个很长的历史过程。正如龙学家庞进先生所说："伏羲十一氏族群团，皆以龙为图腾。为了彼此区别，于是在图腾柱上把龙的形象加以改变，因而伏羲氏族便有长龙居龙降龙上龙水龙青龙赤龙白龙黑龙黄龙等多种。龙是以蛇图腾为主的远古华夏氏族部落不断战胜、融合其他氏族部落，即蛇图腾不断合并其他图腾逐渐演变为龙的。"①

从考古发掘出的陶器中我们看到了人首蛇身的龙图腾和汉代伏羲女娲人首蛇身图腾神像，说明最早的龙不是多种动物的综合，而是人首与蛇身组合成的图腾神像。像仰韶彩陶瓶上所画的那样，圆圆的脑袋上一双圆眼一张大嘴，和一双手爪，身体都似泥鳅又似蛇一样弯曲着。考古学家指明这是太暤伏羲氏族的"图腾在仰韶彩陶中的出现"。单一的蛇形龙称为小龙。以蛇的出现与隐没划分季节，实行以龙纪官，或许和发展农业生产有关。龙能古音相同。伏羲叫大能氏。大能即大龙，亦即综合龙。综合龙之所以称大龙，一方面表示其体形巨大，一方面表示龙是天下无敌的强者。它是伏羲氏族集团的象征和图腾神。或许和传说中的

---

① 庞进著，《八千年中国龙文化》，人民日报出版社，第 194—195 页。

鱼龙有关。鱼龙是称霸海洋的动物。《山海经》里有关于鱼龙的记载。中央4台2011年4月11日晚播出一则消息说，贵州安顺关岭发掘出2.5亿万年前的海底古生物化石：鱼龙，它是水中的王者。形似巨蜥，恰似现代的综合龙，保存非常完好。上海自然博物馆展出的三叠纪海洋霸王有肿肋龙、幻龙、楯齿龙、蛇颈龙、海龙，白垩纪有蒙顿龙，到侏罗纪时代，在我国相继发掘出了禄丰龙（距今1.9亿年）、中华盗龙（距今1.4亿年）、永川龙（距今1.4亿年）、中国龙（距今1.9亿年）、五彩冠龙（距今1.6亿年）的化石，也许祖先们早已从他们的祖先留下的传说中知道有这种水中之王的存在了。随着伏羲氏族的强大，形成了强大的集团，各种图腾的氏族都纷纷加入其中。因此，龙就再也不是小蛇而成了共同敬畏的海洋巨无霸的图腾神。就像现代社会的股份集团公司一样，他们既有各自独立的图腾标识，又有集团的综合图腾标识。

二、中国上古东夷部落图腾神——凤

凤是我国上古时期各鸟图腾神的综合图腾神。它是东方大地上数千年以来，一直传颂、崇拜的吉祥鸟。它造型优美，善于自影自舞，是民族精神与和美好品德的象征。虽然在实际生活中并不存在这种神鸟，但由于它代表了一种民族精神，所以人们信仰它，尊它为百鸟之王。它身集众鸟之长，心聚人类仁义礼智信的"后妃之德"，帝王以它自况，平民以它为荣。它东西南北无处不在，从古至今无时不有。它不仅是古代鸟民族的图腾神，历代王者德政的象征，平民的理想与希望的寄托，而且也是中华民族龙凤文化的代表。

（一）凤为相风[1]知时鸟

帝子与皇娥泛于海上，以桂枝为表，结熏茅为旌，刻玉为鸠，置于表端，言鸠知四时之候，故《左传》曰"司至"[2]，是也。今之相风，此之遗象也。①

注

[1]凤为相风：凤凰的传说起源于东夷，是主管季风，执掌物候立法的风神。相风鸟本是古代的一种测风向的仪器。有立于平地的，"凡候风必于高平远畅之地，立五丈竿。于竿首作盘，上作三足乌，两足连上外立，一足系下内转，风来则转，回首向之，乌口衔花，花施则占之"（原载《观象玩占》）。也有立于车船上的，"车驾出，刻乌于竿上，曰相风竿。今樯乌乃其遗意"（《隋唐嘉话》）。"舟船于樯上刻木作鸟，衔幡以候四方之风，名五两竿；军行，以鹅毛为之，亦曰相风鸟"（《格致镜原》）。张衡还创制过相风铜鸟。②可见相风鸟这种测风仪自古以来一直采用。到现在为止，这种风向标依然在使用。风与凤通，凤鸟或风神鸟，均是这种立杆测风仪的神化。

[2]司至：典出《左传·昭公十七年》，秋，郯子来朝，公与之宴，昭公问

---

① ［秦］王嘉等撰，王根林等校点，《拾遗记》外三种，上海古籍出版社，第11页。
② 庞进编著，《凤图腾》，中国和平出版社。

到关于他的祖先少昊之事,他就说:"吾祖也,吾知之。""吾祖少皞挚之立也,凤鸟适至,故纪于鸟,为鸟师而鸟名:凤鸟氏,历正也。玄鸟氏司分者也。伯赵氏司至者也。"①

(二)凤为太阳鸟

《山海经·大荒东经》:"汤谷上有扶木,一日方至,一日方出,皆载于乌。"

《括地志》:"桃都山上有大桃树盘曲三千里,上有金鸡[1],日照则鸣。"

司马相如《大人赋》:西王母"有三足乌[2]为之使"。

《河图括象志》:有"三足神乌,为西王母取食"。

注

[1]金鸡:神鸟。金鸡、乌与三足乌都是指凤凰。

[2]三足乌:并不是讲有一种鸟长三只脚。指相风鸟有三只足。

(三)凤为瑞兆鸟

《帝王世纪》云:黄帝服斋于中宫,坐于玄扈。[1]洛上乃有大鸟,鸡头、燕喙、龟颈、龙形、鳞翼、鱼尾,其状如鹤,体备五色,三字成文,首文曰顺德,背文曰信义,膺文曰仁智。不食生虫,不履生草。或止帝之东园,或巢于阿阁。其饮食也,必自歌舞,音如箫笙。

《左传·昭公十七年》载少皞出生时,"时有五凤,随方之色,集于帝庭,因曰凤鸟氏"。[2]

《吕氏春秋·古乐》云:"帝喾会凤鸟天翟舞之。"

《山海经·大荒东经》云:有五采之鸟,相乡弃沙。惟帝俊下友,帝下两坛,采鸟是司。"相乡,即相向。弃沙,婆娑而舞。全句意为有五彩鸟相向而舞。只有帝俊和他交朋友。天帝安在地上的两个神坛,由五彩鸟掌管。帝夋即帝俊,是鵕鸟的化身。鵕(jùn),为鸟的形象,鸟头,猴身,一足。

《帝王世纪》载:"尧崩,三年丧毕,舜年八十一,仲冬甲子即位,东巡狩,登南山,观河洛,受图书,褒扬群臣……乃作《大韶》之乐,《萧韶》九成,凤凰来仪,击石拊石,百兽率舞。"[3]

---

① 赵生群注,《春秋左传新注》下册,陕西人民出版社,第842页。

注

[1] 玄扈：商之洛南有玄扈山。

[2] 集于帝庭，因曰凤鸟：指少昊之父金天氏为其命名。[1]和[2]均指凤为王者的化身，在图腾观念中，王为凤的投胎。

[3] 据传凤与舜均"双睛在目"，故舜曰"重华"。舜81岁即位，韶乐大作，凤凰来贺，百兽齐舞以庆贺。

综上所述，可见凤在上古时代，为知时神鸟、太阳神鸟、氏族祖神鸟、王者吉祥鸟、百鸟之王、王者鸟，故而凤鸟成了中华鸟文化的象征。

故事大意

1. 凤的传说

在那太阳升起的地方，有一片绿洲，那里丘陵起伏，古木参天，天蓝水碧，草绿如茵。每年春天来临，这儿就百花盛开，百鸟争鸣，热闹极了。这儿的常住居民不分南北，也不分老幼，公鸡、锦鸡、鸣雁、紫燕、莺歌、朱雀、鸳鸯、白鹭、鸵鸟、鹌鹑、布谷鸟、乌鸦、喜鹊、猫头鹰、鹞子、啄木鸟、野鸭子、小麻雀……都到这儿来玩。它们把这儿当成了鸟儿的乐园，鸟儿的天堂。不论是谁，想飞就飞，想唱就唱，想吃啥就吃啥，想到哪儿就到哪，叽叽喳喳，胡言乱语，也没人管头管脚，到外面去玩也没有红绿灯、人民警察管着，真是一个完完全全的无政府主义的自由王国。

但鸟儿们也有许多不开心的事情。比如鸟儿们经常争吵，为争窝吵架打架，不是你叨我一嘴，就是我踩你一脚，打死也没人来管一下；老母鸡下了蛋准备孵小鸡，被鸭子抢了或小红蛇偷吃了，哭诉无门，弄得老母鸡整天提心吊胆，哭哭啼啼，到处喊冤；乌鸦刚在高枝上搭了个漂亮的窝，一转眼就被不讲理的喜鹊霸占了，或者在别人的窝的上面再搭一个窝，想找个地方打官司，也找不到人管；猫头鹰天天晚上夜班，给很多树木看病，白天想睡一会觉也不成，被那些整天吊嗓子的嚼舌头的吵得一点也睡不着，直埋怨天帝管理无能，没给他们派个国王来管一管这样子事儿。

天帝知道这些情况，多次让他们推选一个国王，可鸟儿们个个都想当国王，年年推选，年年落空。因此，今年下定决心要解决这个问题，派了天上的火神前来主持这件事。

2. 百鸟笑凤

火神来到鸟王国后首先开了一个大会，要求鸟儿们自报公议，看谁能出任鸟王国的国王。

火神问你们当中谁想做国王呀？愿意的，请拍拍翅膀。结果鸟儿们全部都扇动起了翅膀。"好。你们都愿意。"

火神又说："做国王是要本事的，那你们凭什么本事当国王呀？"

大红公鸡说："我会打鸣，叫太阳起床。"

乌鸦说："我会背太阳下山。"

鸵鸟说："我会陪太阳跳舞。"

鸿雁说："我会一飞冲天。"

鹞鹰说："我有一对明亮的眼睛。"

黄莺说："我会唱歌。"

鹭鸶说："我有一双长长的脚。"

孔雀说："我有美丽的羽毛。"

燕子说："我有洁白的喉毛。"

火神说："国王必须有高尚的品德。你们当中谁有，说一说。"

"什么品德呀？"

火神说："你们的国王必须是一只喜欢太阳的神鸟。"有鸟插话："我们都喜欢太阳。"火神纠正说："它不仅喜欢太阳赐予的温暖，还必须经受住太阳的考验，敢于飞进太阳，哪怕是羽毛烧光。把自己烧死，也不怕。你们当中有谁能做到这一点。"没鸟回应。火神又说："这还不算，还必须接受寒冷冰雪的考验，为了别的鸟儿，宁可把自己身上的羽毛拔光，被冻死，饿死也在所不惜。你们当中有谁能做到这一点？"也无鸟应。"好，既然你们都不敢答应，那么就由我做一只鸟儿和你们比一比。谁能赢，你们就选谁做国王，好不好？"众鸟都回应："好。"

"那好。大红公鸡请你把鸡头鸡喙贡献出来，燕子请你把下巴颏贡献出来，鹳鸟请你把脑门儿贡献出来，鸳鸯请你把腮帮子贡献出来，鸵鸟把身背贡献出来，鸱鹰请你把翅膀贡献出来，鹭鸶请你把脚杆贡献出来，让我用你们大家的优点合成一个新的鸟儿，你们都意吗？"无鸟应。火神说："噫，你们不是答应我的，你们都乐意做国王么？怎么变了？"四面鸦雀无声。鸟儿们都嗦嗦发抖。这时火神将手一挥地面上便出现了一个巨大的绞盘。开始旋转，惊叫，呼喊，就像孩子们在公园里坐上摩天轮、海盗船、过山车那么惊险、刺激、喜悦。不大一会工夫一只新的鸟儿出现在大家面前。

前面山岗上有一个相风仪。一根光秃的扶桑木，约有十几米高，顶端横着一根小木杆，小木杆一头竖立着一根小木棒，木棒一头有一个三角箭头在随风转动着，另一头是空着的。火神用手掌托着新做成的鸟儿往天上一送，那鸟儿一下飞上了有箭头的小木棒的另一端停了下来，一动也不动地站在上面，变成了一只相凤鸟。许多鸟儿看着它，都觉得有的地方像自己有的地方又不像，大家都对着嗤嗤发笑。火神知道他们不信任这只鸟儿，说了声："你们都一起接受考验吧，谁胜利，谁就是百鸟之王。"说罢就走了。

3. 百鸟求凤

凤鸟在高空中随风转动不吃也不喝，像个木头鸟似的，鸟儿们并不把它放在眼里。有几天它从木杆上飞下来对众鸟们说快去准备吃的东西，冷风要来了。没有鸟听它的。过两天，它又飞来说，快储藏吃的东西，要下雪了，鸟儿们都笑它讲疯话，这地方从来没下过雪，再说都已经是四月份了，还下什么雪呀。又过了几天，它飞下来帮助大家藏好食物，并大声呼叫："快躲藏好，暴风雪要来了。""赶快躲藏进山洞、石缝、大树底下去，快把竹粒、荞麦籽、松子藏起来。"许多鸟儿依然不听它的。在这种情况下，凤鸟只好亲自动手帮助储藏食物，刚藏好食物，这天夜里就刮起西北风，夹着雪花，慢慢地天色暗了下来，迷迷茫茫混沌一片，接着是纷纷扬扬的大雪，不分日夜一连下了半个月，山被封住了，路被封住了，鸟窝压塌了，锦鸡把头埋进雪地里只留下尾巴在外面，啄木鸟也躲进树洞了，往日的喧哗消失了，山岗上到处是冰是雪和鸟兽的尸体。那些过惯了南方天气的鸟儿们纷纷跑来向凤鸟求救，说他们饥饿、寒冷，凤鸟没法，只好从自己身上拔下彩色的羽毛盖在它们身上，给它们温暖，又将储藏的食物分一点给每一位求"救"者。可怜的凤鸟凭着仅有的几根羽毛温暖着自己，站立在扶桑木杆子上，一动不动，像个木头鸟似的，在寒风中颤抖，任寒风宰割，有好几次它都被冻在木杆上了，仍一声一吭地站立着，直到风雪停止，太阳出来，冰雪融化。凤鸟用自己的生命给大家带来了温暖。

4. 百鸟哭凤

风雪停止了，太阳出来了，可这太阳一出来就像用根钉子钉在天上似的一动不动，不肯下山，一直对着大地照耀。照得大地像一个大火炉一样，河里干涸了，田里龟裂了，老百姓到处找不到水喝，禾苗枯死了，人们哭天号地喊声救命。山上的草死了，竹子开花了，野兽发狂似的踏进村子里吃人，鸟儿们更是凄凉万分，找不到水喝，飞的飞走了，饿的饿死了。到处都在烧旱魃求雨，哀恳玉皇大天神的哀求声不绝于耳，那情景真是惨不忍睹。

凤鸟找老乌鸦问，这是怎么回事。乌鸦告诉它说："那太阳公公也实在让人烦心。很早的时候它坐在羲和驾着六条龙的车子里，羲和拉着车子在天空奔跑，当它出现时，若木花就发出了灿烂的光芒。后来它突然又不干了，非要大红鸡叫它，它才起来，起来后一定要我背它上天。上天之后一定要按照它的路线走。听说你本事大，就不让我背，非要你去背它才肯进宫。"听了老乌鸦的叙述，凤鸟二话没说，为了解除人间的痛苦，它立即答应了太阳的要求上天背太阳进宫。临走时，它吩咐鸟儿们去帮助老百姓找水，在每一个朝阳的田角上用鸟嘴啄出一丈多深一丈宽见方的坑，就会见到地下冒出的水来。说完振翅上天去背太阳进宫。可这太阳是一团烈火，凤鸟背着它把自己身上的毛烧光了，皮肤烧焦了，到了西边天上一把将它推下山去，可太阳不肯放手，一直拉住凤鸟把它送进宫去。那宫里像一座炼钢炉似的，凤鸟刚一靠近就被烧死了。地上的老百姓因旱情解除，又找到了水都十分高兴。但一见到禺谷的蓝天都染得红彤彤的，便想起了凤鸟。神鸟是烧不死的，它被烧死，却又新生，张着翅膀飞回了鸟的王国。在它到来之前，山岗上百鸟哀鸣，哭声一片，当它突然出现，又惊诧万分，喜极而泣。这时候，只有这时候，众鸟才打心眼里钦佩它是一只太阳神鸟。

5. 百鸟朝凤

人们战胜了久旱，赢得了丰收，喜悦非常。可是好景不长。正当人们丰收在望的时候，下起了暴雨，一连下了好多天，引起了山洪暴发，河水泛滥，山体滑坡，房屋倒塌，牛羊被冲走，人亡家破，瘟疫流行。凤鸟就运用天帝赋予它的神力，率领鸟儿们叼走阻挡水流的山头，叼来树枝草木救护人民，没有多少时候就把这洪水也战胜了。因此，老百姓根据它的叫声，亲昵地称它为阳雀。

可是当他们战胜洪水，回到乐园时，在东海边的一块岩石上，发现一对男女青年，在抱头痛哭，哭罢就拉着手往万丈深渊跳去。发现这一情景，凤鸟眼疾手快，展翅飞到岩下，让那对年轻人不偏不歪正好落在它的背上，把他们带到一个安全快乐的地方。后来凤鸟问他们为什么跳岩，那对年轻人告诉它，是因为他们自由恋爱受到财主阻止，企图强迫女青年与其成婚，于是他们便逃婚。财主就带着家丁追赶，在无奈之际，只好携手跳下深渊，不想被你们相救，真是感谢你们了。不过，我们不能在这里久留，财主会追随者来的。凤鸟回答说："不用怕，我们凤鸟也会使用武力对付的，我们有天神保护。"鸟儿们为男女青年的勇敢、忠诚、专一引吭高歌。

这一胜利，引来了百鸟朝凤的盛典。这一天天上五彩云飞，地上百鸟争鸣，火神突然降临了。火神见鸟儿们一齐展开了双翅，"选鸟王的事，有不同意的吗？"没有鸟吭声。"那就是说都同意凤鸟做国王了？大家放开歌喉，以歌声向它祝贺吧！"歌声四起，溢于山巅。最后火神说鸟王国的国王既然定了，大臣就由它决定了。乌鸦说："凤鸟做了国王，总该有个老婆吧？""对呀！""对呀！""那么选谁好呀？""燕儿，玄鸟！""好，那就以燕儿为凰吧！"有很多鸟儿不同意，认为这不公平。火神说："不同意算了，让我给你另想个办法。把凤鸟分成阴阳两个。"说着抓住凤鸟往阴的一方一转，另一只不同的鸟儿就出现在大家面前，这就是凰鸟。

注

本故事参阅了庞进先生《凤图腾》的有关故事。

故事解说

凤凰的来历

凤凰是现实生活中并不存在的神鸟，它是生活中相风鸟的拟人化与神化。在我国民俗中，存在着崇拜授时神鸟，在鸟为图腾的部落集团中，以鸟名为官，产生了许多鸟官。如历正官凤鸟氏，历分官玄鸟氏，司至官（管报告冬至、夏至的官）伯赵氏，司启官（立春立夏）青鸟氏，司闭官（立秋立冬）祝鸠氏，除这五种历法官外，还有管行政的五鸠之官，管百工的五雉之官，管农正的九扈之官。

古帝王们在将凤鸟神圣化，又将它道德化，用以自况。将凤鸟比作为道德无比高尚圣洁的君子、君王。说它是出于东方君子之国，翱翔于四海之外，头像圆天，目像红日，背像偃月，背像风神，讲德、义、礼、仁、信，并且死而能复活。进而再将自己与凤鸟类比，以凤鸟落于庭为依据。认为凤鸟只能栖于有德之君的院子里，从而证明这王者是有德之王。谁都知道凤凰这种鸟是现实中并不存在的鸟。它是东夷鸟部族的图腾神。以凤鸟止于黄帝的"东园、集于阿阁"，舜即位时有"凤凰来仪"，将舜说成是凤鸟的化身，传汉宣帝即位时"群鸟四面行列，皆向凤凰立，以万数"，诸如此类，都是在往帝王脸上贴金。

大量的考古事实证明了这一点。许多考古遗物证明凤凰的出现是出于凤朝阳的授时观念，表现的是对太阳的崇拜。朝阳是鸟类的共同特性。所以凤凰是各种朝阳鸟特性的综合。这一点在遗物中我们看得明白。例如：庙底沟仰韶文化遗址出土了《黑鸟驼日图》，图中描述了一只鸟在飞翔，背上背着一轮红日。

上海青浦崧泽文化（距今5800—4900年）的一个陶罐底部有一凤纹，其形为：直立、耸颈、圆头、白眼睛、喙与冠翘展于两侧，身躯突出一个大圆，圆中有七个圆点。人们认为这是踆鸟形。即"日中有踆鸟""日中三足鸟"的形象。

河姆渡文化遗址（距今7000年）有"双头凤纹"骨匕，两凤鸟身体相连，两头相背，身体相连处有一轮太阳。两凤同体，喙如钩，爪如钩。另有一说是两头相对，拱护一轮红日。安阳妇好墓出土短翅长尾白玉凤，美轮美奂。

2001年成都西北金沙遗址出土了一个金饰图案文物，其外径12.5厘米，内径5.29厘米，重20克，外廓圆形，分内外两层布局，内层是一个巨大的太阳，伸展着12根芒刺，闪闪发光，正在向顺时针方向转动；外层有四只神鸟，引颈、伸腿，正奋力沿太阳逆时针奋飞。2005年8月16日，国家文物局将这一太阳神鸟确定为"中国文化遗产标志"，图中表达的"追求光明，团结奋进，和谐包容的精神，体现出中华民族传统文化强烈的凝聚力、向心力和自强不息、昂扬向上的精神风貌。"

上述各例的时代不同，鸟的数量与形态也不同，一只、两只、四只都有，其共同特点是朝阳。

当然，这并不是说我国考古发掘的古凤就这么几个。庞进是凤文化研究的集大成者。他的《凤图腾》汇集的资料十分丰富。据他描述，我国东北红山文化圈出土了许多鸡形凤、鹰形凤；西北仰韶文化、马家窑文化圈出土了许多鹁形凤、鸟形凤、燕形凤、鸦形凤、鹳形凤；东南河姆渡文化、良渚文化圈出土了许多鸡形凤、鹰形凤、鹤形凤、燕形凤、雀形凤；山东大汶口文化圈、龙山文化圈出土了许多鹰形凤、鸦形凤、鹄形凤……这说明考古发掘的新石器时代的凤，不仅量大面广，其造型和制造工艺越来越美观精细、巧妙，已形成了一种早已广泛传播的独特文化。

同时，我们也可以看到，凤形的发展历程，已从凤鸟变成了太阳神鸟，进而变为王鸟，最后变成了一种大众文化，成了普通百姓刺绣、装饰、佩戴的精美图案、绘画图案、玩赏图案，完全脱离了远古的神性、圣德变成了一种具有美学价值的欣赏品。

这就是说瑞兆、王德、吉祥等等神性都是后来的人加上去的，并非原始神话中最本质的东西。原始神话中的相风知时，鸟名官，朝阳才是其最核心内涵。

三、中国上古西羌部落图腾神——虎

虎，楚淮地区称为於涂。晚周诸夏之一，虎族。涂徐上古同音，是古夷戎后裔，周时为徐国、徐方。郁垒，即钟馗，大头神，过年时家家户户门上有神荼，即陆吾神。郁垒即钟馗，为捉鬼的门神。

月亮里面的玉兔，真名叫於菟，於菟即虎。西王母虎神。巴人的祖先名孟涂也是虎神。

有记载说周人的祖先后稷的母亲姜嫄，为羌人，虎族。

黄帝、炎帝是西羌人，也是崇虎的。后来统治中原才改了图腾信仰。

我国西南少数民族大都信仰虎神。

故事原文

（一）羌人敬虎

据《后汉书·西羌传》说，西周时，秦人把爱剑等羌人抓去当奴隶，让他们帮助进行农业耕作。后来爱剑逃走了，秦人派人追他，也没抓回来。据说爱剑受到虎神的保护，才逃回了羌地，后来他被推举为羌王。为报答老虎的救命之恩，他们为虎建庙，世世代代崇祀白虎。此后羌族在爱剑的领导下，也开始从游牧转为农牧生产。

我国彝语称老虎为罗罗，各部酋长以虎自称，羌、藏、彝、纳西、傈僳、哈尼、巴族、土家、白族，乃至汉族的一部分人尽皆保留崇虎习俗，过年要为孩子做虎头鞋虎头帽，称赞孩子长得好夸他"虎头虎脑"，将来一定有出息。

（二）虎神

《山海经·大荒西经》载：西海之南，流沙之滨，赤水之后，黑水之前，有大山，名曰昆仑之丘。有神人面虎身，有纹有尾，皆白。处之。其下有弱水之渊环之，其外有炎火之山，投物辄然。有人，戴胜，虎齿，有豹尾，穴处，名曰西王母。[1]此山万物尽有。

《山海经·西次三经》载：又西三百五十里，曰玉山，是西王母所居也。西王母其状如人，豹尾虎齿而善啸，蓬发戴胜[2]，是司天之厉及五残。[3]①

注

[1] 西王母：白虎天神，是西方天上司厉役的天神月母神。"巴氏祭祖，击鼓而祭"，表明击鼓习俗与崇祀白虎有关。

[2] 戴胜：头上戴有玉制饰件。

[3] 厉及五残：厉指天上的凶星厉星。五残，指五残星。彗星为残，彗星碎成五片，到处害人为五残星象。

故事大意

上面两段文字的大意是说西王母是我国西部虎崇拜氏族的原始祖神。她是母系社会的祖母神，住在神山昆仑北面的玉山之上。她的神像是人的面孔，老虎的身子，豹子尾巴，全身皆白。她住在昆仑山北山的石洞里，头发乱蓬蓬的，还戴着一个玉头饰。据说她也是天上的月母神，专管天上的灾星，没有那个天神敢惹她。但西部人很喜欢她，人们遇到灾难总会祈求她保佑。因此她是西方民族的族神。

故事解说

西王母与白虎神

西王母是西王母国始祖神的简称，是西王母国人信仰的图腾祖神。上述两则故事讲的是这个图腾祖神的故事。西王母是祁连山地区传说的古老的王国，叫西王母国，简称西王母。周穆王拜访西王母国与西王母吟诗唱和，那个西王母是西王母国的王者，不是那个王者和臣民们崇敬的图腾始祖神西王母。周穆王于公元前976—前922年在位，距今不足3000年，而河南濮阳西水坡M45墓所发掘的青龙白虎图腾，距今有6400多年了，显然周穆王拜会的既不是6000年的王者，也不是那时的祖神，而是当时西王母国的王者。西王母始祖神、西王母国、西王母王者均简称西王母，它们是有区别的，不能混淆。

西部各族人民崇拜的是图腾神西王母，提倡人与动物和谐相处，并非遇虎叩拜。更为重要的是西部民族以西方二十八宿的白虎星太白金星为生产与生活的指示星，以确定一年四季的节令划分，具有远古的历法意义。

---

① 陈成译注，《山海经》，上海古籍出版社，第60，354页。

四、大野的传说——麟

故事原文

《春秋·哀公十四年》经曰:"十有四年春[1],西狩获麟。"传曰:"十四年春,(鲁哀公)西狩于大野[2],叔孙氏之车子鉏商[3]获麟,以为不祥,以赐虞人[4]。仲尼观之,曰:'麟也。'然后取之。"①

《春秋公羊传》说:为什么连打柴的人都能得到麒麟的尊敬呢?因为麒麟是一种仁兽,有王者它就来,没有王者它就不来。有人告诉孔子说,有人打着"长着角的麋鹿"来,孔子说:"谁让你来的呀!"说完就撩起袖子擦脸,涕泪沾满了衣服,说:"哎呀!老天断绝我呀,我的路走到头了。"《春秋》为什么在鲁哀公

① 赵生群注,《春秋左传新注》下册,陕西人民出版社,第 1049 页。

十四年结束了呢？孔子回答说："这段历史至此已经完了。"

注

[1] 十有四年：为公元前481年。古人认为这个时间节点很重要，因为它是中古历史的句号。孔子作《春秋》与获麟事有关。

[2] 大野：今山东巨野县北。

[3] 车子鉏商：车，车士。子鉏（chú）是氏。商，名字。是他打到了麟即麇（jūn）这种动物。

[4] 虞人：掌管山林水泽的官员。

故事大意

中国古代有四大吉祥物：麟凤龟龙。麟居首位。在获麟后的中国2500年历史中，有关麟的传说和遗迹，巨野最多，成了国人关注的中心。从《春秋经》"大野获麟"起，麟为仁兽，孔母梦麟，麟出盛世，麟死圣去，麟就成了孔子治世的理想和化身，儒家治世思想的代名词。巨野亦因此成了麟文化的发祥地、培育园、博物馆。那儿有麟山、麟洞、获麟集、麒麟寺、麒麟台、麒麟冢、圣母殿、昌邑、文庙和种种残碑断碣。巨野出版了麒麟丛书：《麒麟诗词歌赋大观》，汇集诗经以来的麒麟诗词歌赋2000千余首；《麒麟艺术集萃》包括石雕、根雕、泥雕、牙雕、砖雕、漆线雕、浮雕、木雕、铜雕、鎏银、鎏金、玉镶、布贴、剪纸、蜡染、刺绣、水晶、翡翠、青花琉璃等各种雕塑或造塑的麒麟，多姿多彩，美轮美奂，应有尽有；《麒麟的传说》汇集了麒麟的各种神奇传说千百种。巨野城里还有麒麟文化园、麒麟广场、麒麟文化收藏馆；会跳担经舞、唱麒麟歌者满阡陌，会讲故事的老农民载入了史册。2006年8月25日独山镇农民李传金讲了《金牛生麒麟》等故事；2006年8月24日麒麟镇陈胡庄农民李来元讲了《麒麟送子》等故事。本文引用的故事就是他们讲的故事。瑞麟寺本来是有的，到民国末荡然无存，农民李来元夫妇为保护麒麟冢，舍家弃田把家安在麒麟冢旁，又倾尽其家所有，加上苦心募捐才重新盖起来的。他们还在旁边重建了圣母殿，以纪念孔母、孟母、泰山老母、金山老母、青山老母。每年3月3日、9月28日远近州县的人都要来这里烧香磕头纪念，赶庙会，买小吃，跳担经舞，十分热闹。

麟的美丽的传说三则

1. 麒麟[1]送子

孔子的母亲叫颜征，河南商丘人。她在曲阜认识了一个叫叔梁纥的人，他就是孔子的父亲。有传说颜氏在从曲阜回商丘途中，经过巨野的麟山，就在麟山脚下的一棵大树旁的石头上坐下休息。片刻不觉身子乏了就打起盹来。她梦见一个白麒麟撞入怀中，不久就感而有孕。颜氏回到娘家住了几天就回到了曲阜，11个月后生下了孔子。据说在孔子出生前两天那只麒麟又到颜氏身旁住了几天走了。麟山原来并不叫麟山，叫焦山。海拔只有几米高，面积333平方米。因这小山产麟，有灵气，后人将焦山改名为麟山。

传说中的孔圣人是麒麟送来的。麒麟送子已成巨野习俗。除麒麟送子外还有许多麒麟送财、送宝、送锅的故事，情节类似。

2. 金牛产麟

清《曹州府志》《巨野县志》均记载雍正十年，公元1732年，六月初五辰时，农民李恩家的牛生了一头麒麟。山东巡抚岳睿为此给雍正上贺表《恭贺瑞麟表》。文中说李恩家的牛生了一头麟，它"身长一尺八寸，高一尺七寸。麇身牛尾，头含肉角，顶带旋毛，目如水晶，额如白玉，遍身鳞甲，悉系青色，甲缝俱为紫色绒毛。脊背黑毛三节：中节毛皆直竖，前节毛向前，后节毛向后。胯腹腕蹄，皆白毫，毛长五寸五分，尾尖有黑毛四缕……"，如此具体细腻的描述让人惊讶，也让人生疑：家牛如何生灵物呢？一件奇事未了，另一件奇事又来。

2009年巨野文物部门从新城王街发掘出一个石碑，碑上有"麟冢碑"三个大字。碑文与雍正十年的《恭贺瑞麟表》相同。并说此物"玉定文顶，光彩灿然，越三日而逝。已奉候巡抚山东都察院岳睿题报，爱葬于瑞麟庄南，俾天下万世感知。圣人在位，天兽出现。候而有征云。通判管巨野廖光春敬立"。

改革开放后，金乡县南园庄一李姓人携《麒麟李氏族谱》前来麒麟镇寻根，说他祖先并不叫李恩。谱中记载说雍正十年六月新城北关农民李化东家的牛产下一个怪物，鹿身、牛尾、马蹄、头上长肉角，以为不祥，慌忙将其打死。有好事者告到官府。李化东遂逃至金乡县南园林一亲戚家。官府追查，村里人遂告之假名李恩。这事虽然前后相缘衔续，亦实在令人难解，灵物再现，历历在目，似实有其事，并无假造斧凿之迹。这是怎回事呢？令人不解。

3. 麟吐玉书

巨野许多人都晓得孔子原先学问并不深，但他善于学习，四处求教，包括向他的学生学，向田头地旁的老百姓学习。他的学问是他刻苦学来的。他很喜欢读书，可是当时没有他可读的书。一天夜里，他做了一个梦，梦见大野泽里有赤红的烟雾聚在一起，久久不散。他便叫醒学生颜回、子夏一块到大野去查看。到了那里他见一个小孩正用石头打麒麟。孔子忙下车想察看。小孩害怕就把麒麟拉到树林子里藏起来,用草盖好。孔子问小孩:"你刚才看见什么了?"小孩说:"我看见了一个怪物。""在哪?""跑了。"孔子知道小孩说谎,跑到树林子里扒开草堆,见麒麟前脚已经受伤了。它见了孔子两眼直流泪。孔子拿出了绸布为它包扎好伤口,又抱出了麒麟,不断抚摸安慰它。麒麟很感动,用舌头舔孔子的手,接着从口中吐出三卷书来,转身逃进了沼泽地,没有了踪影。

有关孔子与麟的记载还很多,不赘述。孔子撰《春秋》卷十一记载的是一个事实。"鲁哀公十四年春,西狩获麟。"其余种种说法都是后人对这四个字的解释与补充。《左传》添油加醋加进了"十四年春,西狩于大野,叔孙氏之车子鉏[2]商获麟,以为不祥,以赐虞人。仲尼观之,曰麟也,然后取之。"《公羊传》加进了"西狩获麟,孔子曰:吾道穷矣",点出孔子喟叹的内容"吾道穷矣"。到了孔子的第九代孙孔鲋的《孔丛子》里,一变而为一个更详细更吸引人的故事了:"叔孙氏之车子曰鉏商,樵于野而获兽焉,众莫之识,以为不祥,弃之五父之衢。冉有告夫子曰:'麇身而肉角,岂天之妖乎?'夫子曰:'今何在?吾将观焉。'遂往。谓其御高柴曰:'若求之言,其必麟乎。'观之,果信。言偃问曰:'飞者宗凤,走者宗麟,为其难致也。敢问今见,其谁应之?'子曰:'天子布德,将致太平,则麟凤龟龙,先为之祥。今宗周将灭,天下无主,孰为来哉?'泣:'予之于人,犹麟之于兽也,麟出而死,吾道穷矣。'乃歌曰:'唐虞之世麟凤游,今非其时兮来何求,麟兮麟兮我心忧。'"到魏王肃注《孔子家语》时,又补充了"折其前足",载以归。叔孙氏以为不祥,弃之于郭外,使人告孔子曰:"有麇而角者,何也?"孔子注视之,曰:"麟也。胡为来哉,胡为来哉?"反袂拭面,涕泣沾襟。叔孙氏闻之,然后取之。子贡问曰:"夫子何泣尔?"孔子曰:"麟之至为明王也。出非其时而见害,吾是以伤焉。"在这里我们可以看得很清楚:故事从头到尾,诸如"折足""反袂拭面""出非其时"云云,均是后人加给孔子的。

由上述可见:西狩获麟的麟实为麇一类动物。即獐子,或麋,四不像一类动物。麟古时也叫麇,比鹿大,有角,有鳞甲。不论是鹿,是獐,是麋,还是麇,它都指的是打到的是一个鹿一样的猎物,这并不是什么神物。经过孔子后人不断的解说,改变了故事的原有内涵,使它变成了孔子的化身,具有了孔子的命运和对其时代变换所影射的灵物。

在《春秋》中,孔子并没有讲他自己是神,孔子只是自况"吾道穷矣"而已。神是战国以后通过祭祀才逐渐形成的。普通事物变成神是通过以下条件才变成了孔子的个人图腾。

一是建庙宇殿堂,定时祭祀;如圣母殿每年三月三、七月二十八日要进行祭祀活动，赶庙会，纪念孔母，孟母，泰山、金山、青山老母。

二是要有一定的祭祀仪式，如点香烛摆供品，有人按一定仪式主持，主持者如巫祝长老之类；除庙会活动外，还有演唱等娱乐活动。

三是要有信奉者与信奉传递者。之所以能成神物是要有人信仰，要有圣德才能成神。上述大量的有关麟的种种传说正是此种信仰一代又一代传递造成的。

战国中后期至秦汉，我国天神系统基本形成，青龙白虎玄武朱雀飞身天外，只留麟行于帝王与庶民之间。原因正在于麟是孔子的个人图腾与仁义的化身，并不是氏族的图腾标识。黄帝信仰的是崇尚自然之道，反对崇高仁义的儒术。孔子因道不相同，故难求天乙之位。

注

［1］麒麟：即麇（jūn），鹿的一种。

［2］鉏（chú）：锄。

故事解说

大野获麟是上古时代的句号

《春秋元命苞》说："天地开辟至大野获麟之岁，凡二百二十六万七千岁。"分为十纪，每纪为二十六万七千年。《路史》《汉书·律历志》沿用此一看法。这是从开天辟地到奴隶制结束的年代。大野获麟在鲁哀公十四年（公元前481年）。次年孔子卒，时年73岁。古人认为这是春秋时代的终结，战国时代的起始点，周朝从此进入了晚周时代。

《春秋命历序》说西周共和元年为公元前841年，殷629年夏432年，西周122年，合为公元前2024年，又说尧在位98年，舜39年，舜居3年共140年，按此推测尧舜在位时间是公元前2164年。如不是少统计了西周的122年则推算出的时间和现代的断代时间相差不多。所以说西狩获麟这个时间节点很重要，它不仅标志着一个时代的兴衰，也标志一个历史阶段的终结与另一个历史阶段的开始。西狩获麟的意义，不在麟的被猎获，或神秘化。被神化的麟不是氏族的图腾神，它并不是代表或象征华夏民族或东夷民族的图腾神，也不是孔氏家族的图腾神，而是孔子个人的图腾神，是孔子的"仁"的精神的化身。所以在四方天神和二十八宿中没有麟的位置。它既是"仁"的化身，也是儒家学者和帝王推崇的物件。但并不是道家、法家和全国大众心中的神灵。它的真正的价值不是别的，正是中华民族有记载的二百二十六万七千年光辉历史的起始点，即上古时代终结的句号。

五、石头创世神话

现在,如果有人说人是从石头缝里迸出来的,人们一定会笑他。但在人类进化的过程中,有的氏族以石头为图腾,他们真诚地相信石头是灵物,他们氏族的祖先是从石头里生出来的,开天辟地是石头的功劳。石崇拜习俗的形成,和原始时代的人们与石头的关系密切有关。他们经历过石器时代,长期使用石头工具,住在山上石洞里,就像在娘肚子里一样,由此而产生了石本原观念,认为人生于石,死也归于石。石棺、石屋的出现即是明证。章海荣先生在《西南石崇拜》一书中说:"从西南诸民族大量的开辟神话与洪水神话中,令人不可回避地接受这样一个文化观念:石——生命的基始(注:即本原),石有灵,石是神,石既是开辟之神,又是再生之神,是生命的本原体。"①

(一)石头创世

据章海荣著记载:我们普米族的创世神话《巴弄明与巴弄姆》说,天地未分时,只有一块长着翅膀的硕大无比的石头在空中翻飞。后来石头裂成了两半,裂缝中夹着一头公牦牛巴弄明,和一只母狼巴弄姆。白母狼把上半块石头往上顶,成了天,公牦牛把下半块石头往下撞,成了地。顶撞时撞碎的石粉变成了星星,撞通的两个圆洞,一个变成了太阳,一个变成了月亮。因此他们认为石头是创始之母,世界的一切都源于一块石头。

普米族的另一个神话故事《久木鲁》说,天地分开时,天上派了吉泽乍玛女神到大地上做人种,她是由石灰和石粉相结合变成的。在石洞里与石头巴窝配生儿育女,繁衍成了今天的人类。②

(二)人与石头的战争[1]

在远古的时候,天还是一团浓雾,地没有山河,没有生物。有一位天神造出

---

① 章海荣著,《西南石崇拜》,云南教育出版社,第31页。
② 同上书,第44—45页。

了山水、风云、树木、荒草、飞禽走兽，后来又在山顶上造出了石头，在河滨平原上造了人。

因为石头是大地的骨干，所以造出石头后，就给了石头自由，让石头也能生长行动。后来石头在山中繁殖起来，有时从山坡上滚落下来。天神觉得人是可以繁荣大地的，就给人以智慧和权力，还允许人可以长生不死。从此以后，人在平原上繁殖起来，他们白天耕种，晚上休息，天神见到他们繁荣起来了，觉得工作已完，便回天宫去了。

由于人类只生不死，便大大发展起来了，平原不够住，就向山上开拓，凿坏了许多石头。而石头也繁殖起来，满山都是，山上不够住，往山下发展，竟滚到了人们耕作的田地里，伤了人畜，打了稻禾。这种粗暴行为触怒了人们，人们便把田里的石头打得粉碎，或扔到河里去。石头觉得人们侵犯了他们的自由，便大量地朝田地里滚落，使大地荒凉起来。

有个老人发现山洞里堆着许多青铜，把消息告诉大家，许多人便去凿石开采，惹怒了石头，在人们睡觉时成千上万的大小石头从山顶上崩塌下来，打得人们头破血流，手折断，庄稼也坏了。人们哭喊，惊动了天神。天神知道后来到人间，调解纠纷。人们诉说石头的残暴。石头却一言不发，天神怒对石头说："你们打伤了许多人，实在太残酷了，从今以后你们不要再繁殖了，就是有人把你们打得粉碎，你们也只能停留在原地。"又对人说："不是你们繁殖得太快，也不会跑到山上去毁坏那么多石头。今后你们的寿命得有所限制。每个人最多活至100岁，就得死掉。"天神说完就回天上去了。从此，石头虽然生长，却不能随便乱动，人类虽然能行动，则再也不能长生不死了。①

也许有人说这是少数民族的寓言，一笑了之。其实汉民族也有关于石头是人的生命本原的神话。孙悟空不就是从石头里迸出来的么？《红楼梦》里贾宝玉脖子上的那块石头是有灵性的叫通灵宝玉。尧母是在石头上出生的。我们华夏民族最崇拜的老祖宗、治水英雄，夏朝人的祖先大禹、鲧、启都与石崇拜有关。"禹生于石纽"[2]"石破生启"[3]"夏后氏生而母化为石"，等等。[4]（《路史·余论九》）所载石头神话，实际上是人们对旧石器时代、新石器时代的回忆。

注

[1] 这是一个很完整的石崇拜的神话。许多原始神话都与金石有关。
[2] 石纽：现在是四川阿坝地区的一个地名。它的原意，不是地名，而是指

---

① 章海荣著，《西南石崇拜》，云南教育出版社，第4—5页。

男性生殖器，尊为石祖。表现的是石崇拜，是男性社会时期的生殖崇拜。在它之前是女性生殖崇拜，表现的是崇拜女性生殖器，尊为母子窟。那时人们认为母亲生孩子是靠母亲凭其所"感"才怀孕的。石纽的出现表明母亲怀孕不是靠母亲一人，还要与父亲结合才成。自然这标志着人类对自身的认识进入了一个新的阶段。

[3] 夏启是从石头里迸出来的，涂山氏生儿后变成了石头。《山海经》说："太室嵩高成阳西启母化为石在焉。"《汉书·武帝纪》有武帝参观启母石的记载。不仅夏禹一家，就连尧的母亲也与石有关。《春秋合诚图》说："尧母庆都名于世，盖大帝之女，生于斗维之野。帝在三河之南。天地大雷电，有血流润大石之中，生庆都。"① 这些记载说明华夏民族早期同样存在石崇拜。

故事解说

生出于石死归于石

人"生出于石，死归于石"，是一个十分古老的观念。

---

① 《太平御览》，中华书局，第 373 页。

古代人说人死以入土为安，是农业生产发展以后产生的丧葬观念。"死归于石"的观念的产生可能比它早，它与人长期生活在山石之间有很大的关系。即使在长期的农业社会中，人们的生活没有一样能离得了石头。住的是石窟，用的是石桌、石凳，造房子用的石基、石墙、石瓦、石阶，三个石头架个灶，石磨盘、石磨棒、石磨、石碾、石滚、石臼、石杵、石槽、石犁、石斧、石锤、种种石雕艺术，人死了的石棺、石楼、石宫及随葬的珠光宝气等都离不开石头。也就是说石器是旧石器至新石器时代的主要标志。因而说石创世神话是石器时代最具代表性的神话并不为过。

在那个时代的人，不仅生以石为敬，而且死也要以石为安。当然以石为安并非说每一个人都可以进石棺石室。普通人死了丢进"乱葬坟"算数，能以乱石一堆就很不错了，自然进入石棚只有著名的酋长头人才能享受了。据记载我国辽东半岛海城县析木城附近发现两处石棚，一个石棚的顶板石"长两丈一尺，阔九尺四寸，厚一尺九寸。又有壁石一枚，长九尺二寸，高五尺五寸，厚一尺六寸"；营口县石棚山石棚是"用花岗岩的大石板建成，四周竖立 4 块石板，高约 2 米，宽约 2 米半，厚 40 厘米，呈方形。上面平放一块大石板，每边长约 4 米，厚约半米，好像一座石屋"。据日本学者居氏推测这是距今 10000 年左右的新石器时代的遗物。我国学者推测距今 5000 年左右。在那个时代用巨石作墓是极尽豪华的事。①

虽然石器时代离我们越来越远，但我们不应忘记它是曾经的存在。本文所记并非笑话，而是一种记忆，一种早已被遗忘的传说。

---

① 陶炎撰，《辽东半岛的巨石文化》，沈阳《理论与实践》杂志，1981 年第 1 期。

六、昆仑神话

昆仑指位于玉门附近的春山、钟山一类神山。它是天帝的下都,众神聚集之地。

(一)海内昆仑

海内昆仑之虚[1],在西北,帝之下都。

昆仑之虚,方八百里,高万仞[2]。上有木禾[3],长五寻,大五围。

面有九井,以玉为槛[4]。面有九门,门有开明兽守之,百神之所在。

在八隅之岩,赤水之际,非仁、羿莫能上[5]冈之岩。

昆仑南渊[6]深三百仞。开明兽身大类虎而九首,皆人面,东向立昆仑上。

开明西有凤皇、鸾鸟,皆戴蛇践蛇,膺有赤蛇。

开明北有视肉[7]、珠树、文玉树[8]、玗琪树[9]、不死树。凤皇、鸾鸟皆戴瞂[10]。又有离朱[11]、木禾、柏树、甘水、圣木、曼兑,一曰挺木牙交。

开明东有巫彭、巫抵、巫阳、巫履、巫凡、巫相,夹窫窳之尸,皆操不死之药以距之。窫窳者,蛇身人面,贰负臣所杀也。①

注

[1]虚:同墟,指山丘。在神话中,昆仑是天帝的下都。

[2]仞:古度量单位。一寻八尺,万仞,概数,形容极其高。郭璞注其虚基之高二千三百里。去嵩高五万里,为"天地之中"。

[3]木禾:一种可食的谷物。其长或谓六尺、七尺。相当于高万生黑水之际。

[4]槛:栏。栏干。

[5]非仁、羿莫能上:不是仁者,非如羿之能者不能上。

[6]南渊:南泽。

---

① 陈成译注,《山海经·海内西经》,上海古籍出版社。

［7］视肉：一种奇怪的动物。郭璞说："视肉，形如牛肝，有两目也，食之无尽，寻复更生如故。"

［8］文玉树：五彩树。

［9］玗琪树：玗（yú），似玉美石。玗琪，赤玉。

［10］甈：甈（fá），甈盾。

［11］离朱：赤鸟。

（二）昆仑九层

《拾遗记》说："昆仑山有昆陵之地，其高出日月之上。山有九层，每层相去万里。有云色，从下望之，如城阙之象。四面有风，群仙常驾龙乘鹤游戏其间。"又说："昆仑山者，西方曰须弥山，对七星之下，出碧海之中。上有九层，第六层有五色玉树，荫翳[1]五百里，夜至水上，其光如烛。

第三层有禾穗，一株满车。有瓜如桂，有柰冬生如碧色，以玉井水洗食之，骨轻柔能腾虚也。

第五层有神龟，长一尺九寸，有四翼，万岁则升木而居，亦能言。

第九层山形渐小狭，下有芝田悬圃，皆数百顷，群仙种耨焉。旁有瑶台十二，各广千步，皆五色玉为台基。

最下层有鋈金霄阙，直上四十丈。东有风云雨师阙。南有丹密云，望之如丹色，丹云四垂周密。西有螭潭[2]，多龙螭，皆白色，千岁一蜕其五脏。此潭左测有五色石，皆云是白螭肠化成此石。有琅玕璆琳之玉，煎可以为脂。北有珍林别出，折枝相扣，音声和韵。九河分流。南有赤陂红波，千劫一竭，千劫水乃更生也。"①

注

［1］荫翳：翳（yì），指树幅很大能遮蔽五百里的地方。

［2］螭潭：螭（chī），螭龙。螭潭，指潭中有螭龙，螭龙又称应龙，白色。

（三）昆仑三角

昆仑，号曰昆峻，在西海之戌地，北海之亥地，去岸十三万里。又有弱水周

---

① 王嘉著，《拾遗记》，中华书局，第221—222页。

回绕匝。山东南接积石圃，西北接北户之室。东北临大活之井，西南至承渊之谷。此四角大山，实昆仑之支辅也。

上有三角，方广万里，形似偃盆，下狭上广，故名曰昆仑山三角。其一角正北，干辰之辉，名曰阆风巅[1]；其一角正西，名曰玄圃堂；其一角正东，名曰昆仑宫；其一角有积金，为天墉城[2]，面方千里。城上安金台五所，玉楼十二所。

其东北海外，又有钟山。隔弱水之北[3]一万九千里，高一万三千里，上方七千里，周旋三万里。自生玉芝及神草四十余种，上有金台玉阙，亦元气之所舍，天帝居治处也。①

注

[1]阆风巅：阆（láng）风巅、玄圃堂、昆仑宫，均指昆仑山的三个山峰。

[2]墉城：墉（yōng），高墙。

[3]弱水：祁连山北部地有一片南北走向的水域，名弱水，纵贯南北。现已干涸为沙漠。

故事大意

昆仑山的南面，有一个水泽，水深达三百仞，这儿有鸟秩树、六首蛟、蝮蛇、猎豹、诵鸟、鹳等动物。西面有凤凰、鸾鸟守护，凤凰、鸾鸟耳朵上挂着青蛇或黄蛇，脚下也踏着两条蛇或身上披着红蛇。昆仑北面，有一种动物叫视肉，样子像牛肝，有两只眼睛，这种动物肉吃了还会长出来。此外这儿还有珠树、五彩树、玕琪树、不死树、圣木、曼兑、挺木等；开明兽的东面有十巫神住在这里。窫窳蛇身人面，为贰负臣所杀。十巫神夹窫窳之尸，操不死之药，挽救它，想使它起死回生。

昆仑山叫须弥山，在北斗七星之下，苍茫璧海之中。山上有九层。第六层有五色玉树，树荫达五百里，如果你夜至水上，可见其光如烛。第三层有禾穗，一颗就可装一车。有瓜如桂，璧绿色，以玉井水洗过后可以食，吃了以后人的骨骼可以变得轻柔。第五层有神龟，神龟长一尺九寸，有四翼，万岁而升居，会说话。

第九层，山形狭小，有芝田悬圃，约数百顷，群仙在这里耕种。旁有瑶台十二，各广千步，皆以五色玉为台基。

---

① 张华摘，《博物志》，引东方朔《海内十洲记》，上海古籍出版社，第105—110页。

最底层，宫阙鎏金耸立霄间，有四十丈高。其东面有风云雨师阙。南面有丹密云殿，西面有螭潭，潭中有白色螭龙，千岁一变。其北面有珍林，折枝相扣，音声相和，优美异常。

昆仑山的周围有弱水环绕着。山上有三个著名的山峰像三只角向天上伸着，当中呈凹形像个大面盆。那三只角，一只在正北方叫阆风巅，一只角在正西方叫玄圃堂，还有一只角在正东方，叫昆仑宫。它就是有名的天墉城，城上有金台五所，玉楼十二。这儿就是天帝住的地方。隔着弱水是钟山，那也是座神山，上有玉芝神草金台玉阙，上对北斗，下通黄泉，为元气之所会，为天帝之所居。

故事解说

昆仑三谬

昆仑是想象中的天宫，并非实有地望。有许多都是仙道家的虚构、妄想。有关昆仑的议论，最常见的谬误有三：一错把神话中的昆仑，当成现实中的昆仑；二错把中国的昆仑当外国的昆仑；三错把黄河之源说成"出昆仑"。正误相去甚远，不可不辩。

本文中的昆仑山，是神话中虚构的山。它按照天之帝都的设想，以甘肃省酒泉附近5500公尺高的祁连山、弱水为背景，虚构出天之帝都，写了山之高大险峻，物产之丰富，宫室瑶池之华美，神兽之守护，神人之聚居与上天入地。它不是现实中的昆仑山。现实中的昆仑山在新疆南边，是横跨新疆与青海的山脉，与甘肃的酒泉、弱水、祁连山等河西走廊地望，相去甚远，并不是一回事。

古希腊有奥林匹斯山，那是天帝宙斯与众神住的地方，于是引发人们的联想，以为中国的神山昆仑是从古巴比伦移植过来的。把事情完全弄颠倒了。凌绳声先生著《中国边疆民族文化与环太平文化》一文详细地考证了昆仑丘与明堂的关系。认为昆仑一词指的是多层庙塔的寺庙。

甘肃昆仑之丘指甘肃淳化县甘泉的帝之囿时。也就是古时候周人的明堂。这种明堂凡九室，一室而有四户八牖，三十六户，七十二牖，上圆下方，以茅草盖成，明堂有九室十二堂，古时从黄帝尧舜到夏商周都有，用于布政、祭祀、奖赏、教育和接待宾客之用。明堂上层有楼房用于观察天象之用。黄帝时就把这叫昆仑或明台。夏时叫观星台。它比巴比伦要早几千年。一些人受西洋中心论的影响，把什么都说成是从西方学来的，让6000年前的黄帝来模仿3000年时的巴比伦岂不是笑话？

不仅如此，在黄河发源上也同样出现过重大失误，产生了重源论。黄河发源于巴颜喀拉山。《水经注》说河出昆仑，受到了陈桥驿先生的严厉批评。《水经注》王先谦注本说："河又出海外，南至积石山下，有石门"，并解释说，"河水入渤海（指罗布泊），又出海外，西北入所导积石山。余考群书，缄言河出昆仑，重源潜发，沦于蒲昌（罗布泊），出于海水。故《洛书》曰：'河自昆仑，出于重野。'"

对此陈桥驿先生指出这就是古代流行的"黄河重源"说，所谓重源，即黄河发源于昆仑山，引到蒲昌海（即今罗布泊），而潜入地下，到积石山再流出地面，然后东流入海。从昆仑到蒲昌这一段河，是塔里木河，不是黄河。这一错误，是引述前代文献的错误而造成的一错再错。最主要的原因是把现在的昆仑山当成了黄河之源。这一错误影响深远，一直到现在，连中央电视台在谈到黄河时仍在说黄河发源于昆仑山。这就是一错再错最明显的例子。黄河发源不在现实的昆仑山，也不在神话中的昆仑山，或青海甘肃交界的积石山，而是发源于四川、甘肃、青海交界处的巴颜克拉山。我国的黄河、长江都发源于这座大山。

七、扶桑神话

这里摘录了四则神话：天鸡打鸣、若木、扶木、建木，都与授时有关。

（一）天鸡打鸣

佚书《云中记》说："蓬莱之东，岱岳之间，有扶桑之树。树高万丈，树岭常有天鸡，为巢栖于树上。每天半夜时天鸡鸣，而日中阳鸟则应之。阳鸟鸣，则天下之鸡皆鸣。"形如四川广汉三星堆出土之青铜神树，与金鸟负日。

这是一个十分美丽有趣的神话故事。内容讲的是在蓬莱之东和泰山之间这片土地上有一个叫旸谷地方。那儿有一种树叫扶桑树，传说它有万丈之高。扶桑树，老百姓叫它麻桑树。民谣说："麻桑树，万丈高，你把二郎老爷摔一跤，二郎老爷诅咒你，三尺五寸就弯腰。"麻桑树我国西南现在还有，只有三尺五寸高，树梢是弯的，你知道是啥原因，原来这树是伏羲爷爷上天下地用的，二郎神也常常揩油私自从这里往返天地之间，所以麻桑树不高兴摔了二郎神，二郎神就不让它长高了。据传那扶桑树上有个天鸡窝，天鸡窝有天鸡。每天夜半三更鸡就叫了。天鸡叫三遍太阳从海里爬起来，由天鸡背着沿着树梢由东向西飞。天鸡一叫太阳里的太阳鸟也叫。太阳鸟叫，天下的农家的鸡都叫了。上古时没有钟表这类东西，全靠天鸡打鸣报时。太阳也应着天鸡叫声从东向西沿着树梢飞行，天天如此，终年不息。

（二）若木在西

扶木在阳州[1]，日之所曙[2]。建木在都广，众帝所自上下。日中无景，呼而无响，盖天地之中也。若木在建木西，末[3]有十日，其华照下地。①

注

[1] 扶木：指扶桑木，在汤（旸）谷之南，阳州指东方。建木在南方的都广

---

① 赵宗乙译注，《淮南子·墬形训》，黑龙江人民出版社，第195页。

山一带，"其状如牛，引之有皮，若璎黄蛇，叶若罗。"若木，是西方神木，赤华，青叶，名曰若木，"其华光赤下照地"。

[2] 曊（fèi）：照、晒。

[3] 末：树梢。

故事大意

扶木在东方的阳州，那儿是太阳升起的地方。建木在南方的都广，是众天神上下天庭的地方。那儿，正午时，太阳照不出影子，呼喊时没有回声，大约就是天地的中央。若木在建木西边，树梢上有十个太阳，它们的光芒照耀着大地。①

（三）汤谷上有扶木

《山海经·大荒东经》说："大荒之中，有山名曰孽摇頵羝[1]，上有扶木，柱三百里，其叶如芥。有谷，曰温源谷。汤谷上有扶木。一日方至，一日方出，皆载于乌。[2]"

注

[1] 頵（jūn）羝（dī）：羝，公羊。有个山叫孽摇頵羝山。

温源谷：即汤谷，温泉。汤谷上有扶桑木。

[2] 乌：三足乌。指太阳载于三足乌的背上。1985年陕西华县柳子镇泉护村出土的彩陶残片上有阳乌负日图：一为一乌负日飞翔，一为乌在日中，一为乌在日外，一为乌全身被烧焦变成了乌鸦。

故事大意

在大荒之中，有一座叫孽摇頵羝的山，山上长了一种树叫扶木，其高三百里，叶子很大，像芥菜叶子的形状。树的下方有温泉（汤谷）。每天太阳就从这温泉旁边升起来，到温泉里洗好澡钻出来，然后爬到树上，由三足乌背着绕着树梢飞，累了落下去休息一夜，再爬到树上去。那背太阳的鸟儿全身被烧焦变黑了，人们就叫它乌鸦。

（四）建木百仞无枝

《山海经·海内经》说："有木，青叶紫茎，玄华黄实，百仞无枝，有九欘，

---

① 赵宗乙译注，《淮南子·墬形训》，黑龙江人民出版社，第197—198页。

下有九枸[1]，其实如麻，其叶如芒。大皞爱过，黄帝所为[2]。"

《山海经·海内南经》："有木其状如牛，引之有皮，若缨黄蛇，其叶如罗，其实如栾，其木若芑[3]，其名曰建木。"

《淮南子·地形训》说："建木在都广[4]，众帝所自上下，日中无景，呼而无响，盖天地之中也。"

注

[1] 欘（zhú）：欘同属，指九枝回曲。枸（gōu）：根盘错。

[2] 大皞：即太皞。《山海经》有两处明确提到太皞，这里是一处。爱过：指伏羲经过这里上天下地，变更了建木的一般特性，使之变成神树。黄帝所为：指其为黄帝治理、培育。

[3] 芑：一种花卉。

[4] 都广：指成都平原广汉三星堆一带。那里曾是一个富有的古都，被视为天地之中。那儿生长着一种神树叫建木。三星堆博物馆保存有3株青铜神树。最大一棵高384厘米，台座92厘米，枝上有十鸟及龙兽等物。此即建木。建木是神人上天下地的梯子，尤如今日的火箭一样，是天地之间的交通工具。

故事大意

有一种树叫建木。它长着青色的叶子，紫色的茎，黑色的花，黄色的果实，高百仞，没有分枝，只有主干，有软绵绵的扯不断的树皮。树皮像缨带又像蛇的样子。枝杆弯弯曲曲的，它的根相互盘根错节，结出的果实像芝麻，叶子像芒。天帝伏羲经常从这里爬上天又爬下来，树是由黄帝亲自培育呵护的，十分珍贵。建木像一个天梯，生长在天地之中，天帝们经常在这里上上下下。太阳当顶的时候看不到一点影子，在树上大喊也没有回声。

故事解说

扶木、若木与建木的象征意义

扶桑、建木、若木是不同性质的神树。扶木生长在东方。它是太阳运行的轨道。太阳出于汤谷，浴于咸池，登于扶桑，到扶桑即谓晨明，上扶桑后由三足乌即金鸡背着绕着树梢，从东往西飞，经过阿曲、曾泉、桑野、衡阳、昆吾、鸟次、悲谷等地到达虞渊，经过一地，即为一个时辰，一天大略有十六个时辰。金鸡背太阳吃力，所以要鸣叫，羽毛被烧焦了，全身变黑。金鸡一叫，天下的公鸡齐声回应，都叫了。这个背太阳的金鸡就叫乌鸦或叫太阳鸟、阳雀、金乌、三足乌、朱鸟、火鸟。由于一鸟背太阳太吃力，后来就改成两个太阳鸟抬着太阳飞，还是吃不消，最后由四个太阳鸟推着太阳火球飞行。这些神话故事在距今 7000 年的河姆渡遗址中的牙雕上可以看到，在距今 4000—3000 年的四川金沙遗址中我们可以看到四凤朝阳。《山海经·大荒北经》里还有"九首人面鸟身名曰九凤"等记载。这些都是有关太阳崇拜的，但崇拜太阳，为什么一定要沿着扶桑飞呢？这就是值得我们格外关注的。

伏羲大暤是东方天帝，属木德之帝，是主春天，管万物生长的天帝。所以，他到东方视察要从扶桑树上爬上爬下，而到西方、南方就得从若木、建木爬上爬下了。

八、西王母神话

在这里我们向你介绍的是三个西王母：一个是《山海经》里说的那个西王母，她是图腾天神；一个是周穆王见到的那个西王母，她是人王，美女；一个是阴山岩画中的西王母，她是传说中的月母神。她们各有特点，尽都引人入胜。

（一）《山海经》里的西王母

《山海经·西山经》："又西三百五十里，曰玉山，是西王母所居也。西王母其状如人，豹尾虎齿而善啸，蓬发戴胜，是司天之厉及五残。"

《山海经·海内北经》说："西王母梯几而戴胜杖[1]，其南有三青鸟[2]，为西王母取食[3]。"

注

[1] 西王母：《帝王世纪》云："昆仑之北，玉山之神，人身虎首豹尾，蓬头戴胜，执几杖皓然，白石城金室而居。"有人说西王母穴居，有人说她居石室，这里说居金室，显然她是一位白发皓首、拄杖戴玉而穴居的西方老人。

[2] 三青鸟：据说玉山之西二百二十里有三危（弇兹）之山，山上住着三青鸟。他们是燧人弇兹氏族后裔。华夏民族的先民有三个不同的部落，即大鵹、少鵹、青鸟。

[3] 为西王母取食：指贡献给西王母各方贡品与稀有之物。

上述两则故事，一个讲西王母是天神，是西天司厉疫之神，很可怕，她掌握人类的命运；一个讲西王母是地母神，是比较善良的，她常使三青鸟部族的人为她觅食。这两类西王母的神形特点都是虎图腾神，或虎图腾神的化身。

下面的西王母与此不同，她是美丽的人王，对华夏民族十分友善，可敬可亲。

相传西王母国在昆仑山北坡，那里产玉，那里的人手艺高明，以制玉闻名于世，富甲一方。他们与华夏交往，常以玉"礼尚往来"。《初学记》廿、《太平御览》六百二十一、《帝王世纪》均载"西王母慕舜德，来献白环及玦，并贡益地图"，《荀子》说"禹学于西王国是也"。

这个西王母不是天神，而是与华夏民族友好交往的人王。

（二）周穆王宾于西王母国

吉日甲子，天子宾于西王母[1]。乃执白圭玄璧[2]以见西王母，好献锦组百纯，组三百纯[3]，西王母再拜受之。

乙丑，天子觞西王母于瑶池之上。西王母为天子谣，曰："白云在天，山陵自出[4]，道里悠远[5]，山川间之，将[6]子无死，尚能复来[7]。"

天子答之曰："予归[8]东土，和治诸夏，万民平均，吾顾[9]见汝，比及三年，将复[10]而野。"

西王母又为天子吟曰：徂彼[11]西土，爰居其野。虎豹为群，于鹊与处。嘉命不迁[12]，我惟帝女[13]。彼何世民，又将去子。吹笙鼓簧，中心翱翔。世民之子，惟天之望[14]。天子遂驱升于弇山，乃纪其迹于弇山之石而树之槐。眉曰"西王母之山"。

注

[1]天子：指周穆王。《竹书纪年》："穆王十七年，西征昆仑山，见西王母。见其未见，宾于宫中。"西王母是一个复合概念，一指西王母国，一指西王母国崇敬的图腾神灵，一指西王母国的君主。西王母国位于昆仑山北坡，产玉，善制玉。穆王拜会的是周时的西王母国君主。所以，她自称帝女。《山海经·西山经》："西王母其狀如人，豹尾虎齿而善啸，蓬发戴胜。"这个西王母是西王母国的图腾神。

[2]白圭玄璧：以白色的玉圭、黑色的玉璧献给西王母作为见面礼。

[3]组、纯：组（zǔ），绶属。纯，纯帛不过五两。指锦组百缕，金玉百斤。

[4]山陵自出：丘陵很多。

[5]道里悠远：道路遥远。

[6]将子无死：将，请。子，你。无死，身体健康。意指你保重身体。

[7]尚：庶几。

[8]归：还。

[9]顾：看。

［10］将复：复返此野再相见。
［11］徂彼：徂，往。彼，这里。
［12］迁：还。
［13］帝女：天帝之女。
［14］望：瞻望。

故事大意

时间：周穆王十七年，穆满北征、西征之后的一个吉日，甲子时辰。

地点：昆仑山北坡，即钟山（春山）。丘陵起伏之处的西王母国都城。

周穆满常年在外带领大队人马，东讨西逐北伐南征，所到之处，除了巡狩之外，还掳杀了各地大量的金银财宝和美女奴隶。遇有不服者征服，征服不从，就将其氏族掳掠迁移。因此普天下莫不敬畏。

这一天，穆天子带着大队人马朝月亮之国（华夏语为西王母国）走来。天子驾八骏之乘，左绿耳，右华骝，赤骥、沧骊、白义、逾轮、山子、渠黄等众多千里马紧随其后，造父、三百、耿翛、芍及为他驾车。旁边还跟了重工、彻山、藿猱、来白等著名猎犬，旌旗飘荡、鼓乐飞扬，浩浩荡荡，吹吹打打，走向玉山，拾级而上，朝西王母王宫走来。这一切早已有人通报。西王母从山上向下望去，

早已看得明明白白。她知道穆满这人凶残不好对付，要精心准备一番。

几个时辰之后，穆满带着大队人马走上山来。穆满与随从走进白石城金屋室之内，只见眼前出现的一位美貌女子，她眉如月、面如玉，坐在一把镇山椅上。那椅子上披了一张白虎皮，虎头上一双大眼睁着，一支大尾巴在地上微微动着。椅背后是一幅巨大的西王母氏族供奉的祖神像，其状如人，豹尾虎齿而善啸，蓬发戴胜，端庄，严肃，俨然一幅司天之厉及五残之神像。

穆满进入石室，兴奋不已，他立即意识到自己置身玉山，再往上更高的地方就是凉风山了。凡人到达此山便可不死。凉风山上有天帝的悬圃，人到了这里即可呼风唤雨。悬圃再往上就上天了，人就可以化而为神了。穆满压抑不住兴奋之情，庆幸自己就要与诸多天神相见了。因此，他特别兴奋，向后一招手叫人献上金银珠宝，拱手朝贺，献给西王母。这些礼物中有最珍贵的白圭黑璧，彩锦百绳，彩缎三百纯，陆续向西王母献上。这时，广乐四起，歌舞唱和，西王母叫人捧上美酒与穆满把盏同饮于瑶池之上。西王母乘兴唱到："白云在天，丘陵出地，君王不远万里，不怕山川阻隔，不畏艰险来到这里，欢迎你的到来哟！"

歌声将歇，穆天子立即应答："我在东土，治理诸夏，万民拥戴，我带着他们的盛情前来拜见，倍感荣幸！"

西王母又为穆天子唱了一曲："你来到我们西土，到这荒野，虎豹成群的地方，与鹊相处，不怕艰苦，不肯退缩，作为天帝之女，我实在感激。很可惜，用不了多久，你又要走了，真是吹笙鼓簧，心中翔翔，世民之子，惟天之望。"西王母唱完后，带穆满游弇兹之山，一同游乐。穆王兴奋不已，取弇兹之石写了五个大字"西王母之山"，又在旁边栽了一棵槐树以作为纪念。

西王母陪着穆满游弇兹之山，奏环天之乐，列重霄之宝器，曳丹玉之履，铺璧蒲之席，以清澄琬琰之膏为美酒，品兼山甜雪，啖阴岐黑枣，尝万岁冰桃，千年碧藕，食玉膏，饮神泉，一切的一切使穆天子大为惊异。一方面他感到满足，一方面他的内心又愤愤不平。三青鸟从东土弄来这么多好东西，为什么自己身居东土却不见有人贡奉这么些珍宝呢？正在这时，使者传来一个消息说东方的徐王趁他西行之际反叛，便命令造父起驾东征。造父等人驾着千里马匆匆告别西王母，下山东征，一日千里，转瞬到了徐国，收复故土。责令徐国献出珍宝，并封造父于赵城。赵国从此起家。

《穆天子传》的这一故事就成了周穆王与西王母的爱情故事。很明显，故事里的西王母绝不是司厉及五残的天神西王母，而是现实的人。

我们再看另一个西王母：内蒙古草原岩画中的西王母。

（三）岩画中的西王母

萧立广、谭士俊先生编著的《岩石上的呼麦》一书中，刊载了几幅西王母岩画。

一幅是迎接西王母图。本图载于该书的 54 页。图中有一鸟头蛙身人物骑在鹿身上。下部为一个人拿礼品（动物）以表示欢迎。旁边有马、羊等动物。此岩画出自巴彦淖尔市乌拉特中旗凡公勒台沟东。

一幅是欢送西王母。载于该书 55 页。出于内蒙古巴彦淖尔市蹬口县托林沟。内容是欢送西王母。图中右上方有一鸟头蛙身人骑在马上，前有引马人，后有护送人。此鸟首蛙身人即西王母。图左是青鸟使者。其余表演侧手翻者、连臂舞者，都为欢迎西王母人群。

该书的第 89 页，杂技与马术岩画重载了欢送西王母图。编著者说此岩画高 0.73 米，宽 0.61 米，是一幅欢送西王母赛神会图。右上方盖头下一鸟头蛙身人骑（立）在马上，前有奔羊引领人，后有护送人，再后有化妆倒立者献艺，化妆信使者。中部有连臂作绳舞者 4 人。显然，是一个大杂技赛神会。

这一切是我们从未见过，从未想过的。这里的西王母成了草原民俗的象征。她像他们心中的菩萨一样，在赛时都会隆重地欢迎她，欢送她。她既不是人身虎首的神，也不是勾人媚人的美女，而是一个鸟头蛙身的神。这鸟头蛙身人是何来历？不清楚。西王母为什么由虎首神变成了鸟头蛙身神了呢？不清楚。企盼高人指点。

故事解说

月亮之国与西王母

西王母，是国名，意为月亮之国；西王母又是月亮之国的氏族始祖神，被称为月母。西王母国在昆仑北坡的玉山之上。昆仑，《山海经》说："昆仑墟在西北，一名天庭，是天帝所居，又是地之中也，其高万一千里。"《康熙字典》"凡物之圆浑者曰昆仑"，穹窿是昆仑的语源，意为"层城九重"，示"天之圆，九重也"。所以，昆仑是标识圆天的意思。它让人们意识到上了昆仑山，就上了天。玉山在昆仑的北坡，西王母国就建在这里。国中产玉，以玉闻名。国人善治玉，国以玉为贵，以玉为富，以玉为宝，以玉为文化经济交流的纽带。在人们的眼中，玉美，富而不骄，贵而不淫，性温气和，成为国力、财富、地位、精神、品格的象征，犹如一轮明月掉在地上一样。所以西王母国人称自己的国家为月亮之国。译成汉语叫西王母。西王母国上对北斗，下对冥府入口，可谓天地之中，又是羲和御日的悬车之所。加上天神西王母在这里治五刑，制厉役，采草药，止病痛，掌天地万物生杀之事，握西方白虎之瑞，真可谓群瑞毕臻。西王母性美如玉，从黄帝以来，不论颛顼、帝喾、尧、舜，还是夏、商、周诸王，西王母都以玉为贡，友好交往。《轩辕黄帝传》说黄帝祭昆仑立台于沃人国北西王母之山，贾谊《新书》说帝尧见西王母，《焦氏易林》说尧使稷西见西王母，还有说西王母慕舜德献白环，贡益地图等等。总之，华夏历朝莫不与西王母和睦相处。传夏禹当政后的第一件事便是驾二龙带着一帮人到西王母国学习，周穆王巡行时登春山，登堂入室，惊叹，欣喜，乐而忘返，便是西王母与华夏友好交往的新例证。

可以说，西王母国与华夏历朝历代的友好交往，是世界5000年民族文化史上最辉煌的篇章，最美好圣洁的典范。

九、图腾山神神话

《山海经》里的图腾山神，大体上有三种类型：一种是天神，他们住在山上，替天帝看守囿圃，执行司天之事；一类是恶神恶兽；还有一类是下到平原的氏族国祖神。山神住在山上，神状不同，等级差别也较大。大多是原始人类的始祖神灵。

（一）司天之神

西南四百里，曰昆仑之丘，实惟帝之下都，神陆吾司之。其神状虎身而九尾，人面而虎爪；是神也，司天之九部及帝之囿时[1]。(《山海经·西山经》)

又东十里，曰青要之山，实惟帝之密都[2]。……武罗神司之。其状人面而豹文[3]，小腰而白齿，而穿耳以鐻[4]，其鸣如鸣玉。是山也，宜女子。(《山海经·中次三经》)

又东二十里，曰和山，其上无草木，而多瑶碧[5]，实惟河之九都。……神泰逢司之，其状如人而虎尾，是好居于萯山之阳，出入有光。泰逢神动天地气也。(《山海经·中次三经》)

又西三百二十里，曰槐江之山……其阴多采黄金、银。实惟帝之平圃[6]，神英招司之。其状马身而人面，虎文而鸟翼，徇于四海，其音如榴。(《山海经·西山经》)

注

[1] 囿（yòu）时：囿，养动物的园子。囿时指季节变化。此处将人间的九州岛山川比喻为天帝的园子。武罗神是管这里的气候变化之神，故为囿时，即报时神。

[2] 密都：天帝秘密的办公之所。

[3] 文：同纹。豹文即豹纹。

[4] 鐻（jù）：金属耳坠、耳环，武罗神小腰白齿，穿耳以鐻似女神。

［5］瑶碧：美玉。

［6］平圃：圃（pǔ），种植花草蔬菜果木的园称为圃，平圃为园子名。

故事大意

为天帝司天之九部并决定囿时季节的天神叫陆吾神，他长得人面虎身，虎爪，有九个尾巴；在和山看守天帝九都的神叫泰逢神，他长得像人，但长着老虎尾巴，家住萯山之阳，所以出入有光，常动天地之气；在青要之山住着的叫武罗神，长得人面豹纹，小腰而白齿，耳朵还穿了个孔，挂着耳坠子，说话细声气，挺好听的，像玉声一样，分明是一个女人，她看守的是天帝秘密办公的地方；那个在槐江之山替天帝看园子的神叫英招，他长得人面马身，虎纹，身上长了一对翅膀会在天上飞，带着天帝巡游四海。

（二）恶兽之神

（昆仑）又西二百六十里，曰邽山[1]。其上有兽焉，其状如牛，猬毛[2]，名曰穷奇[3]，音如獆狗[4]，是食人。（《山海经·西山经》）。

又北二百里，曰少咸之山，无草木，多青碧，有兽焉。其状如牛，而赤身、人面、马足、名曰窫窳[5]，其音如婴儿，是食人。（《山海经·北山经》）

又北二百里，曰北岳之山，多枳、棘、刚木，有兽焉，其状如牛而四角、人目、彘耳，其名曰诸怀，其音如雁鸣，是食人。（《山海经·北山经》）

又北三百五十里，曰钩吾之山，其上多玉，其下多铜。有兽焉，其状如羊，人面，其目在腋下，虎齿人爪，其音如婴儿，名曰狍鸮[6]，是食人。（《山海经·北山经》）

［1］邽（guī）山：山名。陕西渭南有下邽。

［2］猬（wèi）毛：猬，刺猬，指其兽毛如刺猬之毛刺。

［3］穷奇：恶兽。

［4］獆（háo）狗：獆同嗥，从犬，狼一类恶兽。

［5］窫窳：即猰貐（yà yǔ），古代传说中的恶兽。

［6］狍（páo）鸮（xiāo）：狍，鹿类；鸮，猫头鹰。

本段文意是说在离昆仑山不远的山上也住着一些恶兽，它们有的样子像人，但却像凶猛的野兽一样，专门吃人，贪得无厌。五帝中一些帝王的儿子不学好，人们就把他们比作奇穷、猰貐、饕餮、獆狗四兽。

（三）守山之神

《南山经》说：凡鹊山之首，自招摇之山以至箕尾之山，凡十山，二千九百五十里，其神状皆鸟身而龙首，其祠之礼：毛，用一璋玉瘗[1]；糈用稌米[2]，一璧，稻米、白菅为席[3]。

凡西山之首，自钱来之山至于騩山，凡十九山，二千九百五十七里。华山冢也[4]，其祠之礼：太牢[5]。

凡北山之首，自单狐之山至于隄山，凡二十五山，五千四百九十里，其神皆人面蛇身。其祠之，毛用一雄鸡彘瘗，吉玉用一珪，瘗而为不糈。其山北人，皆生食不火之物。

凡东山经之首，自樕螽[6]之山以至于竹山，凡十二山，三千六百里。其神状皆人身龙首。祠：毛用一犬祈，衈[7]用鱼。

《中山一经》说：凡薄山之首，自甘枣之山至于鼓镫之山，凡十五山，六千六百七十里。历儿，冢也，其祠礼：毛，太牢之具，县以吉玉。其余十三者，毛用一羊，县婴用桑封[8]，瘗而不糈。

注

[1]毛，用一璋玉瘗：指用有毛的动物作祭祀。璋，玉器。瘗，埋。

[2]糈用稌米：糈（xǔ），精米。稌（tú），粳稻米。即用粳稻的精米作祭品。

[3]白菅为席：菅，草。即用菅草编的席子。

[4]冢：冢，大。即华山是群山之长。

[5]太牢：指最隆重的祭祀，要求用全牛全羊，而且要色纯完整。并有隆重的仪式祭酒、跳舞等活动。

[6]樕螽：山名。樕（sù），大木。螽（zhū），同蛛。

[7]衈（ěr）：以血涂祭。

[8]悬婴用桑封：悬系献神之玉，桑封，木圭形神主。即用一些藻类系以祭神。

故事大意

《山海经》里的神怪千百种，列在这里的只是几例。从中我们可以看到有替天帝管理的天神，有吃人的恶兽，有守山镇山的王者，他们等级不一样，享受的祭仪与祭品也大不相同。

> **故事解说**

《山海经》中山神的基本特征

五藏山经中的山神神状基本上都是人兽结合型，如鸟身龙首、龙身鸟首、人面蛇身、龙身人面、人身龙首、人面马身、羊身人面、人身羊角、马身龙首、马身鸟翼、人面蛇尾、彘身人面、彘身八足蛇尾、并封前后背有首、人面虎尾、人面兽身、兽身人面戴觡、人而二首、人面豹纹，等等。所有这些神状无一例外都是人与动物的结合形态。因此，可以说是人兽共处的基本形态。

但在海经部分有所不同。海经中我统计了一下，大约有108个古国，他们的基本形态都是人形。已脱离了人与动物的结合形态，表明其时已进入了一个新的阶段。神是在此基础上异化的。这些古国中标明了食桑者：如焦侥国、白民国、儋耳国、黑齿国、毛民国、有蔿国、司彘国、季禺国、盈民之国、西周之国、有胡不与国、有叔歜国、少昊之子中车扁 等，大约占10%左右。

在此基础上的人经过想象而异化变形为神。例如：

羽民国：其为人长头，身生羽。

讙头国：其为人人面有翼，鸟喙，方捕鱼。

戴国：其为人黄，能操弓射蛇。

贯匈国：其为人胸有窍。

三首国：其为人一身三首。

焦侥国：其为人短小，冠带。

长臂国：捕鱼水中，两手各操一鱼。

一臂国：一臂一目一鼻孔一手。

奇肱国：其人一臂三目，有阴有阳，乘文马。

并封国：其状如彘，前后有首。

白民国：白身披发，有乘黄，其状如狐，其背上有角，乘之寿2000岁。

无臂国：为人无臂（无小腿肚子）。

如此等等，不论人形如何变化都是在人的自身的基础上经过想象而成的，已摆脱了人加动物而成的神像模式。这一情况说明这一类神是比山神晚得多的神灵。

综合上述可见山神的基本特征是：

（1）山海经中的天神并不在天上，而是住在地上、住在山上。他们有的是替天帝掌管九州岛（囿），有的是替天帝看园子的，有的是替天帝看守密都的。他们的神形都是动物加人形。

（2）《山海经》中的山神有严格的等级之分。尊者为帝为冢，享用太牢之礼，可以享全牛、全羊之祭，有酒有肉有歌舞；次一等的享受少牢之礼；更次一点的仅一鸡一犬而已。

（3）到了万国时代，那些神都是现实的人。这些人有的被夸大为长人、大人，有的被缩小为短人、矮人，有的手长，有的脚长，有的眼珠子长，有的人长了翅膀会飞，有的人会骑马乘龙在天上往来。这样一来，他们便由人变成了超人之神。

我国的天神如东方句芒、南方祝融、西方蓐收、北方禺疆、夏禹夏启等乘两龙践两龙往返于天地间，巡游四海，坚守四方等，都是在古国神人基础上孳生出来的。

（4）特别启人沉思的是山海经里提到的吃人的恶兽，如穷奇、獆狗、猰貐、饕餮都是先王的不才之子变成的。说明对官二代的教育自古以来就是一个大问题。教育好了可成贤王圣君，教育不好就成了吃人害人的恶兽。

十、中国母系社会的唯一遗存——云南摩梭人、普米人等氏族的原始婚俗

迄今为止，我们未在古文献中找到有关我国上古时期母系氏族社会的具体记载。堆积在脑子里的是一大堆问号：我国上古是否存在过母系社会？如果存在，是在哪一历史时期？是在三皇之前，还是三皇之后？抑或在五帝时期？如果不存在，那是为什么？我国母系社会为何无影无踪地消失了？……最近，我看了和建全著《泸沽湖女儿国》（云南大学出版社），才有所悟。根据那里的母系管理制度，走婚习俗，猪槽船，头戴牛头马面图腾面具的喇嘛引领等原始特征的推断：他们的基本的社会形态就是我们汉民族早已消失了母系社会形态。现根据和建全《泸沽湖女儿国》提供的有关资料，我们可以想象我国上古时代的母性氏族的生存情况。现简要叙述如下，以供参考。

（一）泸沽湖

泸沽湖地处金沙江上游，云南宁蒗彝族自治县永宁乡与四川盐源县左所乡交界处。

沿湖居住着彝族、摩梭族、普米族、汉族、纳西族、壮族、白族、藏族等八个民族。

其中摩梭人和普米人仍保留着母系社会的习俗和文化传统。他们生活在小凉山地区的狗钻洞山、古尔山、格姆女神山、牦牛山等群山环抱的一个面积达 300 平方千米的永宁盆地。泸沽湖就在这个盆子里。它如金如翠如玉，湖天一色。湖面达 50 平方千米，海拔 2680 米，湖有 8 岛 14 湾 17 滩，那些母系氏族就在这里环湖而居，和睦共处，尽享地母赐予的爱与自由。

（二）摩梭人的婚姻与家庭

据记载，摩梭人有 3 种婚姻形式（家庭形态）。

第一种叫阿夏异居婚。即男子晚上住于女方家，早上回到自己母亲家。家庭形式为母系大家庭。阿夏交结有规定：一个人不可以同时交结两个或多个，必须在一个终止了，才可以交结第二个。交结自由，离异也自由。

第二种是一妻一夫制的法订婚，发展为全父系家庭。

第三种是母系婚姻制。母系家庭人口多，一般在20—30人左右。以母系为血统计算，财产按母系继承。在母系为主的家庭里，没有男子娶妻，女子出嫁的规矩与烦恼，无父系亲属如翁婿、婆媳、妯娌、姑婆等上下左右的关系，男人晚上来住，白天回自己家劳动。

在母系家庭里有母掌财，舅掌礼的规矩。一切财产的使用、管理、生产安排、接待、家务都由母亲负责；一切礼仪，如婚丧喜事、祭典、交换、买卖由舅舅作主。生育子女为女方家庭成员，由女方抚养。

在母系家庭里少见私利之争，很有礼貌，禁止说脏话、粗话，禁止粗暴行为。他们热情、恭敬、尊老爱幼、礼让为先，老弱病残都会受到照顾。这一切都传为美谈。

据说住在格姆女神山之下泸沽湖的摩梭人的这种以母系血缘为纽带的母系大家庭和男不娶女不嫁自由结合，自愿离散的阿夏婚姻传统已有4000多年的历史了。许多人都记得他们的女首领叫领念祖阿牛，曾领导过摩梭人反对黑彝的剥削压迫的斗争。

（三）摩梭人的传说

摩梭人喜爱猪槽船，即独木舟。据说在很久很久以前的一天来了洪水，一个摩梭女急中生智跳上一个猪食槽（木槽），拿起喂猪食的瓢当桨，才没有被淹死。从此猪槽就变成了猪槽船。见本书第八章，跨湖桥独木舟。独木舟在我国已有8000多年的历史了。猪槽船事实上是摩梭人悠久历史的见证。

泸沽湖东边有一座神山叫格姆女神山，海拔3754米，十分雄伟俊美。每年农历七月二十五日，摩梭男女都要来此烧香敬神，过转山节。那一天男女青年都穿着色彩艳丽的衣服，戴着金银首饰，带上酒肉佳肴，从四面八方赶来过转山节。朝拜的队伍似潮水涌向神山。有的骑马，有的步行。前面由喇嘛和吹鼓手吹唢呐、大号，打着鼓钹开路，后面走着马队，挂着马铃跟随，最后是欢欢喜喜步行的人。到了山上就烧香、磕头、跪拜，祈求山神保佑一方平安，免灾免病。各色佛纸经幡挂满了树枝，祈求山神保佑五谷丰登，六畜兴旺。祭祀毕在草坪上野餐，吃猪膘肉、糌（zān）粑、香肠、饵块粑粑、酥油，喝苏里玛酒。然后跳牛头马面舞、凤凰舞，还有赛马、荡秋千、打跳对歌等活动。

歌颂自然神（山神）的美丽，跳牛头马面舞和凤凰舞与猪槽船一样也是原始信仰与习俗。

（四）普米人的神话

传说在远古时候，天下妖魔作怪，到处抢人吃人，害得人不得安宁，冲格甲布的父亲在与妖魔的战斗中，被妖魔杀死。不久冲格甲布出世了，在不到一岁时他的母亲被妖魔抢走了，他只得投靠姑姑。冲格甲布十分聪明、勇敢，他长到十五六岁时，已成彪形大汉了，他从姑姑那里知道了父母被害的情况，十分愤恨，决心杀掉妖怪，为父母报仇。后来他下定决心苦练本领，成了著名的箭神，经过艰苦努力，不懈与妖怪斗争，最终消灭了妖怪，为父母报了仇。

（五）普米人过吾昔节打锅庄

普米人是古羌人，原在甘肃青海，公元7世纪才迁徙到川康边境地区居住，全民族约33000人，在宁蒗（làng）地区只有8000人。他们的习俗和汉族相似，我们汉族叫过年，他们叫过吾昔节。吾是年的意思，昔是新的意思。过吾昔节即过年。他们过年的时间与汉族不同，通常在农历腊月初六、初七、初八。按习俗要过九天。要过年了，家家户户忙着砍柴、碾米、磨面、煮苏里玛酒、烤青稞白酒、杀猪、宰羊、浆洗被褥、沐浴、择吉日打扫室内外卫生、做新衣、栽青松、挂经幡。过年时，一家人在火槽周围放上鲜花，摆上十二碗菜，诸如猪膘肉、腊肉、猪头肉、猪脚肉、香肠、香酥、豆腐、羊肉、牛肉、香菌、石花菜、清炖鸡等佳肴。夜晚，男女青年围着篝火跳锅庄舞，老人们一边饮酒一边唱本民族的创世歌，讲本民族的习俗。传说锅庄舞有七十二调，现在大部分失传了，只能唱十来个调子，如《蹉只》《纺麻线》《洗麻线》之类，又歌又舞又乐，十分热闹。

（六）火把节

泸沽湖边上的彝族人兴过火把节。从农历六月二十四日那天开始过火把节，要一连过三天。家家户户杀猪宰羊，举行"转头"仪式。传说从前天上有个大力士叫"波补勒伙"。他有回天之力。地上有一个大力士叫"惹夸迪基"，他有拔山之力。天上的大力士因天上无敌手来到地上挑战。地上的大力士出来应战。他们

相约在农历六月二十四日摔跤，比力气。结果天上的大力士被地上的大力士摔死了。天帝知道后很生气，派了九九八十一万只蝗虫到人间来讨还命债，它们吃光了树叶、禾苗，因此人们纷纷举起火把烧蝗虫，但烧不绝，越烧越多。经过派代表与天神谈判，决定每年六月二十四日赔偿命价，兹莫用牦牛赔，富者用羯羊赔，贫者用鸡赔，鳏夫用鸡蛋赔，寡妇用荞粑辣子赔，从此人间才免除了蝗灾。火把节从那以后才在民间流传开来。

故事解说

1. 上古社会的一面镜子

上述几则故事和年节习俗均保留了古老的原始风俗。崇拜大自然，崇拜山神，崇拜祖宗神，实行阿夏走婚制，男女同浴无忌，杀猪宰羊，过火把节，转山节，吾昔节，围着火塘饮苏里玛酒，唱古歌，讲古事，围着篝火跳锅庄舞，转山忌神野炊，吹着口弦约会，荡着秋千和着锅庄调笑看湖山一色，还有那些说不完的乘猪槽船避洪水和开天辟地的神话传说，洗尸、捆尸、停尸、起尸、洗马绕村、喇嘛开路、火化升天的葬俗，以及每年二次的祭天神、地神、山神、水神、风神、灶神的民风，无一不是上古先民的遗俗，令人难以忘怀。因此，我们可以说泸沽湖就是上古社会的活化石，一面保存数千年尚未消失的镜子。所以，我们把它附在这里,作为读者了解古代社会的参照。

2. 他鲁人、利米人的婚俗

《文化人类学专题研究》①一书中有一篇作者多次在云南永胜县、沧源县的调查所整理的专题论文,论文中有关他鲁人、利米人的婚俗,就是根据史料简述的。我们可以借此推测我国上古时期母权与父权交错社会的一些基本情况。

他鲁人住在云南丽江永胜县,与宁蒗县相邻。1954年总人口2178人,在鲁河地区居住的仅1592人。他们说彝语,无文字。农业,以种水稻、苞谷为主,畜牧羊、牛、马、猪,以牧羊为主,闲时兼渔猎。以麻与火草纺线织五寸宽的窄幅麻布,五天织一筒,可做男女穿的上衣两件。粮食自给自足,无商品交换。自然村无统一组织,各村有一"老民"为负责人。"老民"由选举产生,一年选一次。"老民"负责一年两次的祭祀自然神,"着恶"山神和修桥、补路、修水利等事。村子建立在半山腰上。每村都建有碉楼,防人抢掠。老百姓住的房屋都是土墙、草顶、双斜面的平房。屋子正房中用木板或地坯搭成床、坑,坑上有火塘。

未成年妇女穿白色无领短衣,下身系裙子,头项束发,套无领外衣,梳双辫,缠黑帕。男人上穿派左,下穿大裤脚的长裤,脚踏草鞋,头梳辫子,缠黑帕或戴瓜布帽。

他鲁人每年六月二十四至二十六日过火把节,正月初八到十二过年,九月初一至初十祭公山。过年过节都要插柞树枝祭祖先。他们为什么以柞树为图腾不清楚。他鲁人认日出为东,日落为西,南为日尾,北为日头。他鲁人不许近亲婚配,不许同姓通婚,不许姨表通婚,姑表可通婚,可妻姐妹婚、夫兄弟婚,但姐夫不可续妻妹、妹夫不可续妻姐。白天男女各自在自己家田里劳动,晚上男女相会,有感情了,女送男自织的麻布,男送女从外面买来的小礼品,如针线、棉布之类。有固定配偶的男女,仍可以与其他异性交往,发生性关系。有许多终生不婚配。为啥?男的说"这样自在",女的说"懒得受汉子管"。因此中年以后男无依无靠,女的则儿女成群,生活都很困难。

他鲁人流行节日放纵的习俗。六七月间他们要上山采大草,供来年织布用。男人不带妻子带相好,女人不带丈夫带男伴,在野外男采女剥,吃饭过宿,要20多天才回家,回家后照老样子过日子。

他鲁人有正式的婚姻约定。他们十五六岁即开始找朋友过自由的性生活。25岁才从众多朋友中选准对象正式结婚。他们的选偶标准:一是人品好;二是能劳

---

① 汪宁生著,《文化人类学专题研究》,敦煌文艺出版社。

动，男的会干农活，女的要会织麻布；三是妻子的年龄要比丈夫大；四是选好配偶告诉父母，由父母请巫师"烧羊膀"卜问可否，然后再托人说亲、吃订婚茶，最后才是结婚。结婚一般都比较简单，男方请一平辈女往女方接亲，接亲时给女方送的礼物是粑粑。新娘带上衣物和自织的布及织布的工具，有子女的带上子女跟着迎亲的人前往男方。他们不兴送聘礼，没有陪嫁，不行礼仪。结婚如此，如不合要离婚也很方便，不用到民政部门登记或找法律部门解除婚约，只须告诉村里负责人"老民"，给他送上一斤白酒即可。如一方要离，一方不肯离，则由"老民"裁决，赔偿一些东西了事。财产平分，子女从母，土地归男，女方原物带走。他们的婚姻自由、原始、朴素、纯洁。在他们那里事实上存在的是父系与母系交错的社会。

利米人居住在云南沧源地区。沧源佤族自治县在云南省西南部澜沧江西岸，南临缅甸。为缅藏语藏语支，他们自称是楚雄彝族人。全部利米人约10000人。长期以来，他们都以狩猎刀耕火种为生。农业以种苞谷、荞麦、稻子为主。至1980年为止，人均口粮一年270斤，现金收入6.9元。全族没有一个大学生。没有工业，没有商业。利米人会酿酒、打铁、做石、木工手艺。吃盐靠马帮驮运。村子由头人管理。头人由几个村子联合在每年6月选举。头人称丛头，主管防盗、乱放牛马等事。乡里有乡老，管全区的事。部落头领称利米王，那时的利米王是李华甫。当时乡、区没有政权，一律由部落利米王管理。

妇女穿传统的黑衣服，大裤脚裤子，梳辫子，包黑帕子，戴大耳环，打赤脚，发辫上扎流苏，脖子上戴银项圈。男子改穿汉装，以前穿传统的黑衣，无领，包头帕，裹腿。

每年的一三四月去神林祭祀。祭祀由大家公选的头人"掌堂"，祭祀都要杀猪宰羊炖鸡。他们以干支纪日。计量度用手拃。十分原始。

利米不与他族通婚。姨表不可通婚。兄弟妻室可转房。择偶不计较对方的财产和年龄，主要看模样，看人品，看有病没病。女方要求男方会犁地，男方要求女方会织布。男女从十三四岁起就可以交异性朋友，"玩姑娘""玩小伙"。男女约会送树叶，决定见面的时间地点，在树下或洞中。约会一般在晚上，一个小伙可带几个姑娘，一个姑娘也可带几个小伙。他们相互约定，背上锣锅上山煮饭、宵夜。但这种聚会安排不允许相互不可婚的对象参加。他们可以整夜在外，天亮才回家。相识久了才相互赠送礼物，如男送女花布，女送男腰带之类。交好朋友，如愿结婚，才告诉父母，托老媒人说亲。媒人多为男性。媒人请其问字，要上门两次。结婚兴喝牛角酒，杀猪设宴亲友贺喜，新娘次晨要为贺婚的长辈送洗脸水。他们结婚不兴送贺礼与陪嫁，男女双方送一点象征性的礼物即可。姑娘只要带随身衣物饰品往夫家即可。

利米人婚姻自由离婚方便。所以离婚率很高。据作者统计130户中30岁以上未离过婚者只18人。大多数都离过三四次婚，离婚五次以上者也很多。

利米人实行一夫一妻制。子女结婚要与父母分开住，女儿离婚带子女回娘家住。

利米人同时实行父系继承制。

从上述母系社会数据，我们可以看到：

（1）我国西南地区一些少数民族因祖辈住在大山之中，交通不便，文化交流少，到解放前，甚至解放初，都过着原始社会的生活，保持着原始的母系氏族的管理制度。摩梭人、普米人、他鲁人、利米人的婚俗，只是几个例子。我相信类似情况，解放前在全国一些偏远地方也都存在。阴山岩画、《西游记》中也有记载。

（2）在母系社会中，无论男女都跟自己的母亲生活，一般都是大家庭。在这个大家中，财产权、支配权为母亲所有，但主持外部事务和家族公共事务的，如巫仪等是舅舅。外甥有嗣舅舅的权利。母系社会中的婚姻关系，一般是男子晚上到女方家住，白天回自己家劳动。进入父系社会后，父亲享有财产权。男女有正式婚嫁。女的嫁到男方，到男方居住，成为男方的家庭成员。

（3）在上述几例中，我们也可以看到：性自由和婚姻是两个不同的概念。他们允许男女十三四岁相互交往，发生性关系，在试婚中发现真正的结婚对象才确定婚姻关系。他们的婚姻有严格的规定，如托媒、订亲、不准送礼、由巫师举行仪式，有婚宴、迎贺亲者等。

（4）他们保存了许多原始的知天知时习俗。如以观察日出日落日尾日头确定春夏秋冬，以天干地支纪岁时，以火把节、赶山节、过年、尝新、祭神林公、祭公山、赶街子、祭祀等节日进行娱乐活动。男女青年借此娱乐，相识相爱，他们吹树叶、吹口弦（响篾）、跳舞、打歌，在山坡上，在吹风的山丫口拜山（祭拜自然神），希望山神保佑他们，一年祭两次。火把节到了（六月二十四日至二十六日）都要杀猪宰羊插松枝、跳舞、打秋千，"老民"们打跳，小伙子吹芦笙，分食祭品，老人们在篝火边饮酒讲故事，唱老歌。他们有根有据地说：远古有一个帝王，想播种谷子，可缺乏稻种，就发誓说谁能找到稻种，我就把女儿嫁给他。有一只狗长途跋涉找来了稻种，狗遂与其女成亲。那女的就成了人类的祖先，而狗却在烧山播种时被烧死了。现在我们的"打跳"（舞），就是纪念狗祖宗的，这舞蹈中的"顿脚"动作，就是由叹息狗被烧死而来的。

"打跳"是一种舞蹈，不分男女老幼，手牵手拉成一圈，以足顿地伴着芦笙拍跳动。打跳时不分母子、父母、翁婿均可同乐。

（5）对比五帝时代尧舜之前的传说，一方面是知母不知父，一方面是见父（王者）不见母；一方面说母遇神而孕，一方面又说父母是野合婚；一方面敬母为神，一方面又规定女人必须为男人让路。……显然，这是母权已失，母系社会已经没落，父系社会已经兴起，母系父系王相互交错的社会形态。

第三章
星空神话

　　星空神话在我国出现晚于图腾神话,它是星历纪时的产物。在我国大约出现于春秋战国时代,天神是人们对功德圆满者的一种敬仰和称颂。

一、天宫的传说

二、太白金星与皇娥

三、春神句芒

四、夏神祝融

五、秋神蓐收

六、冬神玄冥

七、羲和御日

八、地母常仪

九、实沈与阏伯

十、造父王良御天车

十一、牛郎织女

一、天宫的传说

天宫在哪里？是什么样子？没人知道。典籍上也讲得少，人们只是根据地上的皇宫想象天宫，天神并不住在天上，而是住在地上的下都、密都、囿园。

人们听得最多的：一是弓盖（或锅盖）形天宫，一是三垣紫宫，一是玉皇帝宫。后面这种听得多，见得多，如西游记里孙悟空大闹天宫的天宫。故在这里我们仅对前面两种略加介绍。

（一）弓盖天宫

《周礼·冬官考工记》说："盖弓[1]二十有八，以象星也。龙旗[2]九斿[3]，以象大火也；鸟旟[4]七斿；以象鹑火也；熊旗六斿，以象伐[5]也；龟蛇四斿，以象营室也；弧旌枉矢[6]以象弧[7]也。"

注

[1] 盖弓：以弓喻天宫穹顶。
[2] 龙旗：旗（qí），古代有铃铛的旗子。龙旗，旗子上有龙，代表龙族。
[3] 九斿：斿（liú），同旒，旗子上的飘带。
[4] 鸟旟：鸟图腾氏族的旗子，上有七根飘带。
[5] 伐：西方白虎星的伐星。
[6] 枉矢：枉，弯弓；矢，箭。比喻大流星。
[7] 弧：即王者。

故事大意

天文学家陈久金先生对这段文字的解说是：车盖由一根立木支撑着，通过它向四方辐射出二十八根弓条，以支撑车盖。在车盖的四周，又有五旗二十七条飘带护卫着；东方的龙旗下挂着九条飘带，以象征着东方苍龙的大火星；南方的鸟旗下挂着七根飘带，以象征南方朱雀的鹑火星；西方的白虎旗下有着六根飘带，以象征西方的白虎伐星；北方的鱼龟旗下挂着四条飘带。有枉矢类大流星。流星过处，留下一条火带，故为一条飘带。其数为二十七（按：北方营室二宿星合一），正好与二十八宿对应。①

比喻巧妙，解说生动，具体地说明古人脑子里的二十八宿（或合为二十七宿）与全天的关系。那天盖的主轴（立木）的顶端并与二十七条弓条的联接处即天宫。

（二）星宿天宫

古人把北极附近的星空分为三垣二十八宿。三垣即三个城垣，一个叫紫微垣，紫微垣星是天帝住的紫宫，紫微垣里也是天帝后妃太子们住的地方；一个叫太微垣，太微垣相当于周时的明堂，是天帝和大臣们处理政务、进行赏罚、祭祀、观天的地方，俗称天庭；一个叫天市垣，即贸易市场，天上的买卖交易茶楼酒肆都在这里。这三垣就是天宫。天宫中最漂亮的是紫宫，它既不同于昆仑山那种充满了仙气的宫室，也不同于尧舜那种茅茨大屋，它全部是用幻想的丝线把星星穿连而成的，日出金光闪闪，月出遍地银辉。院子里停了一部巨大的带篷盖的北斗车，无事时总是空着的。宫门外有一条宽敞的大道，叫阁道。阁道一头通往后妃之宫，一头通往银河边上。御车天神王良、造父牵着六条天龙大马在路边守候着。一旦有事，雷雨之神上车巡天，御车一呼，转瞬千里，斗车经过之处，无不电闪雷鸣，下方国王有违天理者便顷刻间亡国杀身。那太微垣像一个敞篷大屋，四面没有窗户，当中摆着神位，大臣们奉旨议政，便依不同的等级从四方不同的大门来到这里听候天帝的政令。那天市垣和人间的农贸市场差不多。茶楼、酒肆、说书的、卖唱的样样都有。

关于天宫，《纬书》中有些记载，如说"天皇大帝，北辰星也[1]，含元秉阳，舒精吐光，居紫微中，制御四方，冠有五彩文"（《春秋纬运斗枢》），"大帝冠五彩，衣青衣，黑下裳，抱日月。日在上，月在下，黄色正方居曰间，名曰五光。紫宫是太一之常座。钩陈，太帝之正妃也。太一离其位而升斗[2]，天理在斗中，由天帝星把守，轩辕为雷雨之神"。天空中的神分工很明确：土司空主土城，天廪主廪仓，阶星主明堂，天鸡主时候，天楼主天市买，天高主斋戒，天潢主河梁，咸池主五谷，王良主天马，大陵主死丧，长垣主界域，天厩主传舍，摄提主九卿，奎主戒库之兵，东井主水衡，翼为天倡。织女，天女也，主瓜果收藏珍宝，以保神

---

① 陈久金著，《斗转星移映神州——中国二十八宿》，海天出版社，第9—10页。

明成衣立纪。孤王司兵,填星达纪,辰威星主常(《春秋纬合诚图》)。

注

[1] 北辰:指北极星,天空中地位最高的神。

[2] 斗:指北斗。北斗有七星,即天枢、璇、玑、权、衡、开阳、摇光。一至四为魁,五至七为斗柄。居阴布阳,位在北方,称为北斗。斗是古时定四时的历法;斗柄指东为春,指南为夏,指西为秋,指北为冬。

(三)五帝

《孔子家语·五帝》记载孔子在答季康子问何谓五帝时说:"昔丘也闻诸老聃曰:'天有五行,水火金木土。分时化育,以成万物,其神谓之五帝。'"这里五帝是指五行的化身与神化。到《春秋纬文耀钩》里变成了"太微宫里有五帝座星,苍帝春起受制,其名灵威仰;赤帝夏起受制,其名赤熛怒;白帝秋起受制,其名白招柜;黑帝冬起受制,其名汁光纪;黄帝季夏六月火受制,其名含枢纽。"到《礼记·月令》《吕氏春秋·十二纪》里春神变成了"其帝太皞,其佐句芒",夏季"其帝炎帝,其神祝融",秋季"其帝小皞,其神蓐收",冬季"其帝颛顼,其神玄冥",并依此在夏季六月加进了其帝黄帝其神后土。这一变动不仅使传说中的五者上了天,与五行神合二为一,为照应二十八宿与地域的照应,青龙白虎朱雀玄武等图腾神随之上了天,使天神、地神、图腾神融为一体,成为五方天帝天神。中央天帝管理三垣星宿,四方天帝与天神各管一方七宿,就像散布在四方的乡村一样。中央天地统领中央。

故事解说

中国星空神话的三大特征

第一,中国的星空神话是一个为宣传二十八宿而编织的神话故事。三垣二十八宿是古人对太空星区的划分。天宫神话主要是对天庭即三垣部分的描述。这是天神的统治中心。由天帝太一(北极星)统领,由其精黄帝为代表据中央而治四方。他的任务主要是管天上的星星即日月五星的正常运行,带给人间风调雨顺。这与古希腊神话中的宙斯家族不同。他们是天上的世袭神族,通过子女到人间来立国,专管人事,而不管星空之事。中国的星空之神则相反,主要管星空,促风调雨顺,以保证人间的农业生产顺利发展。

第二，四方五位天神是根据五行哲学观念演绎出的天神。所以有关神话浸润了种种五行哲学观念，有些故事，其神奇并不是人间福祸的倒映，而是金木水火土、日月及彗星运行过程中的相陵相侵对应人间的灾祸的发生，这是星占家们酿造的衍生品。

第三，中国的二十八宿是迄今为止世界上留存的最古老的星历。据科学家们说它比古希腊、古印度、古埃及的二十八宿都要古老。我国天文学家陈久金先生在《斗转星移映神州——中国二十八宿》一书中用一个专门的章节谈这一问题说："印度二十八宿记载较晚，且不成体系。""现今考古发掘的文物，为二十八宿起源于中国提供了越来越多的证据，而印度考古证据一件也没有。""印度文献中刊载的二十八宿是四季分配的，与印度的气候变化不符（按：指冬夏雨三季），这再一次证明印度二十八宿并非自己独自起源，而是传自中国。"荷兰科学家什雷该尔在《星辰起源》一文中说："二十八宿源于中国，埃及希腊的星座大多不是西方创造，而中国的星座全是自己创造的。"

陈久金先生认为中国二十八宿作为一个完整的体系产生于春秋战国时代，是世界最早的。伴随它的许多神话使我们看到二十八宿这一硕果的树根并不在周末，它已深入到夏殷，甚至更遥远的过去，直到6000年前河南濮阳西水坡的蚌塑青龙白虎，这也是事实。

二、太白金星与皇娥

少昊[1]以金德王。母曰皇娥[2],处璇宫[3]而夜织。或乘桴而昼游[4],经历穷桑沧茫之浦。时有神童,容貌绝俗,称为白帝之子,即太白之精[5],降于水际,与皇娥宴戏,奏婉娟[6]之乐,游漾忘归[7]。穷桑者,西海之滨,有孤桑之树[8],直上千寻[9],叶红椹紫[10],万岁一实,食之后天而老。帝子与皇娥泛于海上,以桂枝为表[11],结薰茅为旌,刻玉为鸠,置于表端,言鸠知四时之候,故《春秋传》曰"司至"[12],是也。今之相风[13],此之遗象也。帝子与皇娥并坐,抚桐峰梓瑟。皇娥倚瑟清歌,曰:"天清地旷浩茫茫,万象回薄化无方[14]。浛天[15]荡荡望沧沧,乘桴轻漾著日傍。当期何所至穷桑,心知和乐悦未央。"白帝子答歌:"四维八埏[16]眇难极[17],驱光逐影穷水域。璇宫夜静当轩织,桐峰文梓千寻直,伐梓作器成琴瑟。清歌流畅乐难极,沧湄海浦[18]来栖息。"及皇娥生少昊,号曰穷桑氏,亦曰桑丘氏。

少昊以主西方,一号金天氏,一曰金穷氏。时有五凤,随方之色,集于帝庭,因曰凤鸟氏。亦因以为姓,因有水屈曲亦如龙凤之状,有山盘纡亦如屈龙之势,故有龙山、龟山、凤水之目也。亦因以为姓,末代为龙丘氏,蛇丘氏。①

注

[1]少昊:有两个。一个是黄帝之子清阳。在神话中他主西宫,位居西方的天帝。一个名鸷,居于东夷地区,为人王,是以鸟名官的鸟王国的首领。

[2]皇娥:传说是伏羲女娲的女儿。

[3]璇宫:北斗七星指一枢,二璇,三玑,四权,五衡,六开阳,七摇光。据说少昊羲和常羲氏族均以观察璇玑玉衡纪时,斗魁又名太一宫,璇宫。

[4]乘桴而昼游:桴(fú),木筏。白天乘着木筏在天河上游玩。

[5]太白之精:精指神,即太白星神。

[6]婉娟:指悠扬婉转柔美的音乐。

---

① [晋]王嘉著,《拾遗记》,中华书局,第12—14页。

［7］游漾忘归：在水上游玩荡漾忘了回去。

［8］孤桑之树：扶桑之树。

［9］寻：古代小尺为一寻。

［10］叶红椹紫：红色的叶子，紫色的桑果（桑椹）。

［11］表：指立杆测太阳影子的竿柱。薰茅，香草。旌，幡旗。挂表茅旗如船上的桅杆。

［12］司至：指管理发布冬至、夏至两个节令的官员与天神。

［13］相风：测风向，预报天气的仪器。上古时有，现代也有。这种相风器安装在一根竿子的顶端的横枝上，很灵活，可随风转动，形似鸟，故称之为相风鸟。此鸟有三足，一足用于固定，两足悬空用于转动，俗称三足鸟。这便是三足乌太阳鸟传说的由来。

［14］回薄：指万象运转回荡，变化无穷。

［15］浛（hán）天：地名，指东浛地（广东一带）之外的地方。

［16］四维八埏：四维指东南西北四方，八埏指四面八方。

［17］眇难极：眇（miǎo），远看，眇天极，眯缝起眼睛也看不见的远方。

［18］沧湄海浦：湄（méi），岸边。在碧绿的沧海之滨。

故事大意

这一个故事说少昊氏族的祖先是天神太白金星之精与皇娥的儿子。故事的大意是，少昊的母亲是天上的仙女，十分美丽，她会织锦织绸。有一天黎明她织的彩锦从窗口飘了出去，挂在天边成了美丽的彩霞，她感到很疲倦，想出璇宫到外面休息一会儿，解解乏。她放下手中的金梭来到银河边上。见到银河边停了一个竹筏就跳了上去，迎着东边喷射出的一缕辰光逆流而上。继而太阳从扶桑树下徐徐升起。她来到扶桑树下。那扶桑有万丈高，红红的叶子，紫色的桑椹，万年结一次果子，吃了以后老而不死。皇娥来到树下准备休息一会儿。这时挂在天边的启明星飞了下来。站在皇娥面前的星斗变成了一个容貌绝俗的翩翩少年，自称是太白之子，太白之精。说罢跳上竹筏与皇娥在一起嬉戏玩耍，俄儿那少年拿出一只仙鹤骨笛吹奏起了《嬿娟之乐》，皇娥便唱，其辞为：

天清地旷浩茫茫，万象回薄化无方。
浛天荡荡望沧沧，乘桴轻漾著日傍。
当期何所至穷桑，心知和乐悦未央。

皇娥唱罢，那少年便应声答和，唱道：

四维八埏眇难极，驱光逐影穷水域。

璇宫夜静当轩织，桐峰文梓千寻直，
伐梓作器成琴瑟。
清歌流畅乐难极，沧湄海浦来栖息。

一曲唱罢他们一同泛桴银河之上，在河边摘下香茅草挂在木杆上做船的桅杆。那香茅草在桅杆上随风飘荡，像旌旗一样。继而他们又拿出一只玉雕鸟插在桂枝顶上的横枝上，船儿一开，风儿一吹，桂枝上的相风鸟随风转动起来，发出唧唧的叫声。玉鸠婉转，两情相悦，媚眼相连，你唱我和，乐而忘返，便在扶桑树下野合成婚。不久，皇娥就怀孕生了个儿子，他就是少昊。所以，人们叫他穷桑氏或金天氏。

故事解说

少昊的身世

这是我国星空神话中的一个十分美丽的故事。少昊氏族本是东夷的鸟图腾部落，生活于穷桑地方，即曲阜地区，长于观察日出日落。在天神体系中却被分配在主持西边二十八宿，成为西方天空的太阳神。也许和秦的立国与祭祀有关。因此，在学者中有人认为有两个少昊，一个在东，一个在西。实际上在西天的是神，在东夷的是人。它们的共同特点都是以主测金星而闻名千古。这个故事反映的正是金星的神格化。在我国史书中总是把少昊说成是黄帝儿子或孙子，而神话中则多讲少昊是金天氏之子，太白金星的儿子，所以主西天成为西方天帝。这则神话故事证明了这一点。

三、春神句芒

《礼记·月令》《吕氏春秋·十二纪》载,春之孟、仲、季"其帝太皞,其神句芒";夏之孟、仲、季"其帝炎帝,其神祝融";秋之孟、仲、季"其帝少皞,其神蓐收";冬之孟、仲、季"其帝颛顼,其神玄冥"。又在夏秋之间加入中央天帝黄帝,其神后土。从而构成了中国的天神系统。在战国楚帛书十二月神里也描画着"秉(句芒)司春""且(狙,祝融)司夏""玄(玄枵,蓐收)司秋""荼司冬",荼,神荼。楚的十二月一月二月为冬。这就证明月令中的四时神并非是战国时某些文人虚构的,而是早已流传于民间的四季神了。

(一)春神句芒

句芒即句龙,东方木德天帝的佐臣,司春,主万物的生长。

《山海经·西次三经》说:"有鸟焉,其状如鹤,一足,赤文青质而白喙,名曰毕方。其鸣自叫也,见则其邑有讹火。"意为有一种鸟,像鹤,长一只脚,身体青色有红纹,嘴白色,名毕方,它的出现意味着有火灾。《山海经·海外东经》描绘说:"东方句芒,鸟身人面,乘两龙。"郭璞注:"木神也,方面素服。墨子曰:昔秦穆公有明德,上帝使句芒赐之寿十九年。"

在晚周楚帛书十二月神中,秉(毕方/句芒)的神形被绘制为鸟身短尾、方首、面青、方眼无眸、无耳,头顶上有刚生长出的短毛。

(二)句芒赐寿

《墨子·明鬼下》记载秦穆公[1]"当昼处于庙,有神入门而左,鸟身,素服三绝,面状方正。秦穆公见之,乃恐惧奔。神曰:'无惧',帝享汝明德,使予赐汝寿十年有九,使若国家蕃昌,子孙茂,毋失郑!"秦穆公再拜稽首,曰:"敢问神名?"曰:"予为句望。"[2]

> **注**

[1]秦穆公：德公子。春秋时（公元前659年—前621年）在位，以五羖（gǔ，公羊）羊即用公羊皮赎回年已七十的百里奚，释其囚，授之国政，遂称霸一方。

[2]句望：即句芒。望、芒古同音。由于句芒是春神，主万物生长，故它又被尊为赐寿之神和族源（子孙）繁茂、国家昌盛之神。这里记述的是句芒赐寿。

（三）九隆神话

[东晋]常璩[1]著《华阳国志》卷四南中志，永昌郡记载：

永昌郡，古哀牢国。哀牢，山名也[2]。其先有一妇人，名曰沙壶（《后汉书》作沙壹）[3]，依哀牢山下居，以捕鱼自给。忽于水中触有一沉木，遂感而有娠。度十月，产子男十人。后沉木化为龙出，谓沙壶曰："若为我生子，今在乎？"而九子惊走，惟一小子不能去，陪龙坐，龙就而舐之。沙壶与（鸟）言语[4]以龙，与陪坐，因名曰元（九）隆，犹汉言陪坐也。沙壶将元隆居龙山下。元隆长大，才武。后九兄曰："元隆能与龙言，而黠有智，天之贵也。"共推以为王。时哀牢山下复有一夫一妇，产十女，元隆兄弟妻之。由是始有人民，皆象之，衣后着十尾，臂胫刻文。元隆死，世世相继，分置小王，往往邑居，散在溪谷。绝域荒外，山川阻深，生民以来未尝通中国[5]也。南中昆明祖之，故诸葛亮为其国谱也。

> **注**

[1]常璩（公元291—361年），字道将，蜀郡江原人。曾任李势时的散骑常侍。东晋永和三年（公元347年），桓温伐蜀，劝李势降晋，至建康，不受重用，愤而改削旧作为《华阳国志》。

[2]古哀牢国：在我国云南省哀牢山中。汉晋时属蜀国永昌郡管辖，今属云南省。

[3]本故事于《后汉书·西南夷列传》《华阳国志》《御览》等有载。其中有些字句不尽相同。如人名沙壶，后汉书做沙壹，元隆作九隆等，本文从《华阳国志》。故事很古老，反映的是母系社会的风尚。如代表母系社会的老妇人、触沉木有感而孕、沉木化为龙、鸟语与龙、十男与十女婚配、衣着十尾、臂胫刻文等都反映了该氏族母系时期的图腾习俗。

[4]沙壶与言语以龙：《后汉书》作"鸟"言以与龙。东方句芒本为毕方鸟，亦鸟语，与句芒自然相通。

[5]中国：指中央之国。由于山川阻隔，他们久居哀牢山中未能与中原相往来。

故事大意

到东汉三国时，云南哀牢山里的哀牢古国，属于蜀国管辖。哀牢人的祖先还是处于女人当政时期。他们的祖先叫沙壹，住在哀牢山里，以捕鱼为生。有一天，她在河里捕鱼碰到了一块木头。那时候捕鱼是用竹罩子抓鱼的，见那儿有鱼动就罩下去，然后用手把鱼抓上来。这一天她伸手抓鱼时，抓到的不是鱼，而是一块大木头。她把那木头推到一边，抓好鱼后就回家了。从这以后不久，就感而有孕。怀胎十月，一下生了十个儿子。后来那木头变成了一条龙走上岸来对沙壶说："你为我生了儿子，他们在哪儿，叫来让我看看。"沙壶就把十个儿子叫到身边，叫他们见一见自己的父亲。十个儿子中，九个儿子见龙害怕逃走了。只有一个儿子不怕，没有走开，他不仅不怕龙，还骑到龙背上和龙玩耍。那龙很喜欢那个小儿子，舔了舔他，又给他取了个好听的名字，叫元隆。后来，孩子们慢慢长大了。沙壶将元隆安排到龙山下居住，又让他学武艺。元隆的兄长们说元隆能与龙言，狡黠，有智慧，我们推他为王吧，于是他们公推元隆为王。哀牢山下有一夫一妇生了十个女儿，与元隆十兄弟配为夫妻，从此以后，一代一代繁育，才培育出了自己的民族和人民。为区别于别的民族，他们的衣服后面都留下了长长的十尾，臂膀大腿上还刻有花纹。人发展多了，元隆的兄长们也自立为王分居在哀牢山的溪谷边，过着与世隔绝的生活。虽然他们知道有个中央之国，却没有到过那里。还是诸葛亮来了以后，他们按诸葛亮帽子的样子建起了竹楼，叙上了国谱。

故事解说

哀牢山里的母系氏族

这里记载的是一则母系氏族时期的哀牢传说。他们本来是信仰龙的，在迁徙过程中遇到大难，由于白虎相救而信仰虎。

《吕氏春秋·十二纪》说："日在营室，昏参中，旦尾中，其日甲乙，其帝太皞，其神句芒。"说的是初春时节太阳绕二十八宿天区运行，经过北方七宿之营室宿时，每天黄昏时分，可以看到西方七宿中的参宿，而天亮时在南中天可以看到东方七宿中的尾宿。这个时候，就预告着万物生长的季节到来了。而主持这个季节生长的神就是句芒神。正月，东风解冻，启蛰，农及雪泽，采芸。日在营室时，日月会于降娄，斗建卯，始雨水，桃始华，玄鸟至，雷始发声，人们要开始耕作了。到了三月，桐始花，虹始见，参星伏，阳春时节到了。这段时间是万物初生的时节，是由句芒神主持的。

据彝族史说，彝族人民是东夷移居于哀牢山的后人，故彝人与东夷民族有着血缘联系。而东夷人敬奉的神灵是太皞神与句芒神。这个故事反映了这一事实。其习俗体制是母系社会的一个侧影。

四、夏神祝融

火正祝融

楚之先祖出自帝颛顼高阳。高阳者，黄帝之孙，昌意之子也。高阳生称，称生卷章，卷章生重黎。重黎为帝喾高辛居火正，甚有功，能光融天下，帝喾命曰祝融。共工氏作乱，帝喾使重黎诛之而不尽。帝乃以庚寅日诛重黎，而以其弟吴回为重黎后，复居火正，为祝融。①

故事大意

《史记》楚世家讲的是，楚国的祖先是帝颛顼高阳的后代，黄帝的孙子，昌意的儿子。其世系是高阳——称——卷章——重黎。重黎在高辛时为火正，功劳很大，被封为专门观察鹑火进行农业种植的官员：名为祝融。因水利官共工作乱，天帝喾命他去缴灭共工。重黎未将共工消灭干净，帝喾选择庚寅把重黎杀了。重黎有一个弟弟叫吴回，帝喾就叫吴回当重黎的继承人，继续重黎的火正事业，被封为祝融官。

在民俗中，因其掌火而为其立庙，敬为火神。《山海经》海外南经记载"南方祝融，兽身人面，乘两龙"，其神格为火神，人们为防火灾而敬祝融为火神，后又被敬为灶神。每年腊月二十四日灶神朝天帝，老百姓送灶神时，要涂蜂蜜在灶神嘴巴上，希望他上天言事，多些甜言蜜语，以保下界平安。自古以来，举国上下都敬祝融为五祀之神。

故事解说

祝融与火神

《世本》所记的禅通十八世里，有祝融氏族。楚人尊祝融为祖先。《山海经·海内经》说："炎帝之妻，赤水之子，听沃生炎居，炎居生节并，节并生戏

---

① 司马迁著，韩兆琦译注，《史记·楚世家》，中华书局，第858页。

器，戏器生祝融，祝融降处于江水，生共工。"这里的祝融都是指祝融氏族。在王大有先生的炎帝世系年谱中，祝融称过帝，帝序5，寿数70，称帝时年龄为24岁，称帝时间有46年，生年卒年距今（1997）为6848—6778年，帝号祝融，帝都宁夏钟山，政绩创钟山日表。

《大戴礼记·帝系》说："颛顼娶于滕氏，滕氏奔之子，谓之女禄氏，产老童，老童娶于竭水氏，竭水氏之子，谓之高緺（guā）氏，产重黎及吴回。"郭注《山海经》云："《世本》云颛顼娶于滕隍氏，谓之女禄，而生老童，老童娶于根水氏，谓之骄福，产重及黎。"从这些记载来看，祝融在炎帝时代是古帝号，古氏族，在帝喾时代是一种官职，即火正官。到尧时代，祝融是掌生杀大权的武官。他杀死禹父鲧。

到战国中期，祝融被祀为南方掌管鹑火的天神，南方天帝的佐臣。汉魏以后被敬为民间的火神菩萨，四处为他建火神庙。

五、秋神蓐收

蓐收是西方天帝的佐臣，是专门测日落影子的云神。西方在五行中属金，其色白，主秋，其神形各说不一。《国语·晋语》称它是"白毛虎爪，执钺"的神。楚帛书的描绘是：九月，玄司秋。其神形为两蛇首，青色，各吐歧舌，有钩状四爪，具萧杀气。看上去似蛙黾，即天鼋，称玄武神。《山海经·海外西经》说："西方蓐收，左耳有蛇，乘两龙。"郭璞注："金神也，人面虎爪，白毛，执钺。"《左传·昭公二十年》说："少昊有四叔，曰重，曰该，曰修，曰熙，……重为句芒，该为蓐收，熙及修为玄冥。世不失职，遂济穷桑。"《吕氏春秋·十二纪》秋"其神蓐收"，高诱注云："少昊氏曰该，有金德，死托为金神。"蓐收是秋神，是令人与动植物望而生畏的刑杀之神。

（一）虢公贺梦

虢公梦在庙，有神人面白毛虎爪，执钺立于西阿，公惧而走。神曰："无走！帝命曰：'使晋袭于尔门。'"公拜稽首，觉，召史嚚[1]占之，对曰："如君之言，则蓐收也，天之刑神也，天事官成。"公使囚之，且使国人贺梦。虢为文王之弟虢仲之后虢公丑。虢大夫舟之侨告诸其族曰：众谓虢亡不久，吾乃今知之。六年，虢乃亡。①

（二）西望日入

《山海经·西次三经》："又西二百九十里，曰泑山[2]，神蓐收居之。其上多婴短之玉[3]，其阳多瑾瑜之玉[4]，其阴多青雄黄，西望日之所入。其气员[5]。"

---

① 《国语·晋语》，上海古籍出版社，第296页。左松超译注，《新译说苑读本·辨物》，三民书局印行，第661页亦收入此故事。

注

[1] 史嚚：嚚（yín），蠢、愚、顽、奸。史嚚，占卜人名。

[2] 泑：同黝。山名。《文选》作蒙山，在今甘陇西境。即太阳落下去的蒙谷。

[3] 婴短：婴，即瑂，短玉。

[4] 瑾瑜：美玉。

[5] 气员：员同圆。日落时气象。说明蓐收是观日落之神。

故事大意

故事讲的是西方天帝少昊，常住西方的长留之山的魂氏之宫，他的任务是主司日落时的反影。他的佐臣蓐收住在太阳落下去的泑山，即蒙山，那里的宝贝很多，朝阳的一面多美玉，朝阴的一面多青雄黄。这里的太阳落下去的那一刻特别美。在太阳的反照下，天边变红了，霞光似炉火喷出，漫天红霞万丈，大地的绿树、青草、白璧、房檐全都在顷刻间染得一片金黄，连人的一身从上到下全都是金光闪闪的。蓐收氏族世世代代长年累月在这荒无人烟的地方观察日落，记录日落的情景。终日看不到人影炊烟，听到的是鸟语蝉鸣，荒凉、寂寞，唯一能使他得到安慰的是那满山满岭的瑾瑜之玉，在风沙袭击中发出的金声而玉应之声，和日落时的遍野落霞的温润。他以世代住在这里观测日落，忠于职守为最大荣耀。故而被后世尊为员神金神。

故事解说

蓐收与白虎神

神话中的蓐收是"白毛虎爪，执钺"的司秋之神。这里值得注意的是两点：

其一是白虎。白毛、虎爪表明它是白虎神。白虎神是我国西部（包括西南少数民族）普遍信仰的神灵。他们崇拜虎的原因各有不同。有的以虎图腾为祖先神；有的以白虎星宿为居住地域的对应神。无论是倾慕虎的勇猛无畏，还是遇险由白虎搭救，报虎恩，祭为祖神，抑或是出于对远古时住山岭与虎豹为伍的敬畏，它都只是一种图腾的选择而已。

其二是执钺。钺代表的是权威，是掌握生杀大权的那种权威。秋天是丰收的季节。收获后紧跟着的是万物的凋零。主秋和钺的实际内容是两个方面：一方面是保护自己，保护人民，保证收获；一方面带来的是萧杀之气，是杀戮。古人在秋天之前是不可以随意狩猎的。但到了秋天以后，就开始狩猎，征伐，杀戮罪犯。所以钺成了权威的象征。当然，这钺并非青铜、金、银、铁钺，而是石钺。蓐收之所以执钺，应与天神系统的分工有关。主秋，是对大地万物的告诫，是主刑杀的。钺象征秋天的到来。

六、冬神玄冥

禺强神号玄冥，属水，主北方，主冬。在上古时代，禺强是海神，其父禺京主东海，相当于后来的四海龙王。玄冥是北方天帝颛顼的佐臣，主风雨。"玄冥"这个词来源于夏时的水官玄冥的称号。据说玄冥为治水而死，被人民祭祀为水神。有人将玄冥和禺疆合而为一，成为北方天帝的佐臣。《史记》天官书中说"北宫玄武危、虚"。指的是玄武是管北方七宿虚危的星官。在颛顼时代，令禺强以危星为主要观测星。颛顼东迁之后，以虚星为主要观测星。

楚帛书十二月历神像中，禺强（禺京）的名字叫"取于兽"（鲸鱼），是海神。位于楚历一月份。其神形被想象为兽身、鸟足、长颈、蛇首、口吐岐舌，手足赤色，身尾青色。禺强和夸父一样都是巨人神，其神力威猛无比。

故事原文

（一）禺强归墟[1]固仙山

《列子·汤问》载，汤问："物有巨细乎？有修短乎？有同异乎？"

革曰："渤海之东不知几亿万里，有大壑焉，实惟无底之谷，其下无底，名曰归墟。"八纮九野[2]之水，天汉之流，莫不注之，而无增无减焉。其中有五山[3]焉：一曰岱舆，二曰员峤，三曰方壶，四曰瀛洲，五曰蓬莱。其山高下周旋三万里，其顶平处九千里。山之中间相去七万里，以为邻居焉。其上台观皆金玉，其上禽兽皆纯缟[4]。珠玕[5]于之树皆丛生，华实皆有滋味；食之皆不老不死。所居之人皆仙圣之种；一日一夕飞相往来者，不可数焉。而五山之根无所连箸，常随潮波上下往还，不得暂峙焉。仙圣毒之[6]，诉之于帝[7]。帝恐流于西极，失群仙圣之居，乃命禺疆[8]使巨鳌十五举首而戴之。迭为三番，六万岁一交焉。五山始峙而不动。

而龙伯之国有大人，举足不盈数步而暨五山之所，一钓而连六鳌，合负而趣，归其国，灼其骨以数焉。于是岱舆、员峤二山流于北极，沉于大海，仙圣之播迁者巨亿计。帝凭怒，侵减龙伯之国使阨[9]，侵小龙伯之民使短。至伏羲神农时，其国人犹数十丈。①

注

[1] 归墟：墟（xū），同虚，海里的无底深谷，传说那里是四海龙王的龙宫。也即幽冥之宫。位于大海深处。大壑，指大海。

[2] 八纮九野：纮（hóng），本意为帽子上的带子。八纮，如八根带子。九野与九天对应。指地八方加中央。九天，指九重天（钧天、苍天、变天、玄天、幽天、昊天、朱天、炎天、阳天）。

[3] 五山：为神话中的岱舆、员峤、方壶、瀛洲、蓬莱，均为战国时方士编造的仙境。传说有仙人居其上，那里遍地金玉，有长生不老之果，永世不死之丹药，故后世帝如秦始皇、燕昭王等信方士传言，为求长生不老，想要造访仙境。

[4] 纯缟：缟（gǎo），指洁白的丝织品。纯缟，白绢为纯净的白色。

[5] 珠玕：珠玉美石。

[6] 仙圣毒之：毒，痛恨。仙圣都很痛恨这种动荡不安。

[7] 帝：天帝。

[8] 禺疆：即禺强，北海冥神，飓风之神。禺疆、夸父、屏翳字意相同，都是巨人神。与下文的风神鸟的屏翳（鲲、鹏）不同之处，在于它是禺疆神化分化而成的分支。

[9] 龙伯之国使阨：阨（è），阨难、灾难、阨运。意为侵减龙伯国国土与寿命，使巨人国遭灾难。《河图玉版》说："从昆仑以北九万里，得龙伯国人，长三十丈，生万八千岁而死。"《山海经·大荒东经》说："有波谷山者，有大人之国，有大人之市，名曰大人之堂，有一大人踆其上，张其两耳。"郭璞注：昆仑以北九万里得龙伯国，身长三十丈。《博物志·外国》记载："大人国其人孕三十六年，生白头，其儿则长大，能乘云不能走，盖龙类。"

故事大意

商汤问夏革说："物有大小的不同，长短的差异，同异的区别吗？"夏革回答他，有。他便讲了一个故事说：在渤海东面不知有多少亿万里的地方，有一个海，它深不见底，那地方就叫归墟。八方九天的水都往归墟里流淌，也看不见归墟里的水增加多少，减少多少。那海里有五座大仙山：第一座叫岱舆，第二座叫员峤，第三座叫方壶，第四座叫瀛洲，第五座叫蓬莱。它们上下周围都有3万

---

① 《列子·汤问》。节录于王强模译注，《列子全译》，贵州人民出版社，"汤问第五"。

里，山峰平顶的地方也有9000里。山与山之间相隔7万里，相互矗立着。那些山上的台观全是金玉装饰，连飞禽走兽也都是纯净洁白的颜色。珠玉般的神树遍地都是，结出的果子好吃得不得了，听说人吃了这果子就会长生不老。住在山上的人都像神仙，十分自由，他们白天晚上自由地飞来飞去。

这5座山是漂浮在水面上的，常常随着潮水的涨落，波涛的进退漂来漂去，这使神仙们感到很苦恼。他们多次向天帝诉苦，天帝也怕那些山漂走了，让神仙们居无定所，便令北海之神禺强指挥15只大龟（鳌），把山固定住。后来龙伯国的人来这儿钓鱼，把6只大龟钓走了，拿回自己家，烧灼乌龟壳占卜。因此另外两座神山岱舆、员峤就随波逐流漂走了，沉入了大海。那山上数以亿万计的神仙也不知漂到哪儿去了。

天帝知道了这个情况后，大怒，责令大人国龙伯之国之人变小。听说到伏羲神农时代，龙伯之国的人还有数十丈高呢，后来就变成了小人国了。

（二）北海有鱼

《庄子·逍遥游》的故事说：

"北冥[1]有鱼，其名曰鲲。鲲之大，不知其几千里也；化而为鸟，其名为鹏[2]。鹏之背，不知其几千里也；怒而飞，其翼若垂天之云。是鸟也，海运[3]则将徙于南冥。南冥者，天池也。齐谐者，志怪者也。谐之言曰："鹏之徙于南冥也，水击三千里，抟扶摇而上者九万里，去以六月息者也。"

又说："穷发之北有冥海者，天池也。有鱼焉，其广数千里，未有知其修者，其名曰鲲。有鸟焉，其名为鹏，背若太山，翼若垂天之云；抟扶摇、羊角[4]而上者九万里，绝云气，负青天，然后图南，且适南冥也。"①

注

[1] 北冥：指神话中的北海；南冥：南海，即天池。

[2] 鲲、鹏：鲲，大鱼；鹏，大鸟。鲲为游于天池的神鱼，鹏为鲲转化而成的神鸟。

[3] 海运：原注为海气动则飓风作，鹏乘此风而南迁。这种鸟很大，一展翅击水震荡达3000余里。

[4] 羊角：抟扶摇羊角，有如龙卷风或海上巨风到来时扶摇直上的景象。

① 支伟成编，《庄子校译》，中国书店，第1—3页。

故事大意

《庄子》故事的内容是说北海有一种鱼，其名为鲲，鲲之大不知道有几千里，它随海风动而化为大鹏鸟。这鸟也不知道几千里大，它背像泰山，展开翅膀就像天上的云彩一样遮蔽了天空。它扶摇而上，一气可达9万里高，每年从北海负青天，绝云气，飞抵南海，到达天池。

故事解说

归墟信仰与海上巨风

据《史记·封禅书》记载，齐国自古以来有祀八神的习俗。到战国时期，齐国的首都临淄即成立了其时的"高等学府"——稷下学府。各学派在这里自由交流，影响极大。到威宣之时，驺子之徒，如宋毋忌、正伯侨、充尚、羡门高等人在这里"论著始终五德之运"。他们以"阴阳主运显于诸侯"，而燕齐海上之方士"阿谀苟合之徒自此兴"。所以"自齐威、宣、燕昭使人入海求蓬莱、方丈、瀛洲。此三神山者，其传在渤海中，去人不远；患且至则船风引而去。盖尝有至者，诸仙人及不死之药皆在焉。其物禽兽尽白，而黄金银为宫阙。未至，望之如云；及到，三神山反居水下。临之，风辄引去，终莫能至云"。

《史记·封禅书》里描述的景象正是这一海上仙都引发的。人们包括秦始皇、齐威王、齐宣王、燕昭王之所以疯狂，目的是为了求不死之药，寻求长生不老。虽然人们知道这是求神的巫术衰落之后方术兴起的骗局，为了延年益寿，他们宁可信其有，不愿信其无。朝拜（归墟）"三山"深刻地表现了上古帝王们腐朽的一个方面。但故事质朴的本质方面也同时显露出来。

仙乡何在？"未至，望之如云，及到，三神山反居水下；临之，风辄引去，终莫能至"。真正原因，是海上巨风和潮涨潮落这一自然现象引发的仙乡幻觉。

巨鳌负山神话，可能是流传很广的古老传说，在屈原的《楚辞·天问》中就有"鳌戴山抃，何以安之"的疑问。他表明仙乡并不是一个人突然虚构出来的，而是从归墟信仰发展而来的。归墟的特征在《庄子》的秋水篇里有说明，"天下之水，莫大于海，万川归之，不知何时止而不盈"，说明仙乡源自归墟信仰。

禺强是北海海神。在海里为鲲，在空中为鹏，在陆地为致风致雨的风师雨师一类巨人神。其原始神形特征，如《庄子·逍遥游》的描述可能为海上飓风或龙卷风一类自然现象。

《山海经·大荒东经》说："东海之渚中有神，人面鸟身，珥两黄蛇，践两黄蛇，名曰禺虢。黄帝生禺虢，禺虢生禺京，禺京处北海，禺虢处东海，是惟海神。"这就是说，禺强即禺京，住在北海，是四海龙王之前管理四海之神。它是鸟身有翅的大神。在仙乡归墟中，他奉天帝之命去处理仙山漂流之事。在飞往天池途中，鲲化为鸟，成为主宰海气动，作飓风的海神。这飓风类似今日的台风、龙卷风，破坏性极大，可以折树，毁屋，淹没岛屿，所以才有"展翅击水三千里，扶摇而上九万里"的壮观情景。

　　有学者说它是风神，与夸父是同一种神。实际上，禺强和夸父是不同的。虽说都是风雨之神，夸父是主陆地的，它的活动范围主要在陆地，是主宰西北方的寒风的幽冥之神。禺强是主宰海上风暴之神。他们虽同在北方，但分工不同。况且，夸父神比玄冥神要早许多年，夸父神在炎黄时代之前就有了，玄冥神出现于夏商之后，故可推定他们是不同时代的北方主神。

七、羲和御日

（一）羲和生十日

《山海经》说："东南海之外，甘水之间，有羲和之国。有女子名曰羲和，方日浴于甘渊。羲和者，帝俊之妻，生十日[1]。"晋郭璞注说：此言羲和"生十子，各以日名名之，故言生十日"，又说"羲和盖天地始生，主日月者也。故《启筮》曰'空桑之苍苍，八极之既张，乃有夫羲和，是主日月，职出入，以为晦明'，又曰'瞻彼上天，一明一晦，有夫羲和之子，出于旸谷。'"[2]故尧因此而立羲和之官，以主四时，其后世遂为此国。"作日月之象而掌之，沐浴运转之于甘水中，以效其出入旸谷虞渊也，所谓世不失职耳。"①

注

[1] 十日：《山海经》中对十日，有三种理解，一、十个太阳；二、十子；三、地名。

[2] 旸谷：太阳出来的地方；虞渊：蒙谷，太阳落下去的地方。

（二）羲和定四时

《尚书·尧典》说："尧'乃命羲和，钦若昊天，历象日月星辰，敬授人时。分命羲仲，宅嵎夷，曰旸谷。寅宾出日，平秩东作。日中，星鸟，以殷仲春。厥民析，鸟兽孳尾。申命羲叔，宅南交，曰明都。平秩南讹，敬致。日永，星火，以正仲夏。厥民因，鸟兽希革。分命和仲，宅西，曰昧谷。寅饯纳日，平秩西成。宵中，星虚，以殷仲秋。厥民夷，鸟兽毛毨。申命和叔，宅朔方，曰幽都。平在朔易。日短，星昴，以正仲冬。厥民隩，鸟兽氄毛'。"帝曰："咨！汝羲暨和。期三百有六旬有六日，以闰月定四时，成岁。允厘百工，庶绩咸熙。"②

---

① 陈成译注，《山海经·大荒南经》，上海古籍出版社，第 342 页。
② 关永礼主编，《白话十三经·尧典》，济南出版社，第 131 页。

故事大意

这一段文字的大意是说：帝尧命令羲氏、和氏，你们要根据上天的旨意行事，推算日月星辰的运行规律，定出历法，把节令告诉人民，以指导他们进行农业生产。

他命令羲仲住到东方一个叫旸谷的地方去，那里是太阳出来的地方。在那里恭恭敬敬地迎接太阳的出来，以测定太阳出来的时辰。以昼夜长短相等的那天为春分。以南方朱雀（星鸟）黄昏时出现在南中天作为仲春（春二月）的依据，以利人民在田野劳作，鸟兽开始生育繁殖。

又命令羲叔住到南方的交趾去，测定太阳向南方运行的情况，恭迎太阳向南运行。以白昼最长的一天为夏至。以东方苍龙大火星（心宿二）黄昏时出现在南中天为仲夏依据。这时人们居于高地，鸟兽羽毛也开始稀疏了。

又命令和仲住到西方太阳落下去的那个叫蒙谷（昧谷）的地方去，恭敬地送太阳下山，测定太阳落下去的具体情况，以昼夜长短相同的那天作为秋分，以北方玄武七宿中的虚星黄昏时出现在南中天作为判定仲秋的依据。这时人们又回到平地上居住，鸟兽开始新生羽毛了。

又命令和叔住到北方那个叫幽都的地方去，测定太阳向北方运行的情况，以白昼最短的那天作为冬至，以西方白虎星宿中的昴宿黄昏时出现在南中天作为确定仲冬的依据。这时人们已住在室内，鸟兽羽毛长得柔细丰满了。

最后，尧还说："啊，羲氏和氏啊，希望你们能以366天为一年，用增加闰月的办法来确定春夏秋冬四季，以成一岁。"

对于尧典里这段著名的论断：以星鸟、星火、星虚、星昴确定春分、夏至、秋分、冬至为四仲中星，天文学家陈久金先生有不同的看法。他认为这四仲中星并不在同一时代，除冬至昴中，大致相当于帝尧时代（前2000—3000年），其余三个天象，大致相当于周初（公元前1000年），证明《尧典》天象是混入了周人的观点编写的，"不能作为尧时天象的确实凭证"。[1]

（三）羲和御六龙

传说中说日乘六龙，羲和御之，过一个地方就是一个时辰。《淮南子》说：
日出于旸谷，浴于咸池，拂于扶桑，是谓晨明[1]；
登于扶桑，爰始将行，是谓朏明[2]（将明）。

---

[1] 陈久金著，《斗转星移映神州——中国二十八宿》，海天出版社，第3—4页。

至于曲阿（山名），是谓旦明[3]。

临于曾泉（地方名），是谓蚤食[4]。

至于桑野，是谓晏食[5]。

至于衡阳，是谓隅中[6]。

至于昆吾（南方昆吾丘），是谓正中[7]。

至于鸟次（西南方之山），是谓小还[8]。

至于悲谷（西南方大壑），是谓𫗦时[9]。

至于女纪（西方阴地），是谓大还[10]。

至于渊虞，是谓高舂[11]（尚未冥）。

至于连石（西北山名），是谓下舂[11]（顿冥）。

至于悲泉，爰止其女，爰息其马，是谓悬车。

至于虞渊，是谓黄昏[12]。

至于蒙谷，是谓定昏[13]。日入虞渊之汜，曙于蒙谷之浦[14]。行九州七舍，有五亿万七千三百九里，禹以为朝、昼、昏、夜。

以上就是夏以来古人对一天日出日落目测所得的十六时辰。即（1）晨明，（2）朏明，（3）旦明，（4）蚤（早）食，（5）晏食，（6）隅中，（7）正中，（8）小还，（9）𫗦时，（10）大还，（11）高舂，（12）下舂，（13）悬车，（14）黄昏，（15）定昏，（16）桑榆。①

注

[1]晨明：旸（阳）谷，又名汤谷，日出之处；咸池，东方的大泽，神话中太阳从汤谷的海里爬出来，先在咸池里洗个澡再升起来，爬到扶桑树上去，这时候就是一天的开始。这时候就是晨明，即黎明。

[2]朏明：朏（fěi），将明。太阳准备出发运行于天笃，这个时候天刚亮了，就叫朏明。

[3]旦明：再接下是太阳开始运行了，第一站到了曲阿山顶上，天刚亮不久，叫旦明。

[4]蚤食：太阳走到曾泉那地方，是蚤食，蚤即早，即吃早饭的时候。

[5]晏食：太阳到桑野的时候，就是普通人吃早饭的时候。

[6]隅中：过隅而未达中，即半个上午时，太阳在荆山和衡山之间的位置。

[7]正中：太阳升到头顶，下到昆吾上，到达正中位置时，是中午，吃午饭

---

① 赵宗乙译注，《淮南子》上，黑龙江人民出版社，第139页。

的时候。

[8] 小还：还，有的作迁。此时是半个下午，太阳在西南方的鸟次的位置。

[9] 餔时：太阳在西南大壑斐谷的时候，就是餔食之时，即吃晚饭的时候。

[10] 大还：即大迁，指太阳在西北女纪偏西即正西的地方了。

[11] 高舂、下舂：太阳到虞渊时是高舂，即未冥时分；到连石为下舂，即太阳开始落山该息舂了。日西重影在树梢时，称为桑榆。

[12] 黄昏：接下来是太阳车到了悲泉，开始勒马悬车了，这时候叫黄昏。

[13] 定昏：到蒙谷时，天已黑定了。

[14] 日入虞渊之汜，曙于蒙谷之浦：曙，明。浦，边涯。

故事大意

传说东南海之外，有一个羲和之国。那里山清水秀，非常优美，有山谷，有甘泉，不冷不热，十分宜人。有个美貌的女子，名叫羲和，就住在那儿的甘渊边。据说她是羲和氏族一个十分能干的女性，她继承了母志，专门从事测定日出日入，区分白天黑夜，制订一年的四时八节，从此名扬天下。天神帝喾娶她为妻。她为帝喾生了十个儿子，都以日命名，他们也都继承了她的事业。到帝尧时，尧命羲和历象明时，让老百姓明白一年之中什么时候该种，什么时候该收，

什么时候该藏，所以羲和成了管四时八节的天神。

羲和成为天神后，上帝仍命他掌管时辰。除了一年366天，分出四时八节外，又为老百姓把一天一夜分成16个时辰。

太阳公公比较懒散，早上不肯早起，要由东方扶桑树上的金鸡（太阳精），有人叫它三足乌，伸长脖子"喔喔喔"地叫几遍才肯爬起来。金鸡一声叫，天下公鸡都应声打鸣。太阳公公嫌吵闹，睡不着，才慢慢爬起来。起床后，不肯走动，一定要金鸡背着，带他在温泉里洗把澡，然后由金鸡把它背到太阳车上。羲和是给太阳公公驾车的。他的太阳车早就停在那儿等着太阳公公了。太阳公公坐上车后，由羲和驾着车子从东方向西方驰行。车子到一个地方，就是一个时辰。太阳公公天麻麻亮上车，到曲阿为天明，到曾泉是吃早饭的时候，到桑野是晏食，到衡阳是半上午，到昆吾是吃中饭的时候，到悲谷是餔时，到高舂时，天就要黑了，到虞渊为黄昏，到蒙谷为天黑。太阳车入崦嵫，经细柳，进虞渊之池，曙于蒙谷之浦，一天到晚周而复始，把经过的地方记下来就成了一天的十六个时辰。

故事解说

羲和解

羲和是不同历史时代的天文氏族。有人说羲和是伏羲女娲的后人和氏族的名称，是一个长于研制农业历法的氏族。

《世本》皇古姓氏部分均未见有羲和的记载。这说明羲和是伏羲、女娲以后产生的氏族，至尧时才有此专职的天文官职。从故事中，我们可以看到：

羲和是古中国东南海之外的羲和国的女子，是帝喾之妻。她生十日，为日沐浴。十日有人说指十月太阳历，或许与羲和制订十月太阳历有关。

另说羲和是帝尧时代的专职历法官员，居东南西北四方，以敬授民时为业。在尧时，羲和分为羲仲、羲叔、和仲、和叔四个职位，司职四职应为四个官员，非一人。

在"日乘车，驾以六龙，羲和御之"的神话中，羲和是驾悬车御六螭（龙）的太阳神。

看起来"羲和"差别很大，仔细一想也合理，因为羲和不是一个人，不是一个时代的一个人，而是不同时代的出于羲氏与和（娲）氏族的历法官员。到夏朝仲康时，这个氏族因淫逸误时而被消灭了，不过羲和这种专管天文的官职一直到汉武帝时都有。

八、地母常仪

常仪是帝喾的妻子，娵訾氏女，善天文，兴日历月历，神话多传其事，被尊为月母神。

（一）常仪生日

《山海经·大荒南经》云："东南海之外，甘水之间，有羲和之国，有女子名曰羲和[1]，方浴日于甘渊。羲和者，帝俊之妻，生十日[2]。"《海外东经》云："下有汤谷。汤谷上有扶桑[3]，十日所浴，在黑齿北。居水中，有大木，九日居下枝，一日居上枝。"

注

[1]羲和：郭璞注云："羲和盖天地始生，主日月者也。故《启筮》曰：'空桑之苍苍，八极之既张，乃有夫羲和，是主日月，职出入，以为晦明。'又曰：'瞻彼上天，一明一晦，有夫羲和之子，出于旸谷。'故尧因此而立羲和之官，以主四时，其后世遂为此国。作日月之象而掌之，沐浴运转之于甘水中，以效其出入旸谷虞渊也，所谓世不失职耳。"

[2]生十日：有两义。一为郭璞所言："生十子各以日名名之。故言生十日，数十也。"东夷有十日族，均以日名。另一种是天文学家们的看法，十日指一年10个月的十月历法。这种历法每月36天，一年360天，外加5天过年。从上古至夏朝均实行这种历法。表明这种历法的创造与羲和常仪有关。

[3]扶桑：是一种神树。东方称为扶桑，南方称若木，西方称博木、建木，自古扶桑为日出之处。古人认为：扶桑长在水里，太阳从大海里钻出来，爬上扶桑，上到天空。10个太阳，一个挨一个往上爬。一个爬上去，隔36天另一个再往上爬，到了西边又沿树顶一个一个落下去。这就成了一年10个月360天了。

（二）嫦娥奔月[①]

羿[1]请无死之药于西王母，嫦娥窃之以奔月。将往，枚筮[2]之于有黄[3]。有黄占之曰："吉。翩翩归妹[4]，独将西行。逢天晦芒[5]，毋恐毋惊，后且大昌。"嫦娥遂托身于月，是为蟾蜍[6]。

注

[1] 羿：羿（yì），尧时射十日的英雄。

[2] 枚筮：占卜。

[3] 有黄：巫师名。

[4] 翩翩归妹：翩翩然，很轻快的样子。归妹，卦名，指女子将离开。影射嫦娥将离开。

[5] 晦芒：指天色昏暗晦暝。

[6] 蟾蜍（chán zhū）：蟾蜍，癞蛤蟆，蛙类图腾神。在阴山岩画中西王母是鸟首蛙身的月母神，月中的蟾蜍与兔（喻虎）是月亮之国的标志。此故事的嫦娥形象与此重合。汉民族地区认为嫦娥是美女，是日月之母，并非心悦此说。嫦娥奔月也许是从西王母故事中分离出来的。

故事大意

羿向西王母求长生不老药，药被嫦娥偷吃了，飞到了天宫。她临走之前，去巫师有黄那里算了一卦，有黄对她解释说："吉利，快活的妹子，你独将西行，遇到天色昏暗，不要害怕，别惊慌，以后会非常好的。"嫦娥于是带着一只玉兔飞上了月亮，那白兔与蟾蜍随之就成了月宫里的阴阳神。

（三）半坡考古发掘人面鱼纹月相图

（1）月出（新月始生）；（2）上弦；（3）既望；（4）下弦；（5）晦朔；（6）满月（陕西扶风姜西村阴影陶塑）。

第一种形式：额部左侧涂黑，右侧底部作半圆弧面，其余空白。寓意上弦月，在天穹右方。

[①] ［晋］干宝著，《搜神记》第十四卷，中华书局。

第二种形式：额部正中作三角形留白，中分两侧呈扇形涂黑。寓意皓月当空，即望月。

第三种形式：额部右侧涂黑，左作半圆弧面，其余留白。寓意下弦月，在天穹左方。

第四种形式：额部全部涂黑，寓意晦朔不见。

第五种形式：额部全黑中突出新月形双眉，并留空白角线。寓意角分一新月的开始。应表示始月出。

对于这一组图，陆思贤先生的分析是：这应是古人的月相计日历法。

常仪或常羲氏族经过长期观测，绘出月相，亦应是上古时代的重大发明。故嫦娥飞月亦可以理解为常羲到太阳落下去，月亮升起来的地方，即"甘棠""虞谷""蒙谷"那地方。而那里正是月亮之国，女和月母所在的西王母国。也许嫦娥为弄明白月相变化，从月亮升起来的地方到了月亮之国，见到了月母，住进了月宫。

故事解说

对嫦娥奔月故事的质疑

上述嫦娥奔月故事使人产生了诸多疑问：

其一，常仪是中国第一代天帝帝喾的妻子，帝挚的母亲，也是尧的"小妈"，羿是尧臣，常仪怎么会一下变成了羿的妻子呢？况且羿的妻子也是很美丽的洛神呀？于是有人编出了一段故事说后羿喜新厌旧，所以嫦娥很生气便偷吃了药飞上了月亮。这也不合情理。

其二，偷西王母的丹药，也不合情理。西王母居西北玉山。西王母国以琢玉闻名，西王母是月神，嫦娥是从西王母蛙身偕兔形象中分离出的月神。有见西王母献玉的记载，没有见到有献丹药的记载。再说西王母并不是道家，不炼丹药。在周穆王时，道家没产生，还没有炼仙丹这一套东西。因此把西王母当仙人，让她炼丹药显然是后世道士们瞎编的。

其三，长生不老之药，是保长生不死，并不保长翅飞翔。既然如此，为什么别的人吃了丹药不飞上天，而独有嫦娥吃了会飞上天呢？这也很不合理的。

之所以有上述种种不合理，或许是我们一般人并不理解原文的缘故。四川彭山汉墓1972年出土了一株青铜神树，形象与三星堆神树相似。因以铜钱连接图案，又称摇钱树。据《众神之国三星堆》一书的作者胡大玉先生描述：此物高144厘米，保存完好。树顶有一朱雀，有一仙人持虾蟆丸置朱雀口中，旁有一羽人，手持日、月。朱雀与羽人之间以四枚铜钱连接。树有四层枝叶，每层都有相同的八组图案。青铜树枝上均以西王母为中心，左有蟾蜍捧灵芝，右有玉兔捣药。西王母是女和月母之神；蟾蜍是常仪氏的图腾神。这个故事将月神西王母与常仪合一，喂朱雀吃药，以药作为飞天的能源，生动合理，表现了嫦娥奔月的另一种不同的看法。神话色彩浓郁，十分优美。所以，我们可以说嫦娥奔月是这一神话的变形。

九、实沈与阏伯

（一）实沈与阏伯失和

《左传·昭公元年》记载：

晋侯有疾，郑伯使公孙侨如晋聘，且问疾。叔向[1]问焉，曰："寡君之疾病，卜人曰：'实沈、台骀为祟'，史莫之知。敢问此何神也？"

子产曰："昔高辛氏[2]有二子，伯曰阏伯，季曰实沈[3]，居于旷林，不相能[4]也。日寻干戈，以相征讨。后帝[5]不臧[6]，迁阏伯于商丘，主辰[7]。商人是因[8]，故辰为商星。迁实沈于大夏，主参。唐人是因，以服事夏、商。其季世曰唐叔虞[9]。当武王邑姜[10]方震大叔[11]，梦帝[12]谓己：'余命[13]而子曰虞，将与之唐[14]，属诸参[15]，而蕃育其子孙。'及生，有文在其手，曰：'虞'，遂以命之。及成王灭唐而封大叔焉，故参为晋星。由是观之，则实沈，参神也。昔金天氏[16]有裔子曰昧，为玄冥师[17]，生允格、台骀。台骀能业其官，宣[18]汾、洮，障[19]大泽[20]，以处太原。帝用嘉之[21]，封诸汾川。沈、姒、蓐、黄，实守其祀[22]。今晋主汾而灭之矣。由是观之，则台骀，汾神也。"①

注

[1] 叔向：晋国名臣，羊舌氏，名肸。叔向是其字。

[2] 高辛氏：帝喾。

[3] 阏伯、实沈：阏伯即益伯，曾助禹治水，长于观察大火星定时，指导东方民族的生产。实沈，西方民族参星的测星者，其身世不清楚。

[4] 不相能：不和睦。

[5] 后帝：指尧。帝，指帝喾（俊），即殷人的天帝。

[6] 不臧：不满意，不高兴。

---

① 赵生群注，《春秋左传新注》下，陕西人民出版社，第723页。

［7］主辰：主祀星辰。辰指商星，大火星，又称大辰。大夏指山西及以西地区，主参，指主持参宿的测定，以指导西部民族的生产活动。

［8］商人是因：因袭。商之先祖封商丘。阏伯之国因之祀辰星。

［9］唐叔虞：唐末世君主，晋之先祖。

［10］邑姜：武王后，姜太公女。

［11］大叔：叔虞，周成王同母弟。

［12］梦帝：梦见天帝。

［13］命：名。

［14］唐：地名，今山西翼城县南。

［15］属诸参：参宿之属。

［16］金天氏：少昊。裔子，后代。

［17］为玄冥师：言昧为水官之长。玄冥：水官。师：长。允格、台骀：神名，地名。

［18］宣：疏通。

［19］障：在大泽边上筑堤防。

［20］大泽：指台骀泽。

［21］帝用嘉之：指天帝曰嘉之。

［22］沈、姒、蓐、黄：台骀之后。故守其祀。上述诸国地址皆在晋境内。

故事大意

实沈与阏伯

故事讲的是晋国晋平公生病了。郑伯派卿大夫到晋国看望他。晋国的大臣问子产说："我们的君主有病了，去占卜，占卜的人说是实沈台骀星宿在作祟。连太史也不知道这实沈台骀是什么神灵，我想请教你，请你告诉我他们是什么神灵？"

郑子产告诉他说："从前一个古帝王叫高辛氏，据说他有两个儿子，年纪大的叫阏伯，年纪小的叫实沈，他们住在广阔无边的密林里，却不能和睦相处，经常干仗，相互征讨，今天你打我，明天我打你。这使高辛帝喾很伤脑筋，于是就把他们分开来。令阏伯迁于河南商丘，住在哪里专门观测东方七宿的大火星，以确定东方民族播种的时节。这一习惯被商朝人继承了下来，便叫辰星（大火星）为商星。而那个小的实沈呢，叫他观测参星，以确定西方民族生产的时节。这一习惯被唐国人（晋的前身）继承了下来。所以参星又称唐人星。唐人后裔因此而祭祀夏朝。

到周武王时，他的妻子，姜太公的女儿邑姜怀孕时，梦见天帝对她说：'我给你儿子取了个名字，叫虞，将来把虞国封给他，他属于参星，让他在参星照耀的地方繁衍生息。'后来邑姜生下了一个儿子叫太叔，周武王就给他取了个名字叫虞。周武王儿子周成王灭了唐国以后，就将唐国封给他哥哥，太叔。唐虞变成了晋国。晋国人也继承了这一观测参星组织农业生产的习俗。所以参星又称为晋星。实沈成了参神。从前金天氏有裔子曰昧，是玄冥的老师，生了允格、台骀二人。台骀能继续以观测参星为业，忠于职守，赐福于汾河、洮河、大泽、太原等地区的人民。所以他被封于汾川地区，其后裔沈、姒、蓐、黄诸姓的人都守其祀。现在平公主汾将实沈、台骀之后灭了，所以台骀很不满意，故而使平公得病。"

故事解说

一个巧妙的比喻

这个故事是反映东方民族与西方民族星辰历法的故事，是根据东方民族族星大火星，西方民族族星参星而编织成的故事。两者都是指导农业生产的星辰。它们像两个兄弟一样，一个从东方升起来，另一个便从西方落下去，他们互不相见，不能共处，十分生动，巧妙。

为什么将东西方这两颗星比喻为互不处的两兄弟呢？原来这是两种不同的历法制度。住在太行山以西的人属西方民族，信守参历，即夏历；而太行山以东地区的人属东方民族，信守火历，又叫商历。这两种历法各有不同的特点。

参历以观察参星的出没为依据。参星是西方冬天的天空最明亮最美丽的星星。二月参星黄昏时出现在南中天，三月则伏，五月又见，夏正建寅，以寅月为岁首。早晨参星出现了，就表示着夏季的到来，黎明从东方地平线升起来，就预告秋分的来临，黄昏时它出现在南中天，就表示着冬天的来临。这就是杞国人实行的夏时历法。

而东方民族实行的历法与此不同。在二十八宿中东方七宿的心宿有三颗星，其中第二颗星最明亮，出现时像一团火一样，所以叫它"心宿二""大火心二"，它是全天候一等亮度的星，发出红色的光芒，因此人们称之为天王，人们将它作为定季节的三大恒星之一。每当夏至来临，它就在黄昏时出现在南中天，谓之"日永星火，以正仲夏"，并以此为岁首。陶唐时，伯益作火正，居商丘，实行以火纪时，观察的就是大火星。殷是益的后代，继承了这一传统。到商时，由于斗转星移，所以殷人改观察大火为观察南方七宿的鹑火。每当"鹑火星昏而在南方，于此之时，令民放火，星为火之候"，每当黎明时，苍龙角从东方地平线升起，即为春分，老百姓叫龙抬头，就放火烧荒，准备耕种了。《夏小正》说季秋之月，即九月，房心与日俱出没，便伏在日下，不得复见，人们称之为"内火"。这时就绝对禁止放火。

上述两星，一为东方民族的指示星，一为西方民族的指示星，它们是两种不同的星历。这个故事正是据此演绎而成的。

十、造父王良御天车

（一）造父之御[1]

赵氏之先，与秦共祖。至中衍，为帝大戊御[2]。其后世蜚廉有子二人，而命其一子曰恶来，事纣，为周所杀，其后为秦。恶来弟曰季胜，其后为赵。

季胜生孟增。孟增幸于周成王[3]，是为宅皋狼。皋狼生衡父，衡父生造父。造父幸于周缪王[4]。造父取骥之乘匹，与桃林盗骊、骅骝、绿耳[5]，献之缪王。缪王使造父御，西巡狩，见西王母，乐之忘归。而徐偃王反，缪王日驰千里马，攻徐偃王，大破之。乃赐造父以赵城，由此为赵氏。①

注

[1]造父之御：这一段文字摘于《史记·赵世家》，讲的是赵氏祖先是以御出名。

[2]至中衍，为帝大戊御：至殷中期，约公元前1400多年为帝大戊当御手。

[3]孟增幸于周成王：幸，受宠；周成王，武王子，周公侄（公元前1012—前1021年在位，在位21年）。

[4]周缪王：缪与穆相通，指周穆王（公元前976—前922年，在位54年）。造父是周穆王的御手。

[5]造父取骥之乘匹，与桃林盗骊、骅骝、绿耳：传说造父在灵宝附近的桃林山洼的广野里，得到了盗骊、骅骝、绿耳等千里马，将它们一同献给了周穆王。周穆王请他为御手，陪他西巡狩到昆仑山拜会西王母。

（二）王良之御

王子于期，名王良，晋国人，赵襄子（无恤）的家臣，善御马，曾教赵襄子

---

① ［汉］司马迁著，韩兆琦译注，《史记》（二），中华书局，第940页。

御马,下面是有关他的故事。

赵襄主学御于王子于期

赵襄主学御于王子于期(王良),俄而与于期逐[1],三易马而三后[2]。襄主曰:"子之教我御,术未尽也[3]。"对曰:"术已尽,用之则过[4]也。凡御之所贵,马体安于车[5],人心调于马[6],而后可以追速致远。今君后则欲逮臣[7],先则恐逮于臣。夫诱道争远,非先则后也。而先后心皆在于臣,上何以调于马?此君之所以后也。"①

注

[1]逐:竞逐,比赛。

[2]三易马:三次换了马都落在后面。

[3]术未尽也:是否留一手没有把御马的方法都教给他。

[4]过:过了头。"超"之过"急"。

[5]马体安于车:指马体要与车保持一种协调舒适的状态。

[6]人心调于马:人心要与马保持一种协调的状态,才能跑得快、跑得远。

[7]欲逮臣:欲超越,超过臣。

故事大意

这段话的意思是说赵襄子向王良学习御马之术。王良教了他御马的方法。他认为自己都学到手了,便要求和王良进行一次御马比赛。比赛开始,第一次他输了,要求换马,王良和他换了马。换了马比赛,还是输,接连换了三次都输了。他就不明白这是什么道理,便问王良道:"是不是你没把御术都教给我呀?为什么我总是落后呢?"王良告诉他,不是我没把御马之术都教给你,我都教给你了。御车很重要的是专心致志,不能走神,要一心放在车与马,人与马的协调上。可你总分心,一会儿担心我超过你,你跑到前面了,又怕我超过你,于是就落到后面了。你的思想始终集中不起来,不把心思放在车马之上,怎么不落后嘛!这就是王良驾车技术非常好,连四条鞭带断了,他都能控制住四马奔驰疆场的秘密。

(三)王良造父之御

《淮南子·览冥训》说:

---

① 刘坤等译注,《韩非子·喻老》,黑龙江人民出版社,第263页。

"昔者，王良、造父[1]之御也，上车摄辔，马为整齐而敛谐，投足调均，劳逸若一，心怡气和，体便轻毕，安劳乐进，驰鹜[2]若灭，左右若鞭，周旋若环，世皆以为巧，然未见其贵者也。

若夫钳且、大丙[3]之御也，除辔衔[4]，去鞭弃策，车莫动而自举，马莫使而自走也。日行月动，星耀而玄运[5]，电奔而鬼腾，进退屈伸，不见朕垠[6]，故不招指，不咄叱，过归雁于碣石，轶鹍鸡[7]于姑余，骋若飞，骛若绝，纵矢蹑风[8]，追猋归忽[9]，朝发榑桑，日入落棠。此假弗用而能以成其用者也，非虑思之察、手爪之巧也；嗜欲形于胸中，而精神逾于六马，此以弗御御之者也。"①

注

[1] 王良、造父：王良，原注："晋大夫邮无恤子良也。所谓邮良也。一名邮无政。为赵简子御，死而托精于天驷星，天文有王良星是也。造父，嬴姓，伯翳之后，飞廉之子，为周穆王御。"此注有误，韩非子说王良非邮无恤子良，而是其家臣。王良名王子于期。造父不是蜚廉之子，是蜚廉的后代，距蜚廉有四五代人，其父是衡父。

[2] 驰鹜：奔跑。敛谐。指马全身收敛和谐。轻毕，身体敏捷轻便。

[3] 钳且、大丙：天神。原注："此二人，太一之御也。"

[4] 除辔衔：除辔舍衔。

[5] 玄运：玄，天。运，运行。伴着星星在天上运行。

[6] 朕垠：朕，兆朕。垠，形迹。

[7] 轶鹍（kūn）鸡：鹍鸡，凤凰之别名。轶，超越。

[8] 纵矢蹑风：言其行疾，能追及风矢，故言蹑风。

[9] 追猋归忽：猋（biāo），犬奔貌。猋风。形容迅疾快速，可追风。

故事大意

从前，王良、造父驾车，上车抓住缰绳，马就立刻整齐地保持身体的和谐，举步协调，快慢劳逸一致，心气愉快平和，动作敏捷不觉车重，安于劳苦，乐于前进。飞奔起来转眼即逝，或左或右，如有鞭子指挥，转圈拐弯如同绕着圆环。世人认为他们的驾驭技术精巧，然而却没有见到那更高明的技艺。

他们的驾车技术像天神钳且、大丙驾车一样高明，除去缰马嚼，扔掉皮鞭竹

---

① 赵宗乙译注，《淮南子·览冥训》上，黑龙江人民出版社，第303页。

杖，车不用拉就自己行进，马不用赶就自己奔跑。车儿随着日月运转，马儿伴着星光驰行，如电光闪过，似鬼神飞腾，进退屈伸，不见形迹，不用招手指点，不用大声喝斥，超过了归雁在碣石山的飞翔，赛过了凤凰在姑余山的疾行。总之，它们驰如飞鸟，奔似音弦，如踩着飞矢踏着长风，追着狂飙、攥着疾风，早晨伴着旭日从扶桑出发，傍晚伴着夕阳进入落棠。他们凭"不用"而能成就其"用"，并非靠思虑的精神和手法的灵巧，而是意念形成后藏于胸中，用精神来晓谕六马。这就是用不御的方法来驾驭车子的情形。①

（四）王良星与造父星

王良星由五颗星组成，其中最亮的是王良星，其余四星为马匹。同一纬度往西是造父星，也是五颗星。王良星座靠近阁道。想当初王良就是通过这条阁道驾着驷马驶向各方。这里往西一点是奚仲四星，其南面就是辇道。天帝的嫔妃们进进出出就是坐着奚仲造的车子，造父赶的马车前往紫宫营室。《晋书·天文志》说：王良五星，在奎北，居河中，"曰梁，为天桥，主御风雨水道，故或占车骑，或占津梁"。巫咸说："王良天子道，桥之渡水之官。"《荆州记》说："王良为西桥。"故王良星座是中国古代星占中唯一明确记载为银河中桥梁的星。古人没有说为什么，仅仅说可以在银河的王良星处架桥。考其原因有二：一是王良星正位于阁道通银河处，如梁在阁道上，架起桥，则通银河就方便了；二是在于王良、阁道处，银河光带已较为细小，事实上，这个位置正处于距反银星方向不远处，为银河中最暗弱之处，想必架桥最为容易。②

故事解说

王良造父御天车之术

中国的星神神话与希腊罗马的星座神话不同。希腊罗马的星座神话是讲星座名称的来历与说明。中国的星神神话主要是以人间有功之人命名的星座。王良、造父星即是最典型的例子。

造父、王良都是现实中的真人，被神化为天神。《史记·赵世家》记载：赵简子没，其子赵"襄子立，四年，知伯与赵、韩、魏尽分其范、中行故地。晋出公怒，告齐、鲁，欲以伐四卿。四卿恐，遂共攻出公。出公奔齐，道死。知伯乃

---

① 赵宗乙译注，《淮南子》，黑龙江人民出版社，第305页。
② 陈久金著，《星象解码》，群言出版社，第210页。

立昭公曾孙骄，是为晋懿公（约为公元前 452 年）。知伯益骄。请地韩、魏，韩、魏与之。请地赵，赵不与，以其围郑之辱。知伯怒，遂率韩、魏攻赵"。"三国攻晋阳，岁余，引汾水灌其城，城不浸者三版。城中悬釜而炊，易子而食。群臣皆有外心，礼益慢，唯高共不敢失礼。襄子惧，乃夜使相张孟同私于韩、魏。韩、魏与合谋，以三月丙戌，三国反灭知氏，共分其地"。襄子所以能逃脱知伯的追捕，保全了赵国，取得了反攻的机会，王良驾车功不可没。此事未见《史记》有具体记载。只是注释中有子良，一名邮无政，孙无恤，为赵简子驭，死而托精为天驷星。王良是赵襄子的家臣与学御的老师。按中国的传统功高升天为星宿。因此，王良死后升为星宿王良星。王良星座由五颗星组成。其中最亮的一颗星为王良星，其余四星为驾着车子的四匹马。

造父，据《史记》记载也确有其人。《史记》记载造父是秦、赵共祖。他们是伯益的后代。自造父而下至奄父（为宣王开车）都是为周王室御车的。可以说赵氏是善御世家。人们以其善驭有功，而以天上星宿命名纪念。造父星和王良星在同一纬度上。造父星也有五颗星，居于辇道，是专为帝后嫔妃御车往来于紫宫的星座之神。

专门为黄帝御车的是钳且、大丙。他们是专门开北斗车的天一星。由于开车的天神们都是有道之人，所以他们开起车来与常人不同。他们不用马嚼，不用马鞭，不用赶，天马就会自己跑。马儿在天上随日月运转，伴星光奔驰。这完全是道家的想象，对道家哲学的宣传的极度夸张。但有一点是有规律性的，那就是和谐协调。不仅御车要和谐协调，治身、治家、治国也要协调，干任何事都要讲和谐协调，才能有成效。搞国家建设和个人功业，更是如此。过急不行，有"度"才是最根本的。

十一、牛郎织女

牵牛织女是一则十分美丽的神话，在我国流传很广。早在《夏小正》里就有"七月汉案户"（汉河岸）"七月，初昏，织女正东乡"（正东向）的记载。春秋战国、秦汉时期在民间的诗歌中亦广为流传。

《诗经·小雅·大东》引用了牵牛织女星的故事：
原文：维天有汉，监亦有光。跂彼织女，终日七襄。
译文：银河挂天上，如镜闪银光。织女鼎足照，终日迁徙忙。
原文：虽则七襄，不成报章。睆彼牵牛，不以服箱。
译文：虽日迁七次，也难成彩章。看那牵牛多明亮，也难驾马拉车辆。

古诗十九首《迢迢牵牛星》：
原文：迢迢牵牛星，皎皎河汉女。纤纤擢素手，札札弄机杼。
译文：遥望牵牛星，皎美银河女，举着纤纤白嫩手，在札札地投梭织布。
原文：终日不成章，泣涕零如雨。河汉清且浅，相去复几许？
译文：整日整夜织不成一段布，不禁泣涕如雨，银河水清又浅，相隔又有多远呢？
原文：盈盈一水间，脉脉不得语。
译文：虽只隔了一条河，彼此相见却相视无语。

故事大意

传说从前有一个孤儿，靠嫂子抚养长大。那嫂子是一个狠毒的女人，常常虐待他，嫌他吃饭太多，把他赶出了家门，只给他一条不能干活的老黄牛。那孩子每天伴着老黄牛生活，牵它喝清水，喂它吃青草，和他一块儿说话，一块儿睡觉，因此，人们叫那孤儿为牛郎。有一天，一群仙女下凡，到河里洗澡。那老牛突然对牛郎说起话来。牛郎一惊，问老牛："你怎么会说话呀？"老牛说："我本是天神，得罪了王母，被罚到人间。孩子，多谢你的照顾。那仙女是天帝的女儿，好得很，美得很，想得到她吗？"那孩子点了点头。老牛示意他把仙女的衣服藏起来，将他一顶，说"去吧！"牛郎去到塘边，把一个仙女的衣服藏了起来，那群仙女发现有衣服被人藏了，便惊叫起来，他们上岸后，各自找了衣服，穿了飞上了天。只有织女没找着衣服，留在水塘里，牛郎怕那仙女受凉了，就把衣服送到岸边，叫她赶快穿好衣服。这件小事感动了织女，她便私自留了下来，和牛郎相好。他们在一个屋子里住，在一口锅里吃饭。有一天，他们煮了一个猪耳朵，炒了一盘青菜和一些长生果，点起了一炷香，在老牛的见证下，对天盟誓，相约成亲。不久便生了一男一女，一块过着男耕女织的生活，十分幸福。春天来了，见着半山腰开着的映山红、木芙蓉，相互争奇斗艳，夏天遍野开着金黄色的油菜花，群蜂嗡嗡，莺啼高枝，使他们都兴奋极了。这时候，老黄牛预感到织女久离天庭，天帝与王母是决不会允许的，便拉着牛郎说："孩子，我活不长了，我估算着织女在这里的时间也不会长久了。我死以后，对你也派不了用场，只能把这张皮留给你。你想上天就把这张牛皮披在身上，保你上天万无一失。"老黄牛说完话就死了。正在此时，王母娘娘派人来把织女抓回天庭，牛郎却无法阻止。后来牛郎想起了老黄牛留下的话，就把老黄牛的皮剥了披在身上，挑一双儿女追上天空。王母娘娘没料到牛郎竟能上天追赶织女，便从头上取一根金簪在天空一划，天空立刻出现了一条银波滚滚的天河。这河有人叫它天河，有人叫它银河，有人叫它汉河，有人叫它河汉，反正都是指那条天河。就是它把牛郎织女隔了开来，一个在河东，一个在河西，他们只能年年月月相望，对河饮泣，不能相会。

　　这事老百姓都很同情，怨天怨地。天帝知道后，就允许每年七月初七这一天，由天上的鸟鹊，在银河上架起一座鹊桥，让他们相会一次。这就是迄今为止流传于民间的"七夕"鹊桥会。古今不知有多少文人墨客为此挥泪吟诗。

　　唐代诗圣杜甫在《牵牛·织女》一诗中写道：
"牵牛出河西，织女处其东。万古永相望，七夕谁见同。"
　　宋代著名诗人秦观写了《鹊桥仙》词以寄相思云：
"纤云弄巧，飞星传恨，银汉迢迢暗度。
金风玉露一相逢，便胜却人间无数。
柔情似水，佳期如梦，忍顾鹊桥归路，
两情若是久长时，又岂在朝朝暮暮。"

故事解说

（一）天文学上的牛郎织女星

根据天文学家陈久金先生《星象解码》一书的解释，天空中有牛宿、女宿、牛郎星、织女星之分。而我们一般人并不十分清楚。

他说："九月的中星是牛宿和女宿。牛宿六星，似两个相连的三角形，在赤道之南10余度处，银河的东边……牛宿是中国历史上最早的冬至点。故《易传》曰：'日月五星起于牵牛。'即是说，日月五星的运动，皆从牵牛开始算起。"

"女宿四星，在牛宿的东北部，赤道之南，黄道以北。《史记·天官书》曰：'牵牛为牺牲，齐备河鼓。……婺女，其北织女，织女，天女孙也。'……织女、河鼓在牛宿、女宿的北面。《天官书》将女宿称为婺女，又将牛宿称为牵牛星。但在民间则"将河鼓称为牵牛星"。女宿即婺女不是织女，织女为天孙，是天帝的女儿。"织女三星位于赤道北约40º，银河的西边，与河东的牛郎星遥遥相对。""织女三星是三角形，鼎足而居。"故《夏小正》有"初昏织女正东乡（向）的星象"。

"河鼓二为一等大星，也是全天的十一亮星，在牛宿北面，隔着银河又与河东北的织女星遥遥相对。"《尔雅》等文献说"河鼓为牵牛"。"河鼓二为牵牛的说法似乎都为中国古代的天文学家所接受。但实际上，不但中国近代民间将河鼓二星称为牛郎星，即使中国上古的民间，也将河鼓二作为牵牛星。河鼓二为牵牛是不该有争议的。"

陈先生还说："自从有文字记载的历史以来，牛郎星都是位于织女星之东的。但人们发现二十八宿中牛女的排列都是牛宿在西，女宿在东，它们与牛郎织女的排列方向正好相反。"这是为什么呢？这是因为"二十八宿的形成时代，当在公元前3000年之前。因为只有那个时代，牛女二宿与牛郎织女星的排列方向才是一致的"。所以我们不能将牛宿、女宿与织女、河鼓（牛郎）混为一谈。①

看了陈先生的上述介绍，我们即可明了"跂彼织女"的三足鼎立"终日七襄"和"睆彼牵牛""盈盈一水间"的星空位置与来历、变化了。

（二）民俗中的牛郎织女

流行于民间的牛郎织女故事是根据银河两岸两颗亮星的分隔，想象而成。《诗

---

① 陈久金著，《星象解码》，群言出版社，第11章九月的星宿，第156—158页。

经·小雅·大东》是一首怨诗，诗中表现的是东方诸侯小国报怨讥刺西周王室征税不公，使东方人民劳役繁重，困于役，伤于财，揭示了西周王朝与东方诸侯国之间的矛盾，诗中采用了象征、对比、暗喻等手法进行讽刺。本文是全诗中的一段，借牛郎织女不得相见的故事为织女的终日劳苦迁徙叹息。而古诗"迢迢牵牛星"和秦观的《鹊桥仙》以牵牛织女星比喻人家两情相悦的恋人"柔情似水，佳期如梦，忍顾鹊桥归路"的分离情景。一直到现在，人们仍旧将分居两地的情人，称之为"牛郎织女"，这就是借牛郎织女两颗星星写人间的悲欢离合故事的缘由。正是在这一点才引发了古今众多有相似情状的人群感情上的共鸣。故而古代以类似情况编织出了许多不同的牛郎织女的故事。进而形成了一种民俗：七夕，古代的妇女节。更准确一点儿说是女儿节，或少女节。

（三）民俗七夕节

七夕节成于何时，不很清楚。据说王母娘娘定下了天庭的规矩，不可违犯。织女违犯了她定的规矩，所以她派天神捉织女到天庭问罪。虽然她一直为女儿这件事生气，但回过来想想，把小夫妻生生分开来也未免太残酷了，因而不由自主地眼发酸，心发软，偷偷地掉下泪来。所以她又下了一道命令，允许他们小夫妻一年见一次面。她用银簪往银河一划，无数鸟鹊飞架成了一道鹊桥，牛女相会从此成了鹊桥会。这一天晚上也成了人间男女青年相会的节日。

据唐徐坚等著《初学记》所记七月七日的习俗是："七月七日，其夜洒扫于庭，露施几筵，设酒脯时果，散香粉于河鼓（牵牛）、织女，祭二神相会。见天汉中有奕正白气，耀五色，见者便拜乞愿富、乞子，不得兼求。"《荆楚岁时记》说："七夕妇人结彩缕，穿七孔针，或以金银鍮石为针，陈瓜果于中庭以乞巧。有喜子网于瓜上，以为符应。"崔寔说："七月七日这天要作麹，合蓝丸及蜀漆丸，曝经书及衣裳。"《汉武帝内传》说："七月七日，乃扫除宫掖之内，张云锦之帷，燃九光微灯。夜二唱后，西王母降汉武帝，戴太真晨缨之冠，履玄琼凤文之舄。"由上述可见，七夕至迟在汉时已形成了习俗。自古以来不知有多少诗人为此写下了诗词歌赋，如［南齐］谢朓的《七夕赋》、隋庾信的《七夕赋》、［宋］谢惠连的《七月七日夜咏牛女诗》、谢灵运的《七夕咏牛女》、梁柳恽的《七夕穿针诗》、梁沈约的《织女赠牵牛诗》及唐杜审言的《七夕》诗等都是十分有名的。"七夕"活动不仅存在于民间，从汉代已进入宫廷，在两晋隋唐时已成为文人雅士托物言志的一种依据与时髦。连梁简文帝也来凑热闹，写了《七夕穿针诗》："怜从帐里出，想见夜窗开。针欹疑月暗，缕散恨风来"。这小诗虽不见情，不见泪，不闻叹息，却证明了七夕穿针引线的确在那个时代已成为人们纪念七夕所开展的活动的一项内容。

七夕活动的本质内容是：

第一，男女青年争取婚姻（爱情）自由。牛郎织女是爱情自由追求的象征。七夕是他们的一个小小的胜利的纪念。

第二，他们追求的梦想中的生活是过着自由自在的无干无扰的男耕女织的生活，而不是汉武帝夜梦求拜西王母赐予冠履。

第三，在上述记载中，我们可以看到祭拜牛女二神也含有求偶、求子、赐福的意愿。女孩为找一个理想的夫君而乞食巧果，偷窥牛女相会。目的就是想争取婚姻自由，过男耕女织的自由生活，但这并非原始时代人们的理想，而是女孩们在封建社会时的理想。

所以织女与牛郎是原始社会末期才有的神灵。将这两神变成一对爱情的伴侣，无疑是进入封建社会，妇女争取自由婚姻的呼声。

第四章
古神之战

古神之战指人间炎帝与黄帝之战，炎帝与蚩尤之战，黄帝与蚩尤之战，炎帝、黄帝与蚩尤之战。战争的地址多发生在黄河中下游地区，主要在太行山与泰山之间的大野地区。

一、炎黄蚩三神之战

二、共工颛顼争神之战

三、尧舜禹神位之战

一、炎黄蚩三神之战

我国传说中上古最著名的战争是炎、黄、蚩涿鹿之战；共工颛顼争神而折不周山之战；尧舜禹因伐三苗而与尧子丹朱大战于丹江口战。这些战争因时地不同，战法亦各异，兹录于下。

传说中的炎黄蚩三神大战[1]是：

司马迁《史记·五帝本纪》说："轩辕之时，神农氏世衰，诸侯相侵伐，暴虐百姓，而神农氏弗能征。于是轩辕乃惯用干戈，以征不享[2]，诸侯咸来宾从。而蚩尤最为暴，莫能伐。炎帝欲侵陵诸侯，诸侯咸归轩辕。轩辕乃修德振兵，治五气，艺五种，抚万民，度四方[3]，教熊、罴、貔、貅、貙、虎[4]，以与炎帝战于阪泉之战[5]，三战，然后得其志。蚩尤作乱，不用帝命。于是黄帝乃征师诸侯，与蚩尤战于涿鹿之战，遂禽杀蚩尤。而诸侯咸尊轩辕为天子，代神农氏，是为黄帝。"①

注

[1] 这是《史记》所载的炎黄蚩之间发生过的两场战争的全过程。

[2] 不享：指不服从炎帝的领导。

[3] 修德振兵，治五气，艺五种，抚万民，度四方：指轩辕进行修炼仁德，整顿军备，治阴阳五行，广种五谷，安抚民众，考察四方边界等战备活动，提高国力。

[4] 教熊、罴、貔、貅、貙、虎：对以熊、罴、貔、貅、貙、虎等为图腾作战勇敢的民族进行军事训练。

[5] 与炎帝战于阪泉之战：上述黄帝与炎帝神农战于阪泉之战。经过三次战斗，打败了炎帝。阪泉指向不清楚。有的说在涿鹿，有的说在山西，不详。

故事大意

这段文字的意思是说黄帝是一个很有心计的人。他在做诸侯的时候，是神农当政，即神农榆罔当政。当时炎帝朝早已经衰落，到榆罔时更不行了，没有权

---

① 见司马迁著，韩兆琦译注，《史记》（一），中华书局，第 2 页。

威，诸侯不听他的话，相互侵伐，百姓受苦，神农拿他们没办法。轩辕就用武力去对付那不肯朝拜神农的人，所以诸侯们服他。而诸侯中最有势力的是蚩尤，没人能制服他。炎帝神农平时对人不好，爱欺侮人，所以诸侯们不喜欢他而喜欢轩辕。轩辕为夺得天下，修仁德，扩军备战，强国富民，力量强了便和炎帝打起仗来，先后打了三仗，于阪泉之战才把炎帝打败了。但蚩尤却不服他，因此黄帝会聚诸侯与蚩尤大战于涿鹿之战，最终擒杀了蚩尤。

（一）炎（神农）、黄、蚩简介

《国语·晋语》说："昔少典娶于有蟜氏，生黄帝、炎帝。黄帝以姬水成，炎帝以姜水成。成而异德，故黄帝为姬，炎帝为姜，二帝用师以相济也，异德之故也。"这是神话，不是历史。炎帝与黄帝是不同的氏族，并不是一母生的两兄弟。关于这一点有两种不同的说法。第一种说法是：他们二人一个生活于中原之南，姓姜；一个生活于中原之西，姓姬。他们两个是不同氏族的游牧民族。因炎帝氏族沿汉水西进而相遇，和睦相处，亲如兄弟。第二种说法相反。据赵国鼎先生的《始祖山》一书许顺湛先生序说：第一新郑是黄帝的故里。第二黄帝都有熊，居轩辕之丘，有熊的'地望'在新郑，历史地理学家没有争议。第三与黄帝有关的具茨山、大隗山、风后顶，史书早有记载（也在新郑）。那里也有姬水姜水。这一说法完全推翻了炎黄西来之说。许多学者都说炎帝神农是湖北随州人。随州离新郑具茨很近，南来北往，更方便。炎帝神农都于陈留，离有熊近在咫尺。这正是炎黄之战争夺地皮的主要原因。再说与黄帝相争打仗的并不是炎帝而是神农榆罔。炎帝氏族和神农氏族是不同历史时代的不同氏族。据王大有先生著《三皇五帝时代》所列炎帝氏族世系年谱和神农氏族世系年谱，炎帝世系包括炎帝、炎居、节并、戏、祝融、共工、后土、噎鸣、信、夸父等不同的氏族，距今7016—6512年，长达504年。神农氏族包括大典氏柱，神农一世农，至神农三世农等先祖和瑞苍至榆罔八世，先后约十二世，距今6491年。战国时将这两个世系合而为一，合称炎帝神农氏。

涿鹿之战，事实上是上古时期神农集团、黄帝集团和以蚩尤为代表的苗黎集团之间的一场生死之战。那是上古史上的第一场大战，第一次民族统一的战争，也是上古三大神战之首。其核心人物要略记述如下：

1. 炎帝神农氏

炎帝神农，母曰任姒，有蟜氏女，名女登，少典妃。游于华阳，有神龙首感，生神农于裳羊山。一曰少典取莽水氏女，曰听沃（音妖）。生帝临魁[1]。炎帝初都陈，又徙鲁[2]。

神农本起于烈山[3]，一号魁隗氏，又曰连山氏。长于江水。始教天下耕种五谷而食之，以省杀生。尝味草木，宣荣疗疾，救夭伤人命。著《本草》四卷。①

注

[1] 临魁：《春秋命历序》说："炎帝号大庭氏，传八世，合五百二十岁，神农在位的四十年，临魁八十年，帝承六十年，帝明四十九年，帝直四十五年，帝来四十八年，帝哀四十二年，帝榆罔五十五年。临魁是神农八世中的第二世，帝号临魁（大隗）。"

[2] 徙鲁：徙，迁徙，指迁都于鲁，即从河南东南的淮阳迁到山东曲阜。这正是与蚩尤发生冲突的根本原因。

[3] 烈山：指他的农事起于烈山，或说他兴农于烈山。据传历山氏，连山氏，是炎帝的一支，他有一个名柱的子族，生活在湖北随县北百里的历乡山东石穴。究竟烈山在那里，众说纷纭，有说在山西，有说在山东，有说在湖南，皇甫谧说在湖北随州："今随之历乡也。"

上述表明神农生于烈山，长于江水，是南方人。因发明农业种植取代狩猎生活，又发明了中草药，为人治病，被称为神农。女娲朝覆灭后，神农从湖北随州北上进入河南南部，在东南部的陈（淮阳）建都，后又扩大势力范围，北上建都于曲阜。曲阜是东夷少昊的都城，他将少昊排挤了。所以有炎帝"侵陵诸侯"，引起诸侯不满，包括少昊在内，"诸侯咸归轩辕"的记载。这也是黄帝率诸侯包括少昊在内与炎帝神农三战而得志的真正原因。由于神农生性软弱，目光短浅，盛气凌人，故诸侯离散，而为黄帝所灭。

2. 黄帝轩辕氏

黄帝有熊氏，少典[1]之子，姬姓也。母曰附宝，其先即炎帝。母家为有蟜氏之女，世与少典氏婚，故"国语"兼称焉。及神农氏之末，少典氏又取附宝，见大电光绕北斗枢星，照郊野，感附宝，孕二十五月，生黄帝于寿丘[2]。长于姬水，因以为姓。以土承火，位在中央，故曰黄帝。日角龙颜[3]有圣德，受国

---

① [晋]皇甫谧撰，《帝王世纪》，新世纪万有文库。

于有熊[4]，居轩辕之丘，故因以名，又以为号，与神农氏战于阪泉之战，三战而克之。①

注

[1] 少典：黄帝的父亲。大典与少典均为柱下史的官名。柱下史是立杆下记录测影的官员，后来成为专司此职的氏族。这里的少典只是代称不是人的姓名。附宝，传为有蟜氏女，其母族与少典氏族世婚。古人相信妇女怀孕生孩子是因为图腾神进入体内而受孕。附宝因见大电光绕北斗枢星而怀孕25月生黄帝。所以黄帝是北斗星神之子。

[2] 寿丘：在鲁城东门之北。黄帝生于何地有争议。

[3] 日角龙颜：指一生下来，他就是一副帝王相，眉毛眼角向上翘着，对着北斗七星，显出英雄气概。《路史》也说黄帝"身逾九尺，大耳朵，长胡子，河目隆颡，日角龙颜，生死神灵。"

[4] 有熊：传郑州市新郑为黄帝氏族之都。具体地址在新郑西南12.5千米。其南二十余里有轩辕丘、姬水河、具茨山、黄帝口等传说中的地址。

黄帝与神农不同，他有远大的理想，高度的智慧，深邃的谋略。他为争夺中原，统一全国而竭尽心力。与蚩尤、神农之战，就是他扩大疆域、统一全国的锁钥，建立不朽功业的起点。他以玉为兵，国富民强，喜动干戈，又善用人，特别是用一些高智慧的人，因而在这次大战中成为最大的胜利者。

3. 蚩尤氏

蚩尤为九黎之君，其少时曾游学于中国。仕于炎帝，使字[1]少昊，再仕于黄帝，为主金之官，又为当时之官。黄帝深器重之，使佐少昊。其时黎民局蹐[2]江湖之外，为我所鄙贱。蚩尤既久游外国，稔[3]知诸夏、九黎，终不能并存于世。又默观神农氏衰，知事机不可失，乃潜铸金类，以为利器，遂率众北向，以反抗中国。

未几，逐帝榆罔而自立，号炎帝。亦曰阪泉氏。蚩尤所率九黎之民先在江南，及战胜榆罔自号炎帝，时则已逾河北，乃进而益西，与黄帝遇于阪泉逐鹿之野。黄帝使应龙杀蚩尤。②

---

① ［晋］皇甫谧撰，《帝王世纪》，新世纪万有文库。
② 夏曾佑著，《中国古代史》上，团结出版社，第16—17页。

注

[1] 使字：字，养育，抚养。《逸周书》作"于宇少昊"。蚩尤明天道或于宇少昊有关。

[2] 局踖（jú jí）：局，意为弯曲处世。踖，意为处处谨小慎微。

[3] 稔（rěn）：熟悉。

在我国所有的正史中都把蚩尤描述为坏人、小人、反叛者，但《春秋元命苞》却说："蚩尤伐矜诛逆灭患。蚩尤起，天下之兵合，祸纷纷。昭明改德。"说明并非蚩尤不好。蚩尤是九黎之君。蚩尤明天道，他是中国历史上第一个以铜为兵的人，即用铜铸造了戈、矛、盾、戟等兵器，并第一次将气象用于战争。蚩尤打仗十分勇敢，他团结九黎三苗等氏族的人共同奋斗，大力发展牛耕农业生产，对社会实行五刑治理，造成了民富国强的局面。他"于宇少昊"，控制了泰山与太行之间这一块南北交通东西交往的战略要地。从而引发了神农与黄帝的关注与紧张，他们相互结成利益联盟，通过这次大战，打败了蚩尤，夺取了这一战略要地。

（二）战争缘起

时间：距今 6400 年左右。

地点：太行山以东，泰山以西，新郑以北，涿鹿以南地区。

事因：战场为什么发生在这里呢？一是蚩尤、神农、黄帝均生活在这一地区，二是这里是东西交汇南北交通的命脉，三是这里是历代候王立足走向未来的根基。

《逸周书·尝麦解》："昔天之初，诞作二后，乃设建典，命赤帝[1]分正二卿，名蚩尤，于宇少昊[2]，以临四方。司洪荒上天未成之庆。蚩尤乃逐帝，争于涿鹿之阿，九隅无遗。赤帝大慑[3]，乃说于黄帝，执蚩尤，杀之于中冀，以甲兵释怒，用大正顺天思序，纪于大地。"

注

[1] 赤帝：指神农。

[2] 于宇少昊：向少昊讨了一片土地寄居。而炎帝以为这是他统治下的地盘，要撵蚩尤走，因而发生了蚩尤与神农的战争。

[3]大慑：大吓。

"炎帝初都陈，又徙鲁"。陈，指淮阳；鲁，指曲阜。意为神农最初从湖北随州，翻过桐柏山在淮阳继承了伏羲女娲的王位，由于往北是黄帝的老窝新郑有熊，打了几仗都失败了。无法，便决定绕开新郑往东方向进入山东西部泰山脚下的曲阜建都。这里是少昊的故地，因被炎帝神农强行占领，逼得少昊忍无可忍，只得投奔黄帝。自然这就大大地壮大了黄帝的力量。炎帝神农赶走了少昊，又想赶走蚩尤，说蚩尤的那块地方是少昊的，现在少昊走了，他要收回。那蚩尤哪里肯答应，便与神农打了起来，神农哪里是蚩尤的对手呢？没几下子就把神农打得惨不忍睹，神农忍无可忍这才引来了炎黄联合攻打蚩尤的大仗。

但从战略格局上来说，谁占领这片地方，并非一城一地之得失，而是关乎谁拥有了这片土地谁就掌握南北交通这扇大门的锁钥，东西来往栓闩。这一点神农居然糊里糊涂不知所从，但在黄帝心里都是十分明白而深藏不露的。谁都看得清楚，如果我们在泰山与太行山之间的这片土地上从北到南划一条直线，从东到西画一条横线，可以清楚地看到蚩尤、黄帝、神农都在这两条直线交叉处的两侧活动，谁得胜谁就有机会沿那两条线纵横发展，成就王业。因此这里就成战争的必争之地，战略至高点，历代所谓逐鹿中原，争夺的命门之地就在这里。正因为如此，炎黄蚩之战在此地展开，其惨烈就是必然的了。

（三）炎黄之战

炎黄之战实际上是由神农与黄帝的战争、神农与蚩尤的战争、炎帝与蚩尤的战争三部分组成。这三场战争中发生最早的是神农与黄帝的战争。

神农氏族打着炎帝的名号统治中国有四五百年，到榆罔时代，已经衰落了，而黄帝、蚩尤氏族已经崛起。如从南到北画一条直线，可见蚩尤在北边居大野，黄帝在当中居新郑有熊，神农在南端居桐柏山下，都淮阳（陈），统治河南中南部一片地方。他在这里开荒种植，发展农业生产。

据《汉唐地理书钞》转述盛弘之《荆州记》说："神农生于随县历乡村内，周围一顷二十亩，地中有九井。相传神农既育，九井自穿，汲一井则众井皆动。"董立章的《三皇五帝断代》说，炎帝在伏羲朝后期之封国在女娲迁离后的大溪文化区偏南，即今湘东一带，后亦逐渐北迁，至汉江地区，后又北入关中、晋南、豫西融入仰韶文化史家类型区，在此与该地域早至之女娲方国结盟，继而进入豫北冀南，核心部分集结于仰韶后岗类型地区。董先生从文化考古的角度分析，肯定炎帝与女娲都是南方人。神农是从南方迁到北方去的。到榆罔时代仍在河南南部活动。他想到北部去，黄帝部族挡在当中，是最大的障碍。黄帝氏族在有熊，日益壮大起来。榆罔几次派人沟通，均不肯让出地盘，在无奈之际，只得派兵闯关。那黄帝岂肯示弱，便出兵回击。由于当时黄帝的力量也不很强，神农三次闯关，黄帝三次应战，才战胜了神农。神农自知力不从心，硬闯不行，不得不绕道东北迁都曲阜。

对神农虽然"三战而克之"，但黄帝并不满意，所以在战争之后，他又征用诸侯。据说有一天黄帝实在睡不着，迷糊之中做了一个梦，梦见一阵大风吹来，天下尘垢皆去，又梦见一个人手执千钧之弩驱羊数万群。他省悟道"风为号令，执政者也，垢去尘土，后世也"，这不是风后么？手举千钧之弩，异力也。驱羊数万群，牧民为善也。这不是力牧么？便派人去找，结果得风后于海隅，登以为相，得力牧于大泽，进以为将。进而又得了知天、规纪、神皇、地典、常先、封胡、孔甲、沮诵、仓颉、来首、雷公、岐伯、太山稽等人，或以为师，或以为将。经过整肃和训练，实力才大大地加强了，在此基础上才北伐蚩尤。

（四）炎蚩之战

蚩尤向少昊要一块栖身之地，少昊就把鲁西南那片无人居住的大野给了他，让他到那里去休养生息。蚩尤也不嫌弃，就带领族人来这里开荒种地，成了这片土地的第一个开拓者。那是一片黄河古道（南废河道），今黄河道（从西往北至东北）和古运河五湖（济宁范围）包裹着的低洼地区。很早是与渤海相连的东海，渤海退去之后成了一个大内湖，黄河的出海口。由于泥沙淤积才成了陆地与湖泊河道纵横的不毛之地。这里芦苇丛生，野草比肩，野兽成群。蚩尤带领九黎氏族到这里垦荒种地，又渔又猎，日渐富裕起来，他们在这里观天测候，冶铜治兵，周围的人竞相奔投，声势日益壮大。为治理好人众，他又实行了五刑治世，使这里的社会井井有条，人民乐居。

正在这时候，神农派人来说，他是全国的统治者，这片地方归他管辖，要求还给他。蚩尤再三解释，按古训，谁早占领谁有，谁早开发谁有，凭什么说是你的，要给你？蚩尤不给。神农见蚩尤不服，就联合诸侯来攻打蚩尤。蚩尤不允许他的黎民与人硬拼硬打，让他们划着筏子钻进芦苇丛里，等敌方靠近了再以弩攻击。神农率众兵吵吵嚷嚷跑来，却不见一个人影，当他们靠近芦苇丛时，只听到一阵嗖嗖作响，万弩齐发，神农兵死伤无数，不得不收兵回朝。而蚩尤按兵于野，无痕无迹。神农吃了大亏，只得哭着找黄帝帮忙除掉蚩尤。黄帝找蚩尤论理，蚩尤说我没有出兵呀？我们是躲着他们的。黄帝笑了，明白了，要想赢得战争，利用地形地物是妙招。

（五）黄蚩之战

黄帝是地平日晷正中的图腾柱之精的化身，是上古的立杆之神，向来天不怕地不怕，敢摸老虎屁股。他知道蚩尤有实力不好惹，便派人送了些礼物去，聘请蚩尤为他的当时之官，即掌握天气变化，报告四时八节的官员。炎帝神农亦曾封蚩尤为分正二卿，即掌握春分、秋分、夏至、冬至的官员，与黄帝同为诸侯，也相互彼此知根知底。蚩尤夸黄帝聪明，黄帝夸蚩尤勇敢、明天道、会治兵器，善于打仗。但彼此在肚皮里有看法。黄帝认为蚩尤性子野，好我行我素，不好驯服，特别是那81兄弟的盛气凌人和他的五刑治世很不赞同，很想找机会教训一番。而蚩尤呢，认为黄帝城府深，鬼点子多，有野心，他肚皮里想什么没人知道，又喜欢动粗，很不好对付，所以对他也不讲知心话。神农看上去人蛮好，一板一眼，土里土气，像个乡巴佬，个性强，头脑简单，目光短浅，性格软弱，动不动哭哭啼啼，又比较自私。对付这种人好办，远不如黄帝难搞。因此他和黄帝之间，一个想专门摸摸老虎屁股，一个偏不让摸，惹不起就躲着走。越是这样，黄帝就是要摸一摸。因此，他常常唆使人在蚩尤统治的大野边上挑动是非，让蚩尤站出来和他打仗。前前后后打了52仗，从未胜过，不得不退回他的老家新郑有熊的具茨山闭门思过。他手下的良臣谋士高参大神无一不整天围着他帮他总结经验教训，使他突然醒悟，要想打败蚩尤，必须：（1）引蛇出洞，把他引出大野泽，推到北方平原地方去打；（2）组成炎帝联盟；（3）向蚩尤学习知时、知兵、知人的技术；（4）从内部互解蚩尤联盟。计策已定，决意再战。

（六）逐鹿之战

正说之际，神农赶来，开口检讨一番之后，就要求与黄帝联合攻打蚩尤。黄帝不温不火地说那蚩尤是很有本事的天神，你惹他干啥？神农诚恳地祈求黄帝看在远祖的份上出兵打蚩尤。黄帝表示迟疑，神农连忙答应黄帝提出的3个条件：（1）一切行动听从黄帝指挥；（2）军队由黄帝调遣；（3）成功之后，把江山也给他。黄帝打心眼里高兴，既不表露出格外的兴奋之情，也不表露出急切之意，生怕神农懊悔，只冒出了一句话："那好吧！就这么定了！"

接着黄帝把打蚩尤的想法告诉了神农，要求神农密切配合。神农亲自上门表示和解道歉,这才有了神农送美女、粮食,聘蚩尤为分正二卿的传说。不过黄帝还是端出了打蚩尤最感到头痛的事,如何才能引蛇出洞。如果蚩尤一直躲在芦苇丛里放冷箭不肯出来,是无论如何也打败不了他的。在这一点上,神农吃尽了苦头,是深有体会的。

神农问:"那怎么办呢?"

黄帝说:"你到北边去骚扰,引他出战,只许败,不许胜,一直退到逐鹿为止。"

神农惊异道:"这,这……打的是什么仗呀?"

黄帝说:"只有这样才能求胜。这个引蛇出洞的任务交给你了。"神农只感到一阵阵头皮发麻,自己找上门来,答应也不行,不答应也不行。转念一想,为了消灭蚩尤,连江山都不要了,还怕啥,只好瞪着眼,惊异地点了点头走了。

黄帝这招很厉害,是一个重大的战略布局,也是战胜蚩尤的关键。

王云五、陶希圣、方豪、蒋复聪等人编纂的《中国历代战争史》,在谈到黄帝与蚩尤逐鹿之战时说:"黄帝深知蚩尤部族使用铜兵,势力强大,不可抵御,但其有一缺点,即由南方发展而来,对北方之天候地形不明了,故黄帝在战蚩尤之前针对这一缺点决定一种后退作战的战略,其实施要领即不在现地与蚩尤部族作决定性之战斗,而将其引导于一陌生的环境里,利用天时及地形之条件,增加蚩尤部众生活行动之困难,以削弱其实力。根据此一构想,黄帝在 5000 年前,即创造了我国战史上后退决战大获全胜之典型战例。"又说:"他们最初接战之地点,可能在河南省中部,接触之后,黄帝即主动向北引退,蚩尤部队随即跟踪追击。蚩尤部队进入河北平原后,因环境生疏,气候不适,语言隔阂,敌情不明,饮水缺乏等因素,行动日感困难。"而黄帝得天时地形之利,选择有利时间与地点擒杀了蚩尤。①

所以说黄帝战蚩尤是思考了多年而作出的一个大的战略决策,并为此作了细致的安排。

一方面与蚩尤休战求和,制造种种假象迷惑蚩尤,例如让神农任命他为分正二卿,黄帝命他为"当时"等官职,又借选美女之际派奸细打入蚩尤内部探听虚实,盗取机密,分化瓦解;另一方面黄帝又遣重兵埋伏于涿山下,令神农在北边不断搞摩擦,引蚩尤兵追击,逃溃至逐鹿山下。这才引来了一场惊天动地的天神之战。

釜山脚下,涿鹿山前。一场惨烈的战争在进行着。两军阵前,一边是炎黄队伍,力牧在前,应龙在后,黄帝居中。他时而高举玉钺呐喊,时而擂鼓厉兵,时

---

① 《中国历代战争史》第一册,中信出版社,第 25—26 页。

而使风后刮风，下雨，时而使旱魃止雨放晴；另一边是蚩尤的81兄弟，一个个铜头铁额，兽身人语，食沙石，举兵杖，舞大刀，发大弩，持剑、铠、矛、戟，有的捧打角顶，英勇无比，无人能敌。平时，人们一谈起蚩尤来，无人不汗毛倒竖，令人恐惧。蚩尤虽然忠厚，但聪明过人，诡计多端，能明天道，会观星象，察云气，会呼风唤雨，吞云吐雾。这一切轩辕早有准备。蚩尤刮迷雾，黄帝以指南车应对，蚩尤用雨师洒雨，黄帝令旱魃放晴，蚩尤刮狂风飞沙走石，他就令风后止风，弄得蚩尤毫无办法。

　　蚩尤集团里有很多英勇善战的人，除了他的九黎三苗外，加盟的还有少昊、共工、夸父、刑天等氏族的人。蚩尤明天道，是与少昊襄助分不开的。为争取少昊，黄帝将嫘祖之女许配给他，少昊投奔黄帝后，发现少昊不肯出力，他就把他分配到边远的地方去，这就大大削弱了蚩尤联盟的力量。

　　在这种情况下，黄帝听从了太山稽的话，派人下山与蚩尤再战。他联合了以熊、罴、貔、貅、貙、虎、豹为图腾的氏族与天神旱魃、应龙，由黄帝亲自挂帅，擂鼓举钺，以熊罴、貔貅、豹为前驱，以鵰、鹖、鹰、鸢为旗帜，在力牧、神皇、应龙、旱魃簇拥下，直奔涿鹿山而来。蚩尤早有准备，以大雾迷漫，用火牛冲锋，黄帝以指南车对应，以火攻牛，你来我往，难以决胜；蚩尤使雨，黄帝借雨在巩山蓄水，以水淹涿鹿对应。在黄帝重攻之下，蚩尤寡不敌众，只得派士卒护送老百姓向南撤退，自己作掩护，在撤兵过程中，隐藏在自己队伍中的女魃杀了出来，与应龙应合，刺伤了蚩尤。蚩尤负了重伤，仍坚持战斗，不肯投降，保护众人南撤。应龙不肯罢手，拼命追击。正在这时，半道杀出一彪人马，不是别人，正是神农的乐官刑天，他挡住了应龙。这大汉一人战斗了上百回合，被人砍掉了脑袋，他仍不肯倒下，便以双乳为目，以脐为口，大声呼叫着继续战斗，直到老百姓全部撤走才倒了下来。这惊天动地的战斗使黄帝异常吃惊，他深深钦佩蚩尤与刑天，令人厚葬刑天于具茨神山之巅。蚩尤失败了，被杀了，但却找不到蚩尤的尸体。蚩尤的尸体到哪儿去了呢？原来在刑天战斗之时，被人悄悄背走了，分葬于他生活的大野中的东平县和巨野县。《皇览·冢墓记》记载："蚩尤冢在东平郡寿张县阚乡城中，高七丈……肩髀冢在山阳郡巨野县，大小与阚冢同。"上述二墓今犹在。蚩尤不死。

　　蚩尤死后留下了带血的木枷，扔进解池，解池水变红了，木枷变成红枫树。

（七）釜山会盟

　　涿鹿，釜山。山势如釜，山顶平坦。顶上有会盟石，石内园外方仰卧于山顶中央，像一把天然的龙椅。旁边插有天鼋图腾的大旗。黄帝身披黄色丝织斗篷，头戴方形帽，直挺挺地站在中央注目四方，停了一会他站在会盟石上，面对东南西北四方，向前拱手参拜3次，向后参拜了3次，向左参拜了3次，向右参拜了3次，然后坐了下来，又前后左右参拜了3次，彬彬有礼，双目有神，有如天神莅临，众人无不肃立。微风吹过，旌旗招展，鼓乐齐鸣，号角连天，薛、雍、鸷、蓟、铸、燕、随、郑、罗、郜、蜀各方诸侯从不同的方向，穿过层层哨卡，来到他身边，向他祝贺，向他微笑，向他致敬，向他示好，向他赠送礼品。然后人们静静地听他发表就职演说。轩辕先客气了一番，然后庄严地宣誓说："吾受命于天，定立于地，成名于人，唯予一人乃配天，乃立王，享有立国、置君、置三公、置三卿和数日、历月、计岁的权利，也使我拥有土地广裕，富足人民的责任。所以，我畏天、爱地、亲民、尊天命、讲诚信、亲贤能。这就是我的誓言。"（马王堆帛书《黄帝四经》语）话音落地，欢声四起，山呼海应。在欢呼声中轩辕站起宣布封赐诸侯。炎帝神农一时也傻眼了，他连招呼也没打一个就被降为诸侯，退回老家务农行医养老去了。

釜山盟誓之后，天下并不太平。北方的荤粥就起来反抗，黄帝派兵北逐荤粥。南方苗黎不服，难以平息，黄帝就叫人画了蚩尤的画像送到三苗国展示，表示蚩尤不死，对他的英勇无敌表示敬佩，借以抚慰南方人民。经过这一番曲折，才使天下安定下来。三苗国是九黎人的国家。他们是最先来到中原的部族之一。现在黄帝把他们的领袖蚩尤给杀了，把他们赶出了中原，当然他们不服。因而才有了此后数千年断断续续争夺中原的战争。

故事解说

三个老祖宗的战争

神农、黄帝、蚩尤是中华民族的3个始祖。他们是黄帝氏族集团、神农氏族集团、蚩尤氏族集团的代表。他们都居住中国中东部交汇之处，为着各自不同的利益而发生了冲突。比较集中的是争夺地缘政治利益，最终黄帝取代了炎帝神农，杀死了蚩尤，达到了中华民族的第一次的大统一。

为什么这么说呢？因为在距今6000年的时候，我国还没有统一的国家，全部是地区性部落联盟式的邦国。考古发掘证明湖北丹江口那里确有一个三苗国，蚩尤也许就来自那里。他到东夷地区后向少昊要了大野泽那片荒地耕种，并在天象、冶炼、社会管理方面有许多发明创造，使当地人得益，特别是该地区东南部黎山的人民十分拥护他，以他为自己的代表，因此蚩尤就成为九黎人的代表。由于蚩尤失败，九黎人鸟散全国，损失惨重。

神农氏族除了失国、失民心以外，留下的是他和先民们的发明创造：种植技术、中草药和一些美丽的传说。

得益最多的是轩辕氏族，他们夺得了众多的氏族国，成立了一个巨大统一的邦国，其中特别是东部与西戎两大地区的两大民族的统一与融合，为后来的中国奠定了基础，大大激发了广大人民的创造热情，进而形成了光辉灿烂的中华文化传统。

从这些方面看3个始祖之间的战争，不仅开启了此后战争的序幕，也开启了中国大统一的先例。三祖文化是光彩夺目的，但它只是中原文化的代表，是中华文化的一个亮点，并非全部的中华文化。

二、共工颛顼争神之战

共工与颛顼是两个伟大的神,他们之间发生了一场惊天动地的战争。战争的结果是颛顼以智慧取胜。

(一)共工

共工是上古时代一个十分古老而强大的氏族。共工名大庭氏、居龙氏(地龙氏),善百工,会治屋庐、营建筑、砌方坛、擅长堕高堙庳,治理洪水。历来共工部族势力强大,在炎帝时代曾主过政。这个氏族以立杆测影为祖神,是能"步(算)十日四时""又宵又朝,又昼又夕"的大神,其神力可逼退洪水,腰折大山。所以,人们即敬重它,又敬畏它。

共工怒触不周山,有两种不同的说法。一是共工与女娲争帝,一是共工与颛顼争帝,两种说法都是共工失败。先看共工与女娲争帝。

王大有著《三皇五帝时代》记载伏羲"尊雷明王而以龙纪官,故为龙师而龙名,命大庭氏(即共工氏,名鹿 huī)为居龙氏,治屋庐,营建筑……"。伏羲在榆中(不周山)以共工为上相,主管榆中不周山天齐表木观象台,主持大风雨表观测,用八索判断方向(地维),为历法天象总管,掌祭天权。……(公元前7722 年),某日,不周山口忽起狂风,风卷飞砂走石,昏天黑地,风头从山顶横来,斜冲大风雨表,天齐建木倾倒,准绳自然断绝——系在中央定表上的八索准绳中断,游表毁。对这场天灾的解释,导致追究造成天灾的原因。骊侯认为是共工的责任,共工亵渎了神灵,招来了天谴以示惩戒,所以天发大风,毁绝天表,共工不宜再做上相。女娲怒,惩处共工,放逐共工康回鹿于祁连山,共工含愤而去(公元前 7609 年),死于祁连山。

共工族众仍守不周山,不肯离去。骊侯难以进驻,他建议往迁榜罗,伏羲认为可行,经华家岭迁至榜罗。公元前 7721 年曾立天表。① 此即共工与女娲争帝,

---

① 王大有著,《三皇五帝时代》,时代经济出版社,第 110—111 页。

共工怒触不周山，造成了"天柱折，地维绝，天倾西北，日月星辰移焉，地不满东南，故水潦尘埃归焉"的地形地貌。

这一段小故事把共工的性格说得活灵活现。

共工颛顼争帝

"昔者共工与颛顼争为帝，怒触不周山，天柱折，地维绝。天倾西北，日月星辰移焉；地不满东南，故水潦尘埃归焉。"①

关于共工与颛顼争帝的说法，《史记》中亦有记载："昔黄帝有涿鹿之战，以定火灾；颛顼有共工之陈，以平水害。"倪民编著《三皇五帝追踪》在谈到这一问题时说："共工国，在帝丘西南约100千米的地方，相距不远。"共工以为颛顼年轻，"少皞之衰，九黎乱德"，困难重重，领兵突然袭击帝丘，可是攻到城中，只见筑城的人，不见颛顼的军队出来应战。

从上述可见，共工这个神像典型的北方人，心肠好，但性子急，脾气暴，头脑简单，缺少谋略。而颛顼的性格恰恰相反。

（二）颛顼

颛顼出生在天文世家。他生长在四川，封于河南濮阳，主持过朝云司彘之国，大力推行天文历法，发展农业生产，大胆进行宗教改革，实行巫政一体、天人合一的管理制度，对中国上古社会的发展影响很大。他"静渊以有谋，疏通以知事"，以智谋取得了对共工的胜利。

四川若水之滨，是蜀山氏女枢生长的地方。她出生在一个天文世家，从小跟大人昼测日影，夜观北斗九星（上古为九星）中的第一星，以北斗柄的指向确定一年四季的季节，故名女枢。有一天夜里她在自己的玄宫里观察北斗，忽然看到北斗的第八星招摇星（摇光）贯月如虹，飞入玄宫，令女枢一阵欣喜，过了不久，就感而有孕，生了个儿子。他就是日后主宰流沙之东，黑水之西的朝云司彘之国的首领——颛顼。女枢随颛顼东迁定居东阿，被尊称为阿女。

传说颛顼的父亲是昌意的儿子，叫韩流。他世居朝云国与司彘国随父观察日出日入。他的样子长得很丑：长脖子、小耳朵、猪嘴巴。人老实，名气不大，在司彘之国为王，见儿子神灵，头顶有干戈之象，在儿子15岁时，就让他代自己治理朝云司彘之国。颛顼对天地日月山川各种神灵都很尊敬，国家风调雨顺，人

---

① 赵宗乙注，《淮南子·天文训》，黑龙江人民出版社，第99页。

民安康，都很拥护他。

　　颛顼自幼聪慧，酷爱天文与音乐。从三四岁时起就跟妈妈观测日，不知疲倦。日中，在若水之滨，随风逐影，测天观地，乐而忘返。听说有个叫少昊的亲戚在中原执政，便抽空东来探望。他来到少昊身边，也同样观璇玑于空桑之丘，测日月于大地之东，伴琴而歌，随歌起舞；少昊打心里喜欢他，不时把他叫到身边，叫他谈谈对政事的看法，他毫不客气地批评少昊治国无方，导致民神杂扰，民不敬神，神不护民，世道太乱，自己不很喜欢。少昊不仅没生气，反而更喜欢这个年轻人，夸他能干，要他帮助自己料理政事，可反复说过多次，他都推辞不肯，气得少昊把他最喜欢的神琴都扔到了大海里去了。那琴儿在大海里，随波逐浪铿铿锵锵，在浪涛中翻滚，琴声也随涛沉浮，这使少昊实难平静，他最后说出自己的想法：我年纪大了，你谈的问题我都知道，只是心有余而力不足呀。要不，这样，我给你个地方，让你先到那里管管，觉得好，就到我这里来帮我忙。所以就封他到高阳那里去经营管理，因此被称为高阳氏。他在那里确实搞得不错，到颛顼20岁那年，少昊就让颛顼继了帝位。《山海经》记载说从颛顼到他的儿子老童、孙子祝融、重孙太子长琴都会用记风的办法表示节令，因太子长琴居榣山，也用这种以乐记风，所以又叫其为榣山乐风或长琴乐风。颛顼有几个老婆，没人知道。《山海经·海外北经》说他有九嫔，有人说他有两个妃子，一个叫邹屠氏，一个叫胜奔氏，即女娽氏。邹屠氏喜欢做梦，老是梦见太阳，梦见一次，生一个儿子，梦见8次，生了8个儿子。后来取名为八凯。都是历史上很有名，如苍舒、隤敳、梼戭等人。另一个妃子女娽生了3个儿子，伯称、老童、季禺。不过史书记载还有很多，确实不确实不知道。

（三）共工颛顼天帝之争

　　听说颛顼要做北方天帝，共工心里很是不平，他总想着颛顼是个毛头小伙子，资历远不如自己，凭啥要他做北方天帝？自己呢，与女娲争帝吃了几仗，连个毛头小伙子也争不过？越想越窝火。这一天，他从辉县那地方出来，在辉河共水边四面察看，见四面无人，便一头钻进水里。他是水神，宗族蜂拥而至，可他并不高兴，虽说这一片地方百分之六七十水域都归他管，但毕竟地方太小，陆地上百工之事由他领头，却不是王者。他巡视一回上了岸，正准备回营，不想颛顼正向他走来，微笑着向他打招呼。他毫不客气地说："小子，听说你要当天帝了，好呀，咱们来比试一下神力。"颛顼说："好呀，谁赢了谁当北方天帝。""好！"说完端起辉河里的水向他泼来。颛顼早有心理准备，朝后退了一步，敞开北海那大肚皮全部照收了，滴水不漏。共工一生气，叹息了一声"唉！"把鼻涕眼泪一甩，顿时狂风大作，暴雨倾盆，霎时天昏地暗。可当雨过天晴，他睁眼再看时，颛顼撤掉挡风挡雨的大山，笑嘻嘻地站在共工面前，说："好了好了，我看你呀再也拿不出像样的本事来，还是回去做你的小二吧！我要回帝丘修池去了，不跟你玩了。"共工此行本来是想领兵袭击少昊都城曲阜，所以才在这里碰到颛顼，不想反被颛顼奚落了，心中实是不快，他一招呼千军万马，想把颛顼收拾一下。其实，颛顼早有准备，他把脚一蹭，伏兵万箭齐发，共工兵军死伤大半，落荒而逃。好不容易逃到隘口，喘了一口粗气，哪里料到颛顼领军追来。共工的谋臣浮游慌了手脚，带了一支人马南逃了，气得共工大怒，举头向不周山撞去，一下把那山峰撞掉了一只角。所以，后人称之为不周山。

故事解说

颛顼的神格与父系社会的开始

我们这里讲的颛顼是神，是天神，是统治北方天空的天帝。他在天上主管北方七宿，居北宫，被称玄武大帝，主测水星，是"执水而治冬"的太阳神。他的基本任务是授时，是管从冬至开始3个月的太阳神。

而作为历史的颛顼，是一个历史朝代。在王大有著《三皇五帝时代》一书的谱系中，从第一代颛顼起到十六代颛顼止，相传了十六世，长达555年之久。在第一代之前颛顼氏族已存在了500余年。据说第一代颛顼"夋"（芒）的父亲是少昊，母亲是有蟜氏。他年少即称帝于朝云司彘之国，都甘肃礼县，十六世颛顼名佳居，出生于河南濮阳（古顿丘），称王后都于河北高阳。承少昊帝位的既不是第一世颛顼，也不是第十六世颛顼。进行历法改革，"绝地天通"的那个颛顼是第六世颛顼。他叫"（又）个"，生于濮阳。

从以上这些记述来看，颛顼不是一个人，是一个朝代的名称。这个朝代中有许多人物，并不一定都是第一个颛顼的子孙，也可能是一些加盟氏族。作为历史人物的颛顼，他的最突出的贡献是制定颛顼历法，为民授时。

颛顼历法具体是什么样子，我们不很清楚，没有见过这种历法的具体形态。但从一些记载中可知其大略。何新先生写过一本书叫《楚帛书与夏小正新解》，时事出版社，2007年出版。何先生在书的第24页写道，"颛顼历以立秋为正月"，他将几种历法的月次进行了比较。我们仅摘其中河图数（2）的几种历法的月次为例。

周历	1月	2月	3月	4月	5月	6月	7月	8月	9月	10月	11月	12月
颛顼历	6	7	8	9	10	1	2	3	4	5	余闰	
（新）夏历	11	12	1	2	3	4	5	6	7	8	9	10
公元	12	1	2	3	4	5	6	7	8	9	10	11

从上述可见，颛顼历是历史的存在。它是一种一年10个月每个月36天的历法。它以观察太阳运动规律作为定四时的标准，以夏至为一年的开始。

"绝地天通"，颛顼历法，明确的社会分工，令妇女给男人让路，这些都是划时代的标志。王权、神权、夫权集于一身，鲜明地标示出其时父系已开始替代母系社会了。

三、尧舜禹神位之战

尧在世时，战乱频发。他不仅用后羿射十日，灭猰貐、凿齿、九婴、大风、封豨、修（脩）蛇，他还亲自带兵攻丛枝、胥、敖、戮共工、驩兜、梼杌、鲧伯，瓦解了东方西方民族联盟，他认为儿子不才，把他流放到丹江口，由于丹朱同情丹江口的三苗国，尧又亲自带兵到丹江口与儿子打仗。这一切正是三苗与尧的矛盾所在。舜时对三苗实行恩威并重的政策，目的在灭三苗。禹也同样对江南的民族采取征伐的政策。因而舜禹均死于征伐途中。上述这一切从下列故事即可看得明白：尧、舜、禹均是为巩固王位而战。

（一）尧令后羿射十日，伐胥敖

羿，东夷羿氏族，其首领称后羿。传说后羿是天神，射技非常好。为安抚下民，铲除危害下民的祸害，天帝派后羿来到人间。

天帝喾的妻子常仪生十日，很得上帝的欢喜。后羿来到人间干的第一件事就是射掉十日。因此，上帝十分生气，不允许他返回天庭，并将其灭族梏死。

后羿有一个徒弟叫逢蒙。逢蒙终日揪住后羿让他教射箭技术。这件事《孟子·离娄下》有记载："逢蒙学射于羿，尽羿之道，思天下唯羿逾己，于是杀羿。"这段话的意思是说，逢蒙向后羿学习射箭技术，经过一段时间以后，进步很大，认为自己已经把后羿的技术学到手了，天下无敌了，唯恐后羿超过自己，因此提出要和后羿比射技。他想借此机会把后羿杀了。后羿答应和逢蒙比赛。比赛在旷野进行。比射什么呢？这时天上飞过一群小麻雀，后羿说："就射那三只麻雀中的第二只的眼睛。"说罢一同放箭，那麻雀应声落地。他们跑过去一看，逢蒙的红箭射在了鸟儿的脚上，后羿的白箭射在鸟儿的眼睛上。逢蒙顿时起了嫉妒之心，大喊了一声："师父！"嗖地一声朝师父的背后发了一箭。说时迟，那时快，逢蒙的箭未到早被后羿一箭击落在地。正当后羿回过头来准备训斥逢蒙时，又听得"嗖"的一声。一支红箭直奔后羿咽喉射来，被后羿一口咬住，过了一会儿将箭头吐给逢蒙，说："看来我教你的'啮镞法'你还不懂。"闻言，逢蒙扑通一声跪倒师父面前说："师父，弟子对不起你，此后再也不敢了，原谅我！"至此之后，逢蒙再也不敢找师父挑战了，老老实实跟师父学本领。

关于后羿射十日的事，《淮南子》《山海经》都有记载：

《山海经·海外西经》里有记载："女丑之尸，生而十日炙杀之。在丈夫北，以右手障其面。十日居上，女丑居山之上。"

郝懿行注："十日并出，炙杀女丑，于是尧乃命羿射杀九日也。"

《山海经·海外东经》说："下有汤谷，汤谷上有扶桑，十日所浴，在黑齿国北。居水中，有大木，九日居下枝，一日居上枝。"故事讲的是因九个太阳一起出来太热，炙杀了女丑，故尧命羿射落九个太阳。

《淮南子·本经训》云："逮至尧之时，十日并出，焦禾稼，杀草木，而民无所食。猰貐[1]、凿齿[2]、九婴[3]、大风[4]、封豨[5]、修蛇[6]皆为民害。尧乃使羿诛凿齿于畴华之野，杀九婴于凶水之上，缴大风于青丘之泽，上射十日而下杀猰貐，断修蛇于洞庭，擒封豨于桑林。万民皆喜，置尧以为天子。"

注

[1] 猰貐：窫窳（yàyǔ），传说中的怪兽，善走，食人。

[2] 凿齿：齿长三尺，持戈盾之兽。

[3] 九婴：风伯，鸷鸟，能毁屋舍。

[4] 大风：古东夷氏族。

[5] 封豨：豨（xī），大野猪。

[6] 修蛇：大蟒蛇，能吞象三年而取其骨。

后羿本是东夷民族的一位领袖，懂天文，担任过天文大监，懂巫术，被称为大觋。大唐国负责制陶的诸侯尧的势力日益强大，拥有河北唐河、望都、完县、曲阳一带地方，并在饶阳设立了祭天中心，经常请后羿来主持祭天仪式，因此他们建立了密切的关系。

当时执政的人是帝喾子鸷，由于鸷与东夷人有联姻关系，执政前又承袭了东夷少昊挚氏族的封号，执政时对东夷人比较宽容，因此中央的一些政策遭到他们的抵制，而鸷采取了绥靖、温和、容忍的态度，这一点引起了唐侯尧的不满。帝鸷执政的第九年夏天，天旱无雨，颗粒无收，饿殍遍野，人民连吃水都很困难。在这种情况下，鸷派了大巫女丑前去旱情最严重的地方，即十日族居住的地方帮助求雨。女丑来到一个山丘上，令人将麦秸堆在一起点燃了，叫人火烧旱魃求雨。可是烧了半天雨都没有下来，她又念了一阵咒语，雨依旧没有落下来。于是,她就四处巡视,发现一棵树上挂着十个太阳,认为是十日族人挂在树上的十个太阳在搞鬼,命他们把那上面的十个太阳拿下来。十日族人哪里肯听她那一套呀。为什么他们不愿拿下来呢?这是有原因的。原来这十日族人是天帝帝喾的妻子常仪的族子。他们向来笃信十月太阳历,以测量汤谷日出日落为职业,并将每月的测量结果画出来挂在树上,结果有的在树枝上面有的在树枝下面。对这些成果他们历来视之如生命。女丑慑于十日族人的胁迫,只好跪在太阳下求雨。六月的太阳实在太毒,女丑晒得头上直冒汗,只好以手遮面,继续求雨。片刻女丑昏倒在地,中暑而亡。

这件事传到尧的耳朵里,尧认为是十日族人杀死了女丑,便联络后羿、伯益组成联盟,要为女丑讨回公道,要求鸷派兵讨伐十日。那鸷心慈手软,不肯动手。于是尧便命羿讨伐十日。羿发大兵讨伐十日,他背上那张红色的弓,箭袋里装满了白色的箭。到达十日族住地果然看到树梢上有十个太阳,便拉开红色的弓,搭上白色的箭,顶着当空的骄阳"啪啪啪"就是几箭,一只只中箭的硕大无比、黄金色的三足乌不断地从树梢上滚落下来。十个太阳射落了九个。由于后羿的箭少了一支,所以留下了一个太阳。十日族人知道后羿的厉害,纷纷逃走,但他们的心里并未臣服,到处向人们诉苦,很快引起了东夷各族人的同情和反抗。其中包括以猰貐、凿齿、九婴、大风、封豨、修蛇为图腾的民族。因此才有尧命后羿诛凿齿于畴华之野,杀九婴于凶水之上,缴大风于青邱之泽,在十日的住地屠了十日与猰貐,又断修蛇于洞庭,擒封豨(大野猪)于桑林等事。尧除了"七害",鸷只好让位于尧。于是尧自命为天子,定都平阳,国号陶唐,后羿被封为射正,总理唐尧兵权。

这个故事告诉我们:尧是靠发动战争,镇压十日族上台的。

《山海经·海外西经》吴任臣广注引《冠编》说:"羲和为黄帝日官,赐土扶桑。扶桑后君生十日,皆以日名,号十日;而九日为凶,号九婴,分扶桑之国为十,用兵不止,求实无已,炙杀女丑,同恶相济,故曰丛枝胥敖。"《庄子·内篇·人间世》说:"昔者尧舜攻丛枝、胥敖,禹攻有扈,国为虚厉,身为刑戮。其用兵不止,其求实无已,是皆求名实者也,而独不闻乎?名实者,圣人之所不能胜也,而况若乎?"本文为孔子与颜渊的一段对话。颜渊听到卫国无道,大乱,想去帮助,孔子劝他别去,而举出此例。丛枝、胥、敖、有扈均是东夷古国。尧舜时讨伐东夷丛枝、胥、敖仗打得很厉害,使那里成了一片废墟,杀死了很多人,都变成了废墟上的厉鬼。庄子讲这个故事,并非讲尧舜的仁德,而是讲尧是通过残酷的杀戮而夺取王位的。尧之所以要发动这场战争,主要的一点是他的父亲帝喾死了以后,把王位传给了他的大儿子挚。而帝挚继承了帝喾联姻炎姜、羲和、三苗、九黎的传统，对东夷氏族如畎夷、阳夷、风夷、丛枝、胥、敖等比较迁就，不忍下手镇压，因而引起了唐侯尧的不满，因而借神巫请雨炙死事件，联合后羿进行残酷镇压，并夺了帝挚的权，登上了王位。从而开启了以武力篡权的先例。

（二）舜征三苗

三苗都城在丹江口附近，地处河南、陕西、湖北、山西相邻处，背靠鼎湖，脚踏江汉，有崤山、熊耳可守，有伏牛可倚，左彭蠡，右洞庭，富甲一方，作战又勇猛，被尧舜禹视为心腹之患。

《帝王世纪》记载："诸侯有苗氏，处南蛮而不服，尧征而克之于丹江之浦。""尧流共工于幽州，以变北狄，迁三苗于三危，以变西戎，放驩兜于崇山，以变南蛮，殛鲧于羽山，以变东夷。"《吕氏春秋》记载："尧战于丹水之浦以服南蛮。"尧是一位善于征伐的王者，有一次他问舜："我欲伐宗、脍、胥、敖，南面而不释然？"舜顺着他说："昔者十日并出，万物皆照，而况德之进乎日者乎？"尧的意思是说我征伐那些民族会不会影响我称王，舜顺着他说除掉十日，并未减少对你的功德的颂扬嘛。

《竹书记年》记载："三苗将亡，天雨血，夏有冰，地坼及泉，青龙生于庙，日夜出，昼日不出。"又说帝舜"三十五年，帝命夏后征有苗，有苗氏来朝"。《尚书·大禹谟》有"帝曰：咨，禹，惟时有苗弗率，汝徂征，三旬，苗氏逆命，七旬有苗格"。徂（cú），往，去。格（gé），格杀勿论，被大量屠杀。这些都是历史的记录，有案可查。

有苗是地处南方的势力集团，据有湖北、湖南、江西等地。《战国策·吴起》卷中说："三苗之居，左有彭蠡之波，右有洞庭之水；文山在其南，而衡山在其北。"指的就是横跨湖北、湖南的长江流域地区。这里的衡山，不是现在的南岳衡山，指横卧于江北的大山，今安徽六安霍山，是荆州与豫的分界点。传祝融八姓也是三苗人。祝融是南方的天帝、火神，三苗民是其子民。苗民中有许多杰出的人物，尧时的驩兜氏族，据说鲧妻士敬曰炎融，生驩头，驩头生苗民。"其人有翼，鸟啄，方捕鱼"。被南方人称颂为英雄的梼杌，是一位战神，据说他是三苗的领导者，他是一个兴于"记恶之战"的人。但驩兜、梼杌、三苗都被视为恶人，而流放于朱山、瓜州、三危之地。过去南方人的祠堂里都塑有梼杌的神像，那祠堂也不叫祠堂，而叫梼杌。

在尧舜时期，有苗也是诸侯，因"诸侯有苗氏处南蛮而不服，尧征而克之丹水之浦"。《淮南子·兵略训》也说:"尧战于丹水之浦,舜伐有苗。"《山海经》里说尧的长子丹朱,尧认为他没出息,不肯传位给他,把他放逐到丹水,他到丹水后,发现那里的人很善良,有很多事不是有苗的错,是尧舜不对,因此他便与当地的三苗人意气相投,这使尧十分光火,认为他与三苗人相勾结,有谋反意图,遂发兵讨伐。尧死了,舜继位,依旧不放过丹朱。

《吕氏春秋·召类》在谈尧舜用兵时说:"兵所自来者久矣。尧战于丹水之浦,以服南蛮,舜却苗民,更易其俗,禹攻曹、魏、屈骜有扈,以行其教。"可知所谓"更易其俗""以行其教"都是以用兵为前提的,并非仁德感化的教育。从这一点上看,说"舜之时,有苗不服,于是舜修政偃兵,执干戚而舞",也有人说"三苗不服,禹请攻之,舜曰'以德可也',行德三年而三苗服"(《吕氏春秋·上德》),这些说法前后矛盾,难以令人信服。

尧是一个很善于以诈征服他人的帝王,在位时征战不计其数。他认为三苗是他最大的威胁,而亲自带兵战于丹水之浦,那儿是三苗国的都城。他把他们的头领抓起来,发配到西方的不毛之地三危,有的放到崇山,有的被杀死,让他们分散插入夷蛮之地,被夷蛮人同化。但三苗人不服,于是他便采用另一种手段:修德,舞干戚以逆之。三苗人很感动,因此送上礼物表示和好臣服。但舜并未忘记消灭三苗,命禹"徂(cú,往)征",三苗发现舜并未诚心对待他们,因而"反叛",舜又命禹征伐杀戮,这才造成了"七旬有苗格(被杀戮)",造成了"天雨血,夏有冰,地坼(裂)及泉,青龙生于庙日夜出,昼日不出"的可悲局面。

《帝王世纪》说"舜八十一岁即位,八十五岁荐禹摄政",就在舜"摄政五年有苗叛,南征,崩于鸣条,年百岁"。《古文尚书》也说舜"在位五十载,陟方乃死"。郑注谓"摄政至死为五十年。舜年一百岁也"。并说殡以瓦棺,葬苍梧九嶷山之阳。是为零陵,谓之纪市。在今营道县,下有群象为之耕。关于大舜之死,《竹书纪年》笺按《后汉书·郡国志》说,鸣条在"河东安邑",又笺按《困学记》"舜卒于鸣条,在今陈留平丘"。安邑在晋南,陈留在豫东。所以,舜死何处,是一大疑问。

《山海经·大荒南经》"赤水之东,有苍梧之野,舜与叔均之所葬也";《山海经·海内南经》"苍梧之山,帝舜葬于阳,丹朱葬于阴";《礼记·檀弓》"舜葬苍梧之野";《史记·五帝本纪》舜"南巡狩,崩于苍梧之野,葬于江南九嶷,是为零陵"。《集解》引《皇览》说"舜冢在零陵营浦县";《水经注》湘水条说(九嶷山)"大舜穴之于阳,商均葬于阴"。《墨子》注为九嶷。在湖南零陵。从以上引述可见,舜葬之地有五说:一说葬湖南零陵,一说葬河南陈留,一说葬河南濮阳,一说葬江苏东海,一说葬晋南安邑。

舜建都于晋南蒲坂。安邑是舜在晋南的居地。舜死于南巡（南征）途中。这几点是没有疑议的。那么，舜之死地自然不会在鸣条，而葬于苍梧之野。

既然舜死葬于苍梧之野的零陵、九嶷，又表明他是南征三苗而死的，我们既未见到舜有什么病死的只字片语的有关记载，又未见有关战事的记述，又说舜死尧之二女双双投江而死，被祀为湘夫人。这些迹象显示舜会不会是在南征苍梧途中被苗人杀死的。这一点也是难以排除的。

（三）大禹南征

大禹南征，过江时二龙前来阻止，担心此行凶多吉少，不幸被呵斥，一意前行。果出意外。据《帝王世纪》说："禹年七十四，舜始荐之于天。荐后十二年舜老，始使禹代摄行天子事。五年舜崩，禹除舜丧，明年始即真。"都平阳。"年百岁，崩于会稽。"禹死后，就地葬，"衣衾三领，桐棺三寸，葛以缄之。下不及泉，上不通臭。既葬，收余壤其上，垄若参耕之亩，则止矣"。此事印证了二龙的担忧。

据记载，禹即位八年聚会诸侯于会稽。《地理志》说："禹会诸侯于涂山，执玉帛者万国。"孔子曾说："丘闻之，昔禹致群神于会稽之山，防风氏后至，禹杀

而戮之，骨节专车，此为大矣。"防风氏是巨人神，禹把他杀了。他的骨节很大，一个车子都装不下，有的人说他的一根眉毛装在车子里，也要露到车子外面来。所以孔子说"此为大也"。传说禹不仅杀了防风氏的头领，还把他的族人迁到北方，其后人就是长狄人。简称长人。关于长人的传说很多，有的说他长几丈，有的说有几十丈长。

《山海经·海外南经》说："贯匈国在其东，其为人匈有窍。一曰在载国东。"匈，为胸，贯胸为穿胸。窍，即孔洞。指其人胸口有一个大洞。这个孔是怎么来的呢？据说是大禹在会稽召见万国诸侯，诸神都到了，而防风氏后到。防风氏是这一地区的主宰山川之神，他的后到使禹十分生气，认为是有意怠慢他，因此一怒之下把他杀了。治洪水之后，禹乘龙车巡游海外诸国，经过南方，见到防风氏后裔，他完全忘记了以前杀害防风的事，想上前向他们打招呼。正在这时，只见防风人大怒，拔箭朝他怒射。霎时雷雨大作，二龙惊惧，疾驾龙车载禹飞去。防风人自知闯了大祸，便以利刃自贯其胸而死。从此便成了贯胸人。大禹听到这个消息，念他们忠诚可嘉，便命人以不死之草塞进胸前的孔窍里，使其复生。防风人复生之后，胸前就留下了一个大洞。其后人见其走不动路，就用一根杠子穿胸而过，抬着他走，这才有了《山海经》所记载的贯胸国的故事。

值得我们关注的是这个神话背后隐藏的真实：防风人后到被杀说明了什么？防风人见了禹为什么要拔箭怒射？这几件事反映的是一个事实：大禹为扩张领土，强兵进剿土著，借防风氏后到而杀了防风氏的头人，把防风人迁徙北方，对不服者"贯胸"屠杀……这一切不能不引起防风氏族人的反抗。防风氏人拔箭怒射说明，大禹突然的死亡，有可能与土著人拔箭怒射，击中大禹要害有关。

故事解说

对尧舜两人的不同评价

春秋战国时期，不同的学派，对尧舜的评价是不同的。儒家颂扬尧舜，以尧舜为最高的道德规范。道家贬斥尧舜，把尧舜比作动乱无知的人，法家反对法古，提倡依法治世。各有各的道理。

《孔子集语上》记载：有一天，宰我问孔子："请问帝尧？"孔子回答他说，尧"高辛之子也，曰放勋。其仁如天，其知如神，就之如日，望之如云。富而不骄，贵而不豫，黄黼黻衣，丹车白马，伯夷主礼，龙、夔教舞，举舜、彭祖而任之，四时先民治之。流共工于幽州，以变北狄；放驩兜于崇山，以变南蛮；杀三苗于三危，以变西戎；殛鲧于羽山，以变东夷。其言不贰，其行不回，四海之内，舟舆所至，莫不说夷"。尧走到那里莫不受到尊敬。

《帝王世纪》记载：尧征三苗于丹水，得胜归来，作乐大章，以表天下大和，百姓无事，有位八十岁的老人击壤于道，观者叹曰："大哉，帝之德也。"老人曰："吾日出而作，日入而息，凿井而饮，耕田而食，帝何力于我哉？"无疑这是老百姓对尧的政绩的否定。

《孔子集语下》记载：有一次，孔子见老聃归来，三天不讲话，学生们问他是怎么回事，他说："我这一回才真正见到龙了。"并一直唠叨三皇五帝不止。孔子的学生子贡就跑去找老子理论。老子正坐在堂上，见子贡来了，应声接见。老子问子贡："有什么事么？"子贡说："我想请问先生：夫三皇五帝之治天下不同，其系声名一也。而先生独以为非圣人，如何哉？"

老聃说："小子，我年纪也大了，耳朵也不好，你靠近点，再靠近点。好，你刚才说三皇五帝治天下不同，何谓不同？"

子贡说："尧授舜，舜授禹，禹用力而汤用兵，文王顺纣而不敢逆，武王逆纣而不敢顺，故曰不同。"

老聃曰："小子少进！余语汝三皇五帝之治天下。黄帝之治天下，使民心一。民有其亲死不哭，而民不非也；尧之治天下，使民心亲。民有为其亲杀其杀，而民不非也；舜之治天下，使民心竞。民孕妇十月生子，子生五月而能言，不至乎孩而始谁，则人始有夭[1]矣。禹之治天下，使民心变，人有心而兵有顺[2]，杀盗非杀人。自为种[3]而'天下'耳。是以天下大骇，儒墨皆起。其作始有伦，而今乎妇女，何言哉！[4]余语汝：三皇五帝之治天下，名曰治之，而乱莫甚焉。三皇之知，上悖日月之明，下睽[5]山川之精，中堕[6]四时之施。其知憯于蛎虿[7]之尾，鲜规[8]之兽，莫得安其性命之情者，而犹自以为圣人，不可耻乎？其无耻也！"子贡蹴蹴然立不安。"①

注

[1] 夭：作妖，自私。

[2] 顺：巡。

[3] 种：根本。

[4] 今乎妇女，何言哉！：意为今乎妇，汝何言哉？像女人一样唠叨，没有什么好说的。

[5] 睽（kuí）：违背。

[6] 堕（duò）：破坏。

---

① 孟擎红、孟庆祥译注，《孔子集语》下册，黑龙江人民出版社，第680页。

［7］蛎虿（lì chài）：蝎子。憯（cǎn），惨痛。其毒害胜于蝎子尾巴。

［8］鲜规：联绵词，小小的。

老子严厉地批判了尧舜禹仁德治世的说法，认为他们喜欢用武力解决问题，使民心不一。黄帝时民心一，尧时出现阶级差别，使民心只亲自己人，舜时使"民竞"，人人都为私利竞争，到禹时，人人有私心，用武力处理各种事务，认为杀强盗不算杀人，认为自己是贵人，有权利奴役天下人，因此使天下相互竞争。后来儒家、墨家竞起，为他们说好话，这真是比蝎子尾巴还要毒的。一个小动物敢称大圣人，不可耻吗？一些话骂得子贡目瞪口呆，无言以对。

从上述可见，老子和普通老百姓对尧舜禹时代的评价是与儒墨不同的。他们认为那是一个尚武而混乱的社会，尧并非"其仁如天，其知如神，就之如日"的圣人。

第五章
贤王治世的传说

本章集中介绍自黄帝以来各王朝的治理思想与治世方法，他们各不相同，各有特点，但都以人民为中心进行决策。

　　本篇介绍的是从黄帝到武丁诸多王者的治世传说，集中介绍他们各自不同的突出特点，不是全面介绍王朝或王者个人。

一、黄帝无为而治

二、蚩尤五刑治世

三、少昊鸟官治世

四、颛顼巫政治世

五、帝尧仁德治世

六、大舜孝养治世

七、少康复国

八、商汤为民请命

九、傅说、妇好与武丁中兴

一、黄帝无为而治

世称黄帝无为而治。而实际上黄帝开始是有为而治的，功成名就之后，年纪也大了，感到力不从心，才实行无为而治，专注于修身养性，巡游访道，最终铸鼎升天。

黄帝本来是神不是人。《淮南子·天文训》说："中央土也，其帝黄帝，其佐后土，执绳而治四方。"天文学家们认为中央土指的是黄帝是地平日晷正中的图腾柱。这个柱以绳子控制东、西、南、北4个辅助立柱。黄帝在甲骨文中称"黄母""黄示"，帝为图腾柱的最高贵的称呼。所以《路史》说："黄帝，有熊氏，姓公孙，名荼，一曰轩，少典之子，黄精之君也。"说明那是立杆神，不是生活中的王者。生活中的黄帝是郑州郊县新郑地区的诸侯国——有熊国首领，势小力不大，也比较穷困。由于克勤克俭，声禁重声，衣禁重衣，食禁重味，居禁重室，加上智慧，才慢慢发展起来。

他最大的优点是会用人。传说他以恒光为司空，命："桓常审乎地利，以为常平，于是地献草木，乃述耕种之利；奢比辨乎东，以为土师，而平春种角谷，论贤列爵，劝耕馌，禁伐厉[1]；庸光辨乎南，以为司徒，而正夏种芒谷，修驰戒僇，发宿藏，静居农，以戒力，以宛夏功[2]；大封辨乎西，以为司马，玩巽禽，种遂谷，收谷荐祖[3]，组甲厉兵，戒什伍以从事；后土辨乎北，以为之李，行冬断罪，种稜谷，剟箭[4]伐木，乃劳农，始猎杀。帝处中央而政四国，分八节以纪农功。命天中建皇极，乃下教曰声禁重，色禁重，香味禁重，室禁重。""既受河图，乃设灵台，立五官，以叙五事。命臾区占星，计苞授规，正日月星辰之象，分星次，象应着，名始终，于是乎有星官之书。""命羲和占日，常仪占月，车区占风，道八风以通乎二十四"[5]"隶首定数以率其羡，要其会而律其度量衡，繇是成焉。伶伦造律，采解溪之篁，断篁间三寸九分，为黄钟之宫。大挠作甲子探五行之情，而定之纳音，风后释之，以致其用。命容成作盖天，综六术以定气象。"①

---

① 美国密歇根大学东亚图书馆藏本，[宋]庐陵罗泌著，《路史·后纪》第五卷，商务印书馆。

注

[1] 伐厉：指春天禁止砍伐树木，杀戮动物，刑人。

[2] 芒谷，修驰戒僇，发宿藏，静居农以戒力，以宛夏功：芒种谷雨时节，要修好道路。僇同戮，意为戒杀戮砍伐，细心培育种植，以保证夏收。

[3] 遂谷：物生出曰遂，遂谷即艺谷；大封辨乎西：为司马官，负责耕种；收谷：藏谷；荐祖：向祖先敬献，让他们尝新。

[4] 剿箭：剿（jiǎo），砍削竹箭。

[5] 桓常、奢比、庸光、大封、后土、臾区、羲和、常仪、车区：均为黄帝臣子。

上面这段话是说作为人王，黄帝善于为自己物色一批很有才华的神人襄助。他们分工十分明确，人人都有创造。从种植、天文、井田、文字、衣裳、岁名、律吕、壬禽、医术到神仙、车、船、甲子无所不能，都有创造发明。可以说黄帝时代是创造发明最多的时代。

黄帝自从合符釜山，立国涿鹿之阿后，他常骑龙巡游天下，考察民情。"东至于海，登丸山，及岱宗。西至于崆峒，登鸡头，南至于江，登熊湘，北逐荤粥（北方少数民族）。"他巡行至东海流波山时曾得一奇兽，状如牛，苍身，无角，入水中则风雨，光如日月，其音如雷，名曰夔。黄帝杀之，以其皮制鼓，可声闻百里。他一生迁徙往来无常处，十分辛苦，加上交通不便，便迁都中原，定都有熊，依天柱，驭四方。"继位十有五年，喜天下戴己，养正命，娱耳目，供口鼻[1]，燋然肌色皯黣[2]，昏然五情爽惑[3]。又十有五年，忧天下之不治，竭聪明，进智力，营百姓，燋然肌色皯黣，昏然五情爽惑。黄帝乃喟然叹曰：'朕之过淫矣。养一己其患如此，治万物其患如此。'于是放万机，舍宫寝，去直侍，撤钟悬，减厨膳，退而间居大庭之馆，斋心服形，三月不亲政事。昼寝而梦，游于华胥氏之国。……既悟，怡然自得，召天老、力牧、太山稽，告之曰：'朕闲居三月，斋心服形，思有以养身治物之道，弗获其术。……朕知之矣！朕得之矣！'又二十有八年，天下大治。"①

注

[1] 养正命，娱耳目，供鼻口：正命，性命。指黄帝即位15年后，见天下太平，老百姓都拥戴自己，便开始注意保养身体，听美声，看美色，吃美食。

---

① 王强模译注，《列子全译》，贵州人民出版社，第29页。

[2]燋（焦）然肌色皯黣：燋然，憔悴。皯黣（gǎn měi），脸色焦黑。15 年、30 年还是这副脸色，样子憔悴，很难看。

[3]五情爽惑：眼、耳、鼻、舌、身都不舒服。所以他承认自己这方面的满足过度了，寻求清静养身。三月斋心服形，不理政事，不作奢华享受。休息一段时间恢复了正常。

从此他便开始了寻仙访道的生活。他先到了崆峒山，那儿有个神仙叫广成子，黄帝前去拜访他，问道广成子说："敢问至道之精？"

广成子说："自而治天下，云气不待族而雨，草木不待黄而落，日月之光益以荒矣。又奚足以语至道？"

黄帝退，捐天下，席白茅，闲居三月，复往邀之。广成子南首而卧，黄帝从下风膝行而进，再拜稽首而问曰："闻吾子达于至道，敢问治身奈何而可以长久？"

广成子蹶[1]然而起曰："善哉问乎。来！吾语汝：至道之精，……默默无视、无听。抱神以静，形将自正。我修身千二百岁矣，吾形未常衰。"

黄帝再拜稽首曰："广成子之谓天矣。"①

注

[1]蹶（jué）：行遽，速度快，此处意为突然跳起来。广成子：神仙。

这段文字的大意是黄帝问"至道之精"，广成子告诉他先把身体搞好，否则一切都谈不到。黄帝回去后"捐天下，席白茅"，住了 3 个月再访广成子。那广成子面对南面而卧，黄帝膝行而进问他："怎样才能长生不老？"广成子突然跳了起来说："养生最重要的是'无视、无听，抱神以静，形将自正。'靠这方法我活了 1200 岁身体还很好，不见衰老。"于是黄帝开始学做气功养身。

河南灵宝阳平镇传说就是黄帝的行宫所在地。位于河南，陕西，山西交界的地方。阳平离灵宝只有 17 里地。那儿有背靠秦岭余脉的荆山、具茨等神山。从山里流出的阳平河、沙河向北经过阳平镇流入向南流来的黄河。因南边有大山挡着，黄河水流不出去，在这儿拐了一个弯向东流去。因此南流的黄河水与北流的阳平河，沙河的流水相互交汇，一同向东流去。又因东流受三门峡所阻，所以自古以来在这里形成了一个大湖。湖干涸又被流水冲割成许多土原。黄帝来到阳平

---

① ［宋］李昉撰，《太平御览》，79 卷，中华书局，第 369 页。

不久，找人占了一卦，得知寿命不长了，便采荆山之铜用土炉子铸大鼎，想把自己的功绩铸于鼎上传至千秋万代。所以他派人在荆山上采铜，在具茨山架了许多炉子，日夜炼铸。经过许多天的劳作，鼎铸成了，黄帝觉得自己已力不从心了。正在这时候一条巨龙从天外飞来，垂下长长的胡须迎接黄帝。黄帝迷糊之间闭上了双眼，骑龙而去。地上的大臣百姓，舍不得黄帝离开，拼命抓住龙胡须不放，哭喊着叫黄帝别走，把龙的胡子都拉掉了许多。黄帝一生打仗，弯弓时时在身，也被人拉掉下来。但无可奈何，黄帝还是走了。为纪念黄帝，人们把这儿叫铸鼎原，把这个湖泊叫鼎湖。他的一个大臣叫左徹。在这儿为他建了庙，带领大臣们到这儿祭祀他，敬奉他为天帝。从这一天起黄帝才成了天帝。

黄帝功德圆满，又骑龙上泰山封禅，周游华山、首山、太室、东莱等名山以求与神相会。这时他的大臣鬼臾区已死了，他预感到自知寿命不长，在世上的时日不多了，便到了行宫阳平那地方休息，令人"采首山之铜[1]，铸鼎于荆山下。鼎既成，有龙垂胡髯，下迎黄帝。黄帝上骑，群臣后宫从上者七十余人，龙乃上去。余小臣不得上，乃悉持龙髯，龙髯拔堕，堕黄帝之弓。百姓仰望黄帝既上天，乃抱其弓与胡髯号，故后世因名其处曰鼎湖，其弓曰乌号"。①

注

[1] 采首山之铜，铸鼎于荆山下：铸鼎地点大约在河南西边紧靠陕西、湖北、山西交界处的灵宝市阳平镇。据说这里曾是黄帝的行宫，黄帝是在这里骑龙升天的。清华大学学者苏湲著，《黄帝时代》一书中说"鼎湖"指铸鼎原周围的大湖、小湖、灵湖三峪汇流后的"湖水"，也就是现在的阳平河。汉代称此地为湖县。传说黄帝汲湖水铸鼎所以得名鼎湖。"首山应该是铸鼎原南部的小秦岭山峰，这里盛产铜矿石。"1999 年在距荆山 3 千米处的西坡出土含金、铜、钼、银褐铁金属矿石。并在具茨山上发现了采矿洞遗址，"在洞北 2 千米处发现了被烧焦的木柴和黏结在木材上的烧结铜矿石块，熔流体与木炭紧紧结为一体，十分坚固"，这些已成为黄帝"采首山之铜，铸鼎于荆山下"的最质朴无华的注脚。②

故事大意

黄帝这个人很聪明，很会用人，他能根据他们不同的特点使用他们。例如，他安排桓常管农业种植，桓常能根据不同土地的高下肥瘦，进行种植，结果地献草木，农民获得了好收成；他让奢比为土师，管东边的事，平春种角谷，论贤列

---

① 司马迁著，韩兆琦译注，《史记》（一），中华书局，第 592 页。
② 苏湲著，《黄帝时代》，清华大学出版社，第 35—36 页。

爵，劝耕馌，禁伐厉；让庸光为司徒，管南边，他让民按时下种，芒种谷雨时节，要求农民把路修好，禁止砍伐草木；让大封为司马，管西边，选好禽种，小心保存谷种，收好谷种，按时祭祖尝新；冬天来了，抓紧时间组甲厉兵，避免打仗；让后土管北方之事，行冬断罪，剡箭伐木，开始打猎。他自己处中央，理政四方，分四时八节以纪农功，身处天地之中，建立皇极，加强自身修养，声、色、香、室禁重，设灵台，立五官，叙五事；命奥区占星，计苞授规，正日月星辰之象，羲和占日，常仪占月，车区占风，隶首定数，伶伦造律，大挠作甲子，容成作盖天，综六术以定气象，从而汇聚成了一个具有创造精神的伟大时代。

黄帝自合符釜山以来，疆土不断扩大，东至于海，西登崆峒，南巡于江，北逐荤粥，往来无常处，十分辛苦。继位十有五年，喜天下都拥戴自己，仍忧天下之不治，但已苦于心力交瘁，五情爽惑。于是便"放万机，舍宫寝，去直待，撤钟悬，减厨膳"，闲居三月，上崆峒，寻仙访道，以求养生治物之方。从此，他便走上了寻仙访道之路。

他登上崆峒山，见了广成子，说道："敢问至道之精？"

广成子说："自而治天下，云气不待族而语，草木不待黄而落，日月之光益以荒矣，又奚足以语至道？"黄帝退而捐天下，席茅草房。过了三个月，去见广成子，只见那广成子南首而卧，不理不睬。黄帝膝行而进，在拜稽首说："闻先生修道到了最高的境界，敢问如何才能练好身体，长命百岁？"

广成子突然跳了起来说："你问得好，来，我告诉你，至道之精华。默默无视、无听。抱神以静，形将自正。用这种方法我活了1200岁了，到现在身体还很好。"

黄帝，对广成子十分钦佩，再拜稽首而叹曰："广成子之谓天矣。"

河南灵宝是黄帝的行宫，阳平河、沙河经过阳平古镇向北流入南来的黄河，因四面都有高山阻隔，黄河水流不出去，在这里滞留，形成了一个大湖泊，黄帝来这里不久，找人占了一卦，得知自己寿命不长了，便赶紧派人上山采荆山之铜，用土炉子在这里铸了个大鼎，把自己的功绩铸在大鼎之上。鼎铸成了，天外飞来了一条巨龙，把黄帝接走了，黄帝去世了，人们哭喊一片，有拉龙胡须不让走的，有的拉着黄帝的弓箭不让离开。他的大臣们在这儿为他修了庙，把这个湖泊命名为鼎湖，他的子孙后代在庙里为他起祈祷祭祀，敬封他为天帝。

故事解说

黄帝仙道故事出现的历史背景

在原始神话中，黄帝是神、是人王、是时代的名称。作为神的黄帝，是多重神格的复合神。

　　黄帝生而为神。黄帝之母曰附宝，感见大电光绕北斗枢星而孕的，所以他是枢星之子。他为人王是神的降临。他的大臣如应龙、女魃、风师、雨伯及力牧、太山稽等辅佐大臣无一不是神，他能使唤他们；其次黄帝氏族信仰的图腾神是立杆测影的立杆，神名也叫黄帝，在甲骨文里也叫黄示。这是黄帝神的第二重神格。再其次黄帝又是中华民族的始祖神。黄帝作为人王，死后被后代祀奉为天帝天神。再加上稷下黄老给他披上的神仙的外衣，作为神的黄帝不仅与生俱来就具有雷电之神的品格，图腾神的品格，而且具有带仙气的始祖神和中央天帝的品格。作为天帝他不仅是管三垣二十八宿的天神，而且他也是太阳神，是星神和太阳神叠加的复合天帝天神。

　　作为王者的黄帝，在他身上存在着有为而治与无为而治两种不同的治世观。黄帝神话反映的是战国中期两种不同的治世观。在儒家眼里，他是有为而治的圣人，在道家眼里他是无为而治的仙人。

　　《世本》是汉以前儒家的典籍。《世本》中有作篇，记载着黄帝时代大量的发明创造。例如说：黄帝见百物始穿井、黄帝乐名咸池、黄帝作胼冕、黄帝使羲和占日、常仪占月、臾区占星、大挠作甲子、隶首定数、伶伦造律、容成作盖天、仓颉作书造文字、史皇作图、伯余作衣裳、于则作扉履（草鞋）、雍父作舂臼杵、

胲作服牛、共鼓与货狄作舟、挥作弓、夷牟作矢、巫彭作医、祝融作市、巫咸作筮、无句作磬等等。其中有的已被考古发掘，证实是真实的存在，有些不一定是黄帝时代的东西，有的如指南车之类，口头很多，却并未列入。但仅从上述记载即可见黄帝时代是一个真实存在的历史时代。如雨后春笋的创造发明证明了它们是这个伟大时代的产物，是中国历史上第一次巨大的经济变革的果实。虽不一定都是黄帝个人的创造，但却是他那个时代的产物。人民歌颂他把他敬奉为天帝是很自然的。

《列子》所载的黄帝的故事，《庄子》所载的黄帝问道昆仑的神话，让我们看到的黄帝是一个追求长生不老，完成铸鼎之后即乘龙而去的神仙。这些神话与传说都是战国时仙道黄老学派特意编织与添加的，有很多是很荒诞的，无可信之处。假托黄帝的故事大量出现在战国时期，是有其特殊的社会根源的。

其一，追求长寿的人生理想。从上古帝王到秦皇汉武，没有一个帝王不追求长生不老的。夏商周三代王侯在获取权力之后没有一个不是因沉湎于安乐，醉心于酒色而败亡的。他们一方面淫逸过度，一方面又希望长生不老。殷代帝王不止一人多次表示愿拿出半壁江山换彭祖出来做官，保他们长生不老。这种情况在黄帝神话中也得到了反映。齐宣公死后儿子康公贷即位。他14年沉溺于酒色，不问政事，田齐太公给他一个食邑，让他在那里去淫逸享乐，修身养性，供奉祖宗，却在不知不觉中将姜齐的天下和平演变为田齐的天下了。这绝对不是偶然的，是经过长期精心准备的。

其二，黄帝在齐大量出现，与其时政治背景有关。由于周道衰微，诸侯力政，广揽贤才，九家之术竞出，他们各引一端，著书立说，取悦诸侯。其中影响最大者是以齐稷下为中心的黄老学派。齐宣王好文学与游说之士，在首都临淄西门外稷下那地方，办起了一个学宫（高等学府），谁肯来这里讲学，著书立说，讨论治乱之事，就给谁一个大夫称号，一套高门大屋。此令一出，先后招来了驺衍、淳于髡、田骈、接予、慎到、环渊、宋钘、尹文、季真等三教九流七十六人，和数百千学生。他们之中，道、儒、法、墨、名、刑、兵、农、杂（神仙）各色人等均有。他们各抒己见，著书立说。除了各自的专著外，还留下了论文集《管子》、道论《黄帝四经》等著作，反映了稷下黄老学派的治国理念，也为田齐改朝换代寻找合理合法依据而大造舆论。

其三，舆论的中心是以道为根本，以黄帝为依托，以寻找田齐夺权合理合法的理论依据为根本任务。齐国是武王给姜太公的封地。炎帝姓姜。他们敬奉炎帝神农为高祖。所以在春秋时代，黄帝在齐国并不吃香，吃香的是炎帝。据《史记·陈完世家》记载，陈国公子完因内乱逃到齐国，受到齐桓公礼遇，让他们的后代做了齐侯身边的驾前大臣宰相。但他们并不满足，一心想篡位夺权。先用韬晦之计，笼络人心。例如齐人收税本是大斗进小斗出，他相反，实行小斗进大斗出，把土地租给别人毁了地契之类，得到了老百姓的拥护；又对齐侯百般顺从，阿谀奉承，讨齐侯喜欢，而封他们一块封地；后来又托人说服周王封侯；进而又废齐姜尊炎帝为高祖的传统，改称与陈氏并无关系的黄帝为高祖。故而到稷下黄老之时，黄帝之书层出不穷。诸如《黄帝君臣》《黄帝书》《黄帝阴阳》《黄帝诸子论阴阳》《黄帝内经外经》《黄帝三王养阳方》，以及大量的托名黄帝的神仙著作，如《黄帝杂子十九》《黄帝杂子芝菌》《黄帝杂子步引家方》《黄帝杂子气》等，从而掀起了一股依托黄帝大发议论的思潮。有关黄帝的大量的故事正是在这一时期出现的。上述黄帝擒蚩尤、黄帝养生治物、黄帝铸鼎升天、黄帝寻访太山稽、黄帝寻访广成子等传说就是在这种背景下所形成的，它们不可避免地会打上黄老思想的烙印、陈田理想。同时，在理论上也对老子的道德论悄悄作了改动，以适应田齐的执政要求。正如陈鼓应先生在黄帝四经和管子四篇二书的前言中所指出的，老子强调的是"无为而无不为"，无为是术，无不为（有为）是目的。黄老学派相反，认为无为是目的，无不为是手段。老子强调先道后德，黄老强调先德后道，提倡君无为，臣有为。这一点也是我们不能不特别给予关注的。

二、蚩尤五刑治世

传说蚩尤一生有三大发明创造。一是发明兵器，由于他以铜作兵，无人能敌，威震天下。二是明天时，他第一个将气象用于打仗。三是他发明了刑法，以五刑治世。过去传说蚩尤的成就大多是前面两个，着重宣传他会打仗，被视为兵神，而后面一点则是把蚩尤说成是坏人的主要依据。蚩尤与神农、黄帝同世，是中华民族三大始祖之一。他的五刑治世必须厘清，以明是非。

蚩尤是第一个制定法律，以法律手段管理国家的人。

《尚书·吕刑》王曰[1]："若古有训，蚩尤惟始作乱，延及于平民，罔不寇贼，鸱义奸宄[2]，夺攘矫虔[3]。苗民弗用灵[4]，制以刑，惟作五虐之刑曰法[5]。杀戮无辜，爰始淫为劓、刵、椓、黥、越、兹丽刑[6]并制，罔差有辞。"

注

[1] 王曰：指周穆王对其臣相吕侯说，吕侯劝告周穆王慎用刑法，讲了夏朝从轻惩处的刑律《赎刑》，即《吕刑》，引出了周穆王的一番话。

[2] 鸱义奸宄：鸱（chī），轻视；宄（guǐ），法规。

[3] 夺攘矫虔：攘（rǎng），侵夺攘窃。虔（qián），杀。矫（jiǎo），骚扰。全句的意思是说，蚩尤实行五刑，扩大化，平民百姓无人不作寇贼，轻率不正，内外作乱，抢劫盗窃，巧取强夺。

[4] 弗用灵：使苗民不奉政命。

[5] 作五虐之刑曰法：制定残酷虐害人的5种刑法。即：

劓，鼻刑。

刵（èr），割耳。

椓（zhuó），宫刑。

黥（qíng），墨刑，即在脸上刺字。

木刑：古刑除了以上几种外，还有木手铐、木脚镣等桎梏之刑。合称五刑。

[6] 丽刑：附行、施行刑罚。

周穆王的这段话的意思是说:"古有遗训,蚩尤作乱,影响到了平民百姓。其时无人不作寇贼,风气不正,抢劫盗窃,强取豪夺之风盛行,苗民不守政令,因此他就用刑罚来制服他们。他制定了5种刑法叫做法律,要求一切依法行事,结果杀害了许多无辜的人。动不动就割鼻子、割耳朵、割生殖器,在脸上刺字涂黑。五刑不行,就大开杀戒,废弃法令,不鉴别有罪无罪,不听申诉,乱施酷刑。"

故事解说

蚩尤神恶名的来龙去脉

在神话传说中,蚩尤神是一个半人半兽的怪物,有人爱他,有人怕他,有人恨他。其形状成人立,豹首虎爪,头戴弓,一手持戈,一手持剑,一足登弩,一足蹑矛,狰狞威猛。这是武梁祠制五兵的蚩尤神;楚帛书十二月神中四月的蚩尤神,其神形为:蛇首青色,口吐岐舌,头有四角,双身,一赤一棕,相互纠结为二龙神。类似伏羲女娲交尾蛇,以示蚩尤为伏羲女娲的后代;他也是最早的民间抗旱求雨之龙王神。鱼龙河图等书描绘的蚩尤神又不相同:他有七十二兄弟,一个个人身牛蹄,四目六手,铜头铁额,耳鬓如剑戟,食铁石沙子,兽语人身,能呼风唤雨,会吞云吐雾。打起仗来不仅会使用刀枪剑戟,还会头顶角斗,弄得黄帝拿他毫无办法,不得不求救于玄女。这就是角抵戏里说的蚩尤神。

分析一下上述几个蚩尤神,可以发现其特点都与蚩尤的三大发明有关。武梁祠蚩尤神,反映的是发明五兵的蚩尤神;楚帛书反映的是明天道,知四时的蚩尤神;鱼龙河图反映的是将天文、气象、五兵、农耕融于一体的天神,所以他的神像人身牛蹄,头上有角,四目六手。他发明五刑,却总是受人诅咒,是因五刑触动了社会的中枢神经。

其一,实行五刑治世,首先要求依法治世,不论王侯庶人,谁违法,谁要接受处罚。这是奴隶主、封建主们无论如何也接受不了的。他们绝不希望自己的特权被剥夺,而接受"天子犯法与庶民同罪"的约束。周穆王是一个横行无忌置身法外的人,因此他把蚩尤说成坏人,给他扣上了以法乱世的坏人的帽子。从此以后蚩尤就由一位英雄式的人物一下变成了坏人。

《春秋元命苞》说:"蚩尤伐矜诛逆灭患。蚩尤起,天下之兵合,祸纷纷。昭明改德。"这段话说得非常明白:蚩尤是一个主持正义的人。他伐的是骄矜不法之徒,诛杀的是叛逆者,灭掉的是祸害人民的人。他的行为激起了天下这些人的不满,他们联合起来与蚩尤斗争,这才酿成了祸乱,改德易行。这一评价是很公正的。

其二，在周穆王之前提出以五刑治世的，并非只有蚩尤一人。尧舜时也提出过五刑治世。尧命舜"为司徒太尉，试以五典"，舜即位即命皋繇为士，施行"典刑"。他助尧依五刑助尧"流共工于幽州，以变北狄，迁三苗于三危，以变西戎，放驩兜于崇山，以变南蛮，殛鲧于羽山，以变东夷"。尧舜实行的不也是五刑大法么，穆王为什么不反对呢？因为那五刑大法是用于镇压反对派的，蚩尤的五刑大法是针对所有违法的人的，包括统治者在内，因此蚩尤成了罪人。

其三，由于蚩尤知天时，明天道，发明了兵器，受到尊重，被称为兵神，他发明五刑治世被骂恶神，所以自周穆王以后蚩尤便成了一个两面神。一方面是兵神，被称为天神受到颂扬，一方面因发明五刑，对准了统治者而被诅咒。如果没有这一诅咒的阻止继续五刑治世，中国在几千年前就变成了法制社会了。

三、少昊鸟官治世

历史上存在着两个少昊，一个是东部少昊，一个是西部少昊，是怎么一回事？也许和战国时秦帝要找一个天神当老祖宗有关，但并不很清楚，实在是个谜。

（一）西方少昊

《帝王世纪》说，西部少昊名挚，字青阳，姬姓，母亲叫女节。黄帝时"有大星如虹，下流华诸，女节梦接意感，生少昊，是为玄嚣"。后来降居江水。位在西方。他与佐臣蓐收共主秋令。因位居小阴位，故称少昊，号金天氏。他在西部地区主测天上白虎七宿所覆盖的地区的星象。如山西、陕西、宁夏、青海、甘肃、川西等地，最远达西方之极的昆仑流沙、三危之国，直至饮气之民，不死之野，太阳落下去的地方。故《山海经·西次三经》说："长留之山，其神白帝少昊居之。其兽皆文尾，其鸟皆文首，是多文玉石。实惟员神磈氏之宫[1]。是神也，主司反景。又西二百九十里，蓐收居之。是山也，西望日之所入，神红光之所司也。"《史记》《汉书》星官、律历所载均指西宫昴、毕、觜、参，为少昊太白[2]所在。参为白虎[3]。觜三星虎首，参三星为虎身，其余四星为实沈。左右肩股，成白虎形。

注

[1] 员神磈氏之宫：指的是少昊住在大地的西方，主要任务是测定太阳落下去时的影子的长度。他和助手蓐收主要是在神山长留山观察测定太阳落下去的情况，以确定秋天的时令。即确定秋天这个季节的到来与结束。故称员神，红光神。磈（kuǐ）。

[2] 太白：指太白金星。太白星是少昊的主测星。它有许多不同的名称。由于它总是跟在太阳的身边。因此，人们观测太白金星首先要观测太阳的运行。太白金星早晨现于东方称明星，又叫启明星。黄昏在西方见到太白星叫长庚星。出

现在东北方时，人们又称它为观星。此外，还有殷星、荧星、营星等等称呼。西方少昊观测太阳的目的是观测太白金星。故而也称少昊太白。这是秦国人推崇的星宿与天帝。

[3] 参为白虎：在二十八宿中西方七宿被想象为以白虎为标志的天区。觜宿为虎头，参宿为虎身，身躯四宿为实沈，加上左右肩一宿，共同构成一只虎形。七宿中觜参宿最为明亮，参星成为白虎星的代表者，是西方民族生产与生活的指导星宿。西方七宿照耀的地区，秦国是主要的对应地区。因此"秦襄公既侯，居西垂，自以为主少昊之神，筑西畤，祠白帝"（《史记·封禅书》），至此，少昊才被敬奉为西方天帝，白帝。

（二）东方少昊

春秋传说少昊在东方，先登帝位于鲁北，后徙曲阜，称为穷桑帝。他以金承土，曰金天氏，"世不失职，遂济穷桑"。鲁国旁边的郯国是其后裔。鲁昭公时，秋，郯子[1]来朝，公与之宴。昭子问焉，曰："少昊[2]氏鸟名官，何故也？郯子曰：吾祖也，吾知之。昔者黄帝氏以云纪，我高祖少昊挚之立也，凤鸟适至，故纪于鸟，为鸟师而鸟名；凤鸟氏，历正也；玄鸟氏，司分者也；伯赵氏，司至者也；青鸟氏，司启者也；丹鸟氏，司闭者也[3]。祝鸠氏，司徒也；鴡鸠氏，司马也；鸤鸠氏司空也；爽鸠氏，司寇也；鹘鸠氏司事也。五鸠[4]，鸠民者也。五雉[5]为五工正，利器用，正度量，夷民者也。九扈[6]为九农正，扈民无淫者也。自颛顼以来，不能纪远，乃纪于近。为民师而命以民事，故不能故也。"仲尼闻之，见于郯子而学之。既而告人曰："吾闻之，天子失官，学在四夷。犹言。"①

注

[1] 郯子：郯国之君，少昊之后。鲁封其于少昊墟，即今山东郯城县西南。鲁昭公十七年（公元前525年）昭公见郯子，故问之。

[2] 少昊：这里指的是人王少昊。他居处空桑之地。空桑之地在今山东曲阜附近。《山海经·大荒东经》里说"东海之外大壑，少昊之国"。海，一方天池。大壑，巨壑。即海。

[3] 凤鸟氏，凤凰，任历正；玄鸟氏，燕子，春分来秋分去，为司分官；伯

---

① 赵生群注，《春秋左传新注》上下册，陕西人民出版社，第842页。

赵氏，伯劳鸟，夏来冬去，任司至官；青鸟氏，鸧鹢，立春鸣，夏至止，任司启官（立春立夏为启）；丹鸟氏，即鷩雉，秋来冬去，司闭（立秋立冬）。俗称五鸟。

［4］五鸠：祝鸠，即雎（zhuī）鸠，任司徒；鴡（jū）鸠，即鱼鹰，任司马；鸤鸠，即布谷鸟，管水土，任司空；爽鸠，即鹰，任司寇；鹘鸠，即斑鸠，管营造、制器物等事，任司事。

［5］五雉：孔颖达疏引贾逵语："西方曰鹎雉，攻木之工也；东方曰鶅雉，搏埴之工也；南方曰翟雉，攻金之工也；北方曰鵗雉（鵗 xī，雉，北方人称鵗），攻皮之工也；伊洛而南曰翚雉，设五色之工也。"

［6］九扈：指春扈鳻（bān）鶞（chūn），夏扈窃玄，秋扈窃蓝，冬扈窃黄，棘扈窃丹，行扈唶唶，宵扈啧啧，桑扈窃脂，老扈鷃鷃，都是管理农业的官员，称为"农九正"。①

故事大意

现在的连云港市古时候叫海州。清嘉庆《海州直隶志》说海州是"古少昊氏之遗墟"。据说那里就是东少昊建立的鸟王国。这儿位居江苏东北角，东面是黄海，北面是山东。东南 150 千米处有一座山，叫云台山，少昊时代在大海之中。《山海经》说这儿是海神海若的天池。海在古时候称之为巨壑，大壑。少昊把琴扔进大壑指的就是这里。山上有一百多座山峰，海外东北方是长山列岛。这里气候温润，水草丰美，鱼虾满池，是候鸟栖息地。据说我国有候鸟 560 多种，在这逗留的就多达 240 多种。云台山有一座山峰叫锦屏山，锦屏山有一座将军崖，将军崖上保存了一大批古老的岩画。画的内容连贯成篇，是现代人难以理解的文字。据说这就是东少昊时代保存下来的文物。距今已六七千年了。连云港市发掘出上古时代的炊具陶鬶（guī）。证明这里在上古时代的确是一个文化繁荣的地方。北京大学教授王大有先生在《三皇五帝时代》少昊一节中介绍了将军岩。他说将军岩古时候叫朐（qú）山，距今 7000—6500 年时是鸶鸟氏与句芒氏的天文图（天文日月图）。位置在锦屏马耳峰南麓，那里有 30—40 个祭坛。他将那里的岩画分成四组。A 组最上方是太阳（太昊）与句芒，上有四表木，下有八分历和少昊鸶鸟太阳神、少昊八月太阳历、分至启闭的四时历表、符；B 组在南侧，是日月星周天行度天盖图，鸟官司天，鸟历星象图；C 组在将军岩东侧，有少昊（或其文）的星座人面纹，头插三羽，头戴帝冠。少昊为神，旁有羲和常羲二妻；D

---

① 上述五鸟、五鸠、五雉、九扈的解释均采摘自倪民编著，《三皇五帝追踪》，旅游教育出版社，第 117 页，文字有所改动。

组三块巨石,为鸟王国星历天柱,为少昊祭天灵台遗址。①

这是多么有趣且有意义的记载。如果王先生所说都是真的,那将是我国历史上的重大事件,灿烂辉煌的又一页。很可惜在这方面的研究与实证实在太少了。

王大有先生所表述的内容与郯子描述他的祖先以"鸟官而鸟名"的记载相一致,与现实的自然环境和传说相协调。

故事解说

两个少昊之谜

少昊是我国上古时代著名的王朝。有关它的传说颇多,说法多有不同。《帝王世纪》说"少昊名挚字青阳,姬姓,母曰女节,生少昊,是为玄嚣,降居江水,有圣德,邑于穷桑,以登帝位,都曲阜"。说少昊是黄帝的儿子。

《路史·后纪》第七卷说少昊青阳氏,纪姓,名质。其父曰清,黄帝之第五子,方雷氏之生也。

《世本》说少昊黄帝之子名契,字青阳。黄帝殁,契立。《拾遗记》说少昊是金天氏与皇娥所生。说明少昊是伏羲时代的人。上述种种,说法不一。令人生疑:

第一,到底少昊是皇娥所生,女节所生,还是方雷氏所生?他名清,名挚(质),还是名契,他是金天氏之子,昌意之子还是玄嚣之子?他在西边,为什么建都在东边?少昊既在西边,是西方天帝,颛顼为什么跑到东边来继他的帝位?

第二,究竟有几个少昊?是一个,还是两个?他们各有什么特点?颛顼继位时的少昊社会状况是怎样的?为什么还说是"九黎乱德"呢?

上述种种问题,我以为是由于人们对部族与神、部族与时代的认识混乱所造成的。首先,我认为少昊不是一个人,而是东夷地区的一个很古老的部落联盟。这一个联盟被分成了两个大的少昊部落,一个是少昊清部落,一个是少昊契(或鸷、质)部落。清在西部,搞天文授时,即被人们传为黄帝之子,居长留之山主测日影和太白星,后主西宫被奉为西方天神,白帝;一个是被称为契或鸷的鸟王国的王者。他最大的功勋就是第一次以鸟名官,行鸟官治世。胞族分工,十分细密。在他统治之下,农业发展、人民生活有很大改善。同时他还实行同度量,调律吕,封泰山等等一系列的政策,使社会得到了发展。颛顼返祖归宗,称少昊为叔父。扔竖琴于大壑(大海)的就是这个少昊。这两个部落原是一个部落联盟,都称为少昊部落。它和羲和常羲等部落一样都是以测太阳测星星为职业的部落。他们与炎、黄、蚩等氏族集团同处一个历史时代。在炎黄蚩涿鹿之战与炎蚩之战

---

① 王大有著,《三皇五帝时代》,时代经济出版社,第372页。

中蚩尤屡屡利用气象知识进行战争，让炎黄吃了不少苦头。为取得对蚩尤之战的胜利，黄帝集团便对东夷联盟集团的成员少昊部落联盟进行分化瓦解。西部白虎少昊，就是被黄帝部落许婚分化而后贬谪于江水，令其在边疆专职司职日入记录的部落。那一部分未被分化留在东夷的少昊部落，即少昊挚部落。由于上述原因便形成东少昊与西少昊之分。后人将他们当成一个具体的人，时而西，时而东，时而神，时而王，就不可避免地要形成种种混乱。

　　少昊部落是一个历史悠久的部落。传说中的金天氏与皇娥邂逅穷桑生少昊，成为少昊氏族的祖先的神话，告诉我们这个部族在伏羲女娲时代就存在了。也就是说少昊为"黄帝之子""黄帝的第五子""嫘妃生昌意""女节生玄嚣""方雷氏之生也"等均是虚非实。至少不是金天氏与皇娥两个天神所生之少昊。所以把作为氏族的少昊当成黄帝的儿子，当成一个具体的人，不能不造成人神不分、时序错乱。

　　作为郯子高祖的少昊，是东部少昊的一支。它的国家管理形式是以鸟名官。这种鸟官制度至少分为4个不同的层次。第一个层次是凤凰、燕子、伯劳、鸧鴳、丹鸟等"司分""司至"的时令官；第二个层次是祝鸠、鴡、鹰等五鸠，任"司徒""司空""司马""司寇""司事"等管理国家事务的行政官员；第三个层次是五雉，即专门管理制陶、制木、攻金、攻皮，设五色，管百工等手工业的官员；还有一个层次是专门管理农业部的九种农正的官员。这是多么细密分工的国家管理形态呀。

　　社会有分工，是一种进步。但分工过细也会阻止社会的进步。少昊部族由于分工过细，管理松懈，才形成了《国语·楚语下》所说的"九黎乱德，民神杂糅，不可方物，夫人作享，家为巫史，无有要质，民匿于祀，而不知其福，嘉生不降，无物以享"的局面，颛顼抓住这一点站出来收拾残局。其中也隐含诸多诡谲之词。

　　所谓"九黎乱德"。不过是颛顼夺取少昊天下的借口。九黎三苗，自从蚩尤被打败后，早已被赶出了中原，何来九黎？在东夷地区存在的畎夷、于夷、方夷、黄夷、白夷、赤夷、玄夷、风夷、阳夷这九夷氏族，少昊允许他们各有自己信仰、主张、时令、生产方式、生活方式，和谐共处于同一片土地，少见你征我伐的九黎之乱的记录。

　　所谓"民神杂糅""家为巫史"，也同样是借口。意思是社会秩序太乱，要整顿，目的是想取消其大众的神权与信仰自由。

　　所谓"嘉生不降""民匿于祀"，神"无物以享"也有疑问。意思是讲老百姓穷，连祭祀都没有东西了。所以他要站出来整顿。经他一整顿，少昊氏的权就完全丧失了。

四、颛顼巫政治世

颛顼是我国上古时代有杰出贡献的帝王。《帝王世纪》说:"帝颛顼高阳氏,黄帝之孙,昌意之子,姬姓也。母曰景仆,蜀山氏之女,为昌意正妃,谓之女枢。金天氏之末,摇光之星,贯月如虹,感女枢幽房之宫,生颛顼于若水。首戴干戈,有圣德。颛顼生十年而佐少昊氏,十二年而冠,二十而登帝位。平九黎之乱,以水承金,位在北方,主冬。以水纪官,命南正重司天以属神,北正黎司地以属民,于是民神不杂,万物有序。始都穷桑,后徙商丘。在位七十八年,九十八岁,岁在鹑火而崩,葬东郡顿丘广阳里。"

这是有关颛顼身世的大略情形。详细情况连孔子也不清楚。所以他对弟子们说:"五帝用说,三王有度。"即五帝距离他很遥远,没有史书记载,只能用传说相告,三王(即夏商周三代)距他比较近,有法度规章可述。当宰我问到他关于颛顼的事时,他根据自己听到的传说告诉宰我道:"颛顼黄帝之孙,昌意之子,曰高阳,静渊以有谋,疏通以知事,养财以任地,载时以象天,依鬼神以制义,治气以教民,洁诚以祭祀。乘龙而至四海,北至于幽陵,南至于交趾,西至于流沙,东至于蟠木。动静之物,小大之神,日月所照,莫不砥属。"① 这是对颛顼一生的概括与评价。

在这里我们可以看到颛顼是一个有知识、有文化、有智谋远虑的人。他既能养财任地,又能观象制历,治气教民,还能"依鬼神以制义",不论动静之物,大小之神的利益都照顾得妥妥帖帖,好一幅大巫治国的景象,跃然于众人之前。现将有关这一方面的神奇传说摘录分述如下:

之一,命南正重司天以属神,北正黎司地以属民。属,统属,管理。南正、北正,均为官职,重与黎为神名,官名。南正为重,他的任务是司天,即管理上天的事和上天下地的神事。北正黎管地,为火官,故称火正黎。他负责指导人民按大火星出现的节令,组织农业生产,同时还要管人权。这一点和少昊时代大为不同。少昊执政初期由于实行了鸟官制,社会分工很明确,农业生产有了很大的进步,后来加盟氏族多了四大胞族,二十四鸟氏族,各自为政,家家通神,人人

---

① [魏]王肃注,《孔子家语·帝德》,上海古籍出版社,第192页。

作巫，盘剥严重，造成生产力下降，敬神无物，人民衣食无饱，神灵无物可享，老天不保佑，社会很混乱。在此情况之下颛顼提出两官制，实行两部制管理，"绝地天通"，不允许人人作巫，个个有神，随意通天，重利盘剥。并由限制巫婆引出了一项新的规定，即世传的"颛顼之法，女人不辟男子于路者，拂于四达之衢"。这项法律规定是什么意思呢？辟，即避让，拂即祓，祓除不祥。被判有罪，要让四衢之人都知道。这就将男尊女卑，重男轻女的意识第一次以法律的形式固定下来。这样一来，一个普通的妇女的祭祀神的权利、女人高于男人或与丈夫平等的权利无形中被剥夺了，从而成为神权、父权、夫权最深的受害者。二部制管理和女人地位的被剥夺，表明母系社会的崩溃，这是有史以来最重大的事件。

之二，实行颛顼历法。《古史考》《晋书·律历志中》均载："颛顼以今之孟春正月为元，其时正月朔旦立春，五星会于天庙，营室也。冰冻始泮，蛰虫始发，鸡始三号，天曰作时，地曰作昌，人曰作乐，鸟兽万物莫不应和，故颛顼圣人为历宗也。"这里写得很清楚，颛顼发明了颛顼历。以立春为正。颛顼"履时以象天""治气以教民"，说明颛顼能依靠天象制定历法，确定耕种的时间季节，并教育人民懂得天文气象知识，按时播种收获。颛顼十三年初"作历象"，以"孟春正月朔旦立春，五星会于天庙，营室也"，所以《颛顼历》为历宗，专家认为颛顼历实为夏历。殷历更以十一月甲子合朔，冬至为上元。周人因之。颛顼历、尧、舜、夏、商、周历和秦历都是以十一月为岁首。夏有改进，但仍命名为颛顼历。汉时原打算用颛顼历，后来才以太初历代替颛顼历。颛顼历事实上就是十月太阳历。据《左传·昭公十七年》说其听命官天官重测日，地官黎测大火，木官勾芒测木星，发现一个周期十二年，命之为灾星，火官祝融测火星，土官后土测土星，金官蓐收测金星，水官玄冥测水星。根据综合观察而制定了颛顼历。

之三，颛顼是大主教，是通天人神。《庄子·大宗师》说"颛顼得之于玄宫"，墨子说"高阳氏乃命于玄宫"，说的就是他是玄宫（也是观察日月星的地方，类似后世的明堂）的主持者，教主。他的神通广大。《拾遗记》说："颛顼居位，奇祥众祉，莫不总集。不禀正朔者，越山航海而皆至也。帝颛顼乃揖四方之灵，群后执珪以礼，百辟各有班序。受文德者，赐以钟磬；受武德者，赐以干戈。有浮金之钟，沉明之磬，以羽毛拂之，则声振百里。石浮于水上，如萍藻之轻，取以为磬，不加磨琢。及朝万国之时，及奏含英之乐，其音清密，落云间之羽，鲸鲵游涌，海水恬波。有曳影之剑，腾空而舒，若四方有兵，此剑则飞起指其方，则克伐；未用之时，常于匣里如龙虎之吟。"《山海经·大荒西经》说："大荒之中，有山名曰日月山，天枢也。吴姖天门，日月所入。有神，人面无臂，两足反属于头上，名曰嘘。颛顼生老童，老童生重及黎，帝令重献上天，令黎邛下地。下地是生噎，处于西极，以行日月星辰之行次。"不仅如此，他还有死而复活的本领。据说互人之国"有鱼偏枯，名曰鱼妇，颛顼死即复苏，风道北来，天乃大水泉。蛇乃化为鱼，是为鱼妇。颛顼死即复苏"。偏枯为半死，其名为鱼妇、鱼鲋、鱼凫，古音相谐，暗指颛顼的图腾转换，弃豕夒返祖于鸷鸟图腾以继王位。甚至还有故事说他能"监众神以导物，役御百气，招致雷电"。无疑，这一切都是对颛顼的神化。由于神化，颛顼也就变成了神了。

故事大意

上述故事讲颛顼生活在一个很不平凡的家庭里，他的母亲是蜀山氏氏族出身，名景仆，是观察天文出身的世家，有一天她在玄宫中观察北斗，北斗七星中的摇光之星，贯月如虹，感女枢幽房之宫，而生下了颛顼。所以他一生下来就是"首戴干戈"，具有"龙颜圣德"之表，是不折不扣的龙族继承人，长大后果然不凡。他接了少昊的班，继承了他的王位，干了几件惊天动地的大事。一件是"绝天地通"，改变人人作巫、家家为神的混乱局面，实行二官制：一个是管天，即管一切大小之神，所有神都得听那管天管神的；一个是管地，主要是管人，变女性主宰为男性主宰。管天管地的人都得听他的，他才是总管，是大教主。更了不起的一件事是他制定了颛顼历法，规定立春那天为一年的开头，一年十个月，一月三十六天，一年三百六十天，留五天过年，教育人民耕种、打猎、生活要按立法的规定进行。这一历法，从颛顼起，一直实行到秦始皇时为止。第三件事是他是教主，会巫术通神，又会掌国事，他认为一切事物都是周而复始运动的，春夏秋冬反复循环，月有阴晴圆缺，蛇冬死春复苏，任何事物都是变化莫测的，而他正是这一神奇变化的主持者。

故事解说

《古史考》与《晋书·律历志》都说"颛顼以孟春正月为元，其实正朔立春，五星会于营室"，或者五星会于"天庙"。

何新先生著的《楚帛书与夏小正新解》一书里列了一个图表。何先生在该书的第24页里写道："《颛顼历》以立秋为正月"，并列表标明。

周历	1月	2月	3月	4月	5月	6月	7月	8月	9月	10月	11月	12月
顼历	6	7	8	9	10	1	2	3	4	5	余闰	
新夏历	11月	12月	1月	2月	3月	4月	5月	6月	7月	8月	9月	10月
公元	12月	1	2	3	4	5	6	7	8	9	10	11

显然，与前述"孟春正月为元""其时正月朔旦立春，五星会于天庙"的说法不一。一个是"孟春正月为元"，一个是以公元五月、周历六月、夏历四月为元，前后相差了四五个月，不知谁是谁非。但有几点是明确的：

第一，颛顼历是存在过的。它的发明人是颛顼。

第二，颛顼历不仅在颛顼帝喾时代，尧舜禹时代实行，而且对夏商周影响也非常大。

第三，颛顼历是十月太阳历，一年十个月，每月三十六天，五天过年。

第四，尧舜以后才有月亮历、星历的推行。

第五，在《夏小正》《月令》中，即阴阳星历合历的历法，仍能看到颛顼历的影子。

一切让我们不能不感谢距今5000余年的颛顼历法的伟大发明者，到今天为止，农历仍在中国使用，过年年年都有。

巫是上古时代最有知识、最有文化的人。颛顼是巫人的杰出代表。他集天地人合一，人神合一，巫政合一于一身，创造了历法，进行了社会治理，和礼仪文化方面的诸多发明创造，不愧为伟大的神人。

五、帝尧仁德治世

帝尧是儒家仁德治世的楷模，贤人治世的典范，人神合一的标本。孔子对他有极高的评价，使他头上的光环也越来越多。诸如"其仁如天，其知如神"之类，在道家眼里，这些全是骗人的谎话，都是大家编出来的。尧一生干了三件大事：一是治洪水，二是授民时，三是搞禅让。虽不能说他"就之如日，望之如云"，也不能说他一事无成。究竟如何，且看文献的记述。

（一）帝尧生于斗维之野

帝尧陶唐氏，伊、祁姓也[1]。母曰庆都，孕十四月而生尧于丹陵，名曰放勋。鸟庭荷胜，眉有八彩，丰下锐上。年十五而佐帝挚，受封于唐，为诸侯。身长十尺，尝梦攀天而上之，故年二十而登帝位。都平阳[2]。①

据说其母外出，常有黄云覆其头上。及长，观于三河，常有龙随之。有一天有一条龙负图而至，其文曰：其人"受天佑"，"眉八彩[3]，须发长七尺二寸，面锐上丰下，足履翼宿。既而阴风四合，赤龙感之。孕十四月而生尧于丹陵。其状如图。及长，身长十尺，有圣德，封于唐。梦攀天而上。高辛氏衰，天下归之，帝即位，居翼[4]"。

注

[1] 尧的母亲陈丰氏为伊耆氏女，名庆都，居祁地。尧跟他母亲氏族姓，故姓伊，又以祁地名为姓，为伊祁。

[2] 平阳即晋阳，即太原。

[3] 眉八彩：意为放勋，大放光明，不平凡。

[4] 居翼：指他位在冀中山西。他的兄长帝挚在位时将他封于唐，即山西。

---

① ［晋］皇甫谧撰，《帝王世纪·五帝》，新世纪万有文库。

（二）仁德治世

孔子曰：(尧)"高辛之子也，曰放勋[1]。其仁如天，其知如神，就之如日，望之如云。富而不骄，贵而不舒，黄黼黻衣，丹车白马[2]，伯夷主礼，龙夔教舞，举舜、彭祖而任之，四时先民治之[3]。流共工于幽州，以变北狄；放驩兜于崇山，以变南蛮；迁三苗于三危，以变西戎；殛鲧于羽山，以变东夷[4]。其言不贰，其行不回，四海之内，舟舆所至，莫不说夷。"①

注

[1] 放勋：《尚书序》说尧母观河遇赤龙，感而有孕，怀孕十四个月生尧。刚生下来，就见他额骨头高，眉有八彩，所以取名放勋，即大放光明的意思。

[2] 黄黼黻衣，丹车白马：黼黻，为白黑青黑色的衣裳。据说尧很简朴，平时穿的是这黑白两色或没染过的黄呼呼的麻布衣服裤子，乘的是只是漆过一下，没有雕饰的车子，也不加任何装饰的白马鞍，住的是没有修葺的茅草房，穿的是草鞋，吃的是小米粥，和普通人差不多。

[3] 四时先民治之：指他让羲和氏安居四方，进行立杆测影，依春分、夏至、秋分、冬至正确确定春夏秋冬四时。以敬授民时，指导农业生产。

[4] 变北狄，变南蛮，变西戎，变东夷：尧末羲和之子皆死，定时废官，尧舜时以驩兜、共工互举，搞乱了朝政，将共工流放幽州，使之变成北狄之人，将驩兜放于崇山之南，使之变成南蛮之人，将三苗之国君放于三危，并加以杀害，使其国人变成西戎人，又将鲧放于羽山，使其变成东夷人，并加以杀害。尧时的政策是：变其言，改其行，变其服，易其俗，融入四野的少数民族。尧一生最大的幸事就是得到了一批贤臣。

命"舜为司徒，契为司马，禹为司空，后稷为田畴，夔为乐正，倕为工师，伯夷为秩宗，皋陶为大理，益掌驱禽。尧为君，而九子[1]者为臣，其何故也？尧知九职之事，使九子者各授其事，皆胜其任。以成九功，尧遂成厥功[2]以王天下"。"尧存心于天下，加志于穷民，痛百姓之罹罪，忧众生之不遂也。有一民饥，则曰：'此我饥之也。'有一人寒，则曰：'此我寒之也。'一民有罪，则曰：

---

① [汉]戴德编，《大戴礼记·五帝德》，黄山书社。

'我陷之也。'仁昭而义立。先恕而后教[3]，是尧道也"。①

注

[1] 九子：指舜、契、禹、后稷、夔、倕、伯夷、皋陶、益等九贤人。
[2] 厥功：厥（jué），厥功，其功。九功，九个方面的成就。
[3] 先恕而后教：老百姓有过失，总是先宽恕（shù）后教育。

（三）敬授民时

尧登帝位后，"乃命羲和敬顺昊天，数法日月星辰[1]，敬授民时[2]。分命羲仲居郁夷[3]，曰旸谷。敬道日出[4]，便程东作[5]。日中，星鸟，以殷中春。其民析，鸟兽字微；申令羲叔，居南交。便程南为，敬至。日永，星火，以正中夏[6]。其民因，鸟兽希革。申命和仲，居西土，曰昧谷。敬道日入，便程西成。夜中，星虚，以正中秋。其民夷易，鸟兽毛毨。申命和叔居北方，曰幽都。便在伏物。日短，星昴，以正中冬。其民燠，鸟兽氄毛。岁三百六十六日，以闰月正四时。信饬百官，众功皆兴。"②

注

[1] 数法日月辰：《尚书》原文为"历象日月星辰"，即根据观象日月星辰的结果制定历法。
[2] 敬授民时：恭恭敬敬告诉老百姓一年的季节变化，让他们知道什么时间该做什么事。
[3] 居郁夷、居南交、居西土、居北方：即住到东方、西方、南方、北方去观象测日。
[4] 敬道日出与敬道日入：《尚书》中为"寅宾出日、寅饯纳日"，意为恭敬迎候太阳出来，恭敬地为太阳的离去践行。
[5] 便程东作、便程南为、便程西成，便在伏物：意为督促东方的人该耕作了，告诉南边的人该从事农业管理了，告诉西边的人该收成了，告诉北边的人冬天到了，该把东西收藏好了。

① 左松超译注，《新译说苑读本》第六章，三民书局印行，第7—13页，河间献王谈王道与臣道。
② 司马迁著，韩兆琦译注，《史记》，中华书局，第6页。

[6]日中，星鸟，以殷中春；
　　敬至，日永，星火，以正中夏；
　　夜中，星虚，以正中秋；
　　日短，星昴，以正中冬。

释：中春、中夏、中秋、中冬，中即仲，指春夏秋冬四季中的第二个月。日中、夜中，白天晚上一样长为春分秋分。敬至日永，白天最长的那天即夏至。日短，白天最短那天为冬至。

星鸟：南方七宿的朱雀，鸟星；星火：东方七宿的大火星；星虚：北方七宿为斗、牛、女、虚、危、室、壁，虚属北七宿；星昴：西方七宿为奎、娄、胃、昴、毕、觜、参，昴属西方七宿。

全文的意思是：

羲氏和氏你们要恭恭敬敬地根据上天的旨意行事，找出日月星辰运行的规律，制定出历法，并把一年四季的天时节气告诉老百姓，以指导他们的农业生产和生活。接着尧分别命令他们执行自己的使命。羲仲你住到东方的海滨，那个叫旸谷的地方去，那是太阳出来的地方，你到那里要每天恭恭敬敬的迎接太阳的出来，以昼夜长短相等的那天为春分，以南方朱鸟星黄昏时出现在正南方天空的时刻，作为定仲春的依据，这时人们已开始下田劳动了，鸟儿也开始繁殖了；他又命令羲叔住到南方最南端那个叫交趾的地方去，测定太阳往南方运行的情况，恭敬地迎接太阳向南的来来回回，以白天最长的那天为夏至，以东方七宿的大火星出现在南中天为确定仲夏的根据；又命令和仲住到西边那个叫昧谷的地方去，恭敬地为太阳送行，弄清太阳西落的情况，以昼夜长短相等的那天作为秋分，以北方七宿中的虚宿出现在南中天依据定出秋季；接着再命令和叔到北边那个叫幽都的地方去，观察太阳向北运行的情况，以白昼最短的那天为冬至，以西方七宿中的昴宿出现在南中天坐定冬季的依据。分工好了以后，尧还嘱咐道："羲氏和氏啊，希望你们以366天为一周年，用闰月的办法解决岁差，确定春夏秋冬四季，以成一岁。搞成功了，令百官职守，一切事情就可以顺利进行了！"

这一历法规定，详细具体清晰，似乎羲和在制定立法之前，尧就把一年四季二分二至的问题都明确了，可能尧并不是要羲和他们去研究制定历法，而是去监督执守历法的规定。但无论如何，这是见诸文字的最完整的星象历法记载，弥足珍贵。即便是春秋时代传说的记述，也是很可贵的。

（四）帝尧治洪水

《孟子·滕文公上》载孟子说："当尧之时，天下犹未平。洪水横流，泛滥于天下；草木畅茂，五谷不登；禽兽逼人，兽蹄鸟迹之道交于中国。尧独忧之，举舜而敷治焉。"舜"使益掌火，益烈山泽而焚之，禽兽逃匿。禹疏九河，瀹济漯，而注诸海；决汝、汉，排淮、泗，而注之江，然后中国可得而食也。当是时也，禹八年于外，三过其门而不入"。

《竹书纪年》说：（尧）在位时遇大洪水[1]。十九年命共工治河。六十一年命伯鲧治河。六十九年黜崇伯鲧。七十五年司空禹治河。禹抑洪水十三年，于八十六年禹锡（赐）玄圭，告厥成功（以上见《竹书纪年》）。经六十七年的艰苦斗争，终于战胜洪水。故景星出翼[2]，凤凰在庭，朱草[3]生，嘉禾秀，醴泉出，日月如合璧，五星如连珠。厨中自生肉，其薄如箑，摇动则风生，食物寒而不臭，名曰箑脯[4]。又有草荚阶而生，月朔始生一荚，月半而生十五荚，十六日以后，日落一荚，及晦而尽，月小则一荚焦而不落，名曰"蓂荚"，一曰"历荚"[5]。①

后面这些话都是谥美之词，不足全信，但尧时确实有过大洪水。这一事史书有记载。《尚书·尧典》尧说："咨！四岳，汤汤洪水方割，荡荡怀山襄陵，浩浩滔天，下民其咨，有能俾乂？"用现代的话说，就是："啊！四方诸侯之长，滔滔的洪水到处为害，大水包围了村庄丘陵，淹没了农田高冈，浩浩荡荡，浪高接天，老百姓都在呼救叹息，有谁能使洪水得到治理呀？"《史记》中也有"四岳举鲧治鸿水，尧以为不可"，尧死三年，丧毕，舜即位，命伯禹为司空，并下令"禹，汝平水土，维是勉哉"。"禹拜稽首"。这些记载，说明尧舜时期确实有洪水成灾，水势也很大。

注

[1]关于尧时的洪水，《路史》记载：尧在位六十二载，沈、蒙泽（洪）水，演天方害，龙门未辟，吕梁未废，后土冒没，而填星逆于水府。帝乃忧中国之不康，诏曰："浲水滔天，下民其咨，孰能使俾将任焉？"这样，四岳才推荐鲧治洪水。鲧九年治水不成，被杀。七年丧期满，禹继续治洪水。十三年而成。

[2]景星出翼：景星是星宿中最大最亮的星。它的出现，表示该国为有道之国，该君为有德之君。传尧为翼星之精，在南方，色赤。景星现于翼，指尧执政七十年时南方七宿中的轸星大放光明，照耀着尧统治之翼地。

[3]朱草：一种红色的草，象征瑞气。

[4]箑脯：箑（shà），扇子。关东地区称箑，关内称扇。脯：肉片冻成的肉脯，藉以作扇，扇风。这是最早的冰箱的想象。

---

① 张玉春译注，《竹书纪年》，黑龙江人民出版社，第97页。

[5]历荚：古时称蓂荚，一种瑞草，据说"月朔始生一荚，月半而生十五荚。每月十六日以后，日落一荚，及晦而尽。月小则一荚焦而不落"。这说明尧时已确有一种月历存在。这种历法并不是历荚历法，而是山西话的"实沈"历法。"实沈"即十三。就是在大地上树十三根柱子。柱子的正前方有一个观察点。每天太阳出来站在观察点上观察十三根柱子之间透露出的太阳影子的长短。尧让人根据十二道太阳光影长短划分一年十二个月。这是确凿无疑的历史事实。现在的襄汾陶寺仍保留了这一"实沈"观察制度的遗存。

以上记载，说明尧时确实有洪水存在，并非妄说。但这洪水并不是西方的上帝为惩罚下民而发动的世界性大洪水。有事实证明是上游堰塞崩塌而形成的大洪水，和长时间暴雨而形成的山洪，山洪暴发也会造成田园被淹没，村庄被毁坏，道路被冲垮，山体崩塌，江河湖堤与田园村庄连成了茫茫的一片，人、畜浮尸于汪洋之上的情景。为挽救人民的生命财产，古人不得不用沙袋石块，"堕高堙庳"，以图活命。不要说在尧那个时代如此，就是现代也一样，年年夏天都有洪灾。有所不同的只是尧那个时代的抗洪条件比现在差多了，那时没有汽车，没有铲车，没有吊车，没有公路，全靠人肩挑背扛和石头工具帮忙。正是在这种情况下，共工、伯鲧治水失败，洪水一再袭击，使他们无能为力的。

自古以来，从黄帝、神农、蚩尤、少昊、颛顼、帝喾到尧都建都于泰山到太行山之间的这条南北走廊，这一带地方就是上古的东海岸边，海浸逆袭与山洪咆哮，他们都是受害者，所以尧把都城迁到了山西西南的襄汾陶寺。但那里也并不十分安全，也同样要受到山洪袭击，尧到达山西平阳以后，召集各方长老开会，商量治水，先让共工凿壶口至龙门，由于山洪顺谷而泻，黎民危在旦夕，他不得不先救人，让他们搬到高处，筑坝拦洪，因山崩岸塌，洪水如猛兽奔来，帝尧大怒，以"共工堕高堙庳，壅防百川，违背天常"为由而降罪于他，把他发配到了幽州。

后来又找到了鲧，鲧认为"君以民为本，洪水滔滔，要先救民，若不先救民，君何为"。他学的仍是共工的那一套，首先搞的是护庄堤（即所谓鲧筑城），以保护村庄田园，鲧在濮阳帝丘、尧行宫馆陶及尧城等地都筑了堤防，由于舜向尧告发鲧以息土息石堙洪水，"滔滔洪水，无所止息"，而被殛死。到禹治洪水后，才十三年而成。

其实，共工、伯鲧和大禹的治洪水并不是一回事儿。共工、伯鲧的治洪是偏于夏天暴雨形成山洪暴发时，在村庄城郭，筑堤防洪抗洪，抢险救人。禹执行的是洪水消退后，进行的疏通河道的治水工程，在漫天洪水时，疏通河道是不可能的，这是一项长远的防洪工程。这两件事儿并非神话，均是现实的写照，只是在实行中碰到困难，如劈山开路，穿山碎石之类，用石头工具解决不了，才请神出来帮忙。尧舜借故除掉了共工、鲧、驩兜、梼杌等人，导致了原始部落联盟的解体，催生了奴隶制贵族统治的到来。

（五）尧的禅让

后世许多帝王继承前王朝，都是武力夺取的。商继夏，周继殷是如此，春秋战国时就更多了。

《史记》说："尧立七十年得舜，二十年而老，令舜摄行天子之政，荐之于天。尧辟位凡二十八年而崩。"辟，避。帝王世纪说：舜，年二十，始以孝闻。尧以二女娥皇、女英妻之。见舜于贰宫，设飨礼迭为宾主，南面而问政，赐以锦衣琴瑟，筑宫室，封之于虞。命为司徒太尉，试以五典，有大功二十，并赐舜以昭华之玉，老而命舜代己摄政。明年正月上日，始受终于文祖（尧庙），以太尉行事。舜摄政二十八年而尧崩。三年丧毕，舜八十一，以仲冬甲子，月次于毕，始即真，改正朔。尧对舜应当说历代帝王中最好的。

其一，把两个女儿一同嫁给他；

其二，选为宾主，即当成嘉宾，设飨礼款待；

其三，让他南面而问政，赐琴瑟宫室，封于虞地；

其四，命为司徒，试行五典理政，并赐昭华之玉；

其五，老而命舜代己摄政。于第二年正月在文祖庙正式举行仪式，赐以太尉身份摄政。其仪式可想而知是十分隆重的。仪式由巫师主持，在音乐声中焚香点烛，占卜问天，帝尧训示，赐以美女，然后由舜宣誓接受摄政图书。

而舜又是怎样对待尧呢？则另有其说。《韩非子·说疑》说："舜逼尧，禹逼舜，汤放桀，武王伐纣，此四王者，人臣弑其君者也，而天下誉之。"[①]《竹书纪年》说帝尧的儿子丹朱回避舜而躲到房陵，舜把帝位让丹朱，丹朱不接受，于是舜把房陵封给了丹朱，作为虞国的近邻。过了三年舜即天子位，又收走了房陵。《路史·后纪》说："帝崩，虞氏国之子于房，为房侯。"许顺湛《名帝时代研究·尧舜时期联邦制王朝》引《竹书纪年》说，"尧之末年，德衰弱，为舜所囚""舜囚尧于平阳，取之帝位""舜囚尧，复偃塞丹朱，使之不与尧相见""舜篡尧位，立丹朱城，俄又夺之"等。看来舜的帝位似乎是"逼宫"，搞政变得

---

① 刘干先等译注，《韩非子·说疑》，黑龙江人民出版社，第 721 页。

来的。

这件事或与尧的禅让有关。《吕氏春秋·贵生》记载:"尧以天下让于子州支父,子州支父对曰:以我为天子犹之可也。虽然,我适有幽忧之病,方且治之,未暇治天下也。"《吕氏春秋·求人》还说:"昔者尧朝许由于沛泽之中,曰:十日出而焦火不息,不亦劳乎?夫子为天子,而天下已治矣,请属天下于夫子。"许由辞曰:"为天下之不治与?而既已治矣,自为与?啁噍巢于林,不过一枝,偃鼠饮于河,不过满腹。归已,君乎!恶用天下?""遂之箕山之下,颍水之阳,耕而食,终身无经天下之色。"许由是尧的臣子,尧见其贤,上门拜见他说:"十个太阳都出来了,炙热不息,我累死了,吃不消了,你来做天子吧,天下一定会治理得更好,请让我把天下托付给你吧。"许由说:"天下已经大治了,是为了我自己找我吗?鹌鹑在树林里筑窝不过是借用一枝,鼹鼠到河边喝水不过是为了饱肚子而已,我不贪图你的天下。"他拒绝了尧的禅让,到箕山当隐士去了。

这些都是传说,不一定真实,也许是战国时的士子们编出来的。但反映了他们对尧的禅让有不同的看法。尧时实行的是诸侯联邦制,他却拿权位当私有财产送人,而排斥联邦成员如驩兜、伯鲧、共工等成员。这一点舜看得更清楚,为防止意外,舜才不得不提前下手:逼宫、夺权。这就是尧舜禅让的另一种说法。

故事大意

1. 生于斗维之野

古人相信尧是天上星宿下凡。传说尧是南方七宿中的翼星之精。他的母亲是陈丰氏之女。陈丰氏在当时也是很有名望的部落。母亲名庆都,住在尧山南面不远的望都山下。她从做姑娘的时候开始,每次外出时头顶上总有一片黄云盖在她的头顶飘浮,紧跟着她。有一次,她在三河边玩,看到一条云龙跟在她后头,后来那龙就负图给她,说她受老天保佑,会得到一个儿子,他额骨高,眉有八彩,须长七尺,头呈三角形,锐上丰下,足覆翼宿。接着,阴风四合,不久陈丰氏就有感而孕。怀胎十四个月,于山西丹陵之野生了这个儿子。儿子果然如龙所说是鸟庭荷胜,眉有八彩,长得一副帝王之相。让儿子跟着自己姓,为伊耆氏,取名放勋,盼他将来有出息,明如日月,普照大地。后来人们才知道,尧的父亲是天帝。

正如龙负图所言,放勋真的身长十尺,常做梦登天,到了15岁,就能辅佐兄长帝挚处理政事,帝挚封他于唐,为唐侯,因以陶出名,故又被人称为陶唐。

2. 行十二月历法（实沈历）

这唐侯可不一般，很有智慧，精于计算。在帝挚执政期间，历法发生了分歧，东夷十日族坚持实行十月太阳历，娵訾氏常仪又发明了十二月月相历，尧主张和父亲一样推行这一历法。而十日族人反对。在帝挚当政的第九年时，天下大旱，帝挚多次进行雩（yú，求雨）祭也没有用。就请了陈丰氏氏族里的一位著名的女巫来帮助求雨，女巫想了许多办法也同样没有雨。后来她发现原来山下的一棵大树上挂了九个太阳，还有一个在下面，就认定是十日族人搞鬼，使十日并出。她命十日族人将十日取下，十日族人不肯。他们认为自己是羲和的后代，帝挚的亲戚。有书记载"羲和是黄帝的日官，赐土扶桑。扶桑君生十子，岁以日名，号十日。而九日为凶，号九婴，分扶桑之国为十，用兵不止"，连挚说话都不听，岂肯听女巫的。相反，他们嘲笑女巫无能，令她到高山上求雨。女巫令人把这事告诉了尧。尧当时是辅政者，一听火冒三丈，建议挚派兵镇压，挚很为难。尧便联合后羿和伯益领兵讨伐十日。继而又镇压了东夷七族的反抗。胜利后，唐侯取代了挚为王，事成，羿被命为尧的射正。

3. 尧之传位

尧对自己的家庭也并不十分满意。他娶了宜山氏女，一个叫女皇的人为妻，生了一个儿子叫丹朱，不听他的话，尧不肯用他，将他贬谪发配到丹江口。那里是三苗国人所在的地方。很多人很同情丹朱，称他为帝丹朱。丹朱很同情三苗人。帝尧亲自带兵讨三苗于丹水之浦，却未曾料到自己的儿子站在三苗一边反对自己。他不得不弃用丹朱，拒绝传位于丹朱。欲将帝位传于舜，但遭到联邦诸侯的反对，又想传于子州支父，被拒，再找许由传位又被拒绝。他听说舜不错，又不很了解，就将两个女儿一起嫁给他，并加官晋爵，赏功赐玉，并封官太尉，但舜等不及了，还没等他死就说他德衰而把他囚禁了起来。

4. 尧的德政

尧的一生有几个很大的优点。一是他生活很简朴，与黄帝大为不同。黄帝是锦衣玉食无病无痛半生忧，他却是布衣素食无福无祸一身轻。二是料事如神，知人善任。三是相传他对人民心慈手软，对对手心狠手辣。所以很得民心。他称帝后能富而不骄，贵而不豫，身上穿的是锅烟染的黑白相间的衣裳，脚上穿的是草鞋，乘的是没有雕花不加装饰的素马车，住的是没有修葺的茅草房，吃的是粗糙的小米粥。每天他和以前一样早起早睡，十分勤劳。他手下有个人叫彭祖，有一次抓到一只野鸡，和小米粥一起熬成羹后放点野菜送给他吃，他感到特别美味。他"存心于天下，加志于穷民，痛百姓之罹罪，忧众生之不遂意"，当他听到"有人挨饿了"，就说这是我的罪过，听到有人受冻了，他感到很难受，像是自己受冻一样，听到有人被刑罚，他就说是我害了他们呀。他先恕而后教，在宫殿门口放了一个大鼓，欢迎大家击鼓言事。据说尧很善于用人，他让伯夷主礼，龙夔教舞，彭祖养生防病，以许由、伊寿为师，命舜为司徒，契为司马，禹为司空，后稷为田畴，夔为乐正，倕为工师，伯夷为秩宗，皋陶为大理，益掌驱禽。尧一人为君，九子为臣，各司其职，都是十分能干的贤人。在这些人的帮助下，他毫不留情迅速地清除了那些他并不满意的人，杀的杀，放的放。他先后把共工流放到幽州，使之变成北狄，把三苗流放到三危，并将其首领杀害，使之变成西戎，将䚾兜放于崇山，使之变成南蛮之人，又把鲧放于东夷的羽山，将他杀于羽山，使其从者变成东夷人。这样一来，清除了联邦中的反对派，使天下更加太平了。

由于太平盛世的出现，天下更加和合。伯夔仿山谷之音，作大幸之乐，教天下人舞。这时有一个老人也在路旁，击壤而歌，拄杖而舞，有人见了感叹说："这都是尧的功德呀。"老人说："我日出而作，日入而息，凿井而饮，耕田而食，和尧何稀和干呀？"此话一落，转眼间，只见景星耀于天，甘露降于地，朱草生于郊，凤凰止于庭，嘉禾挚于田，醴泉涌于山。到处呈现出一派吉祥景象。在这种情况下，尧便开始进行封赏有功之臣。封稷、契、皋陶为侯，褒进禹为伯，纳舜于大麓为婿。人们走到哪里，莫不听到颂尧之声。

故事解说

尧的禅让

实行父传子，子传孙的嫡传制度，是封建时代的事。夏商执行的是兄弟子侄相传。尧舜时是传婿。尧有六世，朝代名称为尧，传的都是婿。它表明母系的衰落，父系的兴起，但母系仍有巨大的社会影响力。《竹书纪年》《史记》《论衡》《帝王世纪》《路史》都说尧二十登帝位，"在位98年，活了至少118岁"，这在当时是绝不可能的。王大有认为：尧有六代，每一代尧都是前一代尧的女婿。第一代尧，帝号尧，在位36年，活了61岁；第二代尧，年号尧，称帝52年，活了71岁；第三代尧，帝号江，在位42年，活了47岁；第四代尧，帝号起，在位36年，活了53岁；第五代尧，帝号求，在位21年，活了59岁；第六代尧，帝号密，在位29年，活了61岁。遭十日之乱的是第一代尧，遭大洪水的是第四代以后的尧。①

六代尧当政加在一起，前后216年。不管尧有多少代，后代都称之为尧。虽然这仅仅是一个"参考"，但出现在人们面前的，都是现世明君。他的衣食住行，七情六欲，也是和普通人一样的。他和普通人不同的是，他是仁德至上的君主，是一个只有人民没有自己，不谋私利的圣君。这是他的人性的一个方面。另一方面，他也是一位敢于打着无私为民的旗号，图谋私利的君主。他联合后羿以兵逼兄长"禅让"，并夺了王位，又借后羿的兵力无情镇压东夷七族的反抗，再利用虞舜之力以种种借口镇压敢于反对他的人，包括诸多联邦诸侯。如共工、鲧伯、驩兜等有功之臣，和他的亲生儿子丹朱。有的被杀，有的流放，一点也不手软，一点也不仁慈，他对国家的治理也并非无可非议。那击壤而歌的老者声音就是证明。这一切是尧人性的另一方面。

---

① 王大有著，《三皇五帝时代》，时代经济出版社，第517页。

六、大舜孝养治世

在遥远的古代，遥远的东方，有一个孝养之国，十分令人仰慕，令人神往。那里就是大舜所经营的国土。关于孝养之地的传说很多，数千年来，一直传为美谈，特别是五湖四海的老年人十分向往那一片神秘的国土，都想去那里看一看，希望能分享一份落日时的喜悦。

（一）二瞳三眸[1]

舜母曰握登，见大虹意感，而生舜于姚墟[2]。目重瞳子，故名重华。龙颜大口，黑色。身长六尺（《竹书纪年》）。其先国于虞，始为虞氏。五帝之中，独不出于黄帝。自敬康而下，其祖敬康也。敬康生于穷系，系出虞幕之后，幕姓宗焉。是生乔牛，乔牛生瞽叟。幕能听协风[3]，以成乐物生者也。有虞氏报焉。舜长九尺，太上员首，龙颜日衡，方庭甚口，浚哲文明，温恭允塞，敦敏好学，而止至善，寅畏天命[4]，而凤丧其母。瞽叟御而生象[5]。象得亲乃咸恶舜，御以不道。舜于是往于田，泣旻天号[6]，父母负罪，隐廛大杖，避小杖。历阳之耕，侵畔[7]乃往耕焉。田父推畔争，以督亢授[8]。濩泽之渔争[9]，坻[10]乃往渔焉。陶于河滨，期年而器以利。牧羊潢阳[11]，而获玉历于河岩，所至向合当其田也。旱则为耕者凿渎，俭则为田者表虎，与四海俱利。顿丘买贵，于是贩于顿丘；传虚卖贱，于是债于傅虚[12]，以均救之。编蒲结罟，躬耕处苦，而民从之。一徙成邑，再徙成都，三徙成国，至邓之虚，而百千万家。①

注

[1]二瞳三眸：二瞳，即左眼睛里有二个瞳子。三眸，原两个瞳子，加一个重瞳，故称为三眸。《荀子·非相》"尧舜三眸"，杨倞注云："参眸子谓二瞳之相参也"。意为舜处理问题，不相信左眼或右眼之偏见，而是全面看问题。这里讲

---

① ［宋］罗泌著，《路史·后纪·有虞氏》，商务印书馆。

的是他们的本事是天生的，是神力所现。

　　[2]姚墟：墟（虚），本意指大土山，山丘。这里指舜出生于姚山。

　　[3]协风：协和之风。

　　[4]寅畏天命：敬畏天命，恭恭敬敬听从天命。在舜之前的帝王中，尚未见天命之说，商周以营为天帝，始流行天命之说。

　　[5]御而生象：御指瞽（gǔ）叟又娶了一个老婆，生了个儿子叫象。其行为恶劣，不仁道。

　　[6]泣旻天号：旻（mín），天空，昊天、苍天。泣旻天号，对着苍天大哭，对着苍天叫喊。

　　[7]侵畔：侵，靠近。指舜在历山靠河畔的地方开垦耕作。

　　[8]以督亢授：田父在河畔耕种发生争执，他去调解，把自己高一点好一点的地方给他们。

　　[9]濩泽之渔争：田父捕鱼时在河边发生争执，他把自己打的鱼给他们，进行调解。

　　[10]坻（chí）：水中的高地，或山坡。

　　[11]牧羊潢阳：在潢地之阳放过羊。

　　[12]债于傅虚：傅虚，地名，指傅岩一带。传舜到那里做生意贵买贱卖，赔了本，欠了债。

故事大意

　　舜，东夷人，出生于贫苦家庭，母亲早死，自幼聪明，长有三个眸子，身长九尺，大头圆脸，日角龙颜，方庭甚口，敦敏好学，一幅天子相。由于母亲早死，父亲是瞎子，给他找了个后娘，生了个恶弟，使他童年苦不堪言。那些人串通一气，经常虐待他，打他，加罪于他。每当他知道他们要打他时，就把大棒子藏起来，把小棒子放在显眼的地方，让他们用小棍子打。他受了气没有地方哭诉，只好埋怨自己命不好，对着苍天大哭大叫。舜长大后，到历山种地。许多人跟着他去开垦，有时村民为了一块好地相互争执，舜就把自己的一块好地给他们种；到河边去打鱼，遇到争执，他也热情地帮助解决渔争；到河去烧制陶器的生意，辛苦一年赚了一些钱全拿回家侍奉老人；他还到过潢阳放过羊，获得玉历；天旱时为耕者打丈坑找水；到顿丘去做生意买贵卖贱，而亏了本；他还结网渔猎。总之，他样样苦活都干过，让人吃亏自己讨便宜的事没干过，像个傻子。所以跟着他一块劳动的人越来越多，"一徙成邑，再徙成都，三徙成国"。他到了邓那个地方时，已有百千万家跟着他了。

（二）大舜敬孝

舜贤、舜孝的事迹传到尧的耳朵里，使尧十分高兴。尧早就想实行孝养治国，以让社会安定。当他听到舜敬孝的事，就想选舜做他的接班人，但又怕舜事只是传闻，没把握，就决定谨慎考察，把二女嫁给他，再给一块地方让他治理，以观察他的治理能力，后来又把九个儿子也派到他的身边，以考察他对外事务的处理能力。那时，舜住在妫水和汭水交汇的地方。尧从子女处得知舜耕历山，历山人皆让畔；渔雷泽，雷泽人皆让居；陶河滨，河滨之器皆不败坏。故而，一徙成邑，再徙成都，三徙成国。所以，尧便赐舜锦衣、美琴，为其造了仓库，给了牛羊，又给了他一些地方让他治理。但他的父亲不仅不为儿子高兴，反而听从泼妇唆使，作恶不断，必欲置舜于死地而后快。有一天，瞽老头与老婆商量让舜来帮助在仓库上盖上麦草，让象去请哥哥来帮忙。

象跑到历山，进门就说："哥，爸叫你过去一趟。"

"干啥？"

"爸说让你帮仓库盖草。"

舜收拾了一下，准备出门，被两个妻子叫住，"到哪儿去？"舜把仓库盖草的事说了。女英脑子一转，自语道："不对呀，才盖的仓库，怎么就要加草呢？"于是停了一停说道："当心，他们不怀好意。"舜说："知道，父命难违呀！"皇娥说："你把这个带上。"说罢，拿出一件绣有鸟纹的衣服说："穿上，穿在里面吧，遇到危险，把外面衣服脱了，即可脱身。"舜依从了。妻子们还是不放心，说："让我们一块跟你去吧？""不用了，你们帮不了忙。""我们可以出主意呀。""那好吧！"于是，他们一同去帮助给仓库盖草。他们一同来到永济老宅。恶妇拿来梯子，舜顺着梯子上了仓廪，恶妇说："我把梯子用一下。"说完就把梯子取走了。于是人们往仓库顶上扔麦草，舜接麦草，盖在房顶上。正在繁忙之际，恶妇让象把麦草点着火扔到房顶上，火顺着风势，立即着了起来，将舜围在火团当中。他的外衣也着火了。皇娥、女英在下面大叫，快点，把外面的衣服脱了。大舜猛然醒悟，立即脱了外衣，露出五彩鸟衣，纵身飞出了火海，来到妻子面前。恶妇的阴谋失败了。

后母还不甘心，一计不成又生一计。她知道大舜是孝子，便与瞽老头商量，想让舜帮助淘水井，又派了象去请大舜。象再一次来到舜跟前说："哥，爸让你帮助把家门口那口井淘一淘。"由于井用的时间长了，泥沙淤积，也是常理。所以，舜一口答应了。第二天，舜准备出门，又被皇娥、女英叫住，问去干什么。

舜一五一十地说了。皇娥取了件龙纹衣让大舜穿在里面,说:"遇到危险可脱去外衣。"舜点头出去了。舜来到八卦井边,沿级而下,将淤泥放进小桶里,让象拎上来倒掉。挖了一阵后,绳子突然断了,象与恶母将井上的烂泥不断地往井里扔,一边大叫着"救人啦,我的儿呀,你死得好惨呀!"又转身对象说:"儿子,出息点,把两个嫂嫂弄过来做老婆。"他们朝井里看了一下,见没动静,以为舜死了,便高高兴兴回到家里。张罗着分家产。象说:"本谋者象。"他提出要两个嫂嫂和琴这两样东西,牛羊、仓库给父母。分好后象高兴地弹起琴来。正在这时,舜突然出现在他们面前。象一下愣住了:"你……你……你……没有死呀?"舜问:"你怎么啦?"象愣了好半天才说:"我正担心你呢。"舜骂了他一顿:"说谎,你这个小人!"这件事后,舜仍旧像往常一样对待父母,亲近兄弟。

(三)大舜理政

　　由于舜很孝顺,立国时能养国老于上庠,立西学以教国士,秋养耆老,春飨孤子,封百里之驸,赐姓妫氏,被称为孝养之国。尧听了舜的事迹后,十分高兴。尧执政第七十年正月,让四岳册命舜为伯。第二年二月的第二个辛日,在洛水河边搭台祭祀水神,并将玉璧沉于水中。这时只见一只大乌龟从岸边爬了上来。它的背上背了图书,龟背上还有字,写着当禅舜等字样。尧知这是天意,于是将帝位禅让于舜。七十四年舜巡守四岳。七十五年命禹治河。一百年尧死。死前因嫌儿子不好,没让他即帝位。从此开启了禅让之风。根据《尚书·舜典》记载:尧七十一年正月的一个吉日,在太祖庙中举行了大典,尧将帝位禅让于舜。舜即位后,观察了北斗七星的运行规律,列出了他马上要办的七件政事。祭告了上天,祭祀了天地四时,敛集了诸多五彩玉版,选定吉日良辰,接受四方诸侯的朝贺,并将圭玉颁发给各方诸侯,以示委命。他上台后,立即协调春夏秋冬四时的月份与日数,统一音律与度、量、衡各项制度;将官的爵位分为公、侯、伯、子、男五个不同的级别,并据此规定了朝聘礼节和与之相对应的五种颜色的圭玉版;要求诸侯们用红、黑、白三色丝绸作为进贡的礼物,大夫以活羊羔与活雁作为贡物;此外,还建立了固定的巡守制度,规定五年一巡守。四方诸侯分别在四岳朝觐,汇报他们的政绩与情况。舜根据他们的得失给予奖励与处分。对有功的诸侯赐给他们衣服与马车。他将全国分为十二州。又命人在器物上刻上五种刑罚。用流放的办法来宽恕犯五刑的人。对官员犯五刑之罪用鞭刑,对学生犯五刑罪打竹板,对赎罪的人用金刑,对过失犯罪者,只要认错可赦免,对怙恶不悛的人严加惩罚。根据五刑责罚,流共工于幽州,放驩兜于崇山,迁三苗于三危,殛鲧于羽山。

有人说："当舜之时，有苗氏不服。禹欲伐之，舜不许，曰：'谕教犹未竭也。'究谕教焉，而有苗请服。天下闻之，皆非禹之义，而归舜之德。"这是汉刘向在《说苑》里说的一段话。那么为什么还要迁三苗于三危呢？也许这正是做给不服的三苗人看的。

在实行五刑的同时，舜立了诽谤之木，允许大家发表不同意见。他任命了许多很能干的贤人帮助治理朝政，如禹、契、皋陶、倕、伯益、伯夷、后稷、夔等，龙子进言，神人相贺，五色分明，五声恰洽，老有所养，孤有所托，天下没有一个国家不钦仰的，因此都称赞舜为孝壤之君。

（四）大舜传位

舜称帝的第十四年，宫廷里发生了一件震动天地的事。那天，舜正高兴，以为天下和合，命人奏乐，他也想亲自弹奏五弦琴，唱和一番。正在奏钟笙管未罢之际，天上忽然雷雨大作，疾风拔木卷走了屋顶，鼓捶落在地上乱滚，钟磬乱响，舞人吓得乱藏乱躲，乐正慌忙逃走，舜仰天大笑起来，说："老天爷，莫发威了，我明白你的意思：天下非一人之天下，我该让帝位于禹了。"这时，天气为之一变，和气普应，若烟非烟，若云非云，郁郁纷纷，萧索轮囷，百官相和《卿云歌》，舜应声唱到："卿云烂兮，糺（jiū，缠绕）缦缦兮，日月光华，旦复旦兮。"

群臣咸进和曰："明明上天，灿然星陈。日月光华，弘于一人。"

三十二年春正月，夏禹受命于神庙，即帝位。舜，四十九年后居鸣条，五十年死于苍梧之山。

舜死之后，二妃未从。原因是舜不告而娶。皇娥、女英灵照百里，是为湘水之神。有说舜又娶癸比氏生二女，曰宵明与烛光，处河大泽，灵照百里，是为湘神。何是何非，不得而知。

故事解说

孝养之治

孝，指孝敬父母，养，指奉养老人。这是中国的优良传统。中国古代，人人都要学《孝经》，懂孝道。敬孝，非糟粕。它让人明白，一个人立身处世，"始于事亲"，上至天子，下至庶人，"孝无终始"，昔者明王以孝治天下，不敢遗小国之臣，治国者不敢侮于鳏寡。而事亲首先在于养。而养有养老与养庶之分。

养老，在过去的时代，老指阁老，当官年龄大了要退下来休养，把位置让给年轻力壮的人，这叫"任壮养老"或"扶壮养老"，相当于我们当今的离退休制度。它强调的是两个方面：一是扶壮，即扶持、培养年轻人；二是养老。这种养老要给予一定的优厚待遇与俸禄，使他们安心休养，还要给一定的权力。如御赐予九尺龙头拐杖，管仓库的不给粮食，可以用龙头拐杖打他。

另一种是养庶，对普通的老人称养庶，主要是给他们口粮、肉，让他们颐养天年。皇帝对养老的人年节时会拜访他们，了解他们的生活情况，为他们举行千叟宴。所有这些都是贤明的君主才能干得出来的事。

据《竹书纪年》记载，殷高宗武丁六年，命卿士傅说，视学老养。视学即视察学养机构。《王制》说，"凡养老，殷人以食礼"；"殷人养老于右学，养庶于左学"；"殷人缟衣养老"。说明在武丁时就形成了养老的制度。孔子说这种制度形成时间更早，"昔者有虞氏贵德而尚齿，夏后贵爵而尚齿，殷人贵富而尚齿，周人贵亲而尚齿。虞夏殷周，天下之盛王也，未有遗年者焉"。"七十杖于朝，君问则席。八十则不仕朝，君问则就之，而悌达乎朝廷矣"。"斑白者不以其任于道路，而悌达乎道路矣"。① 相反，如果老弱孤寡，乞讨于路边，无人爱无人问，就说明

---

① 王肃注，《孔子家语·正论解》，上海古籍出版社，第110页。

社会缺少贤明，出了大问题。

　　这一点从汉初的文景之治亦可看得明白。据汉书记载：汉高祖十七年秋，高后崩，汉文帝即位，即下诏："老者非帛不暖，非肉不饱。今岁首，不时使人存问长者，又无布帛酒肉之赐，将何以佐天下子孙孝养其亲？今闻吏禀当受鬻者，或以陈栗，岂称养老之意哉？""有司请令县道，年八十以上，赐米人月一石，肉二十斤，酒五斗。其九十以上，又赐帛人二匹，絮三斤。"汉武帝元狩二年夏四月，"派人巡行天下，存问致赐。赐县三老，孝者帛，人五匹；乡三老，弟（悌）者，力田帛，人三匹；年九十以上及鳏寡孤独帛，人二匹，絮三斤；八十以上米，人三石"。① 这些都是在物质给予老者以帮助的硬性规定。孝必须以养为基础，如果一直让老人饿肚子，哪里还谈得上孝呢？

　　我们现在也通行养老。但我们今天的老与过去的不同。过去的老指退职的官员，普通的老人不称老而称庶，或庶老。我们今天不分，不论离职、退职还是普通的年长者统统都称老。在待遇上也有一些差别，主要是医疗方面，现在差别也缩小了。不论是哪种退休或离休的人，从中央到地方都有专门的机构专门的人员管理，每年还有敬老节送礼物，对老人进行慰问。这一切说明我们继承了敬老爱老"尚齿"的美德与优良传统。可以说过去的孝养之国只是人民的理想，我们今天的全国通行养老才是真正的孝养之国。

---

① 班固撰，《汉书·帝纪》，中华书局，第151页。

七、少康复国

夏后帝启崩，子太康立。太康崩，弟中康立。中康崩，子相立。相，一名相安。"自太康以来，夏政凌迟，帝相为羿[1]所逼，乃徙商都丘，依同姓诸侯斟灌氏、斟寻氏。羿遂袭帝号为羿帝。帝羿，有穷氏，未闻其姓。其先帝喾，以世掌射正。至喾，赐以彤弓素矢，封之于鉏（锄），为帝司射，历唐虞夏。羿学射于吉甫，其臂左长，故亦以善射闻。及夏之衰，自鉏[2]迁于穷石，因夏民之不附以代夏政，逼篡帝位。故号有穷氏[3]。帝相徙于商丘，依同姓诸侯斟寻。羿恃其善射，不修民事，淫于田兽，弃其良臣武罗、伯姻、熊髡、龙圉[4]，而信寒浞。寒浞，伯明氏之谗子，伯明后以谗弃之，而羿以为己相。寒浞杀羿于桃梧，而亨[5]之以食其子。其子不忍食之，死于穷门[6]。浞遂代夏，立为帝。寒浞有穷氏，既篡帝位，复袭有穷之号，浞因羿之室，生奡及豷[7]。奡多力，能陆地行舟。使奡[8]灭斟灌、斟寻[9]，杀夏帝相，封奡于过，封豷于戈。恃其诈力，不恤民事。初，奡之杀帝相也，妃有仍氏女曰后缗，方娠，逃出自窦归于有仍，生少康焉。初，夏之遗臣曰靡[10]，事羿，羿死，逃奔有鬲氏，收斟寻二国余烬，杀寒浞，而立少康，灭奡于过，后杼灭豷于戈，有穷遂亡也。"①

注

[1] 羿（yì）：夏时有穷国君主，善射。羿是上古时东夷地区的善射氏族。在帝喾之前就已存在。帝喾赐以"彤弓素矢"，尧时射十日的后羿，并非夏王相时"淫于田兽"，不修民事的后羿。因其先人封于有穷，为有穷诸侯国君主。又因位于夷，又称其为夷羿。

[2] 鉏（chú）：同锄，地名。

[3] 篡：指羿篡相帝位。相闻羿善射，封为射正，并令其射鸟目，赏万金。羿与吴贺北游，吴贺使羿射鸟左目。羿引弓射中右目，愧而离去。因帝相穷兵，羿反对，百姓亦反对，羿乘势陈兵河岸，篡了权。

---

① ［晋］皇甫谧撰，《帝王世纪·夏》，新世纪万有文库，第19—20页。

〔4〕武罗、伯姻、熊髡、龙（máng）圉（yǔ）：均为羿之贤臣，羿弃而不用。

〔5〕亨：烹、煮。亨之以食其子，指寒浞杀羿而烹之给羿的儿子吃。

〔6〕穷门：指羿子不肯食，而浞被杀于有穷氏之国门。浞遂代夏政。

〔7〕豷（yì）：人名。

〔8〕奡（ào）：上古大力士。

〔9〕斟灌、斟寻：古代部落名。夏同姓诸侯。

〔10〕靡（mǐ）：夏遗臣。有鬲（lì）氏，夏部落。在今山东德州东南25000米处。

故事大意

历史进入夏朝，没有几代人就发生了夷羿篡夏帝相的帝位，寒浞篡了夷羿的帝位，少康又推翻了寒浞的统治，恢复了夏朝的事件。一时间真是天下大乱，令人难以理解。究竟是怎么一回事呢？它的来龙去脉是怎样的呢？传说中说：东夷、西夏本是两个强大而对立的民族，古时常以兵戈相见。到夏时更如此。夏启死了后，传位于他的儿子太康，太康死了后传给他的弟弟仲康。仲康住在斟寻，他的儿子相安即位后，住在河南商丘。相即位后即发兵征淮夷，第二年又征风夷、黄夷。引起了夏民不安，夷人不满。夷羿是夷人，他继承了祖先善射的传统，当了夏的射正，他便乘老百姓对相的穷兵不满，不肯出兵镇压百姓，反而倒戈相向，一举夺取了相的帝位，自立为帝，号有穷氏。所以夏民和夷民还是理解支持他的。

但后羿夺取王位后，辜负了人民的希望，他并不把精力放在国家的治理上，而是整天到外面去打猎游乐。他有几个非常好的大臣，如武罗、伯姻、熊髡、龙圉等，这些人后来都是有名的神人。后羿不用他们，而是把寒浞当成自己的心腹，让他当辅臣。寒浞是寒国伯明氏的辅臣，这个人很不好，伯明氏嫌他献媚钻营，把他赶走了。可是后羿却重用他，让他为相，把一切大权都交给他。正如《左传》所记：“浞行媚于内，而施赂于外，愚弄其民，而虞羿于田，树之诈慝（nì，同"昵"，即假装亲昵），以取其国家，内外咸服。"在这种情况下，羿尤不归，不改正错误，不听从忠言，仍旧相信寒浞这个小人。结果，等他归来时，寒浞令其家众将他杀了，烹了，给他儿子吃，其子不肯食，被打死于穷石门外。他最相信的宰相寒浞又霸占了他的老婆。赫赫后羿氏族，就这么一下从历史上消失了。

那寒浞也没有好下场。他霸占了夷羿的老婆后，和她生了两个儿子，一个叫奡，一个叫豷。奡是个大力士，能使舟行于陆地。寒浞使他灭了斟灌、斟寻，杀了夏帝相。寒浞封鼻于过，又封另一个儿子豷于戈。他们也同样，不恤民事。

夏帝相的妃子是有仍氏之女，名缗。帝相死后，缗有孕在身，便回到娘家山东济宁有仍国，在那儿生了一个儿子。寒浞知道后很害怕，怕他长大后复仇，就要有仍氏将那孩子交出来。有仍氏不肯，让这孩子逃到有虞国，投靠有虞国王。那孩子在有虞国学厨师，当了厨正，后来又放牧当了牧正。有虞国王见这孩子不错，就把两个女儿一同嫁给他。并给了有虞"田一成（一里），有众一旅"，让他有立足之地。这孩子就是后来为夏复国中兴的少康帝。

帝相当政时，有一个大臣叫伯靡，十分聪明，有勇有谋。他趁寒浞杀羿引发内乱之际逃到了鬲（gé）国，即今登州那个地方。他在那里收集了斟灌、斟寻那地方相帝留下的遗民兵卒，准备复夏。他听说少康在有虞得"一成一旅"，便一力支持少康复国，率先领兵杀了寒浞。少康亦领兵号召天下起兵复国。寒浞死后，他的大儿子鼻也被杀死了。大儿子的老婆叫女歧。寒浞的二儿子浇是寒浞灭斟寻、斟灌时的统帅，力气很大，但骄奢淫逸。他强行不让嫂子女歧改嫁，想霸占她，女歧十分痛恨。少康知道这一消息后，派了一个叫汝艾的人到浇的住处当间谍。汝艾派人潜入浇屋中，袭击浇，砍下来一个人头。可一看，砍下的不是浇，而是女歧的人头。浇趁黑逃走了。汝艾于是带了猎犬去追，猎犬将浇扑倒在地，汝艾赶来就将浇杀了，并带着浇的人头来见少康。少康灭寒浞，杀鼻，屠浇，人民都很高兴，便拥戴他为天子。少康复国成功，夏朝中兴由此开始。夏又恢复了后稷之官，力主务农，命玄冥为水官，少康在位二十一年。

故事解说

历史的训诫

有关夷羿篡夏，少康中兴的事，《左传·襄公四年》魏绛以《夏训》答晋侯问，有十分详细的记载。《楚辞》的《天问》《离骚》等也多处提到，尤其《离骚》说得十分明白："启《九辩》与《九歌》兮，夏康娱以自纵。不顾难而图后兮，五子用失乎家巷。羿淫游以佚畋兮，又好射夫封狐；固乱流其鲜终兮，浞又贪夫厥家。浇身被服强圉兮，纵欲而不忍；日康娱而自忘兮，厥首用夫颠陨。"《逸周书》亦有提及；可是《史记》对此却避而不谈，《尚书》亦不提及，孔子也不答南宫适之问。是何道理？时至今日，在当今的史书中亦无明确的答案，成为一大疑团。留下的只是一则十分曲折的传说。

这则故事告诉人们：安逸淫乐者亡，奋发图强者立；失民心者亡，得民心者立；得奸佞者亡，得忠信者立。

八、商汤为民请命

传商汤[1]是神的后代，契的第十一代孙。契的母亲叫简狄。《诗·商颂·玄鸟》有"天命玄鸟降而生商"。《吕氏春秋·音初》说："有娀氏有二佚女[2]，为之九成之台[3]，饮食必以鼓，（天）帝令燕往视之，鸣若谥隘[4]。二女爱而争搏之，覆以玉筐，少选[5]，发而视之，燕遗二卵，北飞，遂不反。二女作歌，一终（注：一阕终了）曰'燕燕往飞'。实始作为北音。简狄于是拾而吞之，一年而有娠，经十四月而生契。"因此，商人根据这个故事都把自己当成是神的后代，尊图腾神燕子为祖先。契为尧臣，封于商。从契至汤，迁都八次，过着游移不定的游牧生活。因此，商汤对下层人民疾苦比较了解。他曾说过一句很有名的话："人视水见形，视民知治不。"从以下几则故事可了解他的思想与为人。

（一）商汤求哭

夏桀荒淫无道，闻篆书著"亡夏者桀"，他十分恼怒，下令诛豪杰，杀关逢。伊尹屡谏不听，曰"日亡吾亡"。于是汤使（人）哭之，桀又囚汤于夏台。而后释之。于是商汤起兵号令灭夏，天下"诸侯叛桀附汤"。在诸侯们的一力帮助下，汤一举灭夏桀，建立了商朝。

（二）商汤求雨

汤伐桀后，连续大旱七年。洛川竭，汤怀疑是得罪了天帝，便使人持三足鼎，祝于山川曰："上天为什么不下雨呀，是我欲不节耶？使民疾耶？苞苴[6]行耶？逸夫昌耶？宫室营耶？女谒[7]行耶？何不雨之极也？"殷史卜曰："当以人祷。"汤曰："吾所为请雨者，民也。若必以人祷，吾请自当。"遂斋戒剪发断爪，以己为牲，祷于桑林之社："惟予小子履，敢用玄牡，告于上天后曰：'万方有罪，罪在朕躬；朕躬有罪，无及万方。'"言未已而大雨至。①

---

① [晋]皇甫谧撰，《帝王世纪·殷商》，新世纪万有文库。

这段文字的大意是：商汤灭了夏桀以后，连续七年大旱，连洛川都干涸了，人民连饮水都困难，庄稼更是颗粒无收，到处都是一片求雨之声，汤怀疑是上天惩罚他，便派人拿了三足鼎请雨。他祈告上天说："天呀，为什么不下雨呀？是我有什么地方做的不对吗？是我不知道人民疾苦吗？是我行为不检点，受人贿赂（苞苴——芦苇包）吗？是我听信谗言吗？是我违背民意营造宫室吗？是有人告发我行为不端吗？如果都不是。那为什么不下雨呢？"这时有个叫史卜的大巫说："要想得到上天的谅解，就必须以人祭。"商汤说："吾所为请雨者，民也。若必以人祷，吾情自祭。"说罢遂斋戒剪发砍断自己的手指，以祷于桑林之社说："惟予小子履，弗敢与用黑公牛，祷告于上天厚土，万方有罪，由我一人承担，千万别怪他们。"这番祷告连上天也十分感动。商汤言罢，大雨倾盆而下，数年旱情立即解除，天下一片欢声。

（三）商汤求贤

汤思贤，梦见有人负鼎抗俎[8]对己而笑。寤而占曰：鼎为和味，俎者割截天下，岂有人为吾宰者哉？初，力牧[9]之后曰伊挚，耕于有莘之野。汤闻，以币聘，有莘之君留而不进。汤乃求婚于有莘之君，有莘之君遂嫁女于汤，以挚为媵臣[10]，至亳，乃负鼎抱俎见汤也。①

注

[1]商汤：《史记》说成汤名帝乙，是契的后代，契因佐禹治水有功，封于商。汤从先王居，人称商汤，名履，为诸侯之长，曾数次受命征伐不从王命的诸侯，桀无道，伐桀。桀走鸣条，放逐而死，汤乃践天子位，立商朝。

[2]佚女：美女。

[3]九成：九层之台。

[4]謚嗌：鸟叫声。

[5]少选：过了一会儿。

[6]苞（bāo）苴（jū）：苞苴本指芦苇包，这里指贿赂。

[7]女谒：谒，告发。

[8]俎（zǔ）：古代祭礼礼器。切肉的砧板。今人的菜砧、肉砧。

[9]力牧：传说是黄帝的臣子，牧羊万群，智慧，力大。

① 《太平御览》三九七，中华书局。

[10]媵臣：媵（yìng），诸侯女出嫁的陪嫁人。

故事大意

商汤推翻夏王朝后，首先一件事儿，就是想找贤人出世，帮助治理天下。他日思夜想着如何遇见贤人。有一天，梦见有一个人背着一个大鼎，扛着一个大砧板朝他笑，他觉得这人相貌很不一般，便去找人占了一卦。卦上说鼎为和味，俎为割切。他想这岂不是告诉我，他是为"宰"之人吗？便去打听这人是谁，一打听这人叫伊挚，是皇帝时的宰相力牧之后，耕于有莘氏之国。汤便拿了钱，找到有莘国君，说汤想聘这个人，可有莘国君说这是他的手艺很好的厨子，不肯放人。怎么办呢？后来他终于想出了一条妙计，派人带着重礼到有莘国求亲，要娶有莘氏的大姑娘为妻。殷是大国，有莘是小国，巴不得有这门亲事，便一口答应了。这样有莘国便嫁女于汤，嫁女时，以伊挚为陪嫁品。那时汤住在河南偃师（古称亳）那地方，迎接新娘子那天，汤见新娘子后面跟了一个负鼎抱俎之人。这正是他想找的贤人，汤把伊挚接到府上以后，就与他交谈治国的事儿，听了十分高兴，便命他为宰辅。在伊挚几代人的辅佐下，殷人很快强盛起来，成为东方的强国。

故事解说

贤人治世的标本伊尹

成汤见伊尹一脸黢黑，年近七十，负鼎扛俎，和梦中人一模一样。样子虽难看，他却信以为神，十分兴奋。见面后，犹如故友，相谈甚欢。成汤当即向伊尹请教三公九卿之事，伊尹对答如流，贡献了一套巫教宗侣与奴隶主结合治世的办法，使成汤十分满意，当即受命以为相，朝中大小事务一概由他做主。伊尹辅佐了商朝几代人。汤崩，太子太丁未立而崩，由其弟外丙即位，外丙三年崩，由其弟中壬即位，干了四年又崩，伊尹立其太子太甲即位。太甲不遵汤法，暴虐乱德，被伊尹放于桐宫思过，伊尹亲自摄政当国。太甲在桐宫居三年，能悔过自责，伊尹把他接了回来，授之以政。汤选伊尹，对殷商的发展虽是功高盖世，但却开启了巫教夺权乱世的先河。

据《竹书纪年》记载，从十九年起大旱，二十七年迁夏九鼎于商邑，二十九年陟。汤为天子，从汤元年至太甲元年，共享事十三年。太甲即位十二年陟。《史记》说："帝太甲即立三年，不明，暴虐，不遵汤法，乱德，于是伊尹放之于桐宫，伊尹摄政当国，以朝诸侯。太甲居桐宫三年，悔过自责，反善，于是伊尹乃迎帝太甲而授之政。"《竹书纪年》说："伊尹放太甲于桐宫，乃自立。太甲七年，太甲自桐潜出杀伊尹，乃立其子伊陟、伊奋，复命其父之田而中分之。"这是巫史乱政的另一种说法。无论前说或后说，都说明伊尹辅佐殷商的时间是很长的。前一种说法说明伊尹是还位于太甲，是贤人，后一种说法说明伊尹企图篡位，并非贤人。主张贤人治世的人支持前一种看法的。几千年来，大多数的儒家人物都认同这一种观点，认为伊尹是治世贤相，并非篡位之相，也不是被太甲杀死的。长期以来，伊尹一直是求贤若渴之君追逐的偶像，力求进取效忠的知识分子仰望的楷模，贤人治国的标本。这个故事是经人加工的又一个贤人治世的美丽传说。

九、傅说、妇好与武丁中兴

从帝俊（誉）至相土，甚至到殷末，殷民族都是以畜牧为主，过着逐水草而居的生活。但自相土以后发展了一些农业，过上了半定居的生活。商汤革夏命，首先是征服葛族、韦族、顾族、昆吾族，"使数十百国归向"。他们靠掠夺财物，俘虏人口，占领土地，强迫进贡来加强自己。所以，他们"本质上就是奴隶所有者集团对原始公社的革命"①，其特点是将公有土地和公有财产变成了自己家族的财产，从而使社会产生了严重的两极分化，形成了国力削弱的局面。武丁中兴，进行了变革，把中国奴隶制推向了顶峰。但武丁中兴不是由他一人完成的，而是靠了两个人，一个叫傅说，一个叫妇好。

故事原文

（一）武丁

武丁名昭，殷帝王，庙号高宗。其父帝乙是盘庚[1]之弟。帝盘庚崩，弟小辛立，帝小辛崩，弟小乙立，殷复衰，子武丁立。帝武丁即位，思复兴殷，而未得其佐。三年不言，政事决定于冢宰[2]，以观国风。武丁夜梦得圣人，名曰说[3]。以梦所见视群臣百吏，皆非也。于是乃使百工营求之野，得说于傅险中[4]。是时说为胥靡[5]，筑于傅险。见于武丁，武丁曰是也。得而与之语，果圣人，举以为相，殷国大治。故遂以傅险姓之，号曰傅说。②

注

[1]盘庚：汤九世孙，祖丁之子，即位时，王室衰乱，盘庚从首都曲阜迁都于殷，今河南安阳。盘庚死后，其弟小辛立，小辛不久亡，弟小乙立。小乙即武丁之父。殷实行天干命名，殷帝王全部以出生日之天干为名，所以有盘庚、祖

---

① 吕振羽著，《简明中国通史》，人民出版社，第67页。
② [汉]司马迁著，韩兆琦译注，《史记》，中华书局，第48页。

丁、小辛、小乙、武丁等称呼。

　　[2] 冢宰：为帝王管理政事的辅佐官。《周礼》有"天官冢宰"，规定天官冢宰设太宰卿一人，小宰、中大夫二人，宰夫、下大夫四人。太宰负责管理治国安邦六典，辅佐国王治理天下。小宰负责建立官内刑法，执行宫中告令和纠察禁令。宰夫负责规定三公六卿百官群臣的地位，执行禁令，监察守规情况。

　　[3] 说（yuè）：读悦。人名。传为武丁相。《春秋元命苞》说"傅说主祝章巫官司也"，《开元占经》卷六十八说"傅说，盖女巫也，主王后之内，祭祀以祈子孙，广求胤嗣"。其他著作未认同此说。

　　[4] 傅险：地名，亦云傅岩。

　　[5] 胥靡：古代服劳役的刑徒。又为地名，在今河南偃师南。传说傅说贤而隐，代胥靡筑道路。《拾遗记》云："傅说赁为赭衣者，即佣工，穿罪人的赭衣，筑于傅岩之城。"从此注文看傅说非女巫。

（二）武丁与傅说

　　武丁本名昭（公元前1250—前1192年），是殷王盘庚的侄子。盘庚之前其王朝名商，因奢淫乱朝，往返迁都于河北河南，生活不定，遭人民反对，后来在盘庚的坚持下才迁都安阳，改商为殷。在这里他把王位传给弟小辛，小辛又传位于小乙。小乙是武丁的父亲。眼见朝政奢淫衰败，实是不安。所以在武丁年幼时，小乙就给武丁找了一个老师甘盘。甘盘是著名贤臣，也是巫教的传习者。他教武丁为君之道，教导他要立志，做贤明的君主，又带他到殷人的祖先帝喾住过的地方，古亳都靠黄河边的偃师那一带居住了许多年。武丁在那里不仅跟老师学文化知识，学武艺，学治世贤君之策，还在河南、山东等地考察。其间，有两件事对他一生影响极大。一件事是他结识了一个子姓封国的女子。她高挑的个儿，匀称的身材，圆圆的大眼，小小的快嘴，酒窝里装满了笑意，显得智慧温柔美丽。又由于她自幼跟父母亲学武艺，骑马射箭无一不通，引得武丁十分爱慕，决心与她比武，召她为妻。另一件事是他在傅岩那地方遇见了一个圣人，他混在罪人队伍里劳作，换口饭吃，因而武丁在心中总是忘不了这位栋梁之材。

　　武丁的父亲去世前召他回宫，要他即王位。他即位后，三年服丧，把一切政事交给朝臣们办理，他一言不发。那些大臣们都急得不得了，天天都来讨圣旨，他就是不开口。

　　其实他苦思冥想的问题，就是如何使天下诸侯臣服。他想出了几条对策：其一是先把妇好封为诸侯，敬为方伯，使她与天下诸侯处于同等地位，再使人到妇好母国提亲，要他们送妇好进宫与他为妻；其二是让妇好在内宫司掌妇职，一改巫教宗侣与奴隶主结合专政的传统，从宗侣集团手中夺取了神权；其三是将对外征伐的大权也交与妇好，实际上自己才是天下诸侯的统领者。这样他就一举夺走了诸侯们的兵权。又为诸侯们封地封爵，让他们纳税敬贡。通过这种利益交换，掌握了经济大权。夺取这些权力才是武丁思考3年，迎娶妇好的秘密。把傅岩那地方那位穿赭衣筑路的刑徒弄到朝廷里来做官是他一直想做的事。他知道那人并非犯什么罪过被罚做劳役，而是因为在这做劳役有饭吃，那人才来这里做工。可是既然列入囚犯队伍，穿上了赭衣，就打上了犯罪印记，要弄他到朝候的经廷里来做官恐怕是没人赞成的。所以他一连苦思了几年才想出了一个好办法。

有一天，他上朝时对大臣们说他做了一个梦，梦见上帝赐给他一个良臣。又把那人长得什么样子说了一番，要画工们画下来，四处去找。后来臣僚们把这人找了来做宰相，命为上卿，同时又命老师甘盘为卿士。这一传说甲骨文铭文里并无记载，而史书里彼此相传，或许这只是后代知识分子期盼贤君的一种梦想。武丁执政50余年，在爱妻妇好的帮助下与臣僚们同心合力，先后伐鬼方、羌方、土方、巴方，征豕韦，灭大彭，平了20多个小国，统一了疆土，实现了殷朝中兴的伟业。

傅说，众多史书，如《史记》《尚书》《竹书纪年》《拾遗记》《帝王世纪》等均有记载。在叙述武丁时都有提到。武丁把傅说请进宫，一见大悦，几句话，即知是自己要找的人。经过几次谈话，探究治国之策，傅说给了他很深的印象。

开始那几次，武丁要他大胆进谏治国之策。他见武丁很诚恳，就说"君王，要效法上天，臣下要顺从上天，人民就服从治理"，"作为君王不要轻易发号施令，轻易动干戈，否则会招致羞辱与战争"，"也不要把官职随意授予自己亲近的人，要授予有才能的人；不要把爵位荣誉轻易送予品德恶劣的人，要授贤德的人；做事要有准备，有备无患，条件不成熟不能随便行动"。这些话背后隐藏的意思武丁十分明白，就是要重祭祀，爱贤才。听了这些话，武丁十分激动，连连称赞傅说说得好。武丁说："我像一把利刃，你就是磨刀石，我是渡河的船，你就是船桨，我是荒年大旱，你就是大旱之年久盼的甘霖，打开你的心泉来浇润我的心田吧！傅说，今后你有什么话就直接来找我，不要拘泥于什么礼节。"一席话，说得傅说嘣咚一声跪了下来说道："君主圣明！你的语言就像木匠的绳墨，根据这绳墨去规谏木料，就会使木条变得正直。有君主的圣明，我们的国家一定能治理好。"

许多地方开始以为这武丁如他的先辈们一样会奢淫无度，不服不贡。武丁想派人去讨伐他们，被傅说阻止了。傅说献计武丁说，现在国力虚弱还不能出兵讨伐，先要发展生产增强国力，命能人强兵。诸侯不服，大彭兵强马壮，命大彭出兵讨伐，然后……武丁一听，大悦，把桌子一拍，立即下令让大彭出兵。武丁按计而行，然后出兵灭大彭，威震诸侯，使殷国实力大增，方国纷纷效忠纳贡。这个故事虽然好听，但在武丁实现中兴的过程中，却未见甲骨文中有关于傅说的记载。这个人物体现了战国时期一般知识分子的心理与期望，不一定是真实的。到目前为止，尚未见到证明他是历史人物的证据。不过《竹书纪年》中武丁四十三年灭大彭是有记载的。

（三）武丁与妇好

武丁中兴与武丁的妻子妇好有很大的关系。武丁有3个法定的妻子即戊、辛、癸。辛即武丁的第二个妻子妇好。有关妇好甲骨文里有许多记载。1976年在河南安阳小屯村发掘出妇好墓，出土了1900件青铜器玉器，其中青铜礼器210件，记载有关妇好的铭文有109件。这些有关妇好的铭文，已经被专家整理核对识读。现根据中国社会科学院甲骨文铭文专家殷墟考古发掘者曹定云先生著的《殷墟妇好墓：铭文研究》一书（云南人民出版社）的有关记载复述如下。

妇好之名字

妇好不姓"妇"名"好"，名字也不叫"妇好"。她的姓名不清楚，"妇好"二字是根据铭文的记述而称谓的。铭文的记述形式是多样的，有的写成妇好，有的写成好，有的写成子女，有的写成女子女，有的子在上女在下，有的女在上子在下或子在二女中，形式多种多样，但都叫妇好。妇不是姓，是管理宫中事务的女官的通称。好是殷朝子姓封国的国名，不与殷王朝的子姓同姓。好的意思是子姓国送进宫中的女子。子姓国与殷朝联姻，世世代代送女子进宫世袭妇官，成为世妇。所以，殷朝的妇好不止一个，妇好前有妇好，妇好后也有妇好。我们讲的妇好是武丁的法定妻子，安阳妇好墓中的那个妇好。

在妇好的铭文中还有一种称妇好为"司辛""司母辛""辛"的称呼，这是怎么回事呢？曹先生解释说这也不是妇好的名字。司是宫中一种具体的官职。国家大事在祀与戎。殷宫中掌管祀的女官即为司。而司职以牛豕豚羊鸡犬雉兔鱼祭祀的女官，分别称为司牛司兔等称谓。其中以司牛地位最高。古时祭天祭日祭天帝为大祭，行太牢之礼，祭月祭地行少牢之礼，都要求用全牛全羊。故司牛为"一元大武"，为九祭之首。妇好在宫中居司牛之尊位，众人无不翘首仰望。她死后庙号为辛。故武丁称之为辛、司辛，她的儿子们称她为司母辛、妣辛。

（四）妇好之征伐

　　武丁之前的殷商之祖是燕山脚下南迁的游牧民族，先居于黄河中下游地区的河南北部、山西河北南部、山东西部一小块长方形的地区。这里也是阶级矛盾、民族矛盾、统治集团之间的矛盾及巫教宗侣集团的矛盾很尖锐的地方。统治区域内部与外部的矛盾相互交织，使武丁身感重负如山，难以安眠。经过反复思考才想出了一条妙计，迎娶妇好为妻。妇好能文能武，先封妇好为子国之伯。子国封地近莒地，让她成为东夷诸侯之首，并"从侯告伐夷"，而一举安定了东夷；继而对内推行农村耕种自由民制度，把土地分给地主，允许自由民向地主租地纳粮，地主向奴隶政权交税。这一制度也适用于夏遗民，如戈氏、亚戈、宁戈、戈酉、戈兆、戈巳、戈网、戈车等十戈氏族。他们大多是黄帝、舜、禹及夏帝王后裔。这样就使内部安定下来。为安定外部环境，他将黄河中下游的诸多独立氏族诸侯国逐一封侯晋爵，要他们称臣纳贡。对不肯称臣、不肯纳贡者，再加以讨伐。因而避免了全局的动荡。这讨伐的任务就由妇好承担。

　　妇好有一身好武艺，有一手好箭法。安阳殷墟妇好墓中，至今仍保留着一个妇好用过的韘。韘（shè），是古时射箭时戴在右手指上用来钩箭弦的扳指。一般

用骨制成。但妇好的扳指是金属的，已经磨旧了，可见其射箭之功夫了得。妇好身高在 1.6 米以上，挎着彤弓素矢，手举一柄 9 千克重的大钺，穿一身铠甲，戴上头盔，往四匹大马拉着的大木轮车上一站，那威武之姿，真像一尊战神，让人不寒而栗。

妇好深得武丁喜爱的，是因为她的过人智慧。因居于甘肃南部的羌人与居于陕西南部的周人相邻，武丁想先伐周再伐羌。妇好建议不伐周，封周为伯，与周和好，保周伐羌，把羌人赶出甘南而夺取西部广大地区。武丁采纳了这一建议。从武丁二十九年开始，先派遣大将旺乘跟妇好、亚启等人征讨陕西、宁夏境内的土方、鬼方，借口是他们侵犯沚境。开始时，"登人五千伐土方"，从是年二月打到十二月结束，再分兵打鬼方。武丁三十年七、八、九 3 个月先后 7 次下令调集人马，每次 3000 人或 5000 人，有一次，38 天调集了 23000 多人。战争一直打到武丁三十二年才结束。接下来一仗是打羌方、孟方。甲骨文有武丁令"乎妇好先登人于庞""登妇好三千，登旅万，乎伐羌""王令妇好从侯告伐夷""妇好伐巴方"等记载。在"妇好伐羌"战役中，武丁御驾亲征，令妇好为统帅，结果擒方伯 3 人，俘虏 1570 人、战车 2 辆、盾 180 个、甲胄 50 具。大获全胜。在征羌方的战争中，武丁亲自为她占卜，得到的回答是"贞，登妇好三千，登万旅，呼伐羌"，武丁便给了她 3000 人和 10000 士兵奴隶。殷军参战的队伍有步兵、战车、骑兵，使用的兵器也很先进，有青铜矢、戈、刀、矛、斧、钺、斤、戚。打起仗来，步兵与战车、骑兵相互配合。5 车为一小队，25 车为一大队。以车为中心，将一小队分为 4 组，车前 25 人，车右 125 人，车左、再右为特级人员。这在当时简直是难以想象的。但羌方人是能征善战之人。这一仗打得十分艰苦，前后打了 3 年多，才告结束，武丁也付出了沉重的代价。在武丁三十四年的征战中妇好负伤了，胜利归来不久就死了。这使武丁心痛得如肝脑涂地、五脏撕裂。中国母系社会最后一位赫赫战神就此陨落了。

（五）妇好之丧葬

妇好死了。她获得了王侯般的礼遇。武丁为她建立了地宫，举行了罕见的祭礼，而不是作为王妃与他日后合葬。妇好葬礼之厚，难以令人想象，可以说是葬举国重器于一穴。妇好死后不久，武丁为妇好制作了一头石牛，是用大理石磨制圆雕的殷人心中之神，恭恭敬敬放在棺椁的正中央，头朝南伏卧着，象征这是一个王者之祭。武丁所以献牛，是因为妇好生前是司牛祭天的主持者。从生孩子到每一次征战出发时，武丁都要到妇好墓前占卜，跪求妇好保佑。

武丁清楚地记得妇好第一次怀孕临产前几天,他天天为她占卜。这一点卜辞里有记载,如:

庚子卜 彀贞:妇好有子? 二月

辛丑卜 彀贞:妇好有子? 三月

辛丑卜 亘贞:王占曰好,佳匕。

二月二十九日刚占卜过了,三月一日他又去占卜,回答还是一样的。他还不信,当日又去找另一个叫亘的贞人占卜,那人回答他一定会给你生个儿子。武丁高兴极了,说要是生了儿子我就让他当太子做王。

庚子卜 彀贞:妇其有子。

卜辞讲的是二月末庚子这一天武丁找到一个叫彀的贞人为妇好占卜,问是不是要为他生儿子了,卜辞告诉他是的。这个儿子后来武丁就叫他王卩,择吉日为儿子举行了隆重的命名仪式。仪式举行前母子先沐浴,在音乐声中妇好抱子向阶而立,然后由武丁下阶接子命名为卩,爱称为小王或王卩。这个孩子就是为妇好献上大方鼎一对、四足觥一对、方形高足器一件,具名献给司母辛的孝己。

献上两件铜钺、一只方彝的是武丁的第四个儿子叫亚启。他是跟随妇好南征北战的将军,殷代的诸侯,跟随武丁、妇好征讨过羌方。封于启。

除此之外,宫中司妇各方王侯也无不都以重器祭祀。这样就造成了妇好墓中国宝如云,光照日月的极致豪华的景象。不仅如此连陪葬奴隶也是最高等级的。

故事解说

中国的第一位女将军妇好

由于武丁会决策,妇好会打仗,有指挥才能,在武丁在位59年中的第35年之前一直与妇好以及他们的第四个儿子,英勇无比的亚启并肩作战。他们先后征服了孟方、庐方、鬼方、土方、羌方等方国,将殷的国土扩展到了四川、甘肃、陕西及山西、河北北部、山东东部地区。疆土的扩大、财富的增加、生产的发展、社会的安定,促进了青铜铸造、甲骨文铭文和天文气象事业的发展。反之,科学文化的发展又促进了生产的发展,从而把奴隶制推向了顶峰。但中国母系社会最后一位赫赫战神也同时陨落了。她的死也为我们留下了团团疑问。

一、妇好之死是个未解之谜。有说她死于难产,有说她死于战争,有的说死时只有31岁,有的说有50岁左右,究竟是怎么死的,死时有多大年纪?这一切只能由专家们去作结论。我推测妇好死于战伤,年龄在50岁左右。

二、这位女战神死了,葬礼十分隆重,其规格之高,至今少见。她的墓中除了两件治军武器大铜钺、大方鼎 5 件外，还有武丁亲自赠送她一对鸮，尊称她为战神。陪伴她的有 440 余件青铜器，468 件生活用器，如方壶、方尊、圆斝之类，590 件玉器，如玉琮、玉璧、玉璜、戈钺矛之类，420 余件装饰佩戴用品，其中有玉龙、玉凤。那玉凤高冠勾喙，短翅长尾，吉祥温良，优美异常。那玉钺上还刻有一行字"有牙阴户"，示她为战神、地母神。这一切使妇好得到了最高礼遇，最大的满足。这一切是后人对她的留恋与赞美。

　　三、值得注意的是妇好墓中还有 10 多个陪葬的活人尸体。妇好生活的时代是殷朝的鼎盛时代，也是奴隶制度最严酷的时代。那时是通行活人祭祀的。据记载："从盘庚到帝辛亡国，八世，十二王，273 年（公元前 1359—前 1123 年），用人牲 13052 人。另有 1145 条卜辞未计人数。如每条以 1 人计算，全部杀人祭祀至少当用 14197 人。"① 在武丁当政的 59 年间死了 5418 人，一次用牲人数最多达 1000 多人。其中很多人都是战争俘虏与奴隶。不仅可以拿方国诸侯的头颅祭祀，还可以在诸侯的头盖骨上刻字。这就是我们不能不看到的历史的另一面。所以说，武丁的中兴是以千千万万血淋淋的尸骨换来的。这一点，殷墟遗址祭祀庙的铜柱下和妇好墓中的白骨可以作证，并非虚妄之言。

---

① 刘青著，《甲骨卜辞神话资料整理与研究》，云南人民出版社，第 173 页。

第六章
农牧神话与传说

在我国,自古以来,都是以农为主。殷是以牧起家的民族,这里反映的是殷民族的游牧生活尤为可贵。在本章中,农、牧两方面的内容都有介绍。

一、神农的女儿们

二、狗尾巴草和鸟衔穗、象耕田的故事

三、炎帝神农发明农医的传说

四、7000年前河姆渡人的稻谷种植生活

五、种植之神姜嫄

六、农神后稷

七、蚕神嫘祖

八、牧神王亥

一、神农的女儿们

传说炎帝神农有三个女儿。他种田种地女儿们不反对，支持他，跟着他，护着他。可他总是领着一帮人上山采草药，亲自尝草药，品评毒性，她们就不开心了。孩子们屡劝不听，他仍旧扔下孩子们不管。大女儿一气之下，跟着一个叫赤松子的人跑到昆仑山修行去了。二女儿叫媱姑。跟炎帝上姑媱[1]山采草药，跌下悬岩死了。死而为神，名叫女尸，后来为报答爹爹，她变成了一棵䔟草，成为能为人治病的仙草。《山海经·中次七经》有关于䔟草的记载，说："又东二百里，曰姑媱之山，帝女死焉，其名曰女尸，化为䔟草，其叶胥成[2]，其华黄，其实如菟丘[3]，服之媚于人[4]"。中次七经还说"又东三十里，曰泰室之山。其上有草焉，其状如荒[5]，白华黑实，泽如蘡薁[6]，其名曰䔟草，服之不昧[7]。"

注

[1] 姑媱（yáo）：山名。

[2] 胥成：胥，相互；成，重叠。指叶茂重重叠叠。

[3] 菟丘：又名菟丝。

[4] 媚于人：为人所爱。

[5] 荒（zhú）：山蓟。为菊科术属植物。

[6] 蘡薁（yīng yù）：蔓生植物，细叶，实如山葡萄，有光泽。

[7] 服之不昧：昧，不忘。

故事大意

再往东200里，叫姑媱山，天帝女儿叫女尸，死在那里，后来变成了一棵草，叫䔟草。那草的叶子很多，重重叠叠，叶间开着黄色的小花，结出甜美的果儿像菟丝一样，挺讨人喜欢的。有人说，那䔟草有点像蓟菜，开白花，结紫黑色的果子，吃起来甜甜的，样子像野葡萄，很讨人喜欢的，吃了不会糊涂。天帝也很喜这位姑娘，命她做云华夫人。

炎帝的小女儿叫女娃。《山海经·北次三经》说："又北二百里，曰发鸠之山，其上多柘木。有鸟焉，其状如乌，文首、白喙、赤足，名曰精卫，其鸣自詨（叫），是炎帝之小女，名曰女娃。女娃游于东海，溺而不返，故为精卫。常衔西山之木石，以堙于东海。"东海，指太行山以东的海，即今渤海。精卫，俗称帝女雀。故事讲的是炎帝的小女儿有一次跟神农上山采草药，神农不肯让她跟从，她独自一人回家时遇到渤海海侵，将她淹死了。从此她忍恨在心，就变成了一只美丽的小鸟，每天"精卫""精卫"地叫着，衔着太行山的木石往渤海丢，要把渤海填掉。渤海神吓坏了，只好令海水从太行山脚下退回东海里去。有人说她后来变成了布谷鸟，每到播种季节，她就飞到每家每户去叫"布谷""布谷"，农家人都很喜欢她，就问她："喂，你叫啥名字呀？"她回答："李翠阳！李翠阳！"从此以后，人们见到这种鸟儿，就相互转告"李翠阳来过了，播种五谷的时候到了。"

故事解说

精卫填海的由来

精卫填海的故事，历来说法很多。她本来在太行西边的发鸠之山，为什么要跑到太行山东边来填平东海呢？仅仅是因为她去渤海游泳被淹死了么？这是很令人不解的。最近看到游修龄先生在《中国稻作史》一书里的一段话，才恍然大悟。

他在书中说："自晚更新世以来，中国东部平原发生了三次海侵，东海和黄海大陆架经历了两次海退，三次海侵，一次是星轮虫海侵，一次是假轮虫海侵，一次是卷转虫海侵。"从假轮虫海侵结束以来约25000年，开始了大理晚期海退，东海岸退约600千米。第三次海浸开始于距今15000年前到12000年左右，海平面达到现在的110米，到11000年时上升到60米。海水溯江而上进入杭州湾、上海、南通一带。随后海侵扩大淹没了近海平原。江南地区古柏山麓，海侵使宁波平原成为浅海。海岸线在会稽山四明山。太湖以东地区全是沼泽浅海。①

由此，我们可以联想到渤海的海边在太行山下，那正是海侵的原因。由于海退，才到了现在的位置。精卫填海反映的正是三次海侵时渤海岸到达太行山麓。海退之后又向东退去，留下的仅仅是鲁西南的一大片湖泊和太行山东面的一片荒原。

---

① 游修龄编著，《中国稻作史》，农业出版社，第24页。

二、狗尾巴草和鸟衔穗、象耕田的故事

狗尾巴草和鸟衔穗、象耕田的传说，讲的是北方人吃的粟米，南方人吃的稻米的种植起源。

（一）狗尾巴草的故事

据说很久很久以前发生了一场大洪水，上帝很同情人民，派了一些动物给人间送一些谷种去。有的动物如老鼠，在路上把谷种偷吃了，有的动物如飞禽走兽，都给淹死了。狗会游泳，俗话说"牛浮三江狗浮四海，猫子下河两浮两摆"。天帝派天狗送谷种给人间。天狗担心它带着的谷子都被冲走了，就把尾巴黏了一些种籽朝天翘着，没有被水冲走，才把谷种带给了人间。因此，人把这种谷子叫狗尾巴草。狗尾巴草经过一代又一代人的优选培育，才变成了北方人的主粮：粟、稷。不黏的为粟，黏而粒大的为稷。9000年以来，北方人都以这种作物为口粮。所以后世人们在尝新时，先要谢谢狗的功劳。

（二）鸟衔穗、象耕田的故事

晋王嘉《拾遗记》说："炎帝始教民耒耜[1]，躬勤畎亩[2]之事，时有丹雀衔九穗禾[3]，其坠地者，帝[4]乃拾之，以植于田，食者老而不死。"

唐徐坚《初学记》说："〈周书〉曰神农之时，天雨粟，神农耕而种之。"《太平御览》八十一有"舜葬苍梧九嶷山之阳，其下有群象为之耕"。

《吴越春秋》说："会稽山下，有禹庙，庙有圣女像。"《礼乐纬》云："禹治水毕，天赐神女圣姑，即其像也。山上有禹冢[5]。昔大禹即位十年，东巡狩，崩于会稽，因而葬之。有鸟来，为之耘，春拔草根，秋啄其秽，是以县官禁民，不得妄害此鸟，犯则刑无赦。"

注

[1]耒耜：耒（lěi），古农具，形似削尖的木棒。耜（sì），古农具，形似锹，通常为耒的下端，如现代的犁头上的铧。耒耜为犁的前身。

[2]畎亩：畎（quǎn），指田地中的小沟。畎亩，指田间。

[3]穗禾：禾，通指谷物，穗禾，即稻穗。

[4]帝：这里指炎帝。

[5]禹冢：冢（zhǒng），坟墓。禹冢，大禹墓。

故事大意

从炎帝开始，教老百姓用耒耜进行耕种，最初的时候是用耒，即将一个木棒子一头削尖了在地上戳个洞，把种子丢进去，后来在木棒子的尖尖头装上一个木头的或骨头的铲子一样的东西进行挖地松土后再丢进种子，这样禾苗就容易生长，庄稼就长得好一些。以后这种农具进一步发展才成了犁，开始是木犁、石犁、人拉弓犁，进一步才有铁犁、牛拉犁。在炎帝时代，炎帝发明了耒耜耕作，有鸟儿给他衔来稻穗作种子，炎帝才开始耕作播种。大象见人耕作太辛苦就跑到野生稻田帮助踩谷秔秕，把野生稻田踩烂了，稻子就自生自长了。鸟儿也跑来帮助拔草、除虫、施肥。这种景象在九嶷山下、会稽山下都可以看到。

故事解说

稻粟种植最早在中国

1993年11月湖南道县玉蟾岩遗址，发现水稻壳，人工干预野生稻，距今10000年。1995年10月又在该遗址底层发现栽培稻，距今14000年。

2001年浙江蒲县遗址发现8000年以前的栽培稻；1977年浙江余姚河姆渡遗址第一文化期4A层发现稻谷、秕谷、稻秆、稻叶的堆积层，面积达400平方米，每层间距2—10厘米，最厚处达100厘米以上，稻谷数量之多，色泽之鲜艳为世所少见。有些颖壳上的隆脉和稃毛也清晰可见。这里还有大片的稻田。这些表明距今7000年时这里已大面积种植水稻了。这是南方种植的情形，在我国北方也同样。2010年2月22日《文汇报》报道河南考古博物院院长松林1981年5月11日在河南荥（xíng）阳城池青后遗址39窖穴覆盘上发现面糊，证明中国人在10000年以前就吃上烙饼了。1980年以来在河北武安县磁山遗址88处方形窖中发现古人储存的粟，堆积厚度处达0.2—2米，有人估计有13.82万斤，时间距今8000多年。1983—1994年内蒙古兴隆洼遗址，先后6次发掘出粮窖400余，时间距今

8200—7500年。甘肃大地湾遗址发掘出粟碳化标本，距离今7800—7700年。

上述事实证明，生活于距今7000—6000年之间的神农时代并不是中国稻粟谷物种植的起点。"鸟衔穗，象耕田"是神话，是稻粟种植的原始方式的反映。而不是种植的历史。

原始的耕作方式有"踩谷庄"种植，也有野生"刀耕火种，放火烧荒"的。但刀耕火种在山地里用，南方大多种水稻。以放火烧荒的方式种水稻没听说过。在山上种庄稼放火烧荒是有的，但那是常住山上，以旱作物维生的人的生产方式。良渚考古证明，其时的农田大多在沼泽草丛里几米至几十米的土地上进行的。所以放火烧荒，不应是南方水稻区的人在几平方米或几十平方米的土地上种植的行为准则。

炎帝神农"生于烈山""王承荧惑""以火纪时""受火之瑞"，据此，有人便以为他的"火"便是放火烧荒的火。错了。他的"火"不一定是放火烧山的"火"，而可能是"大火""鹑火""荧惑"的火，是依大火星指示进行种植的"火"。

三、炎帝神农发明农医的传说

炎帝与神农是生活于伏羲王朝与黄帝王朝之间长达千年的两个历史王朝，是我国历史处于重大转折的时期。在这一段时间里出现了较大规模的农业种植和农业生产工具的制造，发明了中草药，为民治病，在天文气象方面，尤其是立杆测影技术也有了重大发展。炎帝与神农本是两个不同的历史时期，战国中期才合成一体，从而造成了混乱。农耕主要指神农柱发明农业种植。根据现有资料予以叙述如下。

（一）神农以农为本，无制而治

《易·系辞下》有："包牺氏没，神农氏作，斫木为耜[1]，揉木为耒[2]，耒耜之利，以教天下，盖取诸《益》[3]。日中为市，致天下之民，聚天下之货，交易而退，各得其所，盖取诸《噬嗑》[4]。"《路史》说神农时"创铁为杵臼，作锄耨、入钱镈[5]，以济万民"；《周书》说"神农作陶"；《水经注》说"神农既诞，九井自穿"。

注

[1] 耜（sì）：犁。

[2] 耒（lěi）：一头削尖的木棒。耜上的木杷。古农具。

[3]《益》：益卦。上两阳交如扶犁之双手，中三交阴似犁柄，下一阳如犁头。

[4]《噬嗑》：噬嗑卦。上卦为《离》，象征太阳。下卦为《震》，象征市场。上下两个阳交，似市场的关卡，3个阴比喻交易的人民，中间的阳爻为管理者。这两卦表示社会已进入到有商贸往来的时代。

[5] 钱镈：钱类似铁铲一类农具。镈（bó），类似锄一类农具。

《管子》说神农"树五谷淇山之阳。九州之民乃知谷食，而天下化之"。《古史考》说神农时"民食谷，释米加烧石上而食之"。《尸子》说神农时"夫负妻戴","并耕而王,所以劝农也";"神农之法曰:丈夫丁壮而不耕,天下有受其饥者。妇人当年而不织,天下有受其寒者。故耕不强者无以养生。其织不力者无以衣形。"(《文子》《吕氏春秋》语)

上面这些话是说神农朝发明了农业种植,先后发明了耒耜、锄耨等农具进行农业生产。神农亲自带耕作(《太玄经》:神农冬耕,被服纯青),同时又教老百姓在石头锅上煮饭吃,还动员全国人民实行男耕女织,适龄男女如不耕就要饿肚子,不织就没有衣穿,就要挨饿受冻。由于他发明农业种植,带头进行农业种植,改善了人民的生活,改变了人民的生活方式,迎来了有史以来的一场最伟大的革命——农业革命。因此,各地的人民都纷纷投奔他,使他统治的地盘迅速扩大,"其地南至交趾,北至幽都,东至旸谷,西至三危,莫不听从"。老百姓听了他的劝告,改变了旧的习俗,改为从事农业种植,果然得利。这就是有名的"神而化之"。进而添油加醋越说越玄。有的说"神农氏理天下,欲雨则雨,五日为行雨,旬为谷雨,旬五日为时雨。正四时之制,万物咸利,故谓之神"(《尸子》),有人说"神农在位一百四十年"(《外纪》),有的说"神农生,三辰而能言,五日而能行,七日而齿具,三岁而知稼穑般戏之事"。甚至说"神农既诞,九井自穿,汲一井则众井水动"(《春秋元命苞》《水经注》语)。由于这样,以柱为代表的神农朝五百年,一下变成了一个神人。

(二)神农尝百草

《搜神记》:"神农以赭鞭鞭百草,尽知其平毒寒温之性[1],臭味所主。以播百谷。故天下号神农也。"《淮南子》说:"古者民茹草饮水,采树木之实,食蠃蚌之肉,时多疾病毒伤之害。于是神农乃始教民播种五谷,相土地宜燥湿、肥硗(qiāo,薄瘠),高下[2],尝百草之滋味,水泉之甘苦,令民之所避就。当此之时,一日而遇七十毒。"《路史·后记》更进一步,说神农"审其平毒,旌其燥寒,察其畏恶,辨其臣使,厘而三之,以养其性命而治病。一日间而七十毒,极含气也。病正四百,药正三百六十有五,著其《本草》,过数乃乱。乃立方书,命俶贷季,理色频率[3],察和齐摩踵,谆告以利天下,而人得以缮其生"。

《太平御览》引《本草经》佚文说:"神农稽首再拜,问于太一小子曰'凿井出泉,五味煎煮……独何气使然耶?'"太一小子曰:"天有九门,中道最良。日月行之,名曰国皇。字曰老人,出现南方。长生不死,众耀同光。"这些都是仙道者的传言,不值一说。但神农"乃从其尝药,以救人命"的精神是很可敬的。据《述异记》说,山西太原神釜冈那里至今还有神农尝药之鼎。咸阳山中有神农辨药处，一原有神农药草山，山上有紫阳观，神农于此辨百药。中有千年龙脑。

注

[1] 平毒寒温之性：指弄清药草的性平、性毒、性寒、性温的不同特性，而加以利用。

[2] 相土地宜燥湿、肥硗高下：意指区分出土地的肥、瘦、干、湿、高、下等特性，分别选择适合的品种进行种植。

[3] 乃立方书，命僦贷季，理色频率：僦（jiù），租赁。方书，借贷的文书。全句意为神农时经济很活跃，不仅以日中为市，让大家进行物物交换，互通有无，还发明了以方石立文书行借贷，以解决不同季节人们间物资的短缺盈余。

故事大意

传说神农时发明了农业种植技术。他先后发明了耒、耜、耨、钱、镈、斤（斧）等农具，亲自带头开荒种地，又教老百姓把收获的粮食在石头锅（陶器）里煮了吃了。动员他们把吃不了的多余的粮食拿去与人交换自己需要的东西。遇到青黄不接时，允许没有粮食的向有多余粮食的人借贷，并立下文书，限期偿还。他还上山采草药，亲自尝百草，把那没毒对人有好处的野草采摘来栽培了吃，这就是今天人们吃的蔬菜，而把那些有毒的植物——鉴别它们的毒性的轻重平和而分别用来为人治病，这就是今天人们使用的中草药。从神农时到现在已六七千年了。由于这些发明给老百姓带来极大的好处，所以四面八方的人都归附于他，拥护他为王，使他统治的地盘不断扩大。南至交趾，北至幽都，东至旸谷，西至三危，所辖之处，莫不听从。他那个时候既没有派一兵一卒强迫人服从，也没有制定什么法令叫别人非服不可，可天下的人都服从他。所以后人叫他的治世方法为"无制而治"。以农治世，天下大治。

故事解说

神农两项划时代的重大发明

一个人一生一世，一个朝代的一朝一代，能够有一项震动天地的重大发明就很了不起了，可神农却有两项划时代的、惊天动地的伟大发明。

第一个伟大发明是发明了农业种植。这一发明把历史从渔猎时代推向了农业时代，从根本上解决了人民的吃饭穿衣问题。在跃入农业时代的过程中，有许多伟大的发明创造，制造了许多农业生产工具。如木制、骨制、石制的耒、耜、耨、钱、镈、斧、镰；如烹制熟食；如发明蔬菜种植；如发明制陶用具以及发明中日为市，进行自由交易等。

另一项伟大发明是采中草药，发明中医为人民治病。他以牺牲自己的生命为中华民族子孙留下了宝贵的"本草纲目"，为子子孙孙的健康留下了福音。

这两大发明都是划时代的历史事件，极大地推动了历史的前进，是革命性的、具有颠覆性的变革。所以老百姓称他为神农。

四、7000年前河姆渡人的稻谷种植生活

（一）河姆渡

　　河姆渡是长江下游杭州湾南岸的一处古部落遗址，现属浙江余姚县罗江乡渡头村管辖，1976年被命名为河姆渡。它的准确位置在东经121.22度，北纬29.58度。姚江发源于四明山脉，北靠乌贼山、晾网山。沿山丘逶迤西行，刺破平静的宁绍平原，穿过余姚古地直抵上虞，与曹娥江杭甬大运河汇合，经三江闸流入钱塘江口。全长120千米。河姆渡在余姚姚江北岸紧临羊角尖和清明山的一方洼地的斜坡上。村北不远的地方，远古时是一个湖泊。村子周边是沼泽地，南边是姚江。村子就在江边渡口的旁边，平均海拔不足5米。姚江水面甚至高出河姆渡人的住地。浙江省文物部门于1973—1974年，1977—1978年两次发掘。先后出土文物6190件，发现了大量的稻谷、农具、房舍等文物。以下文字皆根据发掘者和当事者刘军、周新华有关著述摘录。

（二）7000年前的稻谷

　　河姆渡的稻作农业是我国大江南北水稻种植最典型的代表。它不仅被发现保存的稻谷数量惊人，新鲜，完整，而且农业文化体系也全面系统完整。据发掘者刘军说："河姆渡遗址第一期文化4A层普遍发现稻谷、秕谷、稻秆、稻叶和其他枝叶、木片等有机物。这些有机物与夹在灰、黄、白三色的黏性土间隔堆积，每层2—10厘米不等，最厚处达100厘米以上。但此种堆积仅是孤立的块状堆积，同时还发现了不少稻谷，数量之多，色泽之鲜艳为其他新石器时代遗址所未见。甚至有些稻壳上的隆脉和稃毛也清晰可辨。有的稻谷还与枝连在一起。与此同时，还发现不少陶釜内底留有烧焦的锅巴和未烧成饭的米粒。"[①]

　　周新华在他的《稻米部族》一书中也说："在考古遗址的现场，你可以看到

[①] 刘军著，《河姆渡文化》，文物出版社，第64页。

遗址第四文化层的上部,除大片木构建筑外,最引人注目的就是出土了包括骨耜在内的农业生产工具和大批稻谷、谷壳、稻秆、稻叶。它们相互掺杂,厚度从10—20厘米到30—40厘米不等。有的已经烧焦,有的保存完好,有的稻叶的脉络和根须很清楚,甚至连颖壳上的纵脉和纤细的稃毛仍清晰可辨。有人从稻谷堆积的厚度及面积推算,稻谷总量当在100吨以上,可充400多人一年的口粮。"[①]这一切确凿无误地证明7000年前的河姆渡已学会了种植稻谷。

(三)河姆渡人的农业种植生活

周新华先生在他的《稻米部族》一书中是这样描述河姆渡人的生活的:10000年以前,在包括河姆渡的江南广袤原野、沼泽地和芦苇丛中,生长着大量的野生稻、稗子,以及其他禾科植物,它们一起杂生着,春华秋实,自生自灭。男人们在外狩猎、捕捞。妇女们领着孩子经常在外采集野果野菜,看到鸟雀飞来啄食那些成熟了的野生稻谷,受到启发,认识到那是一种可以吃的植物,于是就大批采集回去,用石头或磨棒捣碎去壳,煮熟充饥。与此同时,还对生长在沼泽地上的野生稻有意识地进行观察保护,等到种子成熟了再采集。这样代代相传。过了相当长的时间。很有可能是某一天,从野外采集回来的野生稻谷,偶儿丢失在近低洼而湿润的土地上,由于条件适宜,在阳光雨露滋润下,到第二年就发芽、抽穗、成长,并结出谷物种子。——就这样,妇女们逐渐掌握了水稻的生长规律——于是扩大种植面积,把住宅附近沼泽地的芦苇和杂草放火烧掉,开辟成水田,种植稻谷。

周先生的描述并非凭空想象,是有事实依据的。河姆渡的地理环境与考古发现的遗物是吻合的。但种植水稻是不是就是河姆渡人发明的?也不能这么肯定。因为比7000年前的河姆渡人大面积种水稻更早的还大有人在。例如淮河上游的贾湖人在距今8000年前也种水稻。在长江流域7000年之前种水稻的部落或氏族就更多了。如浙江萧山跨湖桥人的水稻距今为8200—7000年,浙江浦江上山人也种稻,其时间距今11400—8600年,浙江嵊州小黄山人种稻在距今10000—8000年。长江中游地区如江西万年县仙人洞和吊桶环发现的栽培稻在10000年以前;湖南道县玉蟾岩发现的栽培稻谷,距今有14000年;即使是河姆渡人,有人认为他们的祖先于10000年前也开始在这片土地上种稻了。上述事实表明:水稻种植是从10000年左右从江淮地区开始的,并非从7000年前的河姆渡人开始的。

[①] 周新华著,《稻米部族》,浙江文艺出版社,第25页。

但大面积种植水稻，以种水稻为生，以种稻为业，环绕水稻种植进行种植、制陶、建筑、纺织、驯养、捕捞、绘画等分工，形成多彩的农业定居生活，使自己成为世界最早的职业化的农民的，是河姆渡人。他们种出了水稻，也创造了自己的历史和多彩的生活。

故事解说

河姆渡人的首创精神

如果我们跟着摄影的镜头一同回到那遥远的河姆渡时代，走进河姆渡村，到河姆渡农民家里亲眼看看，一定是十分难忘的。站在河姆渡口向四面瞭望，投入眼底的是三面青山，一汪绿水；极目杭州湾，一抹平原，百里湖泊，半塘香菱，妇女们坐在一个个大木盆里，钻进菱叶丛中采摘香菱，她们有说有笑，有时放出一串歌声，外人只能闻其声，却难以见真容。河姆渡村就在这青山绿水之间的一块湿地上。

站在村口见到的是一幢幢独立的吊脚楼，隐藏在树林里，它们相互交通，彼此相望。吊脚楼建筑学上叫干栏式建筑。每一幢房屋都是两层楼，上面一层住人，下面离地一米多高，低矮潮湿，用于养鸡养鸭养牛养羊。每一幢楼房约五六间，两边有木扶梯出进上下。一家老少烧饭、住宿、放农具、屯粮食、堆杂物都在这里。房屋建筑中的梁柱连接大都是榫接的。榫卯方法多种多样。有柱头榫、柱脚榫、带销钉孔榫、燕尾榫、转角柱卯、企口板等。有些板条连接处是用藤条捆绑的。房顶用稻草盖成。这种干栏建筑模式是河姆渡人的独创。它一直影响到现在。

如果我们沿着木扶梯走进河姆渡人的屋子里看一看，可以看到屋子中央有火塘，火塘上架着陶灶，灶上有陶支架，支架上有陶釜。灶间没有饭桌，地上铺着芦苇席子，席子上摆着白米饭、水煮鱼、麂子肉、香菱、南酸枣、天仙果、橡子、芡实等食物，这就是河姆渡人的家宴。相比狩猎时代，这里真是天堂了。走进河姆渡人的农具间，映入眼帘的是各种各样的农具，从用于耕种、锄草、收割的到用于收藏、加工的一应俱全。其中最多的是骨耜木耜，多达194件。耜用兽肩胛骨绑上一个木棒，类似今日的铁锹，用于松土挖穴点种。还有削尖的木棒——耒、鹤嘴锄、镰、刀及石斧、石锛、石磨、石棒等砍磨工具。工具的发明是河姆渡人走向文明的第一个阶梯。除了生产工具外，我们还可以看到他们的水上交通工具——木桨。这表明河姆渡人各家各户都有木船木桨，船用好了停靠在岸边，将木桨拿回家里。大水袭来把木舟冲走了，所以我们只能见到木桨见不到木船。在这里我们还可见到河姆渡人纺纱织布用的纺轮、骨梭、卷布棍、经纱用的木锯、绕线用的绕线棒。专家们将这些零件组合复原为织布机，和解放前农村用的织布机相差不大。

　　河姆渡人的创造远不止于此。河姆渡出土的陶器有1285件之多，多数为夹灰黑陶来改进为夹砂红陶。形器多种多样，釜罐盘盆、钵盂豆盒，平底的、圆底的、圈足的、三足的、袋足的、敞口的、敛口的、打磨的、雕花的样样都有。在这里我们可以看到：在一个圆角长方钵的腹壁上刻了一头猪的形象——长长的尖嘴、细细的四腿、粗粗的鬃毛、强壮的躯体、眼珠和肚皮上的毛旋涡透出强烈的亮光，无疑这是一头野猪。在陶器中我们同时看到家养的大肥猪罐子，它表明河姆渡人将野猪驯养成家猪了。说明我国的家畜饲养早在河姆渡时代就已开始了。河姆渡人家里陈放着7个木筒、1个木碗，都是用黑漆漆成的，光滑透亮，专家们鉴定说这种漆与马王堆出土的漆器的光谱是相似的。河姆渡人将中国漆器的历史提前到六七千年之前。

　　河姆渡人醉心于骨雕、牙雕的艺术创造。我国考古工作者在河姆渡出土了2977件骨器，其中象牙制品25件。这些骨雕、牙雕作品大多刻有鸟纹图案。令人注目的是四期文化B型v1式豆M4：1有四鸟纹对称图案；B型连体骨匕柄上有两组连体鸟纹；鸟形匕T243（4A）：367，象牙柄端有精雕鸟首，短身，长尾，双翼，振翅欲飞；蝶形器T226（3B）：79有五圈圆圈纹，边缘有烈焰，两侧各一鸟，圆眼，伸颈，彼此相望，昂首欲飞。①

　　走出河姆渡人的家，我们可以看到不远处有一口水井。井上有井棚。井壁用木桩固定，并用横木卯牢，像一个"井"字，科学、洁净、卫生。它是河姆渡高度文明的又一标志，是远古农业生活一个万世不朽的新创造。

---

① 刘军著,《河姆渡文化》,文物出版社,第45—47页。

五、种植之神姜嫄

姜嫄，帝喾的元妃，姜姓，有邰氏女。她的儿子名弃，是农业种植之神，尧舜时为农官，封于有邰国，从弃起世代为诸侯。姬弃后裔周武王灭商，建立周朝，历37王，867年。周尊稷为始祖。

《诗经》中有不少歌颂姜嫄和后稷的诗篇。

赫赫姜嫄

《诗经·鲁颂·閟宫》原文：

閟宫有侐[1]，实实枚枚[2]。赫赫姜嫄，其德不回[3]。上帝是依，无灾无害[4]。弥月不迟，是生后稷[5]。降之百福[6]。

黍稷重穋[7]，稙稚菽麦[8]。奄有下国[9]，俾民稼穑[10]。有稷有黍，有稻有秬[11]。奄有下土，缵禹之绪[12]。

注

[1] 閟宫有侐：閟，通秘。閟宫，指祖庙，神庙。有侐（xù），清净。

[2] 实实：广大。枚枚：细密。本句指閟宫的梁柱雕刻描画细密有致。

[3] 赫赫：显赫，伟大；姜嫄，弃母；不回，指她的品德很高尚。

[4] 上帝：指帝喾，殷人称帝喾为上帝、天帝。这里指姜嫄依靠上帝（帝喾）的保证。

[5] 弥月：指怀孕十月，没出意外，满月按期生子。

[6] 降之百福：指天帝又赐百谷于姜嫄，即降嘉种纳福。

[7] 黍稷重穋：黍稷，糜子、高粱。重，即穜（tóng），穋（lù），均指先种后熟的农作物。

[8] 稙稚菽麦：稙（zhī），早种早熟的谷类。如稙谷子、玉米之类。稚（zhì），指晚种的谷类。菽，豆类。麦，麦类。

[9] 奄有下国：奄有，乃有。下国，天下。

[10] 俾民稼穑：教老百姓种植。

［11］稷：高粱。黍：俗称小米，黄而黏的称黄米。稻：稻谷。秬（jù），黑黍。

［12］缵禹之绪：缵，继续。绪，事业。指弃的后人继续夏禹的事业。

故事大意

本文摘自《诗经·鲁颂》。閟宫是一首歌颂鲁僖公的长诗，全诗高亨先生分为12段，本文摘录的是第一段，内容是歌颂周人的始祖姜嫄与后稷的。全文大意是，多么清净肃穆的姜嫄庙啊，又高又大在人迹罕至的荒郊。伟大的地母姜嫄啊，品德高尚无瑕，上帝凭依在她身边，保护着她，使她无灾无难怀了孕，满了十个月，按期生了个孩子。上帝又赐她百谷，让她传给儿子，为人类纳福。她种的糜子、高粱和豆麦都长得很好。她教育儿子种植，儿子从小就爱农业种植，像玩玩具一样。她儿子长大后教民播种百谷，人民都很拥护他，使他拥有了天下，当了有邰国的君主。他做了国王仍旧教老百姓耕种，他管理的国家里高粱小米都长得很好，还种了黑黍和水稻。后来越来越多的人拥护他，四海都归他所有，使他继续了大禹的事业，成为王者。

我们周国人的祖先后稷是谁的儿子？是伟大的姜嫄的儿子。她是怎样生下了周人的祖先呢？听我告诉你。开始的时候，她真诚地在野外进行野祭，就是用火烧牲口祭祀上帝，祈求上帝免除她的无子之难，能让她得个儿子。后来她发现不远地方的石头边有上帝大脚拇趾踩过的样子，听古人说谁踩过了就会有孩子。她就过去和帝喾跳起了踩上帝的脚印的舞蹈，忘情于帝喾怀中，祈祷上帝保佑她吉祥平安得个好儿子。后来真的怀了孕，有了孩子。怀胎十月，再没有和任何人往来。后来就生下了一个儿子，并把他抚养成人，他就是周人的祖先农神后稷。

说起姜嫄生后稷，还有一段故事呢。姜嫄怀孕十个月产期到了，顺顺当当生下了头胞胎，产门没裂，又无灾无难，健康顺利、灵异、吉祥。这时，姜嫄见上帝有些心神不宁，便马上祭祀祈祷，一看是个儿子，心里很是高兴，她把这事告诉巫师，巫师说：上帝认为太异样了，不吉祥，要她把孩子"扔掉"。姜嫄见上帝这么严肃，不敢违抗，便命人把刚出生的婴儿拿去扔掉。姜嫄的丈夫帝喾商周时都称上帝。这里指的是帝喾不喜欢弃。所以，开始时把弃扔到小巷里。牛羊来来往往不踩他，还给他喂奶吃。上帝叫她把他扔远点，就扔到树林子里去，让豺狼虎豹吃。结果扔到了树林子后，被砍柴的人看见，训了一顿，又领回来。再叫人把他扔到寒冰上去，把他冻死。可是这孩子被鸟儿们看见，它们张开翅膀盖在他身上，帮他暖身体。这孩子不仅命大，而且哭声很大，十分洪亮。他哭起来震天响，整个路上、整个荒野都是他的哭声。姜嫄把这些奇怪的情况告诉巫师，巫师说上帝认为这个孩子命大,不该死,这才改了口叫姜嫄把他抱回来抚养,并给他取了个名字叫弃,意思是丢不掉的孩子。

故事解说

大地之母

　　这个故事是周人为歌颂他们的祖先而编织的。目的是说他们的祖先很特异,是天神的儿子,是神,他们自己是神的后代,也是神的儿子。姜嫄是弃的母亲,也是神,是地母神,后稷的种植技术和勤劳都是她培养教育的结果。故事曲折,情节动人,受人喜爱。

六、农神后稷

厥初生民,时维姜嫄[1]。生民如何?克禋克祀[2],以弗无子[3]。履帝武敏歆,攸介攸止[4]。载震载夙[5],载生载育,时维后稷。

诞弥厥月[6],先生如达[7]。不坼不副,无菑(灾)无害[8],以赫厥灵。上帝不宁,不康禋祀,居然生子[9]。

诞寘之隘巷,牛羊腓字之[10]。诞寘之平林,会伐平林[11]。诞寘之寒冰,鸟覆翼之。鸟乃去矣,后稷呱矣。实覃实讦,厥声载路[12]。

诞实匍匐,克岐克嶷,以就口食[13]。艺之荏菽,荏菽旆旆。禾役穟穟。麻麦幪幪,瓜瓞唪唪[14]。

诞后稷之穑,有相之道[15]。茀厥丰草,种之黄茂[16]。实方实苞,实种实褎[17]。实发实秀,实坚实好。实颖实栗[18]。即有邰家室[19]。

诞降嘉种[20]:维秬维秠,维糜维芑[21]。恒之秬秠,是获是亩。恒之糜芑,是任是负,以归肇祀[22]。

诞我祀如何?或舂或揄,或簸或蹂[23]。释之叟叟,烝之浮浮[24]。载谋载惟。取萧祭脂。取羝以軷,载燔载烈。以兴嗣岁[25]。

卬盛于豆,于豆于登,其香始升。上帝居歆,胡臭亶时[26]。后稷肇祀,庶无罪悔,以迄于今[27]。①

注

[1]厥初生民,时维姜嫄:周部族最初的先民,是怎么来的呢?全靠伟大的始祖姜嫄。

[2]克禋克祀:克,实行。禋(yīn),野祭,用火烧牲。祀,祭祀。

[3]以弗无子:弗,祭祀。以祭祀免除无子之难,祈求有子。

[4]履:践;帝:上帝;武:足迹、脚印;敏:大脚、拇指;歆:很高兴;攸介攸止:攸,语助词;介,佑;止,福祉。意指姜嫄与帝喾在田野里一边跳踏脚印舞一边唱歌,得天神保佑、降福,生了个儿子。

---

① 程俊英译注,《诗经》,上海古籍出版社,395—397页。

〔5〕载震载夙：载，语助词。震，妊（孕）；夙，即肃，有孕在身不再与男子交往。

〔6〕诞弥厥月：诞，发语词；弥，满；厥月，怀孕足月。

〔7〕先生如达：先生，初生，即第一胎；如达，顺利生产。

〔8〕不坼不副：坼，裂开；副（pì）剖开；菑，古灾字。生产顺利，没有灾害不祥之兆。

〔9〕赫：告诉；厥灵，指巫师；姜嫄把这事告诉了巫师，巫师假托神说上帝不高兴，怎么没有禋祀就生下了孩子呢？以为不祥。

〔10〕牛羊腓字之：腓，庇护；字，养育。即牛羊庇护他，给他喂奶养育他。

〔11〕平林：树林。会：值。伐：砍伐柴草。即恰好碰上砍柴的人。

〔12〕实覃实訏：覃（tán），长；訏（xū），大。指后稷哭声很大很洪亮。厥声，其声，即他的哭声满路都是。

〔13〕岐、嶷：岐，知意；嶷，识理。指后稷刚会爬就很懂事，会自己找东西吃。

〔14〕艺之：种植。荏菽：大豆。旆旆（pèi）：茂盛。禾：谷子。役：禾穗。穟穟（suì）指谷穗下垂。幪幪：茂密。瓜瓞（dié）：小瓜。唪唪（fěng）：瓜儿累累。

〔15〕后稷之穑，有相之道：后稷的五谷种植，有一套各相适宜的方法。

〔16〕茀厥丰草：拔出杂草，选好良种，使之生长繁茂。

〔17〕实方实苞，实种实褎：实，指五谷；方，谷种发白；苞，吐芽；种，小苗；褎（xiù），小苗渐渐长高。

〔18〕发：指禾苗长大生发；秀：生穗结实；坚：谷粒饱满坚实；颖：禾穗下垂；栗：禾穗沉甸甸的。

〔19〕即有邰家室：即，往，将庄稼收进家里。因为后稷农业种得好，帝尧封他为有邰之君，这才有有邰氏宗族的传承。

〔20〕诞降嘉种：天赐良种给后稷，后稷又赐良种给人民。

〔21〕维：有；秬（jù）：黑黍；秠（pī）：黍的一种；穈（mén）：谷的一种；芑（qǐ）：白苗高粱，又名白粱粟。

〔22〕恒之：遍地。指遍地的穈子高粱。跳着背着，回到家里开始祭祀祖先。

〔23〕舂：在石臼里舂米。揄（yú）：将舂好的米舀出。簸：扬出糠皮。蹂：用手搓揉。

〔24〕释之：淘米。叟叟：淘米声。烝：蒸。浮浮：蒸汽上升袅袅之貌。

〔25〕谋：谋划。惟：思考。萧：香艾。祭脂：祭祀以肥牛。羝（dī）：公羊。载（bá）：剥去公羊的皮。燔：放在火上烧烤。以兴嗣岁：期盼来年五谷丰

登,六畜兴旺。

〔26〕卬盛于豆:卬,昂,指我。豆,祭祀器具。其形为盛肉的高脚碗。登,瓦碗,汤瓦碗。居,安。歆,享受。上帝安然享受。胡,大。臭,香气。亶,真。时,善。指饭菜味道真正香。

〔27〕庶无罪悔:后稷开创祭祀之礼,蒙神灵保佑无灾无殃。

故事大意

弃的名字来历如前所说是因姜嫄生下他后感到异样,报告给天帝,天帝认为不祥,把他扔掉,可是总也扔不掉,再拣回来抚养。

弃刚刚会爬,就会自己抓东西吃,聪明得很。稍大一点,就喜种豆子玩。他种下的豆子长得可好啦,碧绿生青,豆粒饱满,有时他也学习妈妈的样子种谷子玩,他种出的谷子也长得很好,谷穗子又大又长,都垂弯了腰。此外,还学会了种麻麦瓜果之类的东西,都茂密丰盛,瓜儿累累,香飘十里。

后稷长大了,种地务农成了他的专长。他在生产中摸到了门道,找到了一套种植的好办法。选种、育苗、锄草、施肥样样在行。一粒种子从露出白嫩的芽儿开始,到出芽、拔节、抽穗、结实,他样样都懂。他种出的庄稼颗粒饱满,成色好,穗子都是沉甸甸的。他有这套本领,又教导邰地的人也学会了这一套本领。因此,邰地的人民都十分高兴。

为了种好庄稼,他十分重视选种,注意推广良种。黑黍、穈子、秬子、白苗、高粱等等各种品种都有。结果邰地那地方遍地都是秬子、秠子、穈子、高粱。一到收割时,遍地飘香,堆得满地都是。人们挑着、背着丰收的果实往家里走。回家后,头一件事就是祭祀祖先姜嫄和后稷。人们怎么祭祀呢?先在石臼里舂米,舂好了用勺子舀出来,把没有舂好的用手搓揉,然后用簸箕扬去糠壳,再把米淘洗干净,蒸成香喷喷的饭,再牵上公肥羊杀了,剥了皮进行烧烤,然后把香米饭和烤羊肉用碗、盆、盘装好,再加点美酒一齐敬奉到上帝面前,祈求上帝保佑来年丰收。上帝闻到米香、肉香就降临品尝,称赞饭菜味道真好真香。

而这一切都是后稷开创的,是他的功劳。

由于有神保佑,我们才有这样的好日子,没灾没殃,好风尚、好礼俗才流传到今天。

故事解说

中国最早最长最美的农神史诗

呈现在这里的,是叙述后稷事迹的长诗。像这样的叙事故事,在中国是罕见的。

《生民》是《诗经·大雅》30篇诗歌第二组中的第一首诗。内容主要是歌颂周人祖先姜嫄生育后稷的神话故事和后稷在农业生产上的不朽功绩。其出现时间也在春秋之前。我们收集在这里的神话故事和传说是我国现存神话传说中时间最早、情节最完整的原始神话。实在难得，极为珍贵。

这是一部不朽的史诗。它与普通散文故事不同，前一则是诵诗，由于全文是歌颂鲁僖公的，这里仅是其诗的开头部分，比较概括地颂扬姜嫄与后稷的功绩，行文概括凝练。后一则是叙述姜嫄生产后稷和后稷从事农业种植的，内容具体翔实，描述细腻生动。在描写姜嫄的神话中，我们可以看到她如何祈子、踩天帝脚拇指印，如何顺利生下后稷，连产门都不裂，不痛无灾都写出来了。不仅如此，还写了如何抚养孩子的过程，从抛弃到收养、教育都写了。十分具体生动。这是此前所有文献中都没有的。后来的许多史书，如《史记》《世本》《帝王世纪》等都是据此记载而来。在有关后稷的叙述中也同样，不仅写了他的聪明睿智，喜欢种植，而且还写了他成人后在邰地如何进行种植，从选种、播种、锄草、管理、收获，从黍、稷、秬、秠、穈、芑、菽等的不同品种，到它们的生长过程，如"实方实苞，实种实褎。实发实秀，实坚实好，实颖实栗"乃至收获后的"舂、揄、簸、揉、释、蒸"等过程都写得明明白白、清清楚楚。尽管这是作诗时人们对现实生活的描述，但这种描绘使后稷从神话人物一下变成了一个现实的历史人物。加上祭祀礼乐的配合，一个活生生的祖先，一部活脱脱的周代配乐史诗便呈现在人们面前了。在这部史诗里，我们知道后稷有母——有邰氏女姜嫄，不知其父，只知有天帝为父。所以高亨先生判断说："姜嫄，古代传说中有邰氏的女儿，帝喾的妻子，周始祖后稷的母亲。此说不可信。她可能是原始时代母系社会一个氏族的女首领。生下后稷。自后稷以后便进入父系社会了。"[①] 帝喾是中华民族的上古五帝之一。姜嫄是其妻，后稷是其子。从这一角度看这首叙事诗，不仅是周族的历史，也是中华民族的历史，是我国原始农业社会存在的有力证明。

诗的写实性的描述使后稷具有深刻的历史现实性。他幼时的神性，只不过是其现实性的铺垫与衬托。

这首诗是我国原始神话中极为珍贵的长篇叙事史诗。它是神话、是诗、是历史、是传记、是神话与现实描写有机结合的完整故事。

---

① 高亨注，《诗经今注》，上海古籍出版社，第402页。

七、蚕神嫘祖

嫘祖是华夏民族的始祖神,她是发明养蚕织绸的蚕神。因死于巡行途中,被后人祀为行神、路神。她是教民养蚕纺织致富的地母神。

(一)嫘祖[1]养蚕、献丝

《山海经·海外北经》记载:"欧丝之野[2],在大踵东,一女子跪据树欧丝。三桑无枝,在欧丝东。其木长百仞,无枝。"黄帝"娶于西陵氏之子"(大戴礼记·帝系),"黄帝元妃西陵氏曰嫘祖,以其始蚕,故又祀先蚕[3]"。

《路史·后纪》:"嫘祖从帝南游,死于衡山,遂葬之。今岣嵝在嫘祖峰,上有嫘祖之墓,谓之先蚕冢。其峰下曰西陵路,盖西陵氏始蚕,后人祀之为先蚕也。"《湘衡稽古》:"黄帝斩蚩尤,蚕神献丝,遂称织维之功[4]。"《绎史》:"黄帝称为中原部落联盟首领,西陵部落向黄帝敬献嫘祖首创的丝绢,黄帝大喜,西行入蜀,与嫘祖结婚并封为正妃。"(赵均中、何天渡《嫘祖与盐亭》)

注

[1]嫘祖:西陵氏女。其出生地一说在楚西陵国,一说在四川盐亭地区,那里古有西陵氏。两说并存,不一。

[2]欧丝之野:欧丝,地名,在跂踵之东。欧丝,吐丝。

[3]先蚕:养蚕的始祖。

[4]织维之功:指嫘祖有发明织布、织绸之功。

故事大意

神话说嫘祖是蚕神。有人看见在欧丝之野的桑树上有一条蚕在树上吃桑叶吐丝,后来幻化成人间美女,那就是嫘祖。是她发明了养蚕织绸。据说黄帝擒杀蚩尤时,西陵部落向黄帝献上嫘祖首创的丝绢,深得黄帝的喜爱。黄帝十分称赞嫘祖的发明创造,称其有"织维之功",亲自前往四川到嫘祖的家乡,向她求婚,结为百年之好,并封其为正妃。嫘祖在陪同黄帝南巡时死于衡山,葬于岣嵝峰下。人们为祭祀嫘祖,将此山峰命名为嫘祖峰,传说那里至今还保存有嫘祖墓。人们不忘她的大恩大德,年年祭祀她,称她的墓为先蚕冢,称她为蚕祖。

(二)马头娘的传说

《中华古今注》卷下记载了这样一件事说:"太古时,人远征,家有一女,牡马一匹。女思其父,乃戏马曰:尔能迎得父还,吾将嫁汝。马乃绝缰[1]而去,径至父所[2]。父疑家有故,乘之而还。骏马见女辄怒而夺,父系之。父怪之而密以问其女,女具以实答。父乃射杀马,曝皮[3]于庭。女以足蹙之[4],曰:'尔马也,欲人为妇,自取屠剥,如何?'言未竟,皮欻然[5]起,抱女而行。父还,女失。后在大树之间得,乃尽化为蚕,绩于树。其蚕厚大于常蚕,邻妇养之,其收二倍。今世人谓蚕为女儿,盖古之遗女也。"①

注

[1] 绝缰:挣断缰绳。

[2] 至父所:至,到。父所,父亲所在之地。

[3] 曝皮:剥皮。

[4] 蹙之:蹙(cù),以足触碰它。

[5] 欻然:欻(xū),迅速,忽然。

故事大意

很久很久以前,有一家人家,父亲被拉去守边疆去了,家里只留下女儿一人和一匹马。女儿想念父亲,就开玩笑地对马儿说,你能帮我把父亲找回来,我就嫁给你。那马儿听了便挣断缰绳而去,跑到那老父之处。老父一看自己家的马跑来,一定有什么重要的事发生,便骑上马回到家里,马便要夺走女儿。父亲把马儿拴了起来,然后悄悄问女儿是怎么回事。女儿一五一十地告诉了父亲事情的原委,父亲一听火了,就把那马杀了,还把马皮晒在院子里。小姑娘走到马皮旁用足踢了一下马皮说:"你是动物,怎么能娶人为妇呢?这不是自取剥皮之苦么?"话还没完,那马皮突然蹦起来,卷起那小姑娘飞走了。父亲回来一看女儿不见了,后来在一棵大树上发现了女儿,但她已经化成了一条蚕了,这就是人们常说

---

① 牟华林注,《古今注》校笺,线装书局,本附录三,第247页。

的马头娘。

故事解说

中国是世界上最早的蚕桑丝绸之地

据考证,《牛郎织女》故事中的织女故事,本于嫘祖发明养蚕织绸。《禹贡》青州一节就要求献桑麻柞蚕丝。有传说说为推广养蚕、织造、制衣事业,蚕神嫘祖先变成一条蚕在织女门前的桑树上取食,引起织女的兴趣,她取下蚕宝宝反复观察,不知所措,正在这时蚕神嫘祖变成了一中年蚕妇出现在织女面前,她像一位慈母一样教织女采桑、养蚕、缫丝、织绸、制衣,又去教别人。织女后来也像嫘祖一样,教会了西陵氏族的许多女子,使养蚕织维成为我国上古时代一项十分伟大的创造。

有人说我国现代的纺棉纱、织布的方法是公元7世纪才从印度传进来的,这是不实之辞。在此之前数千年的上古时代,中国早已有丝绸品。普通人穿的是麻织的黑白相间的黼黻之衣,能穿上绸衫是富有和高贵的标志。据说黄帝的垂衣裳而治,穿的就是这种衣服。

关于嫘祖为神的传说,有许多记载。《淮南子》说"西陵氏始劝蚕稼"。[清]马骕撰《绎史》卷五引《黄帝内传》,说黄帝由中原向太湖地区扩张,求"蚕神献丝"。1926年,山西夏县西阴村仰韶文化遗址发现半个蚕茧。蚕茧长1.36厘米,茧幅1.04厘米,距今6000余年。1983年河南青台遗址瓮棺中有丝绸痕迹,和大量的纺织工具,如纺轮、针、锥、匕等,距今6000年。距今7000年的河姆渡遗址牙雕小盅上发现4条小蚕。距今5000年的马家窑文化甘肃临洮冯家坪曾出土群蚕纹二连陶罐。1956年、1958年,良渚钱三漾遗址先后出土了残绸片、丝带、丝线。经切片鉴定,其性状具蚕丝特征,与现代150—250平方微米的蚕丝切面相近,距今4400年、4200年。2015年6月25日,其被国务院命名为"世界丝绸之源"。

上述事实说明嫘祖劝蚕稼的神话故事,反映的是4000年以前就有养蚕织绸的事实。所以,嫘祖养蚕说并非虚妄之言。它证明我国在距今4500年前就开始养蚕织绸了。但养蚕织绸并非一朝一夕之事,也非一人之功。养蚕织绸是一项细微复杂的农事。养蚕从开始求蚕种,将刚出蛋的小蚕用鸡毛扫进蚕筐,用剪刀剪碎最嫩的不带露水的桑叶尖牙,到蚕儿长大后每三天为它翻一次沙(打扫卫生、清除残渣、屎尿),再到拣老蚕、扶蚕、上簇结茧,然后摘茧、缫丝、织绢、漂绸、成衣,每一步都是很艰辛的。养蚕织绸是妇工,是皇妃们从事的工作。但并不诗意，是要流汗流泪的。

　　据说，嫘祖发明养蚕织绸时，是由嫫母相助才完成的。嫫母是黄帝的另一个妻子。她长得丑，但很能干。是她发明了织绸、缫丝的织机，有嫘祖、嫫母的合作，才成就了嫘祖的织绸之功。河南郑州新郑黄帝陵、黄帝庙里有嫘祖、嫫母配殿，塑像前就有嫘祖发明养蚕、嫫母发明织机的文字说明。养蚕织绸是许多人的智慧结晶，但嫘祖是始祖，是最早的发明人。

八、牧神王亥

中国表现远古游牧生活的神话很少，这个故事可能是唯一的一个比较完整的游牧故事。据说他是殷人的祖先，由于被有易人杀害，他的子孙为复仇，而发兵消灭了有易。从描述情状看，其地域相当于今日的河套地区。

《山海经·大荒东经》："有困民国[1]，勾姓而食。有人曰王亥，两手操鸟，方食其头。王亥托于有易，河伯仆牛。有易[2]杀王亥，取仆牛。河伯[3]念有易，有易潜出，为国于兽，方食之，名曰摇民[4]。帝舜生戏，戏生摇民。"

注

[1] 困民国：古部族。王亥为殷侯王子亥。他善饲养牛，驯服牛，故称仆牛，被尊为驯养牛、使用牛的始祖。

[2] 有易：即有狄，古部落。在黄河北易水附近。后人称为北狄。

[3] 河伯：名冯夷。夏时封为河伯。古天吴氏裔。

[4]《竹书纪年·帝泄》云："十二年，殷侯子亥宾于有易，有易杀而放之。十六年，殷侯微（上甲微）以河伯之师伐有易，杀其君绵臣。殷侯子亥宾于有易而淫焉。有易之君绵臣杀而放之。故殷上甲微假师于河伯，以伐有易，灭之，遂杀其君绵臣也。"

故事大意

黄河中下游地区，住着三个国家：一个是水神河伯之国，一个是发明牧与驯养牛的牧神殷侯之子王亥之国，一是狩猎之神，有易之国。有一天，王亥赶着牛到有易之国地区放牧，有易之君绵臣见其牛肥壮，十分羡慕，想夺取其财产，便与河伯谋，河伯建议用美人计陷害王亥。有易君以侍女媚之，岂知此侍女是河伯相好，故而河伯怒，借师与绵臣，杀了王亥，夺了其牛。殷侯上甲微知此事后，发兵征有易，河伯见殷侯势大，为讨好殷侯，又借师与殷侯，殷侯一举杀了有易之君绵臣，灭了有易之国。为防后患，河伯在殷侯发兵之际，又偷偷放了有易国的臣民。这就是后来的瑶民，即秦之先民。

有人说是有易谋财害命，有人说是王亥淫而被杀，却未曾想到真正的祸首不是别人，正是黄河神河伯。

故事解说

牧神的现实的写照

上古时黄河中下游地区，大多为游牧区。殷处于中下游，亦以游牧为生。但在我们的传说故事中反映游牧生活的神话很少。所以这一故事显得尤为珍贵。由于是神话，事件的真实性无须格外追求，唯一可以追索的是其时已产生了国与国之间的利益之争与权谋计算，尤其是黄河神的两面人格具有现实性，值得关注。

第七章
水神与治水英雄的传说

黄河是华夏民族的抚育者，也是水患的加害者，每年淫雨堰塞湖崩溃都会成灾。在原始时代，人们无条件治理黄河，所以灾害不断。鲧伯、共工、大禹、伯黄、皋陶都是第一代治水人，人民敬之为神。战国时期蜀王、李冰治水是治蜀水。蜀人比之为尧舜。本章讲述的是他们治水的故事。

一、黄河水神河伯

二、三峡女神瑶姬

三、汉水女神延娟与延娱

四、涡淮水神巫支祁

五、湘潇女神

六、鲧伯盗息土堙洪水

七、大禹治水

八、蜀王治水

九、李冰治水

一、黄河水神河伯

每年夏天中国各地都有许多水旱灾害发生。下雨多了就涝，不下雨就旱。现代如此，古代也一样。古时候没有现代的科学发达，没有众多的天文气象设施及水利工程，抗灾能力很弱。这种情况在黄河中下游、长江中上游、淮河中上游地区尤为突出。人民把旱灾归咎于旱魃，把水灾归咎于"水怪""水精""水神"作祟，是自然的。从共工、鲧、夏禹、杜宇、开明王到李冰，出现了许多著名的治水英雄。他们是中华大地5000年来抗洪治水的首创者，他们治水留下的业绩成为中华千秋万代享用的幸福果实。下面列出的是两类水神。一类是占有江河湖泊的水神、水精、水怪，一类是治理（疏通）江河湖泊的人神。其中以夏禹、李冰的事迹最为翔实、具体、感人。

（一）周穆王见河伯

《穆天子传》说：河宗伯夭逆[1]天子燕然之山，劳用束帛加璧，先白□，天子使祭父[2]受之。

癸丑，天子大朝于燕然之山、河水之阿，乃命井利、梁固聿将六师。天子命吉日戊午，天子大服冕祎[3]，帗带、搢笏、夹佩、奉璧[4]，南面立于寒下。曾祝佐之，官人陈牲全五□具[5]，天子授河宗璧，河宗伯夭受璧，西向沉璧于河，再拜稽首。祝沉牛马豕羊。河宗□命于皇天子。河伯号之帝曰："穆满[6]，女当永致用旹[7]字！"南向再拜。河宗又号之帝曰："穆满！示女春山[8]之珤[9]，诏女昆仑□舍四，平泉[10]七十，乃至于昆仑之丘，以观春山之珤，赐语晦。"天子受命，南向再拜。

己未，天子大朝于黄之山。乃披图视典，周观天子之珤器，曰："天子之珤、玉果、璇珠、烛银、黄金之膏。"天子之珤万金，□珤百金，士之珤五十金，鹿人[11]之珤十金。天子之弓射人，步剑[12]牛马，犀□器千金。天子之马走千里，胜人猛兽。天子之狗走百里，执虎豹。伯夭曰："征鸟使翼[13]。"……伯夭既致河典。乃乘渠黄之乘[14]，为天子先，以极西土。①

注

[1]河宗：宗，指河伯为诸神之宗。河伯，字伯夭（柏夭）、冯夷、冰夷。夏时河伯封国于河，居龙门。拥岚、胜二州之地，为河、江、淮、济四渎之宗，尊为河宗。古时黄河边上有许多小国，如有易，有洛，有河等。《竹书纪年》有"洛伯用与河伯冯夷斗"注云：《竹书纪年》载帝芬十六年洛伯与河伯斗。夫洛与河国名也。"冯夷是河伯国信奉的主神。河伯国常与周边小国发生矛盾。

[2]郊父：郊公谋父。

[3]冕祎：冕，冠。祎，盖王后之上衣。

[4]帗带：帗（fú），巾，天子赤帗。摺智：智，音忽，同笏，大圭；笏：为古篆字；摺：带。夹佩：指左右两佩。奉璧：敬奉河宗玉璧。

[5]牲全五□具：指陈奉河伯全牛、马、羊、猪祭品。

[6]穆满：满，穆天子名。

[7]女：汝；旹：古"时"字。

[8]春山：即玉山，钟山，昆仑，指神山，非现新疆青海之昆仑山。

[9]珤：为古"宝"（寶）字。

[10]平泉：昆仑泉。

[11]麀人：庶人。

[12]步剑：步光之剑。

[13]征鸟：神异鸟，能一飞八百里。

[14]渠黄：千里马，八骏之一。

故事大意

河伯最早是天吴神，据说天吴氏族一青年男子游泳时淹死了，被天帝封为黄河水神，命他管理黄河水事。《世本》杂录记载夏时有河伯之国。地点在黄河上游岚州、胜州一带地区，常居龙门，是很有权威的河神。在黄河、长江、淮河、济水四水中，他的地位最高，被尊为河宗。帝王们平时都会祭祀他，求他保平安。周穆王在西征过程中，首先祭拜的就是河伯水神。河伯听到穆天子来访，出迎天子于燕然之山，首先向天子敬奉了见面礼，几百丈锦帛和玉器，天子令郊父收下。癸丑这一天，穆天子特地朝于燕然之山。他命井利、梁固聿率领六师向河

---

① 《山海经·穆天子传》合订本，岳麓书社。

伯之国的圣地前进。天子端正了自己的冠冕、巾带、玉珪、佩饰，捧着玉器沉于河，又命官人以全牛、全羊、全猪、全马、全狗五牲祭献。河伯接受了。河伯说："穆满，你当永远致用一个时字。"天子向南再拜。河伯又说："穆满，我将献给你春山之宝，诏你到昆仑，再看看那里的几座房屋，神泉，看一看昆仑七宝。"己未这天，穆天子朝于燕然之山，根据河伯的献宝目录看到河伯献给天子之宝有玉果、璇珠、炬银、黄金之膏。这些宝贝价值万金。给诸侯大夫的宝值百金，士大夫的宝值五十金，给庶人的宝值十金。还有天之弓人、射人及步剑、牛马、犀器等物。赐给天子之马可日行千里，胜猛兽；赐给周天子的狗可日行百里，可以执虎豹。此外，还有一些稀罕的鸟类。河宗又先于天子乘上千里马渠黄为先导，指引天子到西土进昆仑，访西王母之国。

（二）河伯娶妇

河伯娶妇的传说早在 3500 年之前就有了。在商汤时，七年大旱，商汤亲自请雨，殷史卜要他以人祭，汤不肯，说："吾所为请雨者，民也。若必以人祷，吾请自当。"遂斋戒剪发断爪，以己为牲，祷于桑林之社，到了高宗时人祭已成风气。这一点甲骨文有记载：

御[1]方于河妻。

河三十牛以我女[2]。

辛丑卜[3]，于河妾。

辛酉卜[4]，于河女。二告。

注

[1] 御：祭祀；方，国名；河，河伯；妻，河伯娶妇。

[2] 以我女：商王本人（我）占卜，"以我女"指以公主嫁河伯。"以我女"，义为献上我之女。我，即王本人。《史记·六国年表·秦灵公八年》说"初以君主（公主）妻河"。

[3][4] "于河妾""于河女"，均指献女、献妾于河伯。

这些证明河伯娶妇之事，并非虚拟妄传，而是实有其事。它的形成原因是与殷商迷信鬼神，人祭之风盛行有关。这种社会风气一旦与黄河为害相结合，人们为避害而祭河伯，受害的则不是一人两人，而是整个社会、几个时代。这一点从下列故事即可看得明白。

《水经注》[1]卷十记载：

战国之世，俗巫为河伯娶妇，祭于此陌[2]。魏文侯时，西门豹为邺令[3]，约诸三老[4]曰："为河伯娶妇，幸来告之，吾欲送女。"皆曰："诺。"至时，三老廷掾[5]行，赋敛百姓，取钱百万。巫觋[6]行里中，有好女者，祝为河伯妇。以钱三万聘女，沐浴脂粉如嫁状。豹往会之。三老、巫、掾与民咸集赴观。巫妪[7]七十、从十女弟子。豹呼妇视之，以为非妙，令巫妪入报河伯，投巫于河中。有顷曰："何久也？"又令三弟子及三老入白，并投于河。豹盘折[8]曰："三老不来，奈何？"复欲使廷掾豪长趋之。皆叩头流血，乞不为河伯娶妇。淫祀虽断，地留祭陌之称焉。

注

[1]《水经注》：作者郦道元，字善长（？—527年），是我国南北朝时期河北范阳郡（今涿州）人，地理学家，散文家，任北魏袭文爵永宁伯，曾做过御史中尉、河南尹、持节兼黄门侍郎等职，著《水经注》40卷。它是我国第一部水文地理专著，影响深远。

[2]陌：田间小路。

[3]邺令：邺（yè），地名，在今河北省临漳县西。邺令，即邺县令。西门豹为邺县令。

[4]三老：地方上教化风俗的乡官。

[5]廷掾（chuán）：属吏。

[6]巫觋（xí）：女巫，男觋，均指巫人。

[7]巫妪（yù）：即老巫婆。

[8]盘折：委婉。

故事大意

这个故事摘自我国北魏时期地理学家郦道元的《水经注》，原文的大意是：在我国战国的时期，魏国邺县那个地方有一种不好的风俗，每年地方强豪、巫婆、神汉都要为河伯选美女投河祭祀，乘机敛财，历代官吏们都禁不了。西门豹到邺当县令后，一下刹住了这股歪风。他是怎样治邺的呢？他一到邺县，听说有这种风俗，老百姓十分痛恨，谁也治不了时，就约定当地有影响的地方乡贤长老们问询。地方长老们告诉他有这回事。河伯娶妇像过节一样，热闹得很。西门豹说："你们什么时候为河伯娶妇，来告诉我一声，让我也来送送那些被选中的美女。"那些乡绅们一听自然十分高兴，都说："好，好，我们一定把这节日办好。到时候，我们来通知你。"说罢，他们马上分头行动，并与地方的亭长、乡长这一类地方官一道大肆向老百姓搜刮钱财，巫婆、神汉走乡窜里物色美女，就像为皇帝选妃子一样。选中一个以三万钱作聘礼给女方家长进行补偿。被选中的女子，有专人为她们沐浴、擦粉、化妆打扮。

　　河伯娶妇的仪式开始了。西门豹早早地就到了那里。祭祀的地方是在河边的田坝子上。仪式开始时，三老廷椽等地方官、巫婆、神汉和看热闹的人都到齐了。坝子上彩旗飞舞，神坛上燃香点烛焚纸钱，鼓乐喧天，烟雾缭绕。70来岁的老巫婆带着她的十几个徒弟，穿着大红大绿的衣裳，嘴唇涂上了鸡血来到了场上，嘴里念念有词，等待河伯的到来。等了好久，没见河伯来，令人投了全猪、全牛到河里，仍不见来。西门豹说："怎么不见河伯来呢？你们过去看看，看他们怎么还不来？"说完令人把老巫婆丢进河里。又过了一会儿，不见老巫婆回来，西门豹又问："怎么这么久还不来呢？再派人去请。"说完，令人把乡绅长老和三位弟子一起投入河中。又过了一会儿，不见三老回来，他侧眼看了看地方官吏们和地方强豪们，说："三老不来，怎么办呢？"这些地方官吏、豪强们都吓得哆哆嗦嗦，赶快叩地磕头，说："以后小的再也不敢为河伯娶妇了。"他们一个个磕头磕得头破血流。老百姓们特别是那些免于一死的美貌女子们泪流满面地纷纷叩头致谢。邺地从此以后再也没有这种人祭的坏习惯了，但这地方的祭坛却仍留着以作纪念。

故事解说

河伯是黄河水害的化身

　　河伯娶妇是一则奴隶时代的神话。它反映的是河伯对人的迫害和在奴隶制度下神对人的迫害。历史上关于河伯的记载很多。在河套地区上古时确有一个河伯国。因其国王封伯而称为河伯。后来他被敬奉为神。所以河伯是一个很古老的神。其神格随着时代的发展而发生了种种不同的变化。河伯有种种不同的称呼。有称冯夷，有称冰夷，在《山海经》里称蒲夷。河伯作为黄河神，是各河神之宗，即千河之首，河中之帝。它是由于人们对水的敬畏而产生的神。

　　河伯最初的神形描述是水怪形象。《山海经·海内北经》："从极之渊深三百仞，维冰夷恒都焉。冰夷人面，乘两龙。"从极之渊，指河套西北腾格里池，河伯冯夷住在这里。郭璞说他"画四面各乘灵车，驾二龙"。在《山海经》里还说："朝阳之谷，有神曰天吴，是为水伯，其为兽也，人面八首八足八尾，皆青黄。"《博物志》说："水神曰天吴，人面，八首，八足，八尾，亦曰河伯。"可见其原始神形像一个水中怪兽，长着八个头、八只足、八条尾巴。

　　这个怪物到屈原《九歌·河伯》中，其神形与此迥然不同。他变成了一个风流神仙。洛水女神宓妃是他的妻子，他并不忠于她而是神游于河的浪荡子。他从人面鱼身，八首八足的水中怪物，一下幻化成了"年三十许，颜色如画，侍卫繁多"。时而乘白马，穿白衣，戴白帽，长着红胡须；时而带着"十二童子驰马西海之上"；时而在水里；时而在岸上的淫雨之中。他到哪里，哪里就"雨水滂沱"，而且还能闻歌起舞，鸣鼓而歌的风流多情的美男子。屈原《九歌·河伯》里男觋扮河伯，女巫迎水神那段唱说得很明白：我愿与你去九河游，不怕暴雨洪波流，乘上水车荷作盖，"驾两龙兮骖螭"，愿与你同上昆仑望四方，"心飞扬兮浩荡"，"日暮留恋忘归，怀念我那水乡"。想念那"鱼鳞屋瓦壁画龙，紫贝绝门珍珠宫"，我"愿与你携手同向东，南浦渡口把你送，前波后浪相迎，鱼群列队陪从"。可这美男子面对举世绝伦美人的呼求，却不理不睬。在这里，我们可以看到，河伯已从河里的怪鱼，变成了一个好色的美男子了。所以，他要人们不断为他献美女。由于他是河宗，全国不论东西南北，从黄河到长江，从东海之滨到川西岷山玉垒，没有不兴巫觋献美女于河伯的。这样，他就从一个护河之神，变成了一个水害之神。

　　洛神是他的妻子，十分美貌，他不好好待她，却出来强抢民间女子。有一天他游出河面要上岸时，被后羿发现，一箭射去，只听他大喊了一声，从此被射瞎了一只眼睛。他想惩治后羿，就跑到天帝那里去告状。上帝没有惩罚后羿，而是批评了他。

　　上面这些故事，都是有关黄河神为害的。为什么这么多坏事都集中在河伯身上呢？这和黄河泛滥千年为害有关系。黄河给人们带来了许多好处，抚养了黄河两岸的众多儿女。但它也常常泛滥，为害百姓，淹死了许多人民。《水经注》记载：汉"孝文皇帝十二年十二月河决东郡"，"武帝元光中，河决濮阳、泛郡十六……城北十里有瓠河口、有金堤、宣房堰。粤在汉世，河决金堤"。《汉书·沟洫志》记载，"元光中，河决于瓠子，东南注巨野，通于淮、泗，兴人徒塞之，辄复坏。甚至河决十二年后，上仍发卒数万塞瓠子。直至"成帝之世，河决于馆陶及东郡金堤，上使河堤谒者王延世塞之，三十六日堤成"。这一段黄河堤在汉世百年之间数次决堤殃及东南16郡。因此老百姓痛恨黄河泛滥。黄河神河伯，就是黄河为害这一事实的化身。在上古时代，虽有大禹治水的传说，由于时代局限，黄河无道可行，想让它不为害也办不到。这种状况经历了数千年后，由于共产党团结全国人民同心合力，治理了70年才有了改观：做到大堤不决口，流域面积增10倍，年洪水量535亿平方米，17年不断流，沿途建起龙羊峡、刘家峡、青铜峡、三门峡小浪底等水利工程，库容量达 4200 立方米/秒，发电量达 2200 千瓦，水质一类水至三类水已从 2000 年的 38.7% 提高到 2015 年的 63.5%，治理水土流失面积达 22 万平方千米，创造了年国内生产总值 14% 的收入，养活了全国 12% 的人口。如今的黄河已开始改变了颜色，逐渐与青山相映，共绿长流。①

---

① 《黄河治理七十载　岁岁安澜》，《人民日报》，2016 年 10 月 30 日。

二、三峡女神瑶姬

"巫山十二郁苍苍，片石亭亭号女郎。

晓雾乍开疑卷幔，山花欲谢似残妆。"

这是唐刘禹锡为长江三峡巫峡神女峰写的一首颂歌。神女峰名望霞峰，是巫山十二峰之一。所有乘船顺流而下的人莫不走出舱来，回首张望，翘望那高6.4米玉立云端的神女。有的拍照；有的指点；有的注目凝视；有的笑谈，说她是王母娘娘的二十三女，名云华夫人；有的说她是炎帝的第二个女儿叫瑶姬。其传说各有记载。

《墉城集仙录》记载：

云华夫人，王母第二十三女，名瑶姬，太真王夫人之妹也。受回风混合万景炼神飞化之道。尝东海游还，过江上，有巫山焉，峰岩挺拔，林壑幽丽，巨石如坛，留连久之。时大禹理水，驻山下。大风卒至，崖振谷陨不可制。因与夫人相值[1]，拜而求助。即敕侍女，授禹策召鬼神之书，因命其神狂章、虞余、黄魔、大翳、庚辰、童律[2]等，助禹斫[3]石疏波，决塞导厄[4]，以循其流。因命侍女陵容华出丹玉之笈[5]，开上清宝文以授，禹拜受而去，又得庚辰、虞余之助，遂能导波决川，以成其功。

唐仪凤元年[6]，在巫山之麓修建神女庙，奉祀瑶姬。每年八月十五，月明时有丝竹之音往来峰顶，山猿皆鸣，达旦方止。

注

[1]相值：相会。

[2]狂章、虞余、黄魔、庚辰、童律：均为天神；大翳：翳（yì），风师，风神。

[3]斫（zhuó）：凿。

[4]导厄：厄（è），阻塞，险阻，疏导阻塞。

[5]笈（jí）：竹制书箱。

[6]仪凤元年：唐高宗李治元年，公元676年，丙子年号。

故事大意

据说大禹治水时曾治理过长江三峡。这里的情况和黄河壶口、龙门、孟门、砥柱全然不同，不是把直立于河中的山凿开，让上游流来的水通行就可以了。

首先是山险。那三峡险峻看了也让人心跳。三峡绵延700里，两岸峭壁入云，高耸千丈，似刀砍斧劈一般，山巅不长草木，如刀尖刺天，鸟不敢飞，猿不敢栖。江涧如深壑鸿沟，在江面上不见日出日入，也不见曦月一轮，只能看见中天投于江面的日影月色。此山险其一。

江面上看不到百丈狂涛，看上去平静无波，但却是暗流奔暴，一旦巫山崩塌，三峡受堵，逆流千里紧逼成都平原，如遇岷山崩塌形成堰塞湖，命悬成都平原一样，其后果难以设想。因而，巫山之下舟船难行，鱼鳖不敢游，除天神看守之外，别无他法，岂有鲤鱼敢来这儿跳龙门的？此水险其二。

从岷江到三峡有24个望娘滩。这些险滩夏伏冬出，如虎如狼，不知吞没了多少达官贵人。据记载，汉永帝元年，巫峡新崩滩崩塌之日，江水逆流数百里，涌浪数十丈；那流头滩、狼尾滩、人滩、黄牛滩，一个个犹如鬼门关，让人不寒而栗。此滩险其三。

在这种情况下，大禹治水来到巫山之下，虽然他曾跨黄河，去桐柏，挥斥鬼神，斧劈砥柱，面对此情此景，一时间也是一筹莫展的。他呆呆地站在那里望着那站在巫山之巅的神女。有记载说，瑶姬本是炎帝的第二个女儿，因未行而亡，封于巫山之阳。由于她的精魂化为蕃草，落于巫山之上，成为巫山神女。她本是虹霓女神，长得十分美丽，是美的象征。宋玉写《高唐赋》，说她在巫山之阳，为高丘之阻，且为朝云，暮为行雨，朝朝暮暮不歇视察巫峡流水，故而百姓在阳台下为其立庙，曰朝云寺。巫峡前的六十里，虽不长，其险峻实使大禹惊呆了。正在这时候，一弯彩虹汲水江中，片刻云华夫人巡游东海归来，发现大禹蹲在那里发呆长叹，便俯身问道：

"英雄，你在叹什么呀？"

大禹扭头一看，是云华夫人，纳头便拜，央求道："天神呀，这么险峻的地方，该如何治理呀？请你指点。"

云华夫人即令侍女授禹策召鬼神之书，又命狂章、虞余、黄魔、大翳、庚辰、童律等神助大禹一臂之力，要他们帮助大禹凿宽巫峡与西陵峡之间的山石，决塞导流，然后又令侍女陵容华出丹玉之笈授于大禹。大禹受策，一一谢过。云华夫人转身而去。为帮助治水，瑶姬走后，其身影变成了六尺巨石立于巫峰之上，终日俯视江岸。在众神的帮助下，大禹凿宽了巫峡出口，水势并冲，狭江遂绝，古人谓之禹断江南。

两岸人民为纪念这位长江仙女，在巫山之麓为其立庙，世世代代奉祀她。庙后有石坛，坛为大禹见神女之处和神女授书之处。每年八月十五月明之时，这里山峦气绝冲霄汉，丝竹达旦猿长鸣，人们在这里祷念大禹，致谢女神。

故事解说

险滩治理在于疏

长江全长6300余千米，发源于青海巴颜喀啦山东麓。流经四川、重庆、湖南、湖北、江西、安徽、江苏、浙江、上海而入东海。为江、淮、河、济四渎之首。

岷江、雅砻江、嘉陵江、金沙江、大渡河等水域的流水汇入长江后，进入绵延700里长江三峡水道。这里与黄河中游从壶口、孟津到三门峡的700里水道不同：没有陡峭的瀑布，没有伫立于河中央的山峰阻隔，也没有神门、鬼门、人门似的险要，但它们却是蜀水东流，蜀人进出的门户，历来被称为通天河上的鬼门关。

长江三峡在不同阶层不同境遇的人的心里，有不同看法。李白写的"朝辞白帝彩云间，千里江陵一日还。两岸猿声啼不住，轻舟已过万重山"，写的并非峡中险峻，而是写诗人其时的心境。长江三峡，我年轻时（即20世纪50年代初期到中期）乘过大木船、小火轮多次往返过。我看到的是另一幅情景：一提起虾子滩，24个望娘滩，船夫们就不寒而栗。水涨时，锐利如刀的巨石滩藏于水下，稍不小心，就会船毁人亡；一到枯水季节，那些如刀如刺似的巨石群从水底露出水面，犹如巨龙的满嘴牙齿，等待着将过往的人们顷刻间吞食。三峡两岸峭壁万丈，相峙而立，上入青天，下插水底，江面狭窄，远远望去如一线云天，纤夫们赤着膊在峭壁间弓着腰、流着汗，在齐声地哀鸣、呼号、祈求。汗水和泪水不住地从他们额上、背上、腿上滴落下来，悬挂在峭壁上，滚落到江水里。他们小心翼翼地用绳子牵着木船沿着江岸在云天峡谷间逆向爬行，生怕碰上那些躲在急流下的不声不响的暗石。

在这种情况下，他们之中有谁还会欣赏两岸猿声。也许是那些老猿在为他们的不幸而哀鸣吧！

大禹治水主要是治河。是否治过长江三峡？少见记载。治长江，治什么？是治理那峡谷中的险滩么？根本不可能。到20世纪50年代，我多次目睹了惊险万状的险滩。当时都无法治理，何况在大禹时代呢？大禹是无法达到治理三峡的目的的，因而他不得不求助于三峡女神。女神自己无法治理，只能授书指导如何治理。故而有书也难治。三峡真正得到治理,是近些年的事。一是在枯水季节派人用炸药把险滩的锐石炸掉,确保船只往来平安;二是三峡大坝修好后,将水位提高到170多米,不仅小船往来无忧,而且万吨巨轮也可以行走了。这正是大禹、女神想都不敢想的神话。

三、汉水女神延娟与延娱

汉水别名夏水、沧浪之水，发源于陕西蟠冢山，经沔水、沧浪之水、汉阳流入长江。地上的汉水与天上的银河相对应。战国时隶属楚国。这里自古以来是兵家必争之地，也是九头神世居之地；炎黄时，炎帝沿汉水西进所经的三苗国在这里，尧舜与三苗之战在这里；战国时期周楚、秦楚相争在这里，后来又有楚汉相争，魏蜀吴相争都在这一带。汉水流到丹江口之后，由高山峡谷，突至平原，犹如银河从天而降，一泻千里，时而暴涨，时而横溢，泛滥成灾。历史上，这里的战火不知湮灭了多少英雄豪杰，毁坏了多少远古的文明，淹没了多少民居、田地、庄稼、畜禽和数之不尽的无辜的善良人民。在天灾、人祸的双重逼迫下，人们幻想着汉江女神的出现。

延娟与延娱

据〔晋〕王嘉《拾遗记》卷二记载，周昭王二十四年，"涂修国献青凤、丹鹊各一雌一雄。孟夏之时，凤鹊皆脱易毛羽。聚鹊翅以为扇，缉凤羽以饰车盖也。扇一名游飘，二名条翮，三名亏光，四名仄影。时东瓯[1]献二女，一名延娟，二名延娱[2]，使二人更摇此扇[3]，侍于王侧，轻风四散，泠然自凉。此二人辩口丽辞，巧善歌笑，步尘上无迹，行日中无影。及昭王沦于汉水[4]，二女与王乘舟，夹拥王身，同溺于水。故汉江之人，到今思之，立祀于江湄。数十年间，人于汉江之上，犹见王与二女乘舟戏于水际。至暮春上巳之日，禊集[5]祠间，或以时鲜甘味，采兰杜[6]包裹，以沉水中；或结五色纱囊盛食，或用金铁之器并沉水中，以惊蛟龙、水虫，使畏之不侵此食也。其水傍号曰招祗之祠[7]。"①

注

[1] 东瓯：古地名，在今浙江、温州地区。
[2] 延娟、延娱：为汉水女神，一作旋娟、提谟（嫫），传为天帝之女，有

---

① 齐治平校注，《拾遗记》，中华书局，第55页。

"玉质凝肤，体轻气馥，绰约窈窕，绝古无伦"之美称。

［3］摇此扇：指涂修国送给周昭王的鹊翅做的扇子。扇子一名"游飘"，一名"条翩"，一名"亏光"，一名"仄影"。昭王使二女摇扇。

［4］周昭王瑕，周初第四代王，公元前995—前977年在位。相传昭王淹死于汉水。《史记·周本纪》说："昭王南巡狩，不返，卒于江上。"《帝王世纪》说："昭王德衰，南征，济于汉。船人恶之，以胶船进王。王御船至中流，胶液船解，王及祭公俱没于水而崩。"本神话说是二女拉他下水的。

［5］禊集：徐广曰："三月上巳，临水被除（祭祀），谓之禊。后为三月三日人们聚集水边祭祀。即今清明节。"

［6］采兰杜：指禊集这一天，尤如集社一样，人们要奉献时鲜水果，裹兰草和杜若（都是香草），用五色沙囊盛食装在铁器里入水中，以防蛟龙吞食。这是民间裹粽子的由来。比祭屈原早数百年。

［7］招祇之祠：招魂祠。

故事大意

汉江游女

周昭王瑕，周康王子，公元前995—前977年在位，是周初的第四代王，传说他主政的时候，涂修国送来了青凤、丹鹊鸟各一雌一雄，到4月份的时候凤鹊换毛了，把鹊翅收集起来做扇子，把凤羽收集起来做车盖的装饰，都是很漂亮的。那扇子有人叫它游飘，有人叫它仄影，扇起风来特别清凉舒服。周昭王纵淫于乐，荒于政事，老百姓都很痛恨他。

当时东瓯即温州那地方，向昭王敬献了两个很漂亮的女子，在他的两侧，为他摇羽毛扇。这扇子一摇，清风四溢，冷然自凉，舒服极了。这两个女孩，口齿伶俐，巧善歌笑，走起路来，步尘上无迹，行日中无影，像个天神。昭王到南方巡狩，由她们陪着。她们一同到汉水乘船巡游，一路上夹护王身，至中途同溺于水，把昭王给淹死了。那二女便成了汉水游女。此事以后，人们便在汉江边立庙祭祀二女为水神。这就是旋娟、提嫫二神。希望她们能保佑两岸百姓平安。几千年过去了，听说还有人在江上看到过昭王和两个女子嬉戏于船上。每年春天3月3日，大家都要到庙里纪念她们，给她们磕头烧香，敬献水果时蔬，还采香草叶子，用小米裹成像粽子一类的东西装在铁盒子里沉到水里，给她们吃，防止蛟龙虫鱼吞食，希望她们保佑平安，免遭灾祸。

故事解说

汉水游女是人民希望的寄托

"汉有游女"是一个古老的传说。

《诗经·周南·汉广》有:"南有乔木,不可休思。汉有游女,不可求思。"意思是:南山有高大的神木,但我们不能到达那里;汉江上有游动而美丽的神女,但我们不能求她降临。张衡《南都赋》:"游女弄珠于汉皋之曲,威天地以致和。"《后汉书·马融传》:"湘灵下,汉女游。"湘灵,指潇湘女神,汉女游,指汉水女神。嵇康《琴赋》的"游女飘焉而来萃"均源于《周南·汉广》之说。联系到屈原九歌里的祭祀活动,我们可以从楚俗中了解到,汉水女神旋娟(延娟)与提嫫(延娱)都是古代美丽绝伦的女子。或许他们是因汉水泛滥而幻想出的保护神。因汉水流动疾速,神女的身影也游移不定。又由于她们是天女,能"步尘上无迹,行日中无影"游于汉江,所以"不可求思",只能存于人们心里,是人们精神的寄托,美好的生活的追求与向往。那些淫逸于世的帝王,如显赫一时的昭王,溺于水中而不可复返。有人说昭王之所以被淹死,不是因为别的而是因为当地老百姓痛恨他,才被二位游女神拉下水的。

四、涡淮水神巫支祁

涡河在淮河的上游。涡河、北肥河、芡河在安徽怀远汇合后称为淮河。淮河自此东注于泗，再东流入黄海。其支流北通黄河，南通长江。按理说这条既通江河又通大海的并不算长的河流，理应造福于两岸人民。但它却是数千年来灾害频发的地区。传大禹治水，三至桐柏山都是惊风走雷，石号木鸣，大禹手下的五伯、天老肃兵于此，也功不能兴。这是什么原因呢？不是因为有黄河那样的壶口、孟门、三门峡的险、急、阻，也不是因为有长江三峡那样陡峭，它经过的大片地区都是平坦开阔无惊无险，而是因为这里出了个无法无天谁也拿它没办法的水怪：巫支祁。不信，请看以下的故事。

［唐］李功佐著的《戎幕闲谈》记载：

"禹理水，三至桐柏山，惊风走雷，石号木鸣，五伯拥川，天老肃兵[1]，不能兴[2]。"为什么？因为有巫支祁作怪。那巫支祁形若猿猴、缩鼻高额、青躯白首、金目雪牙、颈长百尺、力逾九象、搏击腾踔[3]疾奔，轻利倏忽[4]，闻视不可久。又善应对言语，辨别江淮浅深，原隰远近。它在淮河上兴风作浪，谁也拿它没有办法。

大禹刚来桐柏时，听说这个东西在作怪，使他们无法开展淮河的治理工作，就派童律、乌木去收拾那东西，可没有成功。因为来这里治淮的人得了一种怪病，身上出血，抬到医生那里去治疗还没到，人就死了。后来大禹又派庚辰去，这庚辰懂医术，不准把病人抬走，而是让他们就地平躺着不要动。没多久病人就好了。那巫支祁想继续顽抗，庚辰就用法术把巫支祁擒了，锁上大铁索，还在它的鼻子上穿了铜铃，然后把它拉到淮阴的龟山足下拴起来。这才使得淮水平安流入黄海。

《方舆胜览》说龟山在江苏盱眙东北三十里。西靠盱眙[5]，三面石壁临水。巫支祁就锁在那里。据说有人还亲眼见过呢。那巫支祁百兽长鬣，白牙黄爪，张目如电，顾视人群，想发狂怒。看见的人没有不害怕的，收拾了巫支祁以后，禹令桐柏等山的长老们帮助治淮河。鸿蒙氏、章商氏、兜卢氏、犁娄氏等稽首请命。在大家的共同努力下，这才把淮河治好了。

注

[1] 五伯、天老：此处俱是指大禹手下的方伯。

[2] 不能兴：即建不成功业。

[3] 搏击腾踔：腾踔（chuō），腾跳。意指巫支祁善于打斗腾跳，飞越。

[4] 轻利倏忽：倏忽（shūhū），转眼之间，表示极快。

[5] 盱眙：古城，今江苏盱眙县。

故事解说

巫支祁是一则生态毁灭的神话

几千年来，淮河都是一条为害很深的河。虽然经大禹治理，但并未很好解决淮河泛滥。中华人民共和国成立后经过几次，千百万人的不断修治，现在才安静下来。淮河成灾的原因很多。或许战争的破坏是一个不可忽视的重要因素。几千年来，历代帝王中在黄河、淮河两岸建都的不少，在两河边上进行大规模战争，放水淹没对方的，并非一回两回，放火烧毁森林的也不是一起两起。争夺中原的战争长达数千年之久，毁坏达数千年之久，给这一片土地带来了沉重的负担和生态的毁灭。加上黄河改道夺淮受阻，使本来就年久失修出路困难的淮河，更加难以忍受。它除了泛滥以外，还有什么办法呢？巫支祁，只不过是人民出怨气的证明而已。有人说巫支祁是一个氏族，没有详细资料难以证明。有人说是"巫支祁"谐音无知奇，有道理。历朝历代在淮河地区发动的战争，造成了人民生命财产的巨大损失和生态毁灭，人民求天求地都不灵，无计可施，不能不怨。从这个意义上说，可以说"巫支祁"实际上是一则生态神话。

五、湘潇女神

故事原文

《山海经·中次十二经》：

又东南一百二十里，曰洞庭之山[1]，其上多黄金，其下多银、铁，其木多柤[2]、梨、橘、櫾[3]，其草多葌[4]、蘪芜[5]、芍药、芎藭[6]。帝[7]之二女居之，是常游于江渊[8]。沣沅之风，交潇湘之渊，是在九江之间。出入必以飘风暴雨，是多怪神，状如人而载蛇，左右手操蛇。多怪鸟。

注

[1] 洞庭山，在湖南永顺桑植县西70余里，曰上洞，与东北40里之下洞并临澧水之上。其北有零水，与辰水分流似屋脊形，故曰洞庭。另巴陵陂亦号洞庭，人们以为是洞庭山水所潴，故称之为洞庭湖。

[2] 柤：山楂。

[3] 櫾（yòu）：柚子。

[4] 葌（jiān）：菅草，茅草。

[5] 蘪芜：香草，川芎的苗叶。

[6] 芎藭（xiōngqióng）：即川芎。

[7] 帝：指尧。

[8] 渊：指巴陵陂水，二女各居一山，从澧水或沅水游于九江之渊。

故事大意

洞庭山的第一高峰叫肩遇之山，如两肩相遇。从这儿往东南，再往东，至东南120里地，就是洞庭山。洞庭山上风华物美，资源丰富，有黄金、白银、铁石、树木，那儿长满了山楂树、梨树、橘树、柚子树等许多果树，一年四季的水果应有尽有，又出产药材如菅草、川芎、白芷、芍药等名贵药材。帝尧的两个漂亮的女儿就住在这里。她们两人，一人住一个山头，经常从澧水、沅江游水到洞庭湖里去玩。那一带河很多，如湘、观、营、来、洣、渌、涟、浏、汨等合谓九江。九江汇合到湘江里,她们往返于九江之间,进进出出常有飘风暴雨相伴。那一带水多、水怪多,为防止水怪们作乱,二女尽心尽力管住他们,不让他们捣乱。

前面说她们是上帝的女儿。上帝是谁呀?既不是四方的上帝,也不是中国的古帝,而是她们的父亲尧。在她们作姑娘的时候,帝尧为了寻找接班人,把他的两个女儿、娥皇、女英一起嫁给了舜,以考察舜的行为品质。她们用智慧让舜躲过了舜父母覆仓廪,穿水井等迫害,并助舜成为一代圣君,不想舜南巡苍梧竟一去不复返。洞庭翠竹遍野,绿叶满山,面对历历往事,不禁泪洒翠竹,双双跃入河中成了水神。那点点飞泪洒在竹上,"一枝斑竹千滴泪",成了不灭的记忆。

故事解说

神格化的美人

湘潇女神是中国四大美女水神之一,是湘潇人追求美满幸福的象征。她们与其他地方许多水神不同,完全是一对人神,是神格化的美女神,中国柔美女性的代表。自幼听从父命一改原始旧俗,身体力行娶嫁婚姻,并守一而终,即便面对舜不告而娶,也依然为夫殉情,投江而死。大舜是怎么死的,她们不知道,只是泪洒千般竹。她们死了泪滴满江河,成了守护江河的女神。人民希望洞庭由她们镇守,确保安宁。因此,洞庭人,如屈原大夫等都热烈颂扬她们,称她们为湘夫人。老百姓想念她们,为她们建庙,祭祀,世世不忘。

六、鲧伯盗息土堙洪水

（一）鲧受命治洪水[1]

《尚书·尧典》记载，帝（尧）曰："咨！四岳，汤汤洪水方割，荡荡怀山襄陵，浩浩滔天。下民其咨，有能俾乂？"（俾，bǐ，使）

佥曰："于！鲧哉。"

帝曰："吁！咈哉，方命圮族。""（圮，pǐ，毁坏）

岳曰："异哉！试可，乃已。"

帝曰："往，钦哉！"九载，绩用弗成。

故事大意

帝尧说："啊！四方诸侯之长！滔滔洪水到处为害，水势奔腾呼啸包围了山岭，淹没了高冈，浩浩荡荡，浪高接天。臣民、百姓都在叹息，有谁能使洪水得到治理的吗？"

四方诸侯之长说："啊！鲧可以担任这项工作呀！"

帝尧说："啊？他？不行。他常违背法纪，不服从命令，危害同族的人。"

四方诸侯之长说："不是这样的！让他试试吧，他可以胜任，适合担任这项工作。"

帝尧说："好吧！鲧，你可要谨慎从事呀！"鲧治水九年，没有取得成效。①

（二）高筑城，防洪水

《吕氏春秋·君守》，"夏鲧筑城"。[2]

《世本》，"鲧筑城郭"。

《尚书·洪范》，"鲧堙洪水"。

《淮南子·原道训》，"夏鲧作三仞之城，诸侯畔之，海外有狡心"，"十年

---

① 关永礼主编，《白话十三经·尚书篇》，济南出版社，第131—135页。

九潦"。

《国语·周语》鲧沿用共工之旧法,"欲壅防百川,堕高淹庳,以害天下"。

城,指城墙。鲧筑城,筑的是什么城?是城郭?城市?城镇?都不是,是防洪堤。古时候的城与防洪堤是一个东西。洪来防水,平时防盗。又可以护庄,保护氏族的安全。鲧将它加宽、加高、加厚,以抗击洪水。这本没有什么不对。洪水是夏天暴雨引发山洪。洪水来了,把堤防冲垮了,使人民生命财产受到一些损失,罪不在鲧,更不在鲧筑堤以防洪水。鲧因筑城被诛,于情于理不合。虽然鲧心里很坦然,但千古以来难以服众。筑堤防洪从古至今如此。堤被大洪水冲垮,正确的做法是壅塞决口。这做法即便在当今也是年年如此,无可非议。数千年来,人民并未因此把鲧当成罪人,而是把他当成真正的英雄。

鲧被殛,壅塞洪水并非主要原因,而是另有隐情:他反对尧提拔舜,认为尧有私心,不公。

(三)鲧斥帝尧怀私心

《水经注》引《述征纪》说"尧即位至永嘉三年二千七百二十有一载。记于尧妃祠"。永嘉三年为公元309年。距今为2721–309+2016=4428年。此即尧的即位时间。尧的传位制度是传婿。他选中舜作为女婿,想以二个女儿嫁给他,辅助他成为接班人。这件事遭到了鲧、共工、鹳兜等氏族头人的激烈反对。《韩非子·外储说右上》说:"尧欲传天下于舜,鲧谏曰:'不祥哉,孰以天下而传之于匹夫乎?尧不听,举兵而诛杀鲧于羽山之效(郊)。'共工又谏曰:'孰以天下而传之于匹夫乎?'尧不听,又举兵而诛共工于幽州之都。于是天下莫敢言'无传天下于舜'。"

《吕氏春秋·行论》记述:"尧以天下让舜。鲧为诸侯,怒于尧曰:得天之道者为帝,得地之道者为三公。今我得地之道,而不以我为三公,以尧为失论,欲得三公。怒甚猛兽,欲以为乱。比兽之角,能以为城;举其尾,能以为旌。召之不来,倘祥于野以患帝。舜于是殛之于羽山,副之以吴刀。禹不敢怨,而反事之,官为司空,以通水潦。"

这些记载与上述筑城有很大的不同,说明鲧之死不是治水不当,而是政治原因。

(四)鲧窃息壤[3]以救民生

《尚书·洪范》周武王问政,箕子乃言曰:"我闻在昔,鲧陻洪水,汩陈其五行[4]。帝乃震怒,不畀'洪范'九畴[5],彝伦攸斁[6]。鲧则殛死,禹乃嗣兴,天乃锡禹洪范九畴,彝伦攸叙。"

箕子的意思是说,鲧采用堵塞的方法治理洪水,扰乱了五行规律,所以上帝大怒而不把九种大法传给他,治国安邦的常理因此被破坏了。

《开筮》:"滔滔洪水,无所止极,伯鲧乃以息石息壤,以填洪水。"

《山海经·海内经》:"鲧窃帝之息壤以堙洪水,不待帝命,帝令祝融杀鲧于羽郊。"

(宋)苏轼《息壤诗并序》[7]

帝息此壤,以藩幽台。

有神司之,随取而培。

帝敕下民,无敢或开。

惟帝不言,以雷以雨。

惟民知之,幸帝之怒。

帝茫不知,谁敢以告。

帝怒不常,下土是震。

使民前知,是役于民。

无是坛者，谁取谁干。
惟其的之，是以射之。

（五）剖腹生禹，化熊渡江

《山海经·海内经》说"鲧腹生禹"注引《开筮》说"鲧死三年不腐，剖之以吴刀，化为黄龙"，即转化为新的神力。

《国语·晋语八》说晋平公有疾，郑简公使子产前去问候，晋平公的大臣韩宣子接待郑子产说我们的国君有病很久了，"上下神祇无不偏谕，而无除。今梦黄熊入于寝门，不知人杀乎，抑厉鬼邪"。

子产曰："以君之明，子为大政，其何厉之有？侨闻之，昔者鲧违帝命，殛之于羽山，化为黄熊[8]，以入于羽渊，实为夏郊，三代举之。夫鬼神之所及，非其族类，则绍其同位，是故天子祀上帝，公侯祀百辟，自卿以下不过其族。"①

注

[1] 鲧：《史记·夏本纪》云："禹之父曰鲧，鲧之父曰帝颛顼，颛顼之父曰昌意，昌意之父曰黄帝。"虽未必可信。但可见的是：鲧有双重神格，一为氏族图腾神，吴刀剖腹生禹，指禹是鲧氏族出身；一为鲧自身是兽神、天神。

[2] 鲧筑城：城非指城市，是指堤防一类防洪设施。

[3] 息壤：传说息壤是上帝的私有神土，用过之后，它仍能生长复原，生长不息，被称为息土。但使用时，必须经过上帝的允许。《上古神话演义》说鲧得息壤自荆州。鲧为治水到荆州中部、云梦泽西部江陵县，召集了上万人，以锄锹掘土，不动声息，从午时掘到未时，掘过之后，土地依然平坦，没有痕迹。柳宗元认为世上有息壤存在，地点在湖南零陵县南。禹治水时在昆仑山下，也用息壤，"堕高堙庳"，把低洼地区填平。既然息壤能生生不息，为救人生命，为什么就不可用？鲧用了为何要将他治罪呢？所以人们很同情他。

[4] 汩陈其五行：意为我听说，以前鲧采用堵的方法治理洪水，扰乱了五行规律，治国安邦常理被破坏了，上帝震怒，不把九种大法传给他。

[5] 洪范九畴：古帝王传授治国理政的规范为洪范；九畴，即九种大法，包括五行、五事、八政、五祀、皇极、三德、稽疑、征兆、五福。不畀，不给。

[6] 彝伦攸斁：斁（dù），败坏。彝伦，常理。攸斁，毁坏。意为破坏了治

---

① 《国语·晋语八》，上海古籍出版社，第478页。

国安邦的理。

[7] 苏轼《息壤诗并序》的内容大意是：天帝置息壤，在幽谷那地方，用篱围着，派神守着，这种土随取随长，不会消失。但天帝告诉人民，这种土不可以擅自开取，想用时一定要经过批准。擅自取土，天帝要发怒。人民都希望天帝别发怒。天帝以雷雨为怒，它喜怒无常，一怒人民就要受惊恐。息壤成了像射箭的靶子一样，上帝想惩罚谁，必以箭射之。苏轼对鲧窃息壤治洪水是同情的。正像古希腊神话中的普罗米修斯盗上帝火种传给人类一样伟大，鲧为治洪水救人民，偷了上帝的息壤，被杀死于羽山。他死而无怨，从而成为被千秋万代百姓所传颂的英雄。

[8] 化为黄熊：说明鲧的神格本为水中鼋鳖之类的神，故而它能化为龙。熊古音又读能，"能""龙"谐音。湖南楚方言，龙、熊的发音为"龙"，故也称鼋鳖为"龙"。

故事大意

传鲧出身于鲧图腾氏族，以鲧为图腾神，又自名为水中巨神鲧。从字面上来说：鲧，字熙。因与龟、蛇氏族联姻，所以他以龟（熙）、长蛇（修巳）为图腾神。祖上发源于古昆仑神山流沙黑水一带，世世代代居川西地区，后来迁入河南，居于黄河中游嵩山下面，封为伯，人称崇伯。鲧成人后讨了个老婆，她是四川茂汶石纽那地方的羌族人。传说是高辛氏的女儿文嬉。由于她的母亲是羌族人，自幼跟母亲成长于西羌，所以是西羌女，名修巳。她30多岁了，还没生孩子，夫妻都很焦急。有一天文嬉随丈夫经过砥山时，见到一种植物，人们叫它薏苡，披着长长的叶子，挺好看的，还结着白嫩嫩的果实，剥开果皮可见里面藏着亮晶晶的薏米仁。文嬉随手摘了几粒薏苡，剥了皮放进嘴里，"嗯，挺好吃。"连嘴皮上都留着淡淡的清香味。哪里知道，这里是神山，薏苡是神物。文嬉吃了不久，肚皮里就翻腾起来，她怀孕了。可临产时麻烦了，难产。鲧只得到处找名医，后来找到巫彭帮忙，对文嬉实行剖腹产，从她腋窝下取出了一个小男孩，给他取了个小名叫高密，长大后取号文命，他就是尧舜时期赫赫有名的治水英雄夏禹。

鲧虽然崇敬龟蛇图腾，与水有关系，但并不是治水专家，与共工全然不同，他的本事，是跟着共工学来的。当他把家搬到崇山后，常常遇洪水，为了氏族的安全，他组织氏族的老百姓把寨子建在离地面几十米高的土丘上，四周用黄土青泥石块垒成几人高的围墙。围墙外，离墙几十米远，环绕村子挖了一条大水沟，水沟有桥进入寨门，水沟与河相通，使水流进大河。这就是人们常说的"鲧筑城""鲧发明城"。现代考古证明这是真的，如王城岗之类。鲧氏族在长期的洪水威胁中安然无恙，损失不大，日子安安稳稳。加上鲧自己又有一身好武艺，不断培养锻炼一支能打仗的队伍，久而久之，在众多的侯伯中声名鹊起，位居高枝，倍受众人推崇。

尧贬共工于幽州后，又马上召集大臣与各方侯伯商议治水大事，让大家推荐治水能人。尧说："现在洪患水灾严重，全国各地都是大洪水，不治好洪水，我心不安呀。所以再次请各位来，是想请大家为我推荐一位治水能人。"

半天也没人敢讲话，最后还是鹳兜先开口："人倒是有，就看你敢不敢用？"

"谁？"尧问。

鹳兜说："您的儿子丹朱不是很好吗？他聪明得很，还发明了围棋。"

尧说："他呀，就会玩。不行，不行，不守信用。还有谁呢？"停了一停，叹息道："四方诸侯之长呀，你们看呀，滔滔洪水到处危害人民，奔腾呼啸的洪水包围着山岭，淹没了高岗，臣民、百姓终日叹息，你们看有谁能站出来帮助治一治呀？"

鹳兜想说话，尧看了他一眼，意思是暗示他：乌鸦嘴，别开口。可鹳兜却脱口而出了："鲧伯。"

诸侯伯闻言，顺势一致推举鲧伯："这事非他莫属。他那王城岗我们都看过了，很好，不错，离水近又没水淹。"

尧说："他这人能干，但办事独断专行，不服从命令，怕不行吧？"

诸侯伯都说："他为人耿直重义气，能团结人，治水也有办法，让他试一试嘛。不试怎么知道呢？"

鲧伯一直坐在墙角上，低着头一言不发。正在这时候，尧发话了："好吧，既然大家推荐鲧伯，就请鲧伯接替共工的工作，担任治水大臣吧！"停了一下，尧向鲧对了一个眼神，叫了一声："鲧伯，大家推荐你做治水大臣，你乐意吗？"

鲧说："治水是我们大家的责任，是关乎我们炎黄子孙生死存亡的大事，只要您信任我，我就干。"

"哎，不是我不信任你，假使你站在我的位置上，挑选一个手握全民族生死大权的人，也会慎重考虑的。"尧马上解释。

鲧本来一肚子不高兴，一听这话，心想倒也是的，也就打消了顾虑。

接受任务后，鲧立即组织人讨论治水方案。他汇集后土、相柳、句龙、夸父、嫘訾、鹳兜和鲧氏族的领袖人反复商量，决定几条意见：

（1）延续共工治水方案，以壶口—龙门—风陵渡—芮城—平陆（三门峡）—孟津—偃师—辉县一带，即黄河中下游为主要治理区域。

（2）在鲧的时代，黄河还没有固定的河道，随意乱流。所以要将眼前的防洪和长远的治理结合起来，既不能只顾长远不顾眼前，又不能只顾眼前不顾长远。黄河下游堤岸一下雨就崩坏，威胁千万人的性命，必须要堵塞堤岸，救灾救人。抗洪必须先救人，到无灾无难时再开河导流，所以，当前要以筑好两岸堤防为要务。

（3）抢洪分工：共工、后土负责治壶口龙门，句龙治石龙，天吴治潼关，夸父治桃林，相柳治柳林，邹屠治偃师，鲧伯部落治伊川、空桑、嵩山、告城，鸛兜治临汝、汝阳，大家分段治理，标准一致，同心协力，争取成功。

大家对治水方案反复议论，认为可行，各自回到自己的分工地区执行防洪任务。

鲧伯回到自己的治水区域也同样采用分工负责的方法。他让鸥龟氏负责清理原有河道的积石，让他们在大的积石上打进一排排小洞，用大锤打进一排排石楔，让石头裂开成小块，然后设法清除。又分配应龙氏的人清理河道的淤泥，清淤是当务之急。再令人加固王城岗的城墙，要求各侯伯依山陵坝原的不同情况，采用不同的筑法。为了保卫帝都平阳的安全，他又特别组织了一支队伍在帝都周围筑堤拦洪。这时，东北地区突然告急，说是发源于太行山的卫河泛滥，危胁下游人民的安全。卫河入黄河处北上要经过馆陶、濮阳。濮阳是鲧伯祖宗颛顼帝丘的祖地。为导卫河入黄河进渤海，避免淹没帝丘，鲧伯准许天鼋氏、姬巳氏挖取帝丘靠近卫河边的土地的黄土青泥筑堤。但太行山以东馆陶那地方是帝尧发家的地方，为防止卫河泛滥也挖了一些土筑堤。这样卫河两岸都筑起了堤防，顺利流入了黄河，流入渤海，从而在根本上解决了卫河两岸的水患。应该说这是鲧伯的高明之处，伟大之处。因为他十分清楚，濮阳是颛顼的帝王所在，馆陶是唐帝尧的帝丘所在，动用左右两边帝丘的土（息土）是会惹帝怒，要杀头的。鲧伯认为自己死不足惜，救千万人的生命要紧。所以他硬着头皮干了。再批准动用这两地的泥土之前，他在祖宗像前，点燃了香，对两位祖宗拜了又拜，哭泣着对祖宗说："老祖宗呀，孩儿对不起你们老人家了，面对千千万万的人的生命，老老少少的呼救声，我乞求你们允许我，不肖子孙动用帝丘边上的一杯青泥黄土，如果你们同意就给我一个正面答复吧！"说吧，取出一块圆形的小玉片，往空中一抛，只听得"啪"地一声落地，玉版正面朝上，表示祖宗的神灵赞同。连续掷了三次都是这样，表示了祖宗的认同。在这种情况之下，鲧伯对前来请示挖土的人用手背向门外挥了一挥，那人走了，继而又叫那人转来，经商量最后决定星夜赶赴云梦取土。鲧实在想不到自己这一决定将会有何种下场。

到了末世尧的时候，国都已从山西平阳迁到河南东北部的原阳了。原阳在黄河北岸。这里是黄河从河南拐弯向东北行走，进入山东，流入渤海的通道。经过多年治理，河道已经形成，淤泥已经清理，卫河水患得到了缓解。加上土地肥沃，气候适宜，水产丰富，生活条件比起襄汾陶寺等地方好多了。但就在这时，一件不幸的事在潜伏地进行着，严重地威胁着鲧伯的人身安全。事情是这样发生的：

有一天，尧把各位诸侯召进宫里，要他们为自己选接班人。有人推荐他的儿子，有人推荐共工，有人推荐鲧，他都不同意。有人推荐庄稼汉大舜，他便点头同意了。因为他知道舜是孝子。他想孝为德之本，教之所由生。有舜这样的人推行以孝治国，一定可以把国家管理好。有人问他："为什么？"

他说"你想呀，如果以他的态度处理君臣关系、父子关系、夫妻关系、兄弟关系、朋友关系，大家都能和睦相处，整个国家岂不伦理有序了么？"

唐尧时代挑选接班人的制度，一般人都是老丈人禅位女婿。为了慎重起见，尧要对虞舜进行一番考察。于是当即决定将历山那块地方封给他，让他在那里管理，看看他的能力如何。为了考察他的品行能力，又把两个女儿也嫁给他，观察他的一言一行。回馈观察的结果，使尧很满意，舜便破格被尧提为三公。

这一举动使朝廷上下大为震动。有人认为尧为自己选女婿不惜工本。有人认为尧为国选帝王舍得牺牲，不惜自己的掌上明珠。众说不一。这一消息传到治水前线，鲧与共工、鹳兜等方伯均表示不满。鲧再向尧进谏说这是不祥的预兆，怎么能把一个匹夫一下提为伯呢？尧就是不听，还用军队对付他，这更使鲧大为不满，认为舜只是一个种田儿，没有管理国家的经验，不适合作为尧的接班人。不仅如此，还当面向尧表示反对。有鉴于此，尧只得将鲧免职，令他回到自己的老家崇山去养老归天。舜登三公，大权在握，闻听鲧反对自己，并不表示什么不悦，只是埋头干自己的事。鲧去后，尧让舜视察治水情况，舜视察了卫水的治理情况，老百姓反映都十分满意，舜却发现了一个天大的秘密，那就是鲧在帝丘和云梦都盗用了上帝的息土筑了堤防。舜发现这一情况立即向尧报告了。尧大为吃惊，降下重罪，但鲧不服。尧便派人去捉鲧，结果被鲧的人马打了回来，这更激怒了尧。不久尧就死了，大舜即位，便派了国家的正规军祝融的部队前去剿灭鲧。祝融的军队个个怒不可遏，怒发冲冠，如狮如虎，白马形露，双耳如角。鲧的军队护卫着王城岗，护城河外面是自动聚集起的老百姓，他们用身体阻止着祝融的军队，就这样双方对峙着。鲧如想对抗，一怒之下就可以战个你死我活，但他最终没有下达对抗的命令。

在王城岗鲧的宫室内，鲧伯正在向家人告别。他先把大禹叫到跟前，庄重地对他说："儿啊，望你记住，任何时候，一切都要以国家为重，切莫为我报私仇。

你小小年纪就跟我治水，情况你是知道的。我们清淤开通了黄河，在卫河两边筑了大堤，防止了水淹帝丘。尽管我多次占卜征求老祖宗的同意，但我的确动用了帝丘的息土，这是我的大错。但正是这一点也救了千千万万人的生命。现在拿我问罪，我问心无愧，一点也不后悔。希望你今后埋头学习，一门心思治水，我死不足惜。我死了也会来帮助你的。"禹听了泪如雨下，鲧转身与夫人对视半响，跨了一步帮她整理了头上的玉簪与乱发，转身向外走去。他对乡亲们说："乡亲们啊，你们请回吧，不要为我难过，说情，我做了应该做的事，我也应接受我必须受到的惩罚。请回吧，请回吧，我这一辈子不能报答你们，我下一生无论变神变鬼，我都不会辜负你们的。"说罢，大步向祝融的部队走去。他的身后是一片呼天号地的喊声，就连祝融也十分感动地对鲧说："鲧伯，我们无冤无仇，我是执行公务，对不起你了。"鲧喊了一声"走！"便随祝融向死亡走去。

祝融奉虞舜之命将鲧伯押解到羽渊那地方，将他捆了绑了，又给了一碗米酒喝了之后，就把他投入羽渊。鲧伯进入羽渊，如鱼得水，立即就变成了一条黄龙，回到了自己的祖宗神那里去了。这一刻，众人大惊不已，都纷纷议论，鲧伯不是凡人，是上天派来治水的天神，不住地向他磕头跪拜。

故事解说

鲧伯是中国的普罗米修斯

鲧伯是一个个性十分鲜明的人。性情刚烈，秉性率直，心里想啥，嘴上就说啥。从不说违心的话，做违心事。他认为舜是一个庄稼汉出身，尚无大功，不适合做王公贵族的"三公"，更不适合做尧的接班人。他心里这么想，嘴上就照直说了出来。因此，不仅得罪了尧，也得罪了舜。但"三公们"拥护他，赞成他的看法。故而，他不能不受到尧舜的惩处，被列为"罪人"。

但以尧舜之聪明，以这一层列罪说不出口，只能另找借口。鲧窃息土，便成了鲧被置于死地的重罪。正像古希腊神话中的普罗米修斯到上帝那里为人类盗火种一样，息土与火都是上帝私人垄断的。违者即获重罪。

在希腊神话中，我们清楚地看到宙斯拒绝向人类提供最后一件礼物，那就是为了维持生命而必须使用的火。普罗米修斯取来一根粗壮的大茴香长茎，扛着它悄悄走进奔驰而来的太阳火焰车，把茴香茎秆置放在闪闪发光的火苗上，带着余烬未息的火花回到地面。宙斯知道后，派儿子赫淮斯托斯把普罗米修斯押送到高加索山脉的斯库提亚荒野，用永远不能开启的铁链把普罗米修斯锁在崇山的峭壁上。普罗米修斯吃尽了苦，受尽了折磨，秃鹰每天飞来吃他的肝脏，都未能使他有丝毫的屈服。最后，是赫拉克勒斯路过这里时，才设法搭救了这位为人类盗火的英雄。

　　鲧伯与普罗米修斯不同。他本是水中的鼋神。来到人间，在崇山那儿住了下来，后来又娶了媳妇，生了儿子，成了侯伯。他有一说一，有二说二，从不奉承拍马，取悦献媚，想说就说，想干就干。他脾气火爆，受不住委屈，不会逆来顺受作蛐蟮之虫，一心想救民于水祸之中。他知道息壤可以止洪水，被上帝派人守着的，占为私有财产，不经上帝允许擅自掘取，是一定要受惩罚的。但他不怕。因为，他认为息土本是地母的公物，上帝不应占为己有，他相信自己取息土救人民是正义的。所以他敢于不经允许，就派人取"息壤"堙塞洪水。被上帝知道后派火神祝融将他沉于羽渊。他死后尸体三年不腐烂，神力不息，后继有人。古希腊普罗米修斯为民盗火，是伟大的英雄。鲧伯为救人民于洪水，舍命盗息土，也同样是伟大的英雄。鲧不死！他与普罗米修斯一个在东方，一个在西方，都是自己民族的精神支柱，都是自己民族精神的化身。

七、大禹治水

　　大禹治水与鲧治洪水不同。鲧是筑堤防洪抗洪，拯救人民的生命财产；禹是疏浚河道，建设水利工程。鲧是禹氏族的图腾祖神，禹出身于鲧氏族，并不一定是他的亲生儿子，一个男人是不会生儿子的。所谓剖腹而生禹，有两层意思：一是说禹不是凡人，他出身于鲧族，是伟大的神的儿子；一是说他是水族神，龙的后代，是南方的龙族。在知母不知父的时代，父的出现都是神，而不是人。禹母是谁，说法多样，并不明确。有说她是有莘氏女嬉，有说是有莘氏女志，有说是有莘氏女修巳，有说是北狄的女狄。但说他在西羌长大，是西羌人，异议较少。

（一）禹生石纽，两耳参漏

　　伯禹，夏后氏，姒[1]姓也。其先出颛顼。颛顼生鲧，尧时封为崇伯，纳有莘女，曰志，是为修巳。

　　山行，见流星贯昴[2]，梦接意感，又吞神珠薏苡，胸坼[3]而生禹于石纽[4]。

　　（禹）虎鼻大口，两耳参镂（漏）[5]，首戴钩铃，胸有玉斗，足文履己[6]，故名文命，字高密。身长九尺二寸，长于西羌，西夷人也。

（二）禹病偏枯，足不相过

　　继鲧治水，乃劳身涉勤[7]，不重径尺之璧[8]，而爱日之寸阴，故世传禹病偏枯[9]，足不相过，至今巫称禹步[10]是也。又手足胼胝[11]。礼贤纳士，一沐三握发，一食三吐飧[12]。尧美其绩，乃赐姓姒氏，封为夏伯，故谓之伯禹。天下宗之，谓之大禹。①

---

① ［晋］皇甫谧撰，《帝王世纪》，新世纪万有文库，刘晓东校点本，第17—18页。

注

[1] 姒（sì）：妯娌中的年长者称姒。此处为姓。

[2] 流星贯昴：昴星，是西方七宿中白虎背上的五星，古人认为流星贯昴是一个吉祥的标志。

[3] 坼（chè）：裂开、分开，剖腹分娩。薏（yì），苡（yǐ），薏米。

[4] 石纽：地名。在今四川省北川县禹里羌族乡。此地属汶川羌族自治州，古时称禹生于汶山广柔之石纽石乡刳儿坪。

[5] 参镂：即三漏。指夏禹长出第三个耳洞，既不偏信左耳，也不偏信右耳。而是与两耳相参，兼听则明。

[6] 首戴钩，胸有玉斗：表示符瑞吉祥，预示他不平凡，具有帝王之相。

[7] 劳身涉勤：劳身费力，辛苦勤奋。

[8] 不重径尺之璧：不贪财，连直径一尺那么大的玉璧也不想要。

[9] 偏枯：半身不遂。

[10] 禹步：据说由于他长期治水，腿上不长毛，足不相过，两腿走路困难，只能走碎步，故称禹步。

[11] 胼胝（piánzhī）：手足起老茧。

[12] 一食三吐飨（xiǎng）：吃饭不安生，一顿饭有好几次要停下来接待客人。

故事大意

这段话的意思是说，禹在尧时因治水工程完成得好，尧舜封其于晋南豫北一片地方为禹国，赐姓姒，他以此立国兴夏，称为夏后。据说他出身于鲧氏族。鲧氏族是颛顼氏族之后。由于鲧纳有莘氏女志，即修巳为妃。而修巳是四川汶川刳儿坪那里的人。禹就在那里长大。据说他是神的儿子。他的母亲修巳有一天晚上在石纽山上行走时，见流星从昴星旁边穿过，认为很吉祥，十分高兴，回家后睡觉就做了一个好梦，第二天上山见路边小草上结着比米粒大的小果子，她就随手摘了一个剥了皮丢进嘴里，不久就怀孕了。怀胎10个多月，孩子生不下来，难产。后来找到神医剖腹才从胁下生出了一个儿子，便给他取了一个名字叫文命。文命一生下来就与众不同，生得虎鼻大口，2个耳朵3个孔，头戴弯钩，胸有玉斗，脚底板有纹，所以取名叫文命。文命长大后身长九尺二寸，后来来到鲧身边协理治水，尧舜时封于高密那地方。鲧治水九年不成被殛，他奉命治水，十分忙碌劳苦。他一生不爱径尺之璧，只爱尺寸之阴，治水13年三过家门而不入，手足长了老茧,"手不爪,胫不生毛,身体瘦弱偏枯,步不相过,人称禹步"。(《尸子语》)传说,他长得很丑,长头鸟喙,很难看,却能礼贤纳士,一沐三握发,一食三吐飧。从没有吃过一顿安稳饭,没有洗过一次痛快澡,有客人来,他总是中断沐浴,吐掉口中的食物去接待客人。正因为这样,所以士人公卿,乃至王者尧舜都很喜欢他,称赞他贤,而给予赐姓封国的奖励。

八、蜀王治水

（一）杜宇导江

[东晋]常璩撰《华阳国志·蜀志》说："蜀之为国，肇于人皇，与巴同囿。至黄帝，为其子昌意娶蜀山氏之女，生子高阳，是为帝喾（按：此说误。高阳为颛顼，帝喾为高辛）封其支庶于蜀，世为侯伯。"又说："周失纲纪，蜀先称王，有蜀侯蚕丛，其目纵，始称王。……次王曰柏灌，次王曰鱼凫。王田于湔山，……后有王曰杜宇[1]，教民务农，一号杜主。时朱提有梁氏女利游江源，宇悦之，纳以为妃。移至郫邑，或治瞿上。七国称王，杜宇称帝，号曰望帝。"其时"有水灾，其相开明决玉垒山以除水害，帝遂委以政事，法尧舜禅授之义，遂禅位于开明[2]。帝升西山隐焉"。这段文字非常简明，说明杜宇为治水治蜀而法尧舜禅位于开明王。

注

[1]杜宇：传说在宜宾那地方，从天上掉下来一个神人，后来移居郫县，并在那里与一个从水里冒出来的美女结为夫妇。他本为侯伯，因周失纲纪而称王。在他之前的王已有蚕丛、柏灌、鱼凫等称王。柏灌、鱼凫疑为鹳的后代。蚕丛是纵目人，三星堆有纵目人像，形状与烛龙相似。它们之间或有继承关系。但那时主要在川西一带游牧。至杜宇，始教民务农。因而蜀中百姓拥护他称帝。实际上他是第八代王。从开明开始是第九代王。

[2]开明为杜宇的宰相，巴人。因治玉垒有功而提升为相。又因导长江治水有功，而获禅让帝位。

（二）鳖令浮尸西蜀

《水经注》记载来敏《本蜀论》讲的一个故事说："荆人鳖令[1]死，其尸随水上，荆人求之不得。令至汶山下复生，起见望帝[2]。望帝者，杜宇也，从天下。女子朱利，自江源[3]出，为宇妻。遂王于蜀，号曰望帝。望帝立以为相。时巫山峡（崩）而蜀水不流[4]，帝使令凿巫峡通水，蜀得陆处。望帝自以德不若，遂以国禅，号曰开明。"

注

[1] 鳖令：指以鳖为图腾的国家的首领。
[2] 望帝：即杜宇，一号杜主。七国时称帝为望帝。都郫县。
[3] 江源：非指长江之源，而是指岷江之源。
[4] 蜀水不流：指长江三峡发生崩塌，导致蜀水不流，蜀中成海。

故事大意

这个故事的大意是说在荆楚与巴国交界的地方，有一个以鳖为图腾的古老小国叫鳖国。这个国家的首领死了，他的尸首因三峡崩塌、河道堵塞、江水倒灌，浮尸随水逆流漂到岷江上游去了，鳖国人到处找他的尸首找不到。这尸首到哪儿去了呢？原来逆流到汶山脚下去了。那时候成都平原不是陆地，而是被倒灌的水注入成了一个大泽。蜀国之主杜宇很想把这片土地变成良田。他心里很明白要想开垦这片土地，唯一的办法就是凿通三峡，让蜀水流出去。他想达到这一目的，不仅自己住在玉垒山下，而且亲自开凿玉垒山。他十分希望有一个人像大禹协助尧治水一样来帮助自己。正在这时，有人报告说有一个人要找他。那人正是鳖国首领。杜宇见到他之后，他说明是来帮杜宇治水的。于是望帝就让他领着人马凿玉垒山，使玉垒山水顺岷江直流。望帝杜宇见他很能干，就让他做宰相。做了宰相后，杜宇又让他带领人马去凿通三峡中因山体滑坡崩塌的巫峡。这一带正是他的家乡，他十分熟悉。于是他又带着一帮人马去开通三峡。经过数年的努力，巫峡开通了，使成都平原上的水能流出去了。积水流走了，水泽成了陆地。望帝的愿望实现了，他又教人民在这片土地种稻、种粮、种花、种树，从而造了一个人人称道的沃野千里的"天府之国"。望帝自以为德不如人，便以尧舜为榜样，禅让帝位于这位治水能人。他就是蜀中贤君开明王。

（三）开明治滩

据《水经注》记载，长江三峡至岷江一段江河险滩极多。比较有名的如成湍滩、文阳滩、桐柱滩、虎须滩、和滩、博阳盘石、虎臂滩、瞿巫滩、破石滩、瞿塘滩、黄龛滩、新崩滩、流头滩、狼尾滩、人滩、黄牛滩等，未见记载的如虾子滩之类还有不少。所以民间长期流传着24个望娘滩的故事。这些石滩有的是地震形成的，有的是山石崩塌形成的，有的是本来就有的，造成了冬不能行船，夏不能灌溉，葬身于险滩的官首要人难以尽数。因此治理险滩就成开明王的主要任务与功绩。

故事大意

四川民间有一个非常流行的故事，叫《24个望娘滩》。故事讲的是在川西地区的山沟沟里有一户人家，二口人，母亲是瞎子，儿子十四五岁。母子二人，只靠儿子给人放牛割草为生。一天，这孩子在岩边割青草时，见这儿的青草头天割了第二天又长出来，长得非常茂盛，后来发现草窝底下有一颗黑色的珠子。就拿回家放在柜子里藏起来。从此家里要米有米，要肉有肉。这事被财主知道后，派人前来讨要，孩子把珠子含在嘴里不肯给，来人要扒他的嘴，被他一下吞到肚子里了。那孩子顷刻就变成了一条龙。因他姓聂，人们叫他聂龙（蘖龙）。他母亲为保护儿子与财主拼命了。儿子变龙离开了母亲，他回一次头，喊一声娘，成了一个滩，回头24次，喊了24声娘，变成了24个望娘滩。

这个故事说明长江中上游的水患灾害是由许多次山崩地塌造成的，由于这个原因使成都平原难以种庄稼。是杜宇、开明王开始在川西治水使成都平原变成了"陆海"。

由于杜宇以治水为理想，他急于找比他能干的人，就发召招聘治水之人。正在这时，巴国巫溪地区的鳖灵人前来应召。鳖国人十分能干，杜宇为考察他的能力，叫他带人凿通玉垒山，他很快干好了，杜宇十分满意，命他为相。杜宇命他通巫峡，他也干得很好，便禅让帝位于他，让他做蜀王。他就是著名的开明王。开明王即位后，继续治理三峡的险滩，也收到了成效，并一代又一代治水不断，直到李冰父子治水，蜀人治水都一直走在全国的前列。

故事解说

由鳖令治水引发的联想

大禹治黄、治淮、治江，杜宇开明治长江，功高至伟，自比尧舜。鳖令治水是一个有趣的故事。粗心的人以为这是一则死人复活帮助贤人治水的笑话，实则是一则歌颂蜀国君主杜宇、开明二人相继治水，使成都平原变成"天府之国"的故事。

这个故事至少说明这样三层意思：

第一，三峡山崩，尸浮江上，鳖国人自愿去蜀国，帮蜀人治水。犹如现代的

"志愿者"一样。这在古代也是少见的。鳖国位于巴国与楚国交界的巫山地区,即荆楚之地。古时亦属于巴国。他们知道因山石新崩影响上游人民生活,便去帮助他们治水,这是千古佳话,十分难得。

第二,在古代社会,死而复活的例子很多。死而复活即灵魂不灭。古人相信灵魂不死,可以转世复活。他们认为这是一个普遍的规律。太阳升起来——落下去——又升起来,造成白天——黑夜——白天;月亮初生——上弦月——满月——下弦月——晦月(死霸)循环往复;人也一样。"有鱼偏枯,名曰鱼妇(凫),颛顼死即复苏。"(《山海经·大荒西经》)鲧治水无功,被殁,投入羽渊,化为熊(龙)。以吴刀剖腹,得子禹。禹亦同样,可以由人变成熊"凿山",再由熊变成人。所以,鳖令的复活是这一观念的延续。

第三,正是在这一观念的支配下,产生了杜宇禅让的事。其事犹如尧舜的再生。春秋战国时期的周朝天下,是一个什么样子呢?他们完全丢弃尧舜治世的原创精神,招致天下大乱。仅《春秋》经记载的重大的弑君事件,在243年中就有32起,大小战争340多起,重大的水灾事件9起,夺田、殴斗、丘赋勒索不计其数,而杜宇称帝的作为与此完全相反,他竭尽全力治水,教民务农,传帝位于贤人,故而称其功如尧舜在世,其德与日月同辉。但这一庄重的颂歌,恰恰是由一个鳖令死而复活的故事传达的。此故事虽小,其内涵至深,令人玄想。

九、李冰治水

雍江作堋别支流

周灭后，秦孝文王以李冰为蜀守。冰能知天文、地理，谓汶山为天彭门；乃至湔氐县，见两山相对如阙，因号天彭阙[1]。仿佛若见神，遂从水上立祀三所，祭用三牲，珪璧沉濆[2]。汉兴，数使使者祭之。

冰乃壅江作堋[3]，穿郫江、检江，别支流双过郡下，以行舟船。岷山多梓、柏、大竹，颓随水流[4]，坐致材木，功省用饶[5]；又灌溉三郡，开稻田。于是蜀地沃野千里，号为"陆海"。旱则引水浸润，雨则杜塞水门，故记曰："水旱从人，不知饥馑，时无荒年，天下谓之'天府'也。"外作石犀五头以压水精；穿石犀溪于江南，命曰犀牛里。后转置犀牛二头：一在府市市桥门，今所谓"石牛门"是也；一在渊中。乃自湔堰上分穿羊摩江，灌江西。于玉女房下白沙邮作三石人，立三水中。与江神要[6]：水竭不至足，盛不没肩。时青衣有沫水[7]，出蒙山下，伏行地中，会江南安，触山胁溷崖[8]，水脉漂疾，破害舟船，历代患之。冰发卒凿平溷崖，通正水道。或曰：冰[9]凿崖时，水神怒，冰乃操刀入水中与神斗，迄今蒙福。①

注

[1]湔（jiān）氐（dī）：山名，湔山下的一条河。湔山又名玉垒。氐，古氏族名，星宿名。

彭阙：彭山两山对出如阙，视为天门。

[2]沉濆：濆（fén），水名。沉濆，即将珪璧沉到水里祭祀水神。

[3]堋（péng）：分水的堤坝。

[4]颓随水流：指梓、柏、竹等毁坏后无人管，随水漂流。

[5]功省用饶：利用富饶的自然资源，省功省力。

---

① ［东晋］常璩撰，《华阳国志》，薛雅玲整理，山东画报社，第26—27页。

[6] 与江神要：与江神要约，约定。

[7] 青衣有沫水：青衣那地方有一水名沫水，从蒙山流出，至南安与岷江会合。

[8] 湣崖：湣（hùn），山崖名。

[9] 冰：李冰。周慎王五年秋，秦惠王遣张仪、司马错、墨等灭蜀，开明氏蜀王十二世亡，周赧王30年置蜀守。周灭蜀，秦孝文王命李冰为太守。

故事大意

李冰接任太守后面临的第一件大事，是继续兴修水利。既然前有杜宇、开明变成都水泽为"陆海"之功，又有得沃野千里之利，那么为什么还要没完没了地治水呢？这话得回头说：汶川至都江堰那一带自古就多地震，每一次地震都会造成山崩地陷，形成许多堰塞湖。望帝凿玉垒打通的正是因地震造成的堰塞湖，又凿通了巫山峡的山崩造成的险阻，从而使成都平原从水泽变成了陆地，变成了良田，种上了庄稼。但反过来说，由于坝子里没有水，一遇天旱，虽有沃野，也不能保证丰收。这就是李冰就任蜀守后做的第一件事就是治水的原因。所以，他上任后相继疏通了郫江、检江、雍江、井江，又导洛通山，引绵入洛，穿湔江，灌良田千七百余顷，成就了名垂千古、至今仍在享用的都江堰工程。李冰是人臣，在2000多年前要成就这一事业，并非易事。

川西平原的西边有一座山叫汶山，那山就是天宫的大门，叫天彭门。李冰被秦孝公任命为太守后，先到湔氐县视察，见这里两山对峙，有如天上宫的两门对出，在云雾缥缈中若隐若现，宛如天阙展现在眼前，便叫它天彭阙。李冰为之在湔水上立了三个祭坛，以牛、羊、猪三牲祭祀天神，又将宝玉、珪璧等宝物经过隆重仪式后沉到江底，祭祀河神。

继而，他反复视察了雍江、郫江、检江，决定实施一项伟大的治水计划：在岷江上筑坝分流，既通水，又灌良田，保证丰收。但治水工程并不顺利，难以想象的困难接踵而至。首先是水神不答应，不断传来施工期有人员伤亡的消息，说是在这里施工得罪了水神。因此，人们不敢大胆工作，怕惹祸上身。为镇压水精，李冰找人造了五头石犀牛，其中一头放在市桥门口，即石牛门，一头放在湔堰上，分穿羊摩江和灌江口。后来又在下白沙那地方放了三个石人，还在石人身上刻上字：水深不过肩，水浅不没脚，以帮助镇压水精。这样才能除了施工者的心腹之忧。

水神有些吃不消，与李冰谈判，要求李冰不要把水族都灭了。李冰提出：这条河天旱水少时，不能少于把脚背也淹不住，水多时，不能多于淹没人的肩膀。

李冰手里有一柄大禹治水时用的宝剑，寒光闪闪，直逼岷江水神的双眼，令他望而生畏，想不答应也不行。所以水神勉强答应了。

但在开凿溷崖，作分流渠时，又碰到了困难。那溷崖是分流工程中的一个关键，施工难度大。但要引水灌田，是非开不可，再难也得开通。一旦开通，就可以实现引江水灌溉千顷良田的梦想。而这里山坚水深流急，是水神的固守之地，一年之中不知有多少活人财货葬送于此。水神认为上次商谈，并未就此协商，这是神的命脉，不容让步。李冰来之时，这里有个陋习，江神每年都要娶二童女为妻，李冰答应以女作嫁，约水神与会，水神至祠，李冰劝酒厉声斥责，水神突然消失。过了一会儿人们看到江岸有二牛相斗。一会儿李冰归来说那是他和水神在斗。他还说那水神不简单，武艺高强，请助一臂之力。李冰再次操刀入水，与水神格斗，并在自己头上包了一条白丝帕，要朋友们认准那白丝帕，择机相助。在朋友们的帮助下，李冰终于把水神打败了。水神只好认输，逃走了，但并不服气。

李冰有个儿子，排行老二，人称二郎神。这事《都江堰功小传》有记载："秦灭蜀，秦王命李冰为蜀郡守，二郎亦携其父同至蜀。时蜀地多水患，二郎奉父命往寻洪水祸源，思有以治之。二郎跋山涉水，从夏至冬，从冬至夏，杳无消息。一日入山林，遇猛虎，二郎射虎，虎死，方割取虎头，七猎人出。二郎举虎头示之，七人大惊。乃求共往侦水患，二郎答应了。就同他们到灌县城边小河旁，这时听到茅屋里有哭声，一看，有一老太婆在哭，说她的孙子将要前往祭水孽龙。二郎便与七人一同回来告诉他父亲。李冰授以擒龙之法，众人按计而行。至祭日，二郎持三尖二刃刀与七友同入江神庙，埋伏神座后面。一会儿，孽龙随风入庙，攫祭物。二郎与七友遽出，齐战孽龙，龙支持不住，窜出庙。这时，四山锣鼓喧天，人声如潮。龙惧入水，二郎与七友一起入水与龙斗，龙上岸，他们也一齐上岸，于是就擒住了孽龙。后来，龙还是逃走了。他们一同去追，追到新津童子堰，再次把孽龙擒住。那老妪十分感动送了一副铁链来，二郎即以此链将孽龙锁了，系之于伏龙观石柱下深潭中，后遂无水患。"①

李冰在儿子的襄助下，经过数年的努力，不仅战胜了水神，开通了溷崖，修成了都江堰灌溉水利工程，而且还疏通了郫江、检江等多条河流，实现了天府良田旱涝保丰收的梦想。

---

① 此文根据《中国神话传说辞典》改写，这个故事《灌志征文李冰父子治水记》《蜀中名胜记》《朱子语类》《广元县志》等均有记载。

故事解说

治水技术与神话

李冰治水的故事，常璩的《华阳国志》叙述得很清楚，很有魅力。他把现实的治水工程和神话传说联成了一体，将现实历史与上古传说融为一体，将治水与治世合为一体，给人以生动、形象、博大、难忘的印象。

首先，他将治水故事放在一个特殊的背景上，将李冰治水与夏禹父子治水进行暗喻性比拟，以突出其不朽的历史意义。常璩在《华阳国志》卷一巴志中说："昔在唐尧，洪水滔天，鲧功无成，圣禹嗣兴，导江疏河，封殖天下，因古九囿以置九州岛，蜀国是九囿之一。"《洛书》说："人皇始出，继地皇之后，兄弟九人分理九州岛，为九囿。""华阳之壤，梁岷之域，是其一囿，囿中之国，则巴蜀矣。"在这种深厚的背景下，鲧治水无功，心犹不死，变成鳖令，浮尸沿江而上，找到了杜宇成了他的宰相，帮他劈玉垒，很有成就，杜宇遂仿尧舜，禅位于他，相传十二世，至李冰。作者轻松将笔一颠，把李冰推到大禹的地位。

其次，写李冰治水，具体地谈如何治理少，而写在治水过程中与水神斗争却用了不少笔墨。一个功盖千秋、造福万代的伟大工程，在神话讲述中完成了。工程是现实的，不是神话。工程令人震惊，神话令人喜悦。但我们却在神话讲述中仿佛看到了一个活生生的鲧禹站在人们面前。故事讲的是神话，表现的是人事——一个不朽的现世英雄。

再次，李冰治水并不是只是凿穿一个涧崖，让江水分流，引水灌溉良田，而是颂扬李冰终其一生完成的一个系统的治水工程。他先后穿湔江、郫江、检江、雍江、通井江、导洛水、绵水、齐水，直至三峡。他完成的是一个完整的水系治理工程，惠及巴蜀大地，成为中华民族治水史上的一面旗帜。据《华阳国志》说，李冰是秦孝公时蜀国太守。从秦孝文王命李冰为太守，至汉孝文帝末年，以庐江文翁为蜀守，继续李冰的事业穿湔江口，灌溉良田1700亩，世平道治，民物阜康，前后近200年之久，这项工程才得以完成。人民为不忘李冰的不朽功绩，在堰口为他建二神庙纪念他。一个活生生的现实的治水英雄，就变成了神了。在传播他的功绩过程中，给他添加了许多想象中的神力，诸如将他的儿子、女儿也写成了神，帮助斗水怪，这就形成了一个特点：李冰治水是真实的，神力是强而有力的。同时也使我们也清楚地看到了李冰治水神话的产生和加工的历史过程。

第八章
创造之神

开天辟地颂扬的是首创精神。但开天辟地只能是一人，不能人人都开天辟地。存在于历史和人民生活中的是不断创造新生活。创造精神才是最值得歌颂的。呈现在这里的故事从神农制药、黄帝教九针、蚩尤以铜作兵到音乐、歌舞、衣、食、住、行样样都有。正是这些创造推动了历史的前进，改善了人民的生活。创造人为古今人民所敬仰，人民敬之为神。附在这里的就是他们创造发明的故事与传说。

一、上古药典《神农草本经》的传说

二、黄帝教制九针的传说

三、蚩尤以铜作兵的传说

四、仓颉造字的传说

五、上古音乐的创造之神

六、上古歌舞的创造之神

七、跨湖桥独木舟

八、弓矢的发明

九、穿井的传说

十、大章、竖亥步地的神话

十一、奚仲、吉光以木为车的传说

十二、彭祖的传说

十三、巫咸占星的传说

十四、奇肱人善为机巧

十五、颛顼羽人国里驾铁轮的传说

十六、偃师造机器人的传说

一、上古药典《神农草本经》的传说

《神农本草经》是战国及秦汉药学家搜集整理的成果。原貌已失传。全书为三卷，收药物365种。《神农本草经》与《黄帝内经》《伤寒论》《金匮要略》并称为中国医药的四大经典。清人邵晋涵序说《黄帝针灸》《神农本草》《素女脉诀》为中医的三大根本。药的草、木、虫、石、谷"存乎神农子仪之术"隋《经籍志》"始载《神农本草经》三卷与今分上中下三品者相合"，张炯序说"其本久不传，传之者，神农本草经耳"，孙星衍序说"神农本草经三卷，所传白字书"，后人"以朱字名医因神农旧条，增补者以墨字间于朱字""陶弘景云，轩辕以前，文字未传，药性所主，尝以识识相因，至于桐雷，乃著于编简，此书当于素问同类，其言良是。且艺文志，农、兵、五行、杂占、经方、神仙诸家，俱有神农书，大抵述作有本，其传非妄，是以博物志云，太古书今见存，有神农经、春秋传注，贾逵以三坟为三皇之书，神农预其列。"①

综合上述，可见《神农本草经》是口口相传的上古药典，春秋战国之后始书于竹简，后经诸多医学名家的整理补充，成为今本"神农本草经"。所以此书实为今存的"太古之书""三皇之书"。既然有神农之书的存在，自然亦有神农其人的存在。

《神农本草经》序录说经有"上药一百二十种，为君，主养命以应天，无毒。多服不伤人。故轻身益气，不老延年者，本上经"；"中药一百二十种为臣主养性以应人，无毒有毒，斟酌其宜，欲遏病补羸者，本中经"；"下药一百二十五种为佐使，主治病以应地，多毒，不可久服，欲除寒热邪气，破积聚，愈疾者，本下经"。药有阴阳配合，子母兄弟七情，有酸咸甘苦辛五味，有寒热温凉四气，有毒无毒等药性，要一一弄清365种药性就是一个大难题。神农种田行，采草药行，打仗不行。和蚩尤打，输；和黄帝打，也输；和黄帝联合与蚩尤打倒是赢了，但却把帝位给丢了。黄帝夺了他的帝位，给了他一个封号，让他回老家去。幸好他想得开，回家就回家，省得在外面瞎忙，操闲心，受窝囊气，不如回家干

---

① [清]顾观光辑，《神农本草经》序，兰州大学出版社，第1—8页。

老本行好。他叹息道："有石城十仞，汤池百步，带甲百万，而无粟不能守也。"（《汉书·食货志上》）人皇正典讲得清清楚楚："正天时，因地利，惟厚于民。民惟邦本，食惟民天。农不正，食不丰；民不正，业不专；惟农有数，惟食有节，惟农有教。"（《三坟》）俗话说民以食为天，离开农什么也干不成。改变食肉衣毛的生活习惯；"为之粒食以养之，揉耒耜，利教农商，夫耕妇织；则免于饥寒，而享丰年乐利之休"，岂不是一件天大的好事？这么一想，神农也就安下心来，开始组织农民耕种。后来见民有疾病夭折，无以疗之，他十分痛心，悯其生之不遂，所以才上山采草药。

神农采草药的条件非常好，武汉像一个大脸盆，他在隋州襄樊地区，站在家门口四面瞭望，周围都是有名的大山。背后是熊耳山、伏牛山、桐柏山、大别山，右手是武当山、神农架、长江三峡，左手朝南是霍山、庐山、黄山，尽都高耸入云，只有南面留了一个口子。在这儿采草药不愁找不到想要的药材。因此，从他回家的那一刻起，他就带着一帮人在家乡开荒种地，闲来上山采药。他家门前有个院子，找人在那儿打了一口井，种了几棵树，外面围了一个竹篱笆。他每天采了药材都在这里晒、翻、剪、磨，院子外面一大片田野都是他种庄稼、种菜、种药材的好地方。

《搜神记》说神农家有一根祖传的神鞭，叫赭鞭，"以赭鞭鞭百草，尽知其平毒寒温之性，臭味所主"，草木有毒没毒，一鞭子打过去就知道了。如果有毒那赭鞭就会立即改变颜色，如果无毒就不改变颜色。但要辨别植物的药性就不行了。比如说菊花，味苦，性平，主治风邪所致的头眩胀痛，长期服用可调利血气，多产生于荒野上；葡萄，味甘平，主治筋骨湿痹，益气，倍力，强志，可以令人肥健，耐风寒，可以延年。像这样一些药材，一鞭子打过去，虽知有毒没毒，又怎么知道它的全部药性呢？所以他有神鞭也不轻易使用。他立定志向一定要亲自尝一尝、辨一辨每一味药的药性。当然，这是十分危险的事。《淮南子·修务训》说，神农"尝百草之滋味，水泉之甘苦，令民知所避就。当此之时，一日而遇七十毒"。据说神农就是尝药而死的。因此，可以说《神农本草经》里流传下来的药是神农用生命换来的，是经祖辈名医反复验证过，加工过，证明有效而保存下来的。离随州百来里地有一座山叫烈山，也有人叫它历山。神农就是在那里种药材、种庄稼。粮食多了吃不完，拿到集上去与人交换需要的东西，交换好了，太阳也当顶了，就回家吃中午饭。他在家门口劈一块地种药材，把有毒性与无毒性的植物分开来种。那些无毒的东西长起来以后可以采摘了吃，后来远近闻名，都跟着种这种无毒无味的吃，这一传统流传到今天，这就是我们现在所叫的蔬菜。

神农每天都在自己院子里把采集来的药材晒干，加工，碾碎。他缝一个褡裢，放些草药成品在褡裢的各个口袋里，然后把褡裢搭在肩上走村串户为人治病。这一方法传下来，就成了后来的郎中（中医）。

神农回家后干了种田采药这两件事，脱离了战事、纷争、王事等烦心事情，心里觉得很坦然、快乐。他这时才猛然省悟到：一个人一生的贵贱，并不在于势位、权谋、金钱、名誉，而在于对人类和历史贡献了什么。

故事解说

神农无治而民从

《帝王世纪》《汉书》《神农兵法》都记载了这样一件事："诸侯夙沙氏叛不用命，箕文谏而杀之，炎帝退而修德，夙沙氏之民，自攻其君，而归炎帝。"有人说这件事发生在帝魁之世。不论在古代还是现代，靠武力征服，不以德服人是难以持久的。

神农以武力征服黄帝吃了败仗，以武力征服蚩尤吃了败仗，联合黄帝打败蚩尤集团，却丢了自己的国家。

他回到家里，一心一意带民众男耕女织，得到了民众的拥护。他发现民众生了病需医治，便上山采草药，并品尝、品评每一种药草，将它们晒干，碾磨成药，又亲自巡游为人配药治病。他甚至"一日而遇七十毒"，终因中毒而死。不仅如此，他采草药、治病后，还将药方按药性分类一一记了下来，传至后代，形成了《神农本草经》这一药典。他的精神感动着子子孙孙，他的无私贡献惠及子子孙孙。什么是领导？领导就是民心。得民心，即有领导。不得民心，就不能领导。这是亘古不变的真理。神农未能用武力征服他人，却用种田和采草药创造了药典，征服了天下，赢得千秋万代人的爱戴和拥护。

二、黄帝教制九针的传说

《神农本草经》和《黄帝内经》被誉为三坟之书。《神农本草》邵序云："三世者，一曰《黄帝针灸》，二曰《神农本草》，三曰《素女脉诀》"。《帝王世纪》记载："黄帝有熊氏命雷公、岐伯论经脉，傍通问难八十一，为《难经》，教制九针，著《内外术经》十八卷。"《路史·后纪》亦记载黄帝察五气、立五运，洞性命，纪阴阳，"咨于岐伯而作《内经》，谨候其时，著玉版以藏灵兰之室。命俞跗、岐伯、雷公察明堂，究息脉"。

这些记载说明确有黄帝教制九针的事。《素问·针解》有如下记载：

黄帝问曰："愿闻九针之解[1]，虚实之道[2]。"

岐伯对曰："刺虚则实之者，针下热也，气实乃热也。""刺实须其虚者，留针，阴气隆至，针下寒，乃去针也。"

帝曰："余闻九针，上应天地四时阴阳，愿闻其方，令可传于后世以为常也。"

岐伯曰："夫一天、二地、三人、四时、五音、六律、七星、八风、九野，身形亦应之，针各有所宜，故曰九针。人皮应天，人脉应人，人筋应时，人声应音，人阴阳合气应律，人齿面目应星，人出入气应风，人九窍三百六十五络应野。故一针皮，二针肉，三针脉，四针筋，五针骨，六针调阴阳，七针益精，八针除风，九针通九窍，除三百六十五节气，此之谓各有所主也。"

注

[1] 九针之解：有两种解释，一种是九种针灸的方法，以人体应天地四时阴阳而形成的针皮、针肉、针脉、针筋、针骨、调阴阳、益精、除风、通窍；另一种解释是"九种规格的针，即所谓九针之名，各不同形者"，九针一为镵针，二为圆针，三为鍉针，四为锋针，五为铍针，六为圆利针，七为毫针，八为长针，九为大针，这些针长短形态功用是不相同的。

[2] 虚实之道：指刺针的规律与辩证方法，即虚则刺实，实则刺虚。

所以黄帝说："阴阳者，天地之道也，万物之纲纪，变化之父母，生杀之本始，神明之府也。"治病必糠（mò）于本。这与头痛医头、脚痛医脚的医疗方法是不相同的。它将人体与天地万物相对应，强调客观世界的变化对人身体适应性的影响，和人加强自身调养，适应客观变化对减少疾病的重要性。

在《四气调神大论》就说得非常明白：

春三月，此谓发陈[1]。天地俱生，万物以荣。夜卧早起，广步于庭，被发[2]缓形，以使志生[3]，生而勿杀，予而勿夺，赏而勿罚，此春气之应，养生之道也。

夏三月，此谓蕃秀[4]。天地气交，乃物华实。夜卧早起，无厌于日，使志无怒，使华英成秀，使气得泄，若所爱在外，此夏气之应，养长之道也。

秋三月，此谓容平[5]。天气以急，地气以明，早卧早起，与鸡俱兴，使志安宁，以缓秋刑[6]，收敛神气，使秋气平，无外其志，使肺气清，此秋气之应，养收之道也。

冬三月，此谓闭藏。水冰地坼[7]，无扰乎阳，早卧晚起，必待日光，使志若伏若匿，若有私意，若已有得，去寒就温，无泄皮肤，使气亟夺，此冬气之应，养藏之道也。

注

[1]发陈：春天来了，万物萌生，各陈其姿容。

[2]被发：披发，不梳髻。

[3]志：情志，情绪。

[4]蕃秀：繁茂。

[5]容平：秋气平和。

[6]秋刑：刑杀。天转冷，有霜，万物凋零。

[7]坼（chè）：裂开。

全文意思是人要根据四时气候变化安排生活，决定作息，不可违背常理。逆春少阳，肝气内变；逆夏气，太阳不长，心气内洞；逆秋气，太阴不收，肺气焦满；逆冬气，少阴不藏，肾气独沉，气通九窍。逆四时阴阳不调就会生毛病。一个人饮食不节，起居无常，劳作无度，常醉酒，欲无限，一定会折寿的。所以平时要注意养生。生了毛病要根据阴阳调和、主客观适应进行医治。九针的原理正是根据五运六气的道理进行的。

故事解说

黄帝教制九针与石制砭针

从上述种种记载,可见黄帝与《内经·素问》与九针的创造有一定的关系。"轩辕氏以无为之道,合漠华胥,而精以治身,绪余以治天下,莫有能废者"(《内经·素问》吴注序),此说应是可信的。"在昔有熊御宇,轸念元元,不无夭折,欲跻而登诸寿域,乃问于岐伯鬼臾区,而作内经,雷公受之,以为刑范,首天真,次调神,次生气,次病能,上穷天纪,下极地理,中悉人事,行之万世不殆,传之者直以列于《三坟》"。这些说法合乎情理。

既然如此,九针的存在和兴起于黄帝时代之说,自然也应是合理的、客观的存在。

诚如前述,九针有两种含义,一是指九种针法即针皮、针肉、针脉、针筋、针骨、调阴阳、针益精、针除风、针通九窍、三百六十五络;另一种说法是指九种进行针灸的针。黄帝时代未必有镵针、圆针、鍉针、锋针、铍针、圆利针、毫针、长针、大针等合金钢制成的钢针,是后世注释者加上去的,上古没有这些针。至少在目前尚未发现黄帝时代有这一类金属针的存在。但砭(biān)针确实是有的。现代的字典亦注明这是古代的一种石针,它经过加热以治病痛。我猜想

黄帝时代可能用的针灸工具就是这种石针，而不是钢针、银针。铜或有可能。蚩尤能以铜作兵，黄帝与蚩尤同时代自然也有条件以铜作针，但史实中并没有这样的记载。所以，我认为九针，指的是九种针法，而不是九种针，针只有一种那就是石头针。

另，黄帝教制九针，也不是说黄帝个人发明了针灸工具，而是说他提倡推广针灸这一治病方法。因为这一方法简单，效果好，值得推广提倡。黄帝身体力行，提倡养生，强身健体，追求延年益寿，长命百岁，但他不是医生，不行医看病，这一点与神农有很大的区别。但他是强身健体的倡导者，是发难八十一问，形成《黄帝内经》的主宰者。我们现在看到的医学宝典《黄帝内经》正是在传说的"内经"的基础上经补充、加工、整理而成的，是中华文化的奇葩。

三、蚩尤以铜作兵的传说

《管子·地数》载管子答桓公地数之问说:"出铜之山,四百六十七山,出铁之山,三千六百零九山。——修教十年[1],而葛庐之山发而水出,金从之,蚩尤受而制之[2],以为剑、铠、矛、戟,是岁相兼者诸侯九。雍狐之山,发而出水,金从之,蚩尤受而制之,以为雍狐之戟、芮戈,是岁相兼者诸侯十二。故天下之君顿戟一怒,伏尸满野,此见戈之本也。"①

注

[1] 修教:指修政令,颁布宣教政令。

[2] 蚩尤受而制之:指蚩尤以上述两山的矿石冶炼制造兵器。《尸子》说,"造冶者蚩尤也"。《世本》说,"蚩尤以金作兵"。苏锷《苏氏演义》说,"蚩尤作五兵,谓戈、殳(shū)、戟、酋矛、夷矛也"。

可见蚩尤作兵,指的蚩尤以铜作兵,冶炼铜,造出各种兵器,这些兵器包括戈、殳、戟、铠、矛,世谓五兵。如果这都是事实,可了不得。那个时代一般人用的武器都是木棒、石块,顶多是把木棒一端削尖。铜制兵器出现就厉害多了,真可谓最尖端的新式武器了。"故天下之君顿戟一怒,伏尸遍野","是岁相兼者并诸侯十二",有谁能敌?面对这样的蚩尤,除了诡计多端的黄帝以外,有谁能制服他呢?

再说蚩尤明天道,懂气象,是第一个将气象用于战争的人。

《管子·五行》说,"昔者黄帝得蚩尤而明于天道。——黄帝得六相而天地治。神明至。蚩尤明乎天道,故使为当时。"[1]

《述异记》说,"轩辕之初立也,有蚩尤兄弟七十二人,铜头铁额,食铁石","人身牛蹄,四目六手","耳鬓如剑戟,头有角,与轩辕斗,以角抵人,人不能向"。

---

① 谢浩范、朱迎平译注,《管子全译下》,贵州人民出版社,第 916—919 页。

《河图洛书》说,"蚩尤率泽国之兵,与黄帝控弦之士[2]相角于大野[3],虽有铜头铁额之固,风伯、雨师之从,亦无所用之"。

注

[1] 当时:掌管天时之官。黄帝聘蚩尤为当时之官,这正是黄帝的高明之处。他让蚩尤把他那套天象知识送上门来。

[2] 控弦之士:指黄帝拥有操控弓弩石矢的士兵。弓箭的发明运用也是黄帝的尖端武器。

[3] 大野:即当今巨野。泽国之兵,指在大野泽的士兵。

正是上述黄帝聘蚩尤为"当时"获得了根据气象用兵的知识,加上他发明了弓弩这一先进武器,从技术上也抑制了蚩尤。但真正的胜负是战场上战略战术的运用。

故事解说

蚩尤以铜作兵,是可能的。因为现实考古证明在5000年前已有多处冶铜痕迹。在山东,河南灵宝荆山及甘肃青海都发现了冶炼的铜渣、刀具等物,但并未发现炎黄蚩之战遗下的铜戈矛或弓弩。蚩尤画里虽有脚踏弩,但考古尚未证实。

四、仓颉造字的传说

（一）仓颉沮诵作书

关于"仓颉沮诵作书"[1]，《世本》宋忠注说，"黄帝之世，始立史官，仓颉沮诵居其职矣。至于夏商，乃分置左右，言则左史书之，动则右史书之，故曰左史记言，右史记事。言经《尚书》，事经《春秋》者也"，又说，"仓颉作书，谓仓颉造文字。史皇作图，图谓画物象也"。《帝王世纪》记黄帝时说，"其史仓颉，取象鸟迹，作文字。史官之作，盖自此始"，"记其言行，册而藏之，名曰书契"。说明书契始于仓颉。

（二）仓颉指事造字

关于仓颉造字，《世本》"史皇作图"条，宋衷注曰："史皇，黄帝臣也。图谓画物象也。张澍引《艺文类聚》《淮南子》和《春秋元命苞》说："仓帝史皇氏，名颉，姓侯岗，龙颜侈哆[2]，四目灵光，实有睿德，生而能书，及受河图录字，于是穷天地之变，仰观奎星圆曲之势[3]，俯察龟纹鸟羽山川，指掌而创文字，治百有一十载，都于阳武，终葬衙之利乡亭，亦以史皇为仓颉。"

《河图玉版》云："仓颉为帝南巡，登阳虚之山，临于玄扈洛汭之水[4]，灵龟负书，丹甲青文以授之，是仓颉为帝，又非史官也。"

汉熹平六年[5]《仓颉碑》云："仓颉天生德于大圣，四目灵光，为百王作宪，而《孔演图》元命苞言，帝王之相曰仓颉，四目，是谓并明，非人臣也。"①

（三）仓颉作书，依类象形

《淮南子》云："苍颉作书，天雨粟，鬼夜哭。"

---

① 宋衷注，《世本》及补注《世本八种》，中华书局，张澍梓集补注本，第12页。

《世本》八种，张澍梓集补注本第13页说："庖羲氏始作易八卦，神农结绳为治，黄帝之史仓颉，见鸟兽蹏迒之迹[6]，初造书契。仓颉之初作书也，盖依类象形，故谓之文。其后形声相益，即谓之字。字者，言孳乳而浸多也。著于竹帛谓之书，书者，如也。"

注

[1] 仓颉、沮诵：宋忠注云仓颉、沮诵为黄帝的左右史臣，一记言，一记事。《河图玉版》称仓颉为帝。可见仓颉可能是其时的侯王。都武阳，终葬衙之利乡亭。《后汉书·郡国志》说"仓颉里在长安"。长安有仓颉里，有仓颉寺，又名三会寺，俗称造字台。岑参《题三会寺仓颉造字》诗有："野寺荒台晚，寒天古木悲。空阶有鸟迹，犹似造书时。"说明长安是仓颉的老家。《路史》说"今开封之祥府"，即古之"阳武""或曰利乡"。开封的仓颉墓地即利乡。说明开封祥府，是仓颉的归宿。由上可知仓颉复姓侯岗，名颉，生于长安，葬于开封。诸侯。聘为黄帝史臣，始造文字。沮诵不祥。传其画物象形，为黄帝史臣，是以图记事之官，故亦称史皇。

[2] 龙颜侈哆：侈哆，口大张貌。

[3] 奎星圆曲之势：奎星，是西方白虎七宿之一。奎星在白虎的尾部，由19星曲折连接成一个椭圆形的巨大虎尾，奎星是其中的主导者。全句意为仰观奎宿中诸星构成的圆曲变化。民间有所谓"二月春分效奎、娄"，奎、娄是判定春分到来的重要依据。

[4] 玄扈洛汭：玄扈，商地，洛南有玄扈山。洛汭，黄河的两条支流的合称。

[5] 汉熹平六年：熹平为东汉灵帝刘宏年号，熹平六年为公元177年，丁巳年。

[6] 鸟兽蹏迒之迹：蹏(tí)，同蹄。迒(háng)，脚印。全句意为观察鸟兽留下的脚印。

故事大意

仓颉复姓侯岗，生于长安。据说他一生下来就很不平凡，长得一副龙颜大口，四目灵光，聪明睿智，能写能画。长大后天授河图录字。他既善于观地上鱼纹、兽蹄、鸟羽、山川的纹路、印迹、变化，又善于观察西方七宿白虎星宿的奎宿十九星组成的圆曲星象变化情况。从长安移居中原阳武，即开封那个地方，并在那里建立了诸侯国，那儿成了他的都城。他执政时使用大臣分掌四方，各如己视,这一点使黄帝十分欣赏,黄帝将他聘为记言史官。黄帝知道他善于观察天文地理,就命他作书。仓颉就根据黄帝的指示,依照日月星辰、鸟语山川、鸟兽足迹和花草树木的形象画图创造文字,并刻于石骨龟甲之上,创造了依类象形的象形文字,后来又让这些象形图案发出声音来,形成"形声相益"的文字。并在象形、形声的基础上又区别出指事、会意的文字。这样慢慢积累,字越来越多,人们就用这些字把人们说的话、做的事、求的吉凶记录在山石、兽骨、龟甲、帛竹之上,成了契刻文字。经过数千年的积累形成了六书文字。它前前后后绵延了数千年,迄至今日,成为全世界使用寿命最长,从未间断,字数最多,文化积淀最为丰厚的文字。这种文字的创造发明,不仅凝聚了中华民族全体儿女聪明智慧,促进了国家的统一,加强了各民族间的思想交流和文化交流,推动了生产的发展、经济的繁荣、社会的进步,而且借助文字把口述的或忘却的历史复述与记录下来,使之流传千古。不仅如此,文字还在自己的发展进程中形成了不同体式的书写方法、风格与艺术类型,成为一种屹立于世界之巅的独特的书法文化。所以在中国,自古以来人们就十分崇敬仓颉。他的伟大创造"惊天地、泣鬼神",所谓"天雨粟,鬼夜哭",震动了人间、天堂、阴间三界。真可谓:前人创造,后人得福。

故事解说

中华文化的伟大创造

中国文字是人类历史上的一个伟大的创造。其所以伟大,是由以下特点形成的:

第一,它是世界上使用时间最长的文字。世界上有许多古老的国家,使用过许多古老的文字,但都没有传下来连续使用。苏美尔人创造了楔形文字,古埃及人创造了僧侣体文字,玛雅人创造了玛雅文字,都没能传下来。苏美尔楔形文字从公元前4000年末开始出现到公元前3000年发展成为成熟的文字;埃及象形文字到古王国时期,由书写宗教文献变成了表意与音素相结合的文字;玛雅文字,由850个图形和符号组成的象形图画文字,被西方入侵者当成魔鬼作品而付之一炬。所有这些文字到现在均未传承下来继续使用。连续使用的只有中国古老的汉字。其存在的历史至少4500年以上。从1899年甲骨文发现到1928年殷墟发掘,中外学者即购藏了甲骨文10万余片。仅罗振玉一人就搜集了3万多片。单字数达4000—5000个。这些甲骨文已经形成一个完整的文字系统,它的存在不仅揭开了我们民族的古老历史,也揭开了中国文字的历史。大量产生于殷商时期的龟甲文、兽骨文是十分成熟的文字。其内容涉及政治、经济、军事、社会生活、文化生活各个方面。这样成熟的文字系统的产生，其形成和发展过程至少也得1000年以上。其萌芽时间更长。考古事实证明了这一点。陕西省长安县斗门镇花园村遗址，考古发掘出的15块兽骨、兽牙、骨笄上有许多刀刻的符号与文字，这是距今5000—4500年的甲骨文。其他还有如山东昌乐刻骨文，陕西京镐刻骨文，二里岗甲骨文等等，都在距今4000年之前。所有这些事实证明甲骨文在4500年前就开始使用了，到殷商中期才形成了完整科学的文字系统，而不是中国文字产生于殷商。

第二，汉字有自己的特殊的构成（或造字）系统。这个系统许慎《说文解字》把它归纳为"象形、指事、会意、形声、转注、假借"六种，人称"六书"。我们可以理解为六种不同功能的组合系统。《说文解字》列出了364个象形字，如日"☉"，月"☽"山水之类；指事字，《说文解字》列了125个，如"刀"，加上一点成"刃"，"上"，一横加一点为上，一横下加一点为下，以及一二三之类；一类是会意字，这类字往往由两个或两个以上的图画组成，如逮为一个人抓另一个人，人言为信，日月为明，背私为公等；一类字是形声字，《说文解字》列出了9353个字，占总数的80%以上，以形旁、形符、意符、形图加上声旁、音符构成一个字，如"吐""姑""阁"等；另一类意义相同的两字相互转注解释；同音字还可相互替代。

这一严谨科学的造字系统在仓颉神话中已有了反映。仓颉是黄帝时代的人，虽然那时造字系统不会有这么完整，但已有前四条构字的规则了，这不能不令人钦佩。这种"六书"的造字方法是世界古文字中少见的。

第三，汉字形成的准备期长。说它有4500年历史仅是汉字的形成使用期来说的。如果加上它的准备期则更长。西方人把古埃及的图画表意说成图画文字，倘若我们也按此标准，那么我们的连云港距今7000—6000年的将军崖岩画也应算文字了。这一类图画或契刻文字，在我国的考古发掘中并不少见。如距今2.8万年的山西峙峪4字刻符；距今8000—7500年的贾湖刻符；距今6900年的河姆渡刻符；距今6000年的西安半坡刻符；距今4500—4000年的大汶口陶文；距今5000年的良渚刻符。所有这些说明殷商甲骨文不仅可以延伸到唐虞之世，而且许多甲骨文字和这之前数千年前的刻符紧密相连，一脉相承，这在世界上恐怕也是少见的。

汉字的形成绝不是一人一时的兴会之作。仓颉仅是这一历史进程中的开创者和代表者，是人民心中的造字之神，并不是说所有的汉字都是仓颉一个人创造的。

由于汉字的历史长，构造复杂，积淀的历史内涵丰富，因此每一个汉字都不是一个单一的字符、单纯的工具，而是一个极为富有的文化宝库。每一个汉字都有不同历史阶段的丰富文化积淀、深刻的思想内涵和重要的历史承载。它的书写方式在不同的历史阶段都绽放着十分美丽的书写艺术的花朵。汉字的创造震撼人心，也震撼"鬼心"，故有"惊天地、泣鬼神"之谓。

五、上古音乐的创造之神

《吕氏春秋·古乐》

昔古朱襄氏[1]之治天下也,多风而阳气畜积,万物散解[2],果实不成,故士达作为五弦瑟,以来阴气,以定群生[3]。

昔葛天氏之乐,三人操牛尾,投足以歌八阕[4]:一曰载民,二曰玄鸟,三曰遂草木,四曰奋五谷,五曰敬天常,六曰建帝功,七曰依地德,八曰总万物之极。

昔陶唐氏之始,阴多滞伏而湛积[5],水道壅塞,不行其原,民气郁阏而滞者,筋骨瑟缩不达,故作为舞以宣导[6]之。

昔黄帝令伶伦作为律,伶伦自大夏之西,乃之阮隃之阴[7],取竹于嶰溪之谷,以生空窍厚均者,断两节间——其长三寸九分——而吹之,以为黄钟之宫[8],吹曰舍少。次制十二筒,以之阮隃之下,听凤凰之鸣,以别十二律[9]。其雄鸣为六,雌鸣亦六,以比黄钟之宫,适合;黄钟之宫皆可以生之。故曰:黄钟之宫,律吕之本。黄帝又令伶伦与荣将铸十二钟,以和五音,以施英韶。以仲春之月,乙卯之日,日在奎,始奏之,命之曰咸池。

帝颛顼生自若水,实处空桑,乃登为帝。惟天之合,正风乃行[10],其音若熙熙凄凄锵锵。帝颛顼好其音,乃令飞龙作,效八风之音[11],命之曰《承云》,以祭上帝。乃令鱓先[12]为乐倡,鱓乃偃寝。以其尾鼓其腹,其音英英。

帝喾命咸黑作为声,歌九招、六列、六英。有倕作为鼙、鼓、钟、磬、吹苓、管、埙、箎、鼗、椎、钟。帝喾乃令人抃,或鼓鼙,击钟磬,吹苓、展管箎。因令凤鸟、天翟舞之[13]。帝喾大喜,乃以康帝德。

帝尧立,乃命质为乐。质乃效山林溪谷之音以作歌,乃以麋鞈置缶[14]而鼓之,乃拊石击石[15],以象上帝玉磬之音,以致舞百兽。瞽叟乃拌[16]五弦之瑟,作以为十五弦之瑟,命之曰大章,以祭上帝。

舜立,命延,乃拌瞽叟之所为瑟。益之八弦,以为二十三弦之瑟。帝舜乃令质修九招、六列、六英,以明帝德。

禹命皋陶作为夏钥九成[17]，以昭其功。①

注

[1] 朱襄氏：古部落，炎帝。

[2] 散解：脱落。

[3] 以来阴气，以定群生：阳气太多，用音乐招来阴气，以安定百姓的生活。

[4] 八阕：三人拽牛尾又唱又跳，八阕，为八段歌词。

[5] 滞伏而湛积：阴气沉积凝滞。天气阴冷潮湿。

[6] 宣导：宣泄导引去风寒。

[7] 阮隃之阴：指昆仑之阴。

[8] 黄钟之宫：黄钟律之宫音。

[9] 十二律：将一个八度音分为十二等分。这十二等分的音分为阴阳两组，一组为雌，一组为雄，雄为律，属阳，称六律；雌为吕，属阴，称六吕。

[10] 正风乃行：正风指自然界的八方之风。亦指音乐风气，乐曲，"风，歌也"。

[11] 八风：即西北不周风、北方广莫风、东北条风、东方明庶风、东南清明风、南方景风、西南凉风、西方阊阖风。

[12] 鱓先：鱓（shàn），乐官，可能是以鱓为个人图腾的乐官。

[13] 倕（chuí），巧倕，古能工巧匠；鼙（pí），击乐器，古时军队中用的小鼓；埙（xūn），同埙，陶制乐器；篪（chí），竹制乐器；鼗（táo），手摇拨浪鼓，椎（chuí），棒捶；天翟，翟（dí），野鸡。

[14] 麋鞈置缶：缶（fǒu），瓦器；麋鞈（luò），麋鹿的皮。将麋鹿的皮绷在瓦盆子上当鼓敲。

[15] 拊石击石：拊（fǔ），敲击。用石头打石头作音乐。

[16] 乃拌：在五弦之基础上，改进为……

[17] 夏钥九成：钥（yuè），禹时的乐舞。九成，九段乐曲，又称九奏、九变。

故事大意

这是我国最早的音乐发展史。从中我们可以看到我国上古时期历朝历代都有

---

① 张玉春等译注，《吕氏春秋》上，黑龙江人民出版社，第119—120页。

许多重大的音乐发明与创造。从音乐方面讲,这里记述的有不同历史时代的乐曲名称、乐师神名和乐舞。如:

  黄帝朝　咸池(令伶伦作律)

  颛顼　　承云(令飞龙作乐,鱓先作倡)

  帝喾　　六列、九招、六英(命咸黑为声、有倕作乐器)

  帝尧　　大章(命质为乐,以歌,命瞽叟改五弦之瑟为十五弦)

  帝舜　　修九招、六列、六英(命延将瞽叟的十五弦瑟改为二十三弦,又命质修九招、六列、六英)

  帝禹　　夏钥九成(命皋陶作九成)

  他们制造了各类乐器,如鼙、鼓、钟、磬、吹苓、管、埙、毂、椎等。传说中还记载了各种配乐舞蹈,如葛天氏的三人操牛尾以歌八阙,阴康氏时阴多,故作舞以宣导之。帝喾令凤鸟天翟舞之,帝尧致舞百兽以祭上帝。

  在上述记载中,我们也看到古人利用各种不同的材质制成不同效果的乐器。其中有金、石、土、木、匏、革、丝、竹,称之为八音。《世本》说夷作鼓。《山海经·大荒东经》说黄帝以夔牛皮作鼓。《黄帝内经》也记载"黄帝与蚩尤战,玄女制夔牛鼓"败了蚩尤。

  有关上古音乐,古书中的零散记载也是比较多的。《庄子》记载:"赫胥氏之时,民居不知所为,行不知所之,含哺而熙,鼓腹而游,民能以此矣。及至圣人,屈折礼乐,以匡天下之形,悬跂仁义,以慰天下之心,而民乃始踶跂好知,不可止也。"① 熙,即戏。踶跂,开始。这段文字的大意是说在赫胥时,人民在家不知道做什么事,走不知走到哪里去,嘴里嚼着东西戏耍,拍打着肚子遨游,能力止于此。后来有了圣人,才委曲着肢体去学礼乐,端正形貌才有了仁义的行为,安定了天下的人心。这是礼乐出现时的初衷。据说北门成子有一次问于黄帝曰:"帝张《咸池》之乐于洞庭之野,吾始闻之惧,复闻之怠,卒闻之而惑,荡荡默默,乃不自得。"黄帝曰:"汝殆其然哉!吾奏之以人,征之以天,行之以礼义,建之以太清;夫至乐者,先应之以人事,顺之以天理,行之以五德,应之以自然,然后调理四时,太和万物,四时迭起,万物循生。一盛一衰,文武伦经,一清一浊,阴阳调和,流光其声;蛰虫始作,吾惊之以雷霆。其卒无尾,其始无首;一死一生,一偾一起;所常无穷,而一不可待,汝故惧也。""吾又奏之以阴阳之和,烛之以日月之明。其声能短能长;能柔能刚,变化齐一,不主故常。在谷满谷,在阬满阬;涂隙守神,以物为量,其声挥绰,其名高明。是故鬼神守其

---

① 支伟成编,《庄子校释》,中华书局,第 67 页。

幽。日月星辰行其纪。……吾又奏之以无怠之声，调之以自然之命，故若混逐丛生，林乐而无形……汝欲听之而无接焉，而故惑也。乐也者，始于惧，惧故祟；吾又次之以怠，怠故遁；卒之于惑，惑故愚。愚故道。"①

这里以北门成子与黄帝的对话解说《咸池》之乐。把它说成道家音乐。

又传鲁哀公问孔子："吾闻夔一足，信乎？"孔子曰："夔，人也，何故一足也！夔通于声，尧曰夔一而足矣，使为乐正。"《吕氏春秋》记载鲁哀公问孔子夔一足事，孔子曰："昔者舜欲以乐传教于天下，乃令重黎举夔于草莽之中而进之，舜以为乐正。夔于是正六律和五声，以通八风，而天下大服。重黎又欲益求人，舜曰：'夫乐，天地之精也，得失之节也。故唯圣人为能和乐之本也。夔能和之，以平天下，若夔者一而足矣'。故曰夔一足，非一足也。"②

相传舜令弹五弦琴，歌南风之诗，诗曰："南风之时兮，可以阜吾民之财兮。南风之熏兮，可以解吾民之愠兮。"传舜治世用六律五声协治，作大韶之乐，箫韶九成，凤凰来仪，击石拊石，百兽群舞。禹治水成功，为彰显功绩作夏钥九成，即作九段歌词的舞曲。详细情况不清楚。《山海经·大荒西经》说："西南海之外，赤水之南，流沙之西，有人珥两青蛇，乘两龙，名曰夏后开。开上三嫔于天，得《九辩》与《九歌》以下。此天穆之野，高二千仞，开焉得始歌《九招》。"前述禹治"夏钥九成"这里说夏启带了三个美女，珥两青蛇，乘两龙上天，献给天帝，从天帝那里偷来了最好的乐曲《九辩》《九歌》，回来后在天穆之野举行盛大的歌舞晚会。有人说他的《九辩》《九歌》是用三个美女行贿天帝，天帝很高兴以这两个曲子招待他，他觉得这是最美的曲子，就从天上把这两个曲子偷下地了。无论是天帝送的还是夏启偷来的，它都与夏、禹的九成异曲同工，妙不可言。

故事解说

乐之所由来尚矣

"故乐之所由来者尚矣，非独为一世之所造也"。据《路史》记载，"女娲立治于中皇山之源"，"乃命臣随作制笙簧，以通殊风，以才民用。命娥陵氏制都良之管，以一天下之音。命圣氏制颁管，以合日月星辰，以易兆之晨作充乐，五弦之瑟于泽丘，动阴声极其数而为五十弦，以交天侑神，听之悲不能克，乃破为二十五弦，以抑其情。具二均声，乐成，而天下幽微亡不得其理"。

---

① 支伟成编，《庄子校释》，中华书局，第105—107页。
② 张玉春等译注，《吕氏春秋·察传》，黑龙江人民出版社，第742页。

《吕氏春秋》也记载大约与此同时的"朱襄氏之治天下也,多风而阳气畜积,万物散解(分散),果实不成,故士达(其臣)作为五弦瑟,以来阴气,以定群生(众生)"。

葛天氏之乐,三人操牛尾,投足以歌八阕。

这些记载都是七八千年以前的王朝以阴阳调制音乐的传说。以前人们以为这些传说是可笑的,但现代的考古证明很多都是真实的。《中国音乐考古学》一书揭示了大量的出土古乐器就是证明。河南舞阳贾湖遗址,1986年在M78墓出土2支完整的七孔骨笛,1987年又在M282再次发现2支七孔骨笛,1986—1987年先后在M73、M123、M343、M411等墓穴发现了大量的骨笛,总数有23只之多。其中距今9000—8600年的五声音阶骨笛2支;距今8600—8200年的七孔骨笛14支,均为六声和七声音阶,并可吹奏今日较为复杂的旋律;距今8200—7800年的骨笛7支。①

1979年在陕西临潼姜寨出土了新石器时代的陶埙2件,每件可发一音。1954年在西安半坡也出土了2件陶埙。

1985年10月在兰州永登县大通河桥镇乐山坪出土了9件陶鼓。

1980年在山西襄汾陶寺(尧都)出土了特磬,木鼍鼓。

1983年在河南安阳大司空村东南M663墓中出土了3件青铜编铙。后来又相继出土了亚窦上铙3件、中铙3件。妇好编铙5件。如果说这些编铙规模还不够大,那么1978年在湖北随县发现并出土春秋战国时期曾侯乙编钟就十分惊人了。全套编钟65件,挂钟钩件65副,演奏工具8件,钟架一副,还有其他乐器钟、磬、鼓、瑟、琴、均钟、笙、排箫、篪等乐器。总数达125件之多。

上述考古事实证明,所传五帝制乐不虚。

有人统计,我国《诗经》中所载乐器就多达29种。

乐器的证实只是一个方面。我国上古时期把音乐教育作为一项立国治世的头等大事也是世界少有的。据记载,我国先秦时期就"有了相当规模的专业音乐工作者,周代已建立了王家的音乐机构大司乐,所辖乐师,据周礼记载,达1463人,世子和国王所受的教育中,音乐占了重要地位。《礼记·内则》说,十有三年学《乐》、诵《诗》、舞《勺》,成童舞《象》,学射御,二十而冠,始学礼,可以衣裘帛,舞《大夏》"。②如果我们拿古希腊比较一下,就十分清楚地看到他们那里没有这一切。他们留下的只是诗人的声乐念唱。

---

① 王子初著,《中国音乐考古学》,福建教育出版社。
② 蒋孔阳著,《蒋孔阳美学艺术论集》,江西人民出版社,第573页。

中国的古乐，不仅发展早，乐器多，歌舞结合，规模宏大，在内涵上也与众不同。鲜明的特点是：

其一，省风。风指八风，为自然界之风。古人将八方风的季节变化与音乐的律吕挂起勾来，以风声为音乐声的模仿对象，因而"省风"便成为省察一年四季的农时变化的标志，从而指导农业生产。上述故事中的"多风而阳气畜积""下风乃行"（八方之风乃行），都是这一思想的反映。因此音乐也称为风，歌也称为风。

其二，宣气。古人认为人的一切受制于阴阳五行。文中的"阳气畜积，万物散解，果实不成"，要用五弦瑟招来阴气。相反，"阴多，滞伏而湛积（沉积凝滞），水道壅塞，也要用音乐舞蹈来倡导，以排除阴气"。

其三，颂德。所有帝王建立了功业，都要令人作乐歌颂自己，以千载传承不忘。如说"禹立，勤劳天下，日夜不懈，通大川，决壅塞，凿龙门"，"疏通三江五湖"，功成之后，"命皋陶作为夏钥九成，以昭其功"。

其四，正声。治理社会讲究正声、顺气、和乐。认为乐的核心是"和"，"乐者敦和"，乐之道与政通，乐是治业之法。提出"礼以导其志，乐以和其声，政以一其行，刑以防其奸"。

其五，教化。古人反对奸声、逆气、淫乐。乐要给人快乐鼓舞，反对淫乐。据说有一次卫灵公到晋国去见晋平公。晋平公置酒于施惠之台。酒酣，灵公曰：

"今来者，闻新声，请奏之。"平公曰："可。"即令师涓坐师旷旁，援琴鼓之。未终，师旷抚而止之曰："此亡国之声也，不可遂也。"平公曰："何道出？"师旷曰："师延所作也。与纣为靡靡之乐，武王伐纣，师延东走，自投濮水之中，故闻此声必于濮水之上，先闻此声者国削。"平公曰："寡人所好者音也，愿遂闻之。"师涓鼓而终之。师旷为晋平公奏《清角》。一奏之，有白云从西北起；再奏之，大风至而雨随之；三奏之，裂帷幕，破俎豆，飞廊瓦。左右皆奔走，平公恐伏，晋国大旱，赤地三年。

这些描述不免有夸大之处，但古代反对淫乐是真的，认为沉迷于乐可以亡国，乐正可以兴国。

综合上述，中国上古音乐不仅历史悠久，特色鲜明，杰出人才众多，乐器惊世骇俗，而且管理体制完善。从《礼乐·乐记》《史记·乐书》来看，我国上古的音乐的理论也很完整。可以毫无愧色地说这是迄今为止世界上仅存的最早以阴阳五行哲学为基础的音乐美学理论著作。我国上古音乐声音难灭，乐章还在，风韵犹存，令人神往。

六、上古歌舞的创造之神

前文记《吕氏春秋上》古乐中有:"昔葛天氏[1]之乐,三人操牛尾,投足以歌[2]八阕[3]:一曰载民,二曰玄鸟,三曰遂草木,四曰奋五谷,五曰敬天常,六曰建帝功,七曰依地德,八曰总万物之极。[4]"《山海经·海内经》说:"帝俊有子八人,是始为歌舞。[5]"

注

[1] 葛天氏:远古部落。它究竟处于远古的哪个阶段,不清楚。有人以为在伏羲氏之前,缺乏依据。推定在伏羲之后、黄帝之前也缺乏依据。《春秋命历序》说"炎帝,号大庭氏,传八世";《吕氏春秋》注"朱襄氏,传说中的远古部落名,其首领为炎帝";王大有著的《三皇五帝时代》伏羲氏族年谱一节里提出"葛天氏(即勾芒氏)居东为春官青龙氏(又名苍龙氏)主青杆",说明它是伏羲时代的氏族。

[2] 三人操牛尾,投足以歌:三人抓住牛尾,踏足而歌。这一记载是我国有关歌(声乐)与舞蹈起始的最早记载。伏羲时代大约在距今9000年左右,说明歌、舞、音起始亦有八九千年的历史了。

[3] 八阕:即8个歌舞乐章。

[4] 八乐章的内容是:

第一乐章　载民。即大地负载人民;

第二乐章　玄鸟。玄,黑色。玄鸟指知时鸟。有人说玄鸟为燕子,有人说是仙鹤。它们都是冬天到南方,夏天到北方。秋去春来,准确地向人民报时。

第三乐章　遂草木。祝草木生长遂顺。

第四乐章　奋五谷。愿五谷生长繁茂。

第五乐章　敬人常。遵循天道,尊重自然规律。

第六乐章　建帝功。达帝功。

第七乐章　依地德。地无私,不拒载,地德高尚,但地势高下肥瘦有别,必须依地德办事才能有好收成。

第八乐章　总万物之极。使万物发展达到极致。

总的是歌颂大地，歌颂报时鸟，祝愿庄稼顺利生长，五谷茂盛，歌颂大自然，歌颂天帝之功；表示要依德所赐行事，希望上天多多赐予，促万物无限发展。

[5] 帝俊：指帝喾，即天帝，据说他有八才子，发明了歌舞等艺术。

（1）按八阕的内容而言，似乎与8000年之前的时代不合。其时主要是渔猎生活，尚未转变到农耕时代，更未到达牛耕的水平。一般都是在一小块土地上以耒耜的方式进行种植。那个时候能否唱出如此八阕，有疑问。这八阕可以说是农业社会之歌。出现在葛天氏时代似乎早了点。也许这是战国时人根据传说加给古人的。因而不很协调。

（2）三人操牛尾而歌，这是上古时代很具有时代特征的巫人祝福歌。类似操牛尾而歌而舞的画面，在岩画中也屡见。牛为上古人祭祀天地的最高等级的祭品，主持牛祭也是宫中最受尊重的巫官，所以操牛尾而歌不仅仅是表现巫人祝福的欢乐与希望，更是向上帝的祈求、祝福和感谢。

（3）在我国有关三皇五帝与舞蹈的记载并不少。如：

舜上台以后"以五采章施于五色为服，以六律五声协治。治用之和，烝民乃粒。万邦作乂，庶绩咸熙，乃作《大韶》之乐，《箫韶》九成，凤凰来仪，击石拊石，百兽率舞，故孔子称《韶乐》尽美矣。又尽善也"。"启升后，十年，舞九韶"。《山海经·海外西经》"大乐之野，夏后启于此儛九代（马舞），乘两龙，云盖三层。左手操翳（华盖），右手操环，佩玉璜。在大运山北。一曰大遗之野"。

商人"恒舞于宫，酣歌于室，时谓巫风"。

先秦音乐有"六代（大）舞"：《云门》《咸池》《大韶》《大夏》《大濩》《大武》。夏、商、周三代都有倡优。以女乐、优人组成歌舞表演的专门队伍。周时有大司乐这一官职，专门掌管学校的音乐教育，这是一所培养王族子弟的学校。王侯的儿子称为国子。国家明文规定：王族的孩子要到学校进行乐德教育，要他们学习中、和、祗、庸、孝、友的品德。要求国子学会舞云门、大卷、大咸、大夏、大濩、大武等舞蹈，掌握六律、六同、五声、八音、六舞、大合乐，以致鬼、神、示，以和邦国，以谐万民。以安宾客，以悦远人，以作动物。他们必须遵守这样一些规定：

奏黄钟，歌大吕，舞云门，以祀天神；

奏大簇，歌应声，舞咸池，以祭地示；

奏姑洗，歌南吕，舞大磬，以祭四望；

奏蕤宾，歌函钟，舞大夏，以祭山川；

乃奏夷，歌小吕，舞大濩，以享先妣；

奏无射，歌夹钟，舞大武，以享先祖。

凡王者出入都要帅国子舞，诏诸侯以弓矢舞。

不仅如此，学校设有专门的乐师，掌管国学之政，以教国子掌握各种小舞如帔舞、羽舞、皇舞、旄舞、干舞、人舞等技能。

从这些记载中，我们可以看到周代初期以礼乐教育为中心，提倡乐治，以音乐歌舞为国学教育的基本内容，以正乐礼治为政治服务。由于这样，周初社会各方面都比较好，到了春秋战国时期正乐不行时了，天下大乱。舞蹈是无声的语言，肢体语言，它不受区域民族的限制，具有很强的感染力与教育作用。所以"六代"之类的舞蹈精神仍值得提倡。①

故事解说

歌舞的另一力量

前述音乐歌舞，朝廷对国子们都有很严格的训练与要求。但并不是说老百姓就没有音乐舞蹈了。老百姓里也有"下里巴人"的昧人力量。《列子·汤问》记载薛谭在秦青那儿学唱歌，还没把秦青的技艺学到手，就自认为学好了，想辞别归去。秦青也不挽留。有一天秦青、薛谭在去郊外的途中，秦青拍击着竹制乐器，唱着悲哀的歌曲，声响振动着树木森林，声响阻止了流云飘动。薛谭激动不已，请求回去继续学习。

秦青还讲了一个故事说：从前，韩娥在离开齐国时，没有粮食，经过雍门便以卖唱求食。韩娥离开后，她的歌声绕梁，三日不绝于耳。人们还认为她没离开呢。韩娥经过旅店时，有人欺负她，使她长叹哀哭。乡里人知道了都感到悲哀，而三日不饮食，人们连忙去追赶她，要她回来。韩娥回来后，老百姓们都欢喜万分，拍手舞蹈。韩娥很高兴，又为老百姓放声歌唱。人们为感谢她，给了她丰厚的礼物，送她上路回家。

这个故事很动人。它展现了民间歌手艺人和朝廷里的人歌舞的目的是完全不同的。

长城外，阴山下，悬岩上，像永不闭合的露天书本。书页上以粗犷的笔触镌刻记载了那已经消失远去的草原牧民的远古时代。翻开萧立广、谭士俊著《岩石上的呼麦》，可见10万幅岩画中的精品，展现着上万年来达茂草原的文化遗存，记录着獯鬻、鬼方、贡方、北狄、犬戎、鲜卑、铁勒、柔然、突厥、回鹘、契

---

① 崔记维校点，《周礼·春官》，辽宁教育出版社。

丹、女真、蒙古等民族的过去。在那里，我们可以看到辉煌的穹庐中着长袍盘腿而坐在奴隶背上的奴隶主；举案齐眉的奴隶；男女排列成雁阵的连臂舞者；在北斗的照耀下舞姿轻快而曼妙和成群的北山羊、鹿、牛、马、骆驼、野兽围在他们身边；羽人（天神）扶着天梯从天而降，天子大王从天上下地了。在迎送西王母赛会和杂技赛会图中，我们可以看到鸟头蛙身神人骑在马上，前有奔羊，后有护送人，青鸟使者，旁有连臂舞者，连臂绳舞者，还有巫人在主持较祭、凤祭、殉祭，站在高台上甩动牛尾作法；那些群舞者或蹲或立，或匍匐竞驰，骑马蹲当，立马换马，甩牛尾，拉桅杆，马上倒立，连臂起舞，提足踏歌，甩发胡旋，顶杆碎步。一只赤脚出现在蓝天，表示着天神的到来。一个太阳在一个人的胯下，那就是夸父在逐日。无论是徒手的单人舞、双人舞、多人连臂舞，还是在马上表现骑术技巧，无一不是在用舞姿雕塑那个早已消失了的历史。它的生动朴实是那些规范、雅致的"代舞"无法比拟的。

七、跨湖桥独木舟

《吕氏春秋·勿躬》

大桡作甲子，黔如作虏首（当为蕗首。古历法蕗起算点），容成作历，羲和作占日，尚仪作占月，后益作占岁，胡曹作衣，夷羿作弓，祝融作市，仪狄作酒，高元作室，虞姁（qú）作舟，伯益作井。赤冀作臼，乘雅（即乘杜，以杜为名）作驾，寒哀作御，王冰（即王亥）作服牛，史皇作图，巫彭作医，巫咸作筮（shì）。此二十官者，圣人之所以治天下也。①

注

上述所提到的人物，均为传说中的人物。其中，赤冀传为神农的臣子，史皇、大桡、容成、羲和、胡曹传为黄帝的臣子，后益（伯益）、夷羿、仪狄、巫彭为尧、舜、禹时代的人，王亥，汤七世祖，巫咸为商王大戊之臣，祝融为颛顼之臣、尚仪，即常仪（常娥）为帝喾妻，其余高元、虞姁、乘雅、寒哀所历不明。

所以虞姁作舟不知是上古哪个朝代的人作了舟。《山海经》海内经记载，"帝俊生禺号，禺号生淫梁，淫梁生番禺，是始为舟"。《世本》说，"共鼓、货狄作舟"。共鼓、货狄何时人，也不知道。从上述记载我们知道的是虞姁作舟，番禺为舟，共鼓、货狄作舟，说明有关舟的发明记载很多，都不相同，传说各异。均不是现实。我们这里另记载一个现实的有关舟的出现的例子，以共分享。那就是浙江跨湖桥独木舟。

故事大意

跨湖桥独木舟的来龙去脉

浙江考古工作者发现了距今7500年的跨湖桥独木舟。

跨湖桥在浙江省萧山县（现为杭州市萧山区）。那儿古时候是一个湖泊，现

---

① 张玉春等译注，《吕氏春秋》下，黑龙江人民出版社，第498页。

已干涸变成城市了。考古工作者在2001、2002年考古发掘时,发现湖边有一艘独木船。根据浙江省文物考古研究所编辑的《湘阳江流域考古报告之一:跨湖桥》的描述,其具体情形如下:

1. 独木舟

独木舟位于已处于干涸状态的湖边。位置在T0512、T0513之内,靠近湖岸的小港边。独木舟的东北端保存基本完整,船头上翘,比船身窄,宽约29厘米。离船头25厘米处,宽度突至52厘米。弧收面及底部的上翘面十分光洁。东南侧舷内发现大片黑焦面,西北侧舷内也有面积较小的黑焦面。这些黑焦面当是助火焦法挖凿船体的证据。船头留有宽度约10厘米的档樯,已破缺。独木舟周围,有规律地分布着木桩和柱洞。表明独木舟是由这些桩结构固定在这里的。

2. 木桨

独木舟的两侧,各发现一支木桨,编号为j1、j2。j1保存较差,已开裂,长140厘米,宽22厘米;j2保存完好,长140厘米,宽16厘米,桨柄宽6—8厘米,柄内有一方孔,孔沿及孔壁光整,无磨损痕迹。

3. 舟中遗物

独木舟周围发现砺石、3个锛柄、多个石锛、数块编织物。

4. 边架艇

考古发掘者认为,在独木舟发明之前,有一个使用木竹筏的时代,边架船是筏子的延伸形态,只不过增加了一个主载体(独木舟)。他们判断该遗址是一个与独木舟有关的加工现场。中国古代有一种戈船,即今太平洋上的边架艇,就是在独木舟的一边或两边绑札木架,使之成为单架艇或双架艇,以抵御风浪。①

如将上述事实连在一起,复原古人的生活,便可见在7500年前,长江下游水网地区就有人居住了。那时这一带地方大多是水泽和沼泽。他们外出捕鱼,采野菱、莲藕,大多靠独木船。这种独木船很简单,就是用一段大木头,把一面烧焦了再挖空,可以坐人就行了。但那时没有工具,全靠石头工具去挖空就很难了。可古人很聪明,为防止翻船,他们把船固定在竹筏或木筏上就平稳了。他们就是用这种办法在水上往来劳作。虽苦,也很自由自在。

---

① 浙江文物考古研究所编,《湘阳江流域考古报告之一:跨湖桥》,文物出版社,第40—52页。

故事解说

船的发明

关于古代造船,有几个问题需加以说明。第一,船究竟是谁发明的?《吕氏春秋·勿躬篇》说"虞姁作舟",虞姁是何许人没有说明,有人说是黄帝臣。《世本》说"共鼓、货狄作舟"。宋衷注"共鼓窥木可以浮水而渡,即刳木为舟,货狄见鱼尾划水乃削木为棹,以行舟"。

造船的传说很多,有的说是黄帝的臣子虞姁发明的,有的说是共鼓、货狄发明的,有的说是番禺发明的。说得都不对。只有一点是对的,即船是由5000年以前的人发明的;准确一点说,是7500年前浙江萧山跨湖桥人发明的。浙江萧山跨湖桥独木舟的出现已经告诉了我们:船是萧山跨湖桥人发明的。其时间在距今8000—7500年之间,比黄帝时代早了1000多年。跨湖桥人生活在湖泊水网之间,船是他们的主要交通工具,他们不得不刳木为舟。为了造船,跨湖桥人专门成立了造船厂,那些工具和船坞就是证明;他们造船的方法与传说一致,即先烧焦一段大木头的一面,然后再刳木为舟。由此可知他们造的船一定不止一只,而是许多只。考古发现的只是其中之一。它的存在,并不是偶然的,是在木筏的基础上发明的。发明者将独木舟与木筏绑在一起是一个惊人的创造。在江南地区,发明舟楫决不只跨湖桥一家。浙江河姆渡也出土木桨,距今7000年。江苏常州圩墩马家浜文化层不仅发现了木桨,还发现了一支木橹。橹身残长120厘米,橹面宽18.4厘米。它表明距今7000年时,我国的造船技术已经由造独木舟发展到造大木船了。造船与黄帝有什么关系?黄帝可能是6000年之前的人。炎黄子孙在纪念这位始祖时总喜欢把他那个时代的创造与他个人联系起来,这也是很自然的事。黄帝是人、是神、是氏族、是时代的称呼。说黄帝令人造船、造桨、造弓、造矢不足为奇。它只表示其时人发明了这一事物,并不表示由他个人发明创造了此事物。顾颉刚先生《论易系辞传中观象制器的故事》采用偷梁换柱的方法讽刺说黄帝看卦象就造出了舟楫,"我们懂得了这个,便可知道所谓舟楫之利盖取诸《涣》者,因为涣卦上卦是巽,下卦是坎,巽为木,坎为水,木在水上,便是舟楫,所以黄帝们看了这个卦象就会造出舟楫来了"。顾先生以调侃的方式一语否定了黄帝,也同时否定了造船的历史事实。如果顾先生活着,请他去跨湖桥看一看独木舟,他也会点头赞许。

八、弓矢的发明

弓矢的发明是一件大事,因为它是社会由蒙昧时期迈向高级阶段的标志。弓矢的发明在我国的典籍中记载较多,但有许多问题并不是很清楚。例如弓矢究竟是谁发明的?在哪一个历史时期发明的?它们是怎么制作的?这一切,都没有一定的说法,都归结于神,是神、天帝赐予的。

(一)弓矢是谁发明的?

《世本》八种,中华书局版,王谟辑本说"挥始作弓",宋衷注"挥,牟夷黄帝臣",孙冯翼集本"挥始作弓,牟夷作矢",陈其荣增订本,秦嘉辑补本,也都有挥作弓,并注明挥为黄帝臣,牟夷为黄帝臣。《初学记》《艺文类聚》《御览》《北堂书钞》均从此说。

但张澍梓集补注本说以挥为青阳第五子无据。少昊作弓者,盖殷尔。挥自黄帝子也。《艺文类聚》引《世本》注云。青阳氏子挥。以弧矢命世。《初学记》引作挥始作弓。张勃《吴录》说:"挥观弧星始制弧者,弧如张之星也。"

《越绝书》《墨子》《吕氏春秋》为"羿作弓""夷羿作弓"。

《山海经》为"少昊生般,是始为弓"。

《荀子·解蔽篇》为"倕作弓,浮游作矢"。

综上所述,可见弓矢制作人为谁,说法不一。有的说黄帝的大臣挥、牟夷创造的;有的说是少昊青阳的第五子般作;有的说是夷羿作弓;有的说是倕(巧倕)作弓,浮游作矢。究竟弓是谁作的呢?迄今无定论。

(二)弓矢制作需要很高的技巧与智慧

《周礼·考工记》
"弓人为弓。取六材必以其时,六材既聚,巧者和之。干也者,以为远也;角也者,以为疾也;筋也者,以为深也;胶也者,以为和也;丝也者,以为固也；漆也者，以为受霜露也。"

"矢人为矢，鍭矢参分，茀矢参分一在前，二在后。兵矢、田矢五分二在前，参在后；杀矢，七分参在前，四在后。参分其长，而杀其一。五分其长而羽其一。"

这两段话的意思是说弓矢（箭）的制作工艺十分复杂，制作很考究。仅以弓人制弓为例就不简单。首先选材必须适时。做一把好弓要六种材料：一是弓干，二是角，三是筋，四是胶，五是丝，六是漆。选作弓干的材料目的是使箭射得远。挑选的材料有七种：柘木、檀木、檿桑、橘木、木瓜木、荆木、竹子，以柘木最好，竹最差。选用的干材不能歪邪，不能破坏它的纹理。角材要用秋天杀的牛角，其角厚，不能用小牛角、老牛角、疾牛角、瘦牛角。角是做弓中央至弓梢弯曲用的，材料一定要好，要保证角尖丰大，二尺五寸，有柔性。胶要色红而干燥的，如马胶、牛胶、鱼胶之类。筋要小成条且长，要能握得住。漆要清。那矢的制作也不简单。矢有不同的用处。有鍭矢、杀矢、兵矢、田矢、茀矢等多种，用处各不相同，制作的要求也不一样。鍭矢、杀矢箭杆的前面的三分之一与后面的三分之二的重量要相等；兵矢、田矢（即畋猎）箭杆前面的五分之二与后面的五分之三的重量必需相等；茀矢前面的七分之三与后面的七分之四的重量必须相等。在制作时要注意从箭杆的三分之一地方起逐渐削小与箭头齐平，箭尾的羽毛长度保持为箭杆长度的五分之一，羽毛入杆的深度与箭杆的厚度要相等。

这些就是箭矢制作的最基本的要求。这也是我国弓矢制作有文字的最早的实录。即六弓四弩八矢之法的要点。

弓矢是古时的利器，它比戈矛厉害多了。有了它就可以用它来杀伤敌人，争取战争的胜利，进行畋猎、逐鹿取娱，获得飞禽走兽，以改善生活。

（三）考古发掘的弓矢

我国考古发掘的弓矢，特别是矢的记载是很多的。

山东大汶口北辛文化遗存一期发掘出矛73件，镞（矢）[1]76件，山东滕县北辛遗址出土骨镞、角镞40件。器形细长，锋铤界限不明者25件，前稍扁锋铤[2]界限不明显者9件，其中有2件为质镞。①

---

① 中国社会科学院考古研究所、山东考古队、山东滕县博物馆撰，《山东滕县北辛遗址考古发掘报告》，考古学报，1984年第2期第169页；逄振镐著，《东夷文化研究》，山东齐鲁书社，第123页。

注

[1] 镞：即矢，箭头。马家浜文化（距今7000—6000年）发掘出骨镞。浙江宁波市江北区，慈湖1986年，1988年发掘出刀、镞、纺轮、木屐、桨等文物，距今5300—4000年。山东淄博市临淄齐陵镇后李庄1965年、1987年、1990年、1991年发掘出骨、蚌镞。

[2] 铤（ting）：箭头装入箭杆的部分。《考工记·冶氏》"为杀矢，刃长寸，围寸，铤十之"，郑司农注"铤，箭足入槀中者也"。槀，矢干。

按董立章《三皇五帝史断代》的推定：

北辛文化为　　公元前5630—前5000年（前期）　　　距今7630—7000年
　　　　　　　公元前5000—前4300年（后期）　　　距今7000—6300年
马家浜文化　　公元前5300—前4200年　　　　　　　距今7300—6200年
大汶口文化　　前期公元前4660—前3970年　　　　　距今6660—5970年

按董先生的标准计算，这些矢镞也在距今7000—6000年左右。以黄帝朝距今6000—5000年计，我国考古发掘的矢镞当在神农末、少昊至黄帝这一时期。传说与考古发掘文物的时间相合。因此，我们可以说箭矢（镞）在我国，早在距今6000年之前就广泛存在了，少昊青阳时代就发明了。从传说到事实都证明了这一点。

那么，这是谁发明的呢？事实已经作了回答：是倕。倕是谁？是巧倕。巧倕是谁？是能工巧匠。能工巧匠古时就称为巧倕，即技术高明的工匠，或者称之为工艺之神。而倕从黄帝少昊到大禹，甚至夏、商、周都存在，并由掌职的官员管理，因此又称之为百工，或百工之神。因此各个时代都有各时代的巧倕，这就出现了各种各样的称呼。故而有牟夷作矢、浮游作矢、倕作矢等不同的说法。他们统统可称为倕，不同时代的倕。倕，即工匠之神，是他制作了弓和矢。

故事大意

锡伯族的弓箭

2012年2月18日上海《文汇报》在头版头条的位置刊登一则消息。

标题是"人的一生如日射一箭一样短暂，要射中人生目标就要全心投入，信奉着自己民族的信条，伊春光救活了传统制作工艺，又不断添加进现代元素——锡伯族弓箭转战市场"。

文中讲述了锡伯族人伊春光制造传统工艺的弓箭的情形。他说"作弓要冬天下料,春天刨牛角,夏天制筋,到秋天把它们组合起来。做一把弓要操心一年多"。这很不容易。弓的内胎是竹制的,弓身用野山羊角,缠上牛筋,把手用牛大腿骨,两端用木质,梢头配上牛角。牛角要用南方水牛角,牛筋、鱼胶要从东北寄来,经过200多道工序才能制成。他制作的弓长1.6米,重1千克,制成要保持70磅的弹力,150米的射程,制成后再用牛皮制成了弓壶和箭壶,再经过压、烫、烙,刻上锡伯族的图腾"鲜卑神兽"与锡族的文字,这把弓才算完成了。对照《周礼·考工记》关于弓矢的制作过程,伊春光的制弓与其相同。制出了神弓的人,古人叫巧倕,巧倕是工艺之神,如果伊春光生活在古代,无疑他一定会被尊为工艺之神。由伊春光我们可以看到在远古时代要制作成一副好的弓箭是多么的不容易呀!

故事解说

彤弓与素矢

从前人的文字记载中我们可以看到的信息是:《山海经·海内经》说"帝俊赐羿彤弓素矰,以扶下国,羿是始去恤下地之百艰"。彤弓,即朱弓。矰,矢,以白羽羽之。故称彤弓素矢。这是一则十分美丽的神话。讲的是帝俊,殷人的天帝喾,为安恤百姓,送给后羿一套朱红的弓,白色的箭,让他到地上来降妖除怪。羿来到下方后,违背了上帝的旨意,他用上帝赐给他的弓箭来射上帝的儿子十日,下杀夷民,因此上帝很恼怒,不准他回天上,并灭了他的族。这个故事在《左传·昭公二十八年》《离骚》《天问》,闻一多《楚辞校补》都有记载。

当然,这是神话,但帝喾赠"彤弓素矰",说明在距今4500年之前确实存在着弓箭。考古事实也证明了这一点。可是在上述的考古发掘的弓矢中,见到有关矢的数十个的记载,却不见一个箭杆或一支弓的存在。这是为什么?我们是否可以做这样两点思考:第一,弓和箭杆都是竹木制品,不易保存,已经腐烂为泥了,只有那石头的矢或金属的矢未腐烂,还保存着,所以见矢不见弓。第二,弓矢是确实存在的。弓的制作也是一个由简到繁,由劣变优的过程。但开端很早,并不为虚。承认这一点很重要。

美国学者路易斯·亨利·摩尔根在《古代社会》第20页说:"我们用作弓箭作为高级蒙昧社会开始的标志。弓箭必然对古代社会起过强有力的推进作用。它对蒙昧阶段的影响正有如铁制刀剑之于野蛮阶段,有如火器之于文明时代。"这段话后面有关于弓箭的注释说:"弓箭所体现的各种力的配合非常奥妙。因此,我们认为它不像是偶然发明出来的。对于一个蒙昧人来说,要察觉某几种树木的弹性与韧性,要了解动物的筋或拉物的纤维系在弧上的张力,最后还要想到如何将上面这两种力和人体的力结合起来,才能把箭发射出去,这一切都不是一望而知的事。"

这些文字十分准确地说明了发明弓矢的真实意义。而我国在五六千年之前就会制作弓矢、使用弓矢,说明在那个历史阶段我国已进入到了高级蒙昧阶段了,"彤弓素矰"就是证明。

九、穿井的传说

水井是古代农居生活的标志，也是早期的管理制度。但井是何人所穿，从什么时候起有井，众说纷纭。

（一）经典中记载的井

"黄帝见百物，始穿井。""虞胸[1]作舟，伯益作井。""昔者，黄帝始经土设井[2]，以塞争端。"《山海经·中次十经》"又东南五十里，曰视山，其上多韭，有井焉，名曰天井。夏有水，冬竭。"《周易·系辞下》释井卦云："井，居其所而迁。——困以寡怨，井以辨义，巽以行权。"

注

[1]胸（qú）：虞胸，传为黄帝臣，作舟。伯益，舜臣，东夷首领，作井。典出《吕氏春秋·勿躬》《世本》作篇，"化（伯）益作井"。宋衷注"黄帝见百物始穿井"。

[2]经土设井：意为经营耕种必须设井。语出《通典·食货·乡党》。

（二）考古发掘出的三种上古木制水井

迄今为止尚未发现上古时有石井，最早的一些井都是木井或土井。现在发现的木井大约有三种类型。

《河姆渡文化》一书中详细介绍了距今 6000—5600 年的浙江河姆渡的木构水井。他指出该水井位于 T34—T37 中部文化层。水井由 200 根圆木组成。井底深入地下 1.35 米，外围有木栅栏，直径 6 米，面积 28 平方米。其中有 28 根圆木桩直入土中，由 16 根圆木套合成方形竖井。井的四壁用横木以榫卯接法对竖木桩加以固定。井上有茅舍护卫。此井至今仍清晰可见。①

---

① 刘军著，《河姆渡文化》，文物出版社，第 104—107 页。

据浙江省文物考古研究所编《良渚文化遗址群考古发掘报告》记载，1988—2000年省考古队在庙前遗址进行了6次发掘，清理出房屋4座，木构水井2口。此井虽是木构却与河姆渡的大为不同。这是一种木板条构筑成井壁的井。距今5300—4300年。

《湮灭的古国故都》一书中记述，浙江嘉善新港发现一口木筒井。该井很浅，井壁由一个大圆木剖成两半，挖空后用榫卯拼合而成。木筒对合处钻有小孔，以让泉水渗入。类似水井在嘉兴雀幕桥、江苏江阴横塘绎等良渚文化遗址也有发现。①刘军在《河姆渡文化》一书中说，我国北方黄河中下游地区，河北邯郸涧沟有井2口，山东兖州西吴寺有井3口，山西襄汾陶寺有井1口。当然这是很不完全的。南方如昆山太史殿、吴兴大三瑾、梅垫、九里湖、武进雪堰、常熟东塘墅等地都有许多古井。北方也不少，如北辛文化就有井1口，距今7300—6300年；大汶口也有井1口，距今6100—4600年。林东华在《良渚文化研究》中说"多年前有学者对良渚时期出土的古井作过推算，认为总共不下134处"。如仔细计算一下，也许总数还不止于此。而且时间都在伯益之前。相反，所谓伯益作井，至今尚未发现。

（三）考古发掘的土井与第一个上海人

1987年上海文管会在崧泽遗址西侧发现马家浜文化晚期水井2口，均为直筒形土井。其中，j3，井口椭圆，直径0.7米，井体直筒，井深2.6米，圆底；j5，不规则形，直径1.6米，深1.7米，口大底小呈斗形。距今6000年。不仅发现土井，2003年，还发现了生活在这里的人头骨，被称为上海第一人。"头骨呈黄褐色，除了鼻骨两侧颧骨和上颌骨被粉碎难以拼合外，大体保持完整，下颌骨上还保留了一排牙齿，其中第三臼齿发现有一个龋齿洞，俗称虫牙。经过鉴定，头骨的主人是一名25至30岁的青年男子"。距今6000余年，是迄今发现最早的上海先民，上海最老的祖先。②

故事解说

说　井

上述事实证明，水井在黄帝之前就有了。说黄帝穿井，可。说"黄帝始穿

---

① 赵晔著，《湮灭的古国故都》，浙江摄影出版社，第192页。
② 陈杰著，《实证上海史》，上海古籍出版社，第27页。

井"不实。说"伯益作井"可。说伯益发明井，虚。黄帝经土设井实行井田制，始穿井，是传说。但说黄帝朝时就有井了，不虚。

黄帝时代大约在距今五六千年之间，但在距今6000年的河姆渡—崧泽时期就有水井了。虽不能说黄帝"始"穿井，但不能否认黄帝时代已有井了。徐旭生先生在《中国古史的传说时代》第三章说"凿井技术为当时的伯益所发明，最合逻辑"，没有根据。河姆渡水井采用木榫卯接技术制作，是先挖一个土坑，再以榫接方式将井的四壁用圆木纵横固定，确如一个"井"字，也许"井"字由此生发而来。伯益生活的年代距今4100多年，现在发现伯益之前的水井有一百多口，却没有发现伯益作的井在何处。从技术上来说，伯益之前已出现的木构井形态，有木桩榫卯井、木板条榫卯井、木筒形榫卯井，虽未发现徐先生说的伯益加以改进的土坑，但河南二里头遗址和东下冯遗址确有水井2口存在。在上海发现的6000年前的古井虽属土井，同样也是比较考究的。夏曾佑著《中国古代史》上册第十四节《黄帝之政教二·井田》转述《通典·食货·乡党》说："昔者，黄帝经土设井，立步制亩，以防不足。使八家为井。井开四道，而分八宅，凿井于中。一则不泄地气，二则无费一家，三则同风俗，四则齐巧拙，五则通财货，六则存亡更守，七则出入相司，八则娶嫁相媒，九则有无相贷，十则疾病相救。是以性情可得而亲，生产可得而均，欺凌之路塞，斗讼之心弭。既牧之于邑，故井一为邻，朋三为里，里五为邑，邑十为都，都十为师，师十为州。夫始分之于井，则地著，计之于州，则数详。迄乎夏殷不易其制。"虽然文中宣扬了井田制的十大好处，但是否真正在全国实行过亦未可知。文中闪现的邻、里、邑、都、州云云，黄帝时还没有这种编制，都是周人的想法。从历史现实来看，即使是在西周时，不仅中原地区未见井田布局，在南方亦未见井田制中井的痕迹。也许这只是战国黄老学派为颂扬黄帝而精心编排的故事吧。

十、大章、竖亥步地的神话[1]

大禹治水成功后,舜让禹即位,治理天下。但中国究竟有多大,东西南北距中央之国究竟有多远,不清楚。所以,禹首先请两位天神来帮忙,步量天地。在弄清楚基本情况的基础上,再划分九州岛,进行治理。

《吴越春秋》:"禹行使大章步东西,竖亥度南北畅八极之广,旋天地之数。"《山海经·海外东经》:"帝命竖亥[1]步[2],自东极至于西极,五亿十选[3]九千八百步。竖亥右手把算[4],左手指青丘北。一曰禹令竖亥。一曰五亿十万九千八百步。"

注

[1]竖亥:天神。
[2]步:以足步丈量土地。
[3]选:万。
[4]算:算筹。

故事大意

天帝命天神竖亥到下方来帮助以步量土地。竖亥步量的结果是:从东极到西极共五亿十万九千八百步。竖亥右手拿着算筹,指着青丘北面。

另一种说法是:"禹乃使大章步,自东极至于西极,二亿三万三千五百里七十五步,使竖亥[1]步,[2]自北极至于南极,二亿三万三千五百里七十五步。凡鸿水渊薮,自三百仞以上,二亿三万三千五百五十里,有九渊。禹乃以息土[3]填洪水,以为名山。"①

注

[1]大章、竖亥:禹臣,神人。郭璞注曰:"健行人。"

---

① 刘安著,赵宗乙译注,《淮南子·地形训》,黑龙江人民出版社,第192页。

[2]步：以步量地，按步推算。

[3]息土：神土，掘之益多，增之益多。

[4]算：古代的计算器，即用来计算数的筹码、器具。

故事大意

为了划分九州岛，治理天下，禹命大章、竖亥两位神灵来测量土地。他们二人右手捏了一个算筹，一个一寸把长的小棍子，用它当成尺子测量。没用多少时间就算出了从南到北、从东到西有多少步，合多少里路，真神呀！他们是怎么算出来的呢？

要弄清这一点，看一看《淮南子》的解释就明白了。文中说要想知道大地东西南北的长度，可以立4个表（注：立杆），把它们排列成边长为一里的正方形，在春分或秋分前十多天的时候，从正方形北边两个表配合参照观察太阳始出地平线的情况，等到太阳和这两个表相对应，那么这两个表就和太阳处在同一条直线上了。然后，立即用南边的表来参照观察，用太阳照射南后表的联机切入南北前表的交点所形成的有关资料为准则，除南边前后两表的距离，用后南北两表的距离除南后表到日下的距离，从而得出从南后表到日下的东西里数。假使测定日出时进入前表的数据是1寸，1寸折合为1里，一里折合为18000寸，那么就可以得出此表往东是18000里。假使测定日落时，日光进入前表为半寸，设定半寸就是1里。用半寸除1里所得的寸数，折合为36000里，减去一半就是此表往西的里数。合并此表往东往西的里数，各18000里，那么大地整个东西的里数，共36000里，这就是大地东西两极直径长度。① 这就是古人刘安《淮南子》告诉我们的竖亥步地的秘密。这是很高超的数学计算题。竖亥手里拿那个小棍就是一个计算器，用来测量立杆上太阳影子的尺寸。他们测量高山的高度也是用这种方法获得的。

这一套原理在4000年前人们就懂得，就能用于量天步地，实在不简单，无怪古人大呼：神！今人也不得不大呼：神！真神！

故事解说

一个重大的数学发明

前述神农时中国地方就很广大，南到交趾，北到幽都，东到旸谷，西到三危。但从南到北、从东到西究竟有多少里，或多少步数呢？谁能算得出来呢？就

---

① 赵宗乙译注，《淮南子·天文训》译文，黑龙江人民出版社，第183—184页。

有一个叫竖亥的人和一个叫大章的人，他们能算出来，所以被称为神。他们是怎么算出来的呢？首先，他们用东西南北四根立杆测太阳。根据立杆上太阳的影子的长短就可以推算出来了。一个立杆的影子就构成了一个勾股弦图形，代表一个方位，4个立杆的勾股弦代表4个方位太阳影子的长度。通过计算立杆测影的勾的长度，而推出东西南北的长度。4个立杆测影形成的4个三角形交差就是一个八角，八角谐音八卦。因而可以说八卦也是用于计算东西南北长度的一种运算方法。从这一例，可以说神话中有科学，科学亦可演绎为神话。

十一、奚仲、吉光以木为车的传说

（一）奚仲作车

《山海经·海内经》记载：

帝俊[1]生禺号[2]，禺号生淫梁，淫梁生番禺，是始为舟。番禺生奚仲，奚仲生吉光，吉光是始以木为车[3]。

《世本》王谟辑作篇：

奚仲作车。吉光是始以木为车。此言吉光，明其父子共创作意，是以互称之。《世本》张澍梓集补注本说"奚仲始作车"，又说"黄帝作车，引重致远。少昊时驾牛，禹时奚仲驾马"。雷学淇辑本、茆泮林辑本均作"奚仲作车"。[3]《吕氏春秋·勿躬》说"乘雅（校：杜）作驾，寒哀作御，王冰（王亥）作服牛"。[4]

注

[1]帝俊：即帝喾，殷、周时的上帝。

[2]生：有两义，一指某人生育、生产，一指某氏中出现了一个什么人。这里的生应指帝喾部族中出现了一个叫×××的人。

[3]奚仲作车有几种不同的说法：一说奚仲子吉光作车，一说奚仲作车，一说奚仲、吉光父子合同作车。还有说"黄帝作车"。

[4]《吕氏春秋》明确记载乘杜作驾、寒哀作御，王亥服牛。

故事解说

关于奚仲

奚仲传为黄帝之后，任姓，夏时为车正，封于薛。刘芳《徐州记》说他是山东滕县人，被称为奚公，其地有奚公山，滕县东南六七里有奚公造车处。其地尚存轨辙。传说他能服牛乘马，以利天下。《左传》说他为夏掌车服大夫，《后汉书舆服志》说他是车正，《淮南子》说他是尧时车正，《文选》引《文子》注说他是工师,《吕氏春秋·审分览》注为夏时车正。如此等等,传说不一,但都说明他是尧至禹时人,当过车正一类官职。在其时进行驯马服牛是可能的,是发明车之前为车正,还是发明车之后为车正不清楚。

他发明的车子是什么样的车子,也不清楚。从现实可能性推测发明马拉大车较为合理。舆轮战车,是周时才有的规格化的车子。秦始皇兵马俑出土的战车有1000多个零部件,在夏禹时代生产这样的战车,似无可能。

(二)悬崖上的大车

《岩石上的呼麦》一书说:"乌兰察布岩画,那里远古时代就有马车,或许还是我国马车的发源地。""在查干敖包苏木方圆不远15千米的地区内,裸露的黑色岩石上镌刻着许多岩画,这些岩画集中描绘了草原上的车。有关车的岩画,其比重约占乌兰察布岩画中马车岩画的90%。"[①]

他们将这些岩画马车分为六种类型。一类是马驾拖杆图。即用两根木杆或缰绳将马夹在中间,拖杆一头拴在马颈上,一头拴在拖物上。这种拖杆比人扛省力,可能是马车产生的原始图形。[1]第二类是马后爬犁图。这种车是马拉单辕拖杆,杆后有木制倒钩爬犁,其形状如整平土地的犁,爬犁上站着一个人,扬鞭驱马前进。爬犁即橇。大禹治水乘橇,可能就是这种爬犁。第三类是小板轮马车。这类车子是双马拉单辕方舆马车。这是真正意义上的车子。辕、轮、舆、轴俱全。[2]车轮比较小,由一块木板或数块范本做成圆,圆中央打孔而成车轮。第四类是大板轮马车。双马单辕方舆大板轮马车。第五类是曲木为轮马车。在推喇嘛庙西南2千米乌兰衣力岩脉上。此曲木轮,轮上有辐,一轮有马,有辕,有舆,是轮上有条幅的完整意义的马车。第六类是四轮马车。位于推喇嘛庙南偏东2千米的比旗格淖岩脉上。画中有一车把式正手拿长鞭在指挥车轴转弯,对面是西区马驾着一辆单辕四小轮大车向前行驶。

注

[1] 第一类画位于推喇嘛庙西5千米五花敖包山沟的黑色岩石上。画的中部是一条东西向的小路。路南是奔跑的羊群、野马、野兽等,在兽群中有一架拖杆,后面扔下了一具尸体。第二类画位于推喇嘛庙西5千米。画面是西马拉着一个单辕拖杆,杆后拖着一架木制倒钩爬犁,爬犁上站着一个人。第三类画位于推喇嘛庙4千米处的后哈达岩上。画中是双马拉着单辕小轮方舆马车、辕、轮、

---

① 萧立广、谭士俊著,《岩石上的呼麦》,文物出版社。

舆、轴俱全。第四类大板轮马车画图位置同上的 3 千米处。第五类曲木轮马车画位于推喇嘛庙 2 千米处的乌兰衣力岩脉上。有一双轮单辕双马车，一只车轮有 4 个条辐。车以曲木为轮，轮上有辐。第六类四轮马车画位于推喇嘛庙偏东 2 千米的比旗格淖岩脉上，是单辕四小轮大车。

[2] 辕、轮、舆、轴俱全。这些都是马车的重要构件。

辕（yuán）：又称辀（zhōu），车前驾牲口的部分。

轴（zhóu）：轮子中间的圆柱形构件。轴的顶端有小孔用拴钉拴牢，固定防止轴轮松动滑落。

辐（fú）：车轮中心穿轴的部分为车毂。车辐是插入车辋与车毂之间的直条。

舆（yú）：车上载人与载物的部分。

轸（zhěn）：车后的横木。舆上的扶手横木为轼，在车牛马肩上的曲木为轭（è），辕上牵引的横木为辂（lù）。

这些故事说明：

大马车是新石器后期至奴隶社会时期发展起来的一种交通工具。目的是为"负载重以致远"，减轻人的负担。

大马车的发展有一个漫长的过程。萧谭二先生归结为六个阶段。并非一日一人完成。

奚仲、吉光作车，可能是改进这一类大马车。夏禹泥行乘橇（蹻）正是乘的这一类可山行、可泥行的大马车，而不是商周以后的战车或龙舆车。

（三）大禹乘蹻车

东方朔《海内十洲记》说："昔禹治洪水既毕，乃乘蹻车[1] 度弱水[2]，而到此山，祠上帝于北阿，归大功于九天。又禹经诸五岳，使工刻石，识[3] 其里数高下，其字科斗书，非汉人所书。今文尺里数，皆禹时书也。不但刻剫五岳[4]，诸名山亦然。刻山之独高处尔。今书是臣朔所具见，其王母所道诸灵数[5]，禹所不履，唯书中夏之名山尔。"

注

[1] 蹻车：蹻通橇（qiāo），是一种车子，根据前文所述，是一种初级形态的马车。大禹常常泥行乘橇。

[2] 弱水：在昆仑山北，敦煌一带。此山，指昆仑山。

[3] 识：知。

[4] 劂五岳：劂（duó），木之为劂，即搭起木头架子，刻字于五岳的山崖上。

[5] 薮：薮（sǒu），生长着许多草的湖泊、沼泽地曰薮。

故事大意

东方朔《海内十洲记》说，从前大禹完成治理洪水后，乃乘一种马拉的躏车，到昆仑山去，先渡过弱水，再从北坡上昆仑山，向上帝报告他治水的功绩。然后又将他治水的事用文字刻在五岳的悬岩上，高处无法刻就搭起木头架子刻。而那些有水草的湖泊，他是不去的。这里的昆仑山指神话中的昆仑山，即当今的祁连山一带，非指当今的昆仑山（在南疆）。

这一段文字说明橇，或躏，这种马拉车在大禹时代已经存在了，并非周初才有的。其形态就是泥橇。

（四）周时的马车制作规范

《周礼·冬官考工记》记载周代的轮、舆、兵车制造，十分考究，规定十分严格。制作各种器物，需各种工匠全力合成。比如车厢底部的横木轸就有六种尺寸的差别，一等高四尺。戈连同柄长六尺六寸，要斜插于车上，它比轸要高四尺，人八尺，站在车上比戈高四尺。不能过长或过短。

车轮也有规定，要求车轮着地面积不能过大，过大了转动不会快，车轮太大了，人登车不易；但也不能过小，过小了马拉起来就很吃力，像爬坡一样。所以兵车规定轮子为六尺六寸。轵[1]高三尺三寸，算上轸与轐[2]一共四尺，人长八尺，上下合适。

要求毂转动灵活，辐正直，牙[3]坚固，力求做到轮坏而毂、辐、牙不坏。毂远看像人的眼睛珠子一样往外鼓，近看毂的地方隆起棱角。毂大而短，行车不稳，毂小而长，则辐窄。所以规定轮子的高度的六分之一为牙的度。又以辐为例。总的要求是辐要正直。远看辐像人的手臂逐渐细小，走近一看粗细均匀。这就是辐很直。辐长入孔短浅，易摇动，深孔深而小，易折断。牙要紧密坚固，插入必须端正。车辕弯曲过大，容易折断，太小，又压迫马尾，要求有适当的弧度，而不会折断，马走千里而不伤。因此对毂、辐、牙的长度、宽度尺寸都有严格的规定。

注

[1] 轵（zhǐ）：车轴的末端的穿孔。

[2] 轸与轐：轸（zhěn），车后的横木；轐（bú），国厢底板下扣住横轴的装置，以支撑车轴，俗名勾心。

[3]牙：齿轮咬合处。

故事解说

奚仲造的车应当是大马车

上述周代造车的描述都是技术、规格方面的规定，具有一定的科学性，并非神话。但从传说、神话走向科学来说并不是一条平坦的路，而是一条漫长的充满艰辛的道路。所以，可以说奚仲是车的发明者的代表，是有功之人。上古人敬之为天上的星神。但不能说所有的车都是他发明的。他发明的可能是大马车加方舆可以坐人的车，而不是战国时代的那种战车。秦始皇的青铜温车有1000多个零部件，这样复杂结构的车，在夏禹时代的条件下还造不出来。到目前为止，并未发现奚仲所发明的车是什么样子。据此我推断：奚仲造的车，是有轮、有辐、有舆的大马车。

现在城市的喧嚣、富有，汽车尾气的令人窒息，远不如阴山下悬岩间那些粗犷的岩画，令人流连玄想：广茂大草原上，一辆大木轮车在小路上缓缓前行，蓝天上飞来了一只大脚印，那是天神的来临，路边有人群在连臂而舞，人群与牛、马、羊、驼、虎豹共处同乐，连野马也赶来表示驯服，要求分享和平宁静的生活。这实在令人思索：当日的大马车与今日的战舰，技术天差地别，但人们却留恋那大马车留下的那些和平、宁静的辙印。

十二、彭祖的传说

（一）彭祖的出身

《世本》说：

吴回氏生陆终。陆终娶于鬼方[1]氏之妹，谓之女嬇。生子六人，孕而不育。三年，剖其左胁，三人出焉。剖其右胁，三人出焉。其一曰樊，是为昆吾[2]，昆吾者卫是也；二曰惠连，是为参胡[3]，参胡者韩是也；三曰籛铿，是为彭祖[4]，彭祖者彭城是也；四曰求言[5]，是为郐人，郐人者郑是也；五曰安，是为曹姓，曹姓者邾是也；六曰季连[6]，是为芈姓。季连者，楚是也。①

注

宋忠原注：

[1] 鬼方：于汉，则先零戎是也。
[2] 昆吾：国名，己姓所出。
[3] 参胡：国名，斯姓，无后。
[4] 彭祖：姓籛（钱），名铿，在商为守藏史，在周为柱下史，彭姓，活八百岁。
[5] 求言：名也，姬姓所出；郐，国也。
[6] 季连：名也，芈姓，诸楚所出，楚之先。

《大戴礼记·帝系》《史记》有关记载均据《世本》。《史记·楚世家》有：高阳生称，称生卷章，卷章生重黎。重黎为帝喾高辛居火正，甚有功，能光融天下，帝喾命曰祝融。

（二）彭祖拜师学艺

《列仙全传》云："彭宗，字法先，彭城人，彭祖后人。年二十学于杜冲，尝

---

① ［汉］宋衷注，［清］秦嘉谟著，《世本八种》，中华书局，第4页。

从之采药，忽堕入深谷，手足伤损；逮至危困，良久苏息，肃恭如初。又使之采樵，彼蛇中，亦无愠色。冲悯之，乃授丹经五千文及守一之道。宗宝而修之，日臻幽妙。尝宵中有神灯数枚，浮空映席，又五色云霞，霏霏绕座间，能三昼夜为一息。或日卧水底，竟日方出。或瞑目僵卧，则一年不动，尘委其上，积厚如指，见者皆疑已殒，及起，颜色完鲜，能一气诵五千文，通为两遍。山中毒蛇、猛虎，能以气禁之，潜伏终不得动，宗解之方去。尝有猎者，遥想毁骂，且及门，欲相凌辱，宗用气禁之，其人手足不觉自拘，蠢然尸立，使出击之，傍人唯闻拄杖之声，莫测其所以，俟其悔过，乃释之。年一百五十余岁，常如二十年少。"又葛洪《神仙传》说彭祖的养生之道是做气功，"服气得道，则邪气不得入，治身之本要也"。因为"人受精养体，服气炼形，则万神自守其真，不然者，则荣卫枯悴，万神自逝，悲思所留者也"。彭祖的养生秘诀是："早起之后漱齿泃[1]，披发，游堂下迎露之清，受天之精，饮水一杯，所以益仇也。"

注

[1] 泃（jū），水名，这里指含水漱口。

（三）王师灭大彭

《竹书纪年》云：

帝启十五年"武观以西河叛。彭伯寿率师征西河，武观来归"。殷河亶甲"元年庚申，王即位，自嚣迁于相，三年彭伯克邳。五年，侁人入于班方。彭伯、韦伯伐班方，侁人来宾"。武丁四十三年"王师灭大彭"。

故事大意

彭祖的传说

传说彭祖是颛顼的后代，吴回的孙子。他是遗腹子，还没出生父亲就死了。母亲是鬼方国君主的妹妹，她18岁那年，嫁陆终。怀孕三年，难产开刀，从左胁下取出三个儿子，又从右胁下取出三个儿子。彭祖是老三。生了这么多儿子怎么抚养呀？没办法，只好靠兄弟姐妹帮忙了。结果兄弟姐妹一人抚养一个，老三彭祖由祖父吴回亲自抚养。好在这六兄弟都很有出息，他们的后代都各自立国了，都成了开国之祖。昆吾为卫国之祖，参胡为韩国之祖，邻人为郑国之祖，曹为邾国之祖，季连为楚国之祖，篯铿为彭国之祖。

彭祖自小聪明，肯动脑筋，喜欢逆向思维，被一般人认为是怪才。比如一般人喜欢用右手拿筷子，他偏爱用左手，一般人喜欢睡懒觉，他却喜欢早起。他喜欢经常问一些怪问题，使祖父十分为难。比如祖父说多走路对人身体有好处，他便问为什么坐就对人身体没好处呢？所以祖父一心一意希望他能利用自己的聪明才智学一点对人民有益的真本事，少搞一点图虚名、贪利禄的事。并要求他从小立下志向，终身以学为本，拜能者为师，长大了才能成就一番事业。遵循祖父的教导，彭祖拜了三个名师，一个是伊寿，一个是白石，一个是杜冲。不论谁只要有一技之长就学，也不论在什么环境和什么年岁，只要有东西可学，就要千方百计地学本事。

六七岁的时候，祖父的朋友伊寿来他家玩，发现篯铿很聪明好学，想收他为徒，经祖父同意，伊寿就把篯铿带回王屋山学艺。在那里师傅天天教他读书识字，讲解天文医学保健常识，师傅教动功，他演绎出静功之法，与师傅一起共创了动静结合，静中有动的功法。12岁那年，遇犬戎之乱，被掳入西域，在沙漠中经受磨难，奴役、疾病的痛苦也使他的身体变得瘦弱多病。在这样的困苦中，他拜访了许多民间长老，尝尽了百草，验试了偏方，使自己的身体得到了调养，逐渐康复。更为可喜的是他找到一位隐藏于民间不愿上天当神仙的老人——白石先生。彭祖在白石山白石洞找到了他，知道他不为仙不为神，不为名不为利，一心只为强身健体，摸索一些经验以惠及大众。这使彭祖十分感动。因此拜他为师，奔走于门下。白石先生春天吃的云英，夏天吃的云珠，秋天吃的云液，冬天吃的云母。彭祖跟着他不仅学到了熬炼云母药丸的一套本领，学到了白石的养生箴言：童心、蚁食、龟欲、猴行八个大字。即人想长寿一要保持童心，不要自寻烦恼；二要蚁食，即少食，不宜过饱，毛病都是吃出来的；三要龟欲，不要逞强，总想找人斗，要躲着走，房事要有节制；四要猴行，每天要多运动，以功养生。但什么东西都不能过，过则伤。养生之道，在于一个"度"字，根据每个人不同的条件而定。比如忧愁悲哀过度、寒热失节、喜乐过度、怒愤过度、阴阳不调等，没有一样不伤人的。所以彭祖体会到"致寿之法无它，第莫伤身而已"，一切伤身短寿都是自己找的。

《列仙全传》说彭祖年二十学于杜冲。杜冲是怎样一个人，我们不很清楚，相信他也是一个很有本事的人。据说他授丹经五千文与守一之道，即意守丹田的功法。彭祖跟他学了之后，能三昼夜为一息，能日卧水底，竟日方出，或瞑目僵卧，一年不动，有野兽或猎人袭其门，他能用气功使其尸立不动，即传说中的"点穴位"。

由于彭祖世世代代专一于养生之法的学习研究，从而形成了一套彭祖养生之法，并通过葛洪、陶弘景等道家人士传授下来，成为今日中华的独特的养生之法。其内容包括摄养术、引导术、服气术、房中术、烹调术。

彭祖是中华气功之祖。他的养生法记于《彭祖摄生养性论》《彭祖引导法》《彭祖引导图》及葛洪、陶弘景的著作中。大略是：

天黑之后，先睡上一觉。夜半三更起来，面向东南方盘腿而坐，先叩齿36次，再上下交合，上下唇闭合，意念开始由动入静，再闭目，内视五脏，可见肺白、脾黄、心赤、肾黑、肝青，进而行气，将气送入丹田。丹田有三，脑门为上丹田，胸为中丹田，下腹为下丹田。气满以后，出气，使气均匀，以舌尖顶唇齿，使津液增多，然后嗽炼使满。生精津，含而不咽，内视，纳气下丹田，再调息嗽津，反复二次再低头咽下，再叩齿，咽津。做这套功夫的时候，要求调整好身体的姿势，调整好呼吸，调整好意念。要自然均匀，柔和。半夜起来手摸两脚心脐下腰间，按摩眼、面、耳、颈、背，令其极热，完了后再按摩鼻梁，五六下，梳头百余次。这一切做好了再入睡。早上起来之后先散发、小便、洗澡、嗽齿，到外面散步，回来后喝一杯白开水。这一系列程序完了后再进食，开始一天的工作[1]。

这些方法，有彭祖的经验，也有后人的经验，我们从茅山历代著名道士和现代练功名家那里均可以见到类似的程序与方法。由于这样，所以彭祖被尊为中华气功，中华养生之法的始祖。

彭祖还是我国烹调技术和饮食疗法的始祖。据记载，他常食桂芝（灵芝）、鹿角，会烧制许多名菜，并有菜谱流行于世。诸如《羊方藏鱼》《麋鹿鸡》《雉羹》《云母汤》《益寿鸡》《彭祖营卫宴》（据说有60多道菜肴）。传说他年轻时被帝尧召进宫去为调制饮食，他为尧做了一道雉羹，即野鸡汤，尧吃了不知是什么汤这么鲜美，大加称赞为"天下第一羹"。这一点屈原的《天问》里也提到。历代帝王也都仰慕彭祖的"天下第一羹"。其实，从材料上并没有什么特别，无非是将野鸡熬成汤，去骨汤再和小米一起熬，然后再放香菇爆腌肉、菜心佐料在砂锅里做成汤，奥妙之处在于火候与配置。尧不知怎么回事，经彭祖这一解释，尧哈哈大笑，一高兴便给彭祖一个史官的名号，以便他在宫中侍候自己，并给了他一块封地，名彭国，又称大彭国。

彭祖自己说他流离西域百有余年，加以少枯，丧四十九妻，失五十四子。由于子孙众多，都汇集于大彭。包括钱、钱、彭、韦、秃、暨、既、名、彭祖、豕韦、诸暨、苏、顾、温、董、邬、邻、路、曹、邹、斟等支系，其中彭、钱是主要的二支氏族。他们汇聚在一起，形成了一股强大的力量，不仅发展生产，改善生活，使人民富足，而且都懂得保健，并建立了强大的军队。自从尧对彭祖以知识广博被命为史官以来，舜、禹时彭祖也同样沿袭这一官职。虽然封官，由于多是出于守藏医药典籍和担当医药保健顾问。彭祖担任此官职对社会影响并不很大。

但到了夏启时代就不同了。彭祖氏族成了朝中有实权的侯伯官吏。据史书记载帝启十五年的时候，武观氏族以西河叛，夏启便命彭伯寿帅师征西河，迫使武观归降朝廷。外壬王三年时，王即位，住在嚣那地方，邳人与姺人乘机叛乱，直到河亶甲当政的第三年，才命彭伯出征，结果邳人被彭伯征服，到第五年姺人人于班方，王命彭伯韦伯领兵征服班方，姺人也被征服来朝。到祖乙时，彭伯、韦伯也同样是朝廷命官。久而久之，大彭国就成了朝廷依赖的保姆，每有需要征服的事，朝廷就去找它。这样既有钱又省力。这一传统一直延续到商朝。

商王朝，开始几个帝王还可以，以后许多帝王和夏王朝后期的帝王一样，十分腐败无能，终日不思进取。一方面追求权力地位富贵荣华安逸享乐，一方面又希望自己长生不老。彭祖像他老师一样从来也不承认自己是神仙，只承认自己习炼养生之术是为了延年益寿。可那些王侯一天到晚揪住彭祖，要彭祖帮他们益寿延年、长生不老，并不断封官许愿，彭祖只好应付。

但到高宗武丁时不同了。高宗请傅说管理一切。面对诸侯林立，万邦各自为政的局面，国家财力不行，军队无力统一。怎么办？于是傅说为武丁贡献了一个巨大阴谋，那就是沿袭夏朝的办法，让大彭国代表朝廷出面，征服一个又一个的小国。让他们来朝进贡，变他瘦为我肥。等到那些不听话的小国都消灭了，自己的国力也强大了，再来对付大彭国。这一血腥计划，大彭国早就闻到了气息，急命子孙紧急逃散各地，自立谋生，避而不出。果不其然，到武丁四十三年，朝廷突然命令国家军队进攻大彭国，一举将大彭国消灭了。彭祖为躲兵灾，才率一部分子孙躲进四川彭县的深山里。

那儿的山虽然算不上高，算不上大，但飘逸秀丽，林木苍翠，溪流宛转，风景宜人。在那儿，彭祖一门心思收弟子，教练养生之法，开辟采气场，建立养生殿、太极亭，那平如镜明如月的仙女湖，虽不是神仙住地，却也是一个理想的建立功业的场所。在这里彭祖培养出了许多功勋卓著的弟子。如青鸟公、黑穴公、秀眉公、白兔子公、离篓公、太足公、高丘子、不肯来、黄山君等人，其中青鸟公是发明看风水的毕祖。有的人移居巫山，又长于医药保健，被昵称为巫彭，即十大医巫之一。这一点《山海经·大荒西经》里也有记录："有灵山，巫咸、巫即、巫盼、巫彭、巫姑、巫真、巫礼、巫抵、巫谢、巫罗十巫，从此升降，百药爰在。"也就是说巫彭成了十大神医之一。

由于弟子众多，声名远播，彭祖比以前的影响更大了。到了祖甲为王的时候，他实在熬不住了。祖甲是武丁的孙子，活了73岁，还想长生不老，当万岁爷。所以他派了大官一次又一次找彭祖出山，彭祖就是不肯。他恢复了彭祖大夫之职，又加封大贤大夫，还送黄金五千两，请彭祖入朝为官，传授养生之道，并答应他想要什么官都可以。可彭祖就是不为所动。钱物照收，分给穷人，传养生之道，没门，只应付几句了事，诸如"致寿之法无它，第莫伤身而已"。祖甲觉得很对，但却做不到。彭祖就是不肯进朝作官，直到纣王为止，商王请彭祖出山从未间断过，但都一一落空了。彭祖氏族的寿命越来越大，影响也越来越大。彭祖氏不仅唐尧虞舜夏商周历朝历代有，而且四面八方到处都有彭祖。上下几千年，到处有彭祖。徐州彭城有彭祖，四川彭县有彭祖，河南鄢陵有彭祖，浙江临安孝丰也有彭祖。数千年间，凡延年益寿事，莫不找彭祖。他的后代与人民因他的功德圆满而到处建庙祭祀，尊奉他为南天老寿星。①

故事解说

彭祖是实有其人的历史人物

在人们的印象中，彭祖是神。其实，彭祖不是神，他是上古贤人，智者，中华文化创造的杰出代表。他是一个现实的历史人物，不是神，不是仙。传说他妈妈一胎生了6个儿子，彭祖为老三。彭祖，本名姓篯。传说他发明了医术、气功、烹饪、养生。在帝尧时代，为尧烹饪，他创造了烹饪八法，是中华饮食文化的始祖。他烹饪的食品深得尧的喜爱，被命为史官，封国于大彭，成为大彭国的始祖，人称彭祖。他的后人继承他的事业，也称为彭祖。

大彭国故址在徐州大彭山下。那里至今还保存有历代纪念彭祖的彭祖宅、彭祖祠、彭祖井、彭祖庙、彭祖像、彭祖园、彭祖冢、彭祖楼、彭祖灶和彭祖留下的烹饪八法。彭城因此而成为中华烹饪文化的发祥地。

彭祖的后代到夏朝和殷商初期，因国力强盛而受到王朝的重用，世代封伯封侯。也因为彭国的实力强大使得统治王朝十分恐惧。到殷高宗时采用传说的韬晦之计，想先借用彭国之力消灭了诸多小国，保存自己王朝的实力，达到目的后一举消灭大彭国。

但这一计策早被彭氏家族识破，他们在大彭国被消灭之前就播迁全国，四散各地，其中最主要的是四川彭县和浙江临安。有记载说彭祖氏活了800多岁，娶了49个妻子，生了54个孩子，留下了许多姓氏。如篯、钱、彭、韦、诸暨、暨、秃、名、彭祖、顾、温、董、邬、邻、路、曹、邹、尉等，其中彭姓、钱姓是主支，对我国贡献极大。

---

① 周濯街著，《彭祖》，团结出版社。

《水经注·江水》《华阳国志》在提到彭县时，都说"这里有彭冢"。这里的彭冢和彭城的彭冢，虽都是彭祖的，但并不矛盾。因为那是不同时代的彭祖之冢，并非都是籛铿之冢，而是他的子孙们之冢。春秋时的越国、钱国都是其后代。

　　在这里，我们看到的主要问题是：

　　第一，彭祖不是一个人，彭祖是钱姓氏族及其后代的共称。这个氏族是一个极富创造精神的氏族。其中有许多封伯封侯的人物，如彭伯寿、彭伯、彭宗。整个氏族都称彭祖。称彭祖为一人、为仙人、为神人，都是神话与传说。上述《神仙传》的种种仙迹，为子虚乌有。

　　第二，关于彭祖的长寿问题。彭祖氏族存在的时间从始祖籛铿到武丁四十三年，前后不到800年。故有人称彭祖700岁，有人讲彭祖800岁。彭祖究竟活了多少岁呢？史书中少有具体的记载。上海《新民晚报》2007年10月30日B10版曾刊登赵胜的一篇短文，题目是《彭祖仙山领仙气》。文中说"彭祖生卒于公元前1348年正月12日至公元前1210年9月9日，俗称'888'岁"。这只是指殷中期的一个彭祖说的，并不包括尧舜禹夏和殷末西周时的彭祖。彭祖氏族从高辛到西周末至少也有2000多年了，不止800岁。道教人士为宣传自己的宗教哲学，不仅将彭祖世代混为一人，而且将彭姓氏族的存活时间作为个人的寿命时间，从而将历史人物的彭祖仙道化，使他成为具有无限神力的仙人。

　　第三，彭祖氏族有许多杰出的创造和巨大的贡献。这些创造与贡献极大地丰富了中华文明的宝库。如发明烹饪，创造了中华饮食文化；发明气功，创造了中华养生文化；发明炼丹，创造了冶炼技术。正如周濯街先生所说"彭祖是气功第一人，导引第一人，食疗第一人，长寿第一人，也是房术的开创者"。[①] 彭祖和他的先辈师长，都不承认自己是神是仙，只承认自己是平凡的人。所以这些饮食文化、养生文化和冶炼文化，时至今日仍在大放光彩，不仅影响到子孙后代，而且也影响了世界文化的发展与进步。

　　综上所述，"彭祖自尧时举用，历夏、殷封于彭"（《史记·五帝本纪》），彭祖的独特贡献是"扁善之度，以治气养生，则身后彭祖"（《庄子·天道》）；庄子在《逍遥游》中也说"彭祖乃今以久特闻"；孔子说他"述而不作，信而好古，窃比于我老彭"一心向老彭学习。他特别钦佩老彭不语"怪、力、乱、神"，讲的都是人的养生之道。由上述可见，彭祖是真实的、具有科学发明与创作精神的历史人物。

---

① 周濯街著，《彭祖》，团结出版社，第4页。

十三、巫咸占星的传说

　　巫是上古时上层社会中有知识、有文化的人。他们是立杆测影的记录者，被称为柱下史；升降于神山采药为人治病，被称为神医；又是祭礼的主持人，会唱歌，会跳舞，会说祖先的功绩与氏族的来历的故事，被尊为"史巫"；巫还会观星、占星、筮数、制历，预卜吉、凶、祸、福，具有通天摄政的本领；有的是重臣；有的是王者。可以说他们是集上古文化于一身的中华传统文化的传承人。所以连孔子也想占点巫光，说："赞（佐）而不达于数，则其为之巫，数而不达于德，则其为之史，……吾与史巫同途而殊归者也。"

　　我们的祖先中为巫者不少。按《左传》《史记》的大一统说法，黄帝的老子少典是柱下史，炎帝神农（柱）是巫，颛顼是巫，蚩尤是巫，大禹也是巫。殷商时期的重臣，从伊尹、伊陟、巫咸、巫贤到武丁的老师甘盘、王妃妇好都是巫。据《春秋纬元命苞》说那个叫傅说的神秘人物也是巫。巫与史合一、巫与政合一、巫与神合一，是中国割不断的文化传统。由于社会生产力的发展，从武丁开始才实行巫政分离，天文、历法、数学、医学、礼仪亦相继从巫中分离出来，形成各自相对独立的系统，这就使巫从庞杂的内容变成单一的为巫术与神汉了。

（一）十巫

　　《山海经·大荒西经》里说："大荒之中有山，名曰丰沮玉门，日月所入。有灵山，巫咸、巫即、巫盼、巫彭、巫姑、巫真、巫礼、巫抵、巫谢、巫罗十巫，从此升降，百药爰在。"《世本》作有"巫彭作医""巫咸作筮"，宋衷注云"巫咸尧臣也，以鸿术为帝尧之医"。

　　《山海经·海外西经》说："巫咸国在女丑北，右手操青蛇，左手操赤蛇。在登葆山，群巫所从上下也。"在登葆山上下，指上天下地，表明巫咸是神人。

（二）巫咸答天运

　　《庄子·天运》云："天其运乎！地其处乎！日月其争于所乎！孰主张是？孰

维纲是？孰居无事推而行是？意者其有机缄而不得已耶？意者其运转而不能自止耶？云者为雨乎？雨者为云乎？"……故巫咸袑（shào）曰："来！吾语汝：天有六极五常，帝王顺之则治，逆之则凶。九洛之事，治成德备，监照下土，天下载之。此谓上皇。"这一段话是问答有关天地运动和治世规律的。大意是说有人问巫咸：天地都是在各自运动的么？日月之间相争么？谁是谁非？它们的运动有没有止息？云雨的形成为何？巫咸招手说：来，我告诉你，天地是按六极五常的规律运行的，所以帝王治国必须遵行天道，顺之则治，逆之则凶。洛书九畴这类历法大事，是王者顺从天地自然，治成德备的结果，也是皇天眷顾下民，普载天下万物的一种监照。

（三）巫咸乂王家

《尚书·君奭》[1]："公曰：君奭！我闻在昔，成汤受命时，则有若伊尹，格于皇天。在太甲时，有若保衡。在太戊时，则有若伊陟、臣扈，格于上帝。巫咸乂王家。在祖乙时，则有若巫贤。在武丁时，则有若甘盘。"

伊尹、保衡、伊陟、臣扈、巫咸、巫贤、甘盘均为殷商前期至中期的贤臣，名巫。格于上帝、格于皇天，意思相同，都是指他们能仰格于天心，感通于上帝，根据上天的旨意办事。

注

[1] 君奭：奭（shì），人名。周成王即位初周公旦写给其弟姬召一封信。其背景是：周公、召公、蔡叔、管叔、霍叔都是周武王的兄弟。他们一同伐殷。胜利后不久武王去世，由他的儿子周成王即位，召公为太保，周公为太师。由于成王年幼无力行政，就由周公摄政。纣王子武庚不老实，散布谣言说周公有篡位之心，勾结管、蔡、霍企图谋反，使局势不稳。在这种情况下，周公写信给召公进行解释，劝其勿听谣言，然后发动东征，杀了武庚和管叔，囚禁了蔡叔，把霍叔降为平民，封蔡叔之子蔡仲于蔡，这才稳定了大局。

故事大意

巫 咸

巫咸是一个十分古老的以巫为业的氏族。《山海经》里说它是十大神巫之一。早在黄帝时代就有巫咸了。《归藏易》说黄帝将占筮于巫咸。《庄子》逸篇说黔首多疾，黄帝立巫咸以通九窍。《路史》说神农时巫咸主筮，《世本》说巫咸在尧舜时为尧看过病。可见巫咸是一个古老的很有作为的氏族。他们先后发明了占筮，作咸乂，又作医，作铜鼓。《隋志》还记载有巫咸《五星占》一卷。说他善星历。殷商时巫咸是朝廷重臣，有过重大贡献。据记载巫咸是殷中前期大戊的佐臣，他的儿子巫贤是祖乙的佐臣。即所谓"巫咸佐帝太乙，巫贤佐帝祖乙"。

　　传说中的巫咸有许多重大的发明创造，如筮、鼓、医、鸿术、占星等，其中成就最大的是占星。谢世俊先生在《中国古代气象史稿》（重庆出版社），殷商部分的附传中说"巫咸占星的成就，大约都汇集在《巫咸星经》中。这部著作中，记有33个星座144颗星。没有用度数，但是描绘了星星的位置，所以仍然可以称为星表。"《庄子天运篇》《箕子尚书·洪范篇》和甲骨文的相关记载，均印证巫咸占星不虚，发现星座不假。

　　巫咸是大巫，发明以蓍草运算月亮运行规律，以筮数计岁时，据天象占卜吉凶，是很自然的，不应有所怀疑。它表明巫咸确实是数学家、星象家和礼仪文化的传承者。至于鼓、医的发明能否归于巫咸，没有证据不敢妄言。

故事解说

巫咸是了不起的发明家

　　巫咸是中华传统文化的创造者和传承者。据记载有几样东西是他发明的。其一是筮。《世本》说"巫咸作筮"。筮（shì），指用蓍草进行筮算占卜。《礼记·曲礼》说："筮者圣王之所以信时日，敬鬼神，畏法令也。"这句话至少包含了这样几层意思：一信时日；二敬鬼神；三畏历法。在历史上，无论是朱熹的《周易本义》，还是尚秉和的《周易古筮考》、李镜池的《周易筮辞考》，都着重于筮仪筮法筮辞的解释和对八卦变易演绎的卦象的解释，完全把筮作为一种巫术来对人生吉凶祸福进行预卜，忽视了"畏历法"的一面，即信时日的一面，显然有违筮的本质特点。

　　筮是对月亮历，即河图历的运算。《周易·系辞》中有一段话很有名"大衍之数五十，其用四十有九。分而为二以象两，挂一以象三，揲（dié）之以四象四时，归奇于扐（lè）以象闰，五岁再闰，故再扐而后挂。"一年中的四时、闰月、五岁再闰，指的都是根据天地之数演绎而来的历法。而不是单纯的筮法。那么"天一，地二，天三，地四，天五，地六，天七，地八，天九，地十，天数五，地数五，五位相得而各有合，天数二十有五，地数三十，凡天地之数五十有五""乾之策二百一十有六，坤之策百四十有四，凡三百有六十，当期之日。二篇之策，万有一千五百二十，当万物之数也"。这里的除过年以外的天数（当期之日），360天，指的也是历法。虽然我们知道这些，但并不明白文中说的"大演之数五十，用其四十有九"是什么意思。田合禄先生清楚地给我们解释这一问题。

田合禄、田峰先生著有《周易与日月崇拜》《试译千古河图——周易真原》并附有田合禄先生的《千古筮法、河图、洛书及八卦之解释》等多篇论文。他指明八卦、六十四卦、河图、洛书均是古历法，认为"大演之数"指的是使用的算筹，总共50根，只使用49根，再把49根一分为二，象征天地两仪，抽出一根夹在左手指缝里，象征天地人三极，然后以四为单位进行计数，象征一年四季，把剩下的数夹在左手另外的指缝里，象征闰月，五年闰两次。乾卦216策，坤卦144策，总共360策。周易上下两篇，64卦，共11520策，相当于万物之数。对此大演之数，田先生的研究结果是："大演之数讲的是月亮的运行规律，即月亮周年的运行之数。我们看见的月亮，每一个朔望月，有晦朔月、上弦月、望月、下弦月4个不同的月象，即4个特征点。一个回归年有12.368个朔望月，约49.47个特征点，整数为50，此即大演之数。实数49，故为49挂1。12个朔望月的实际天数为354.36天，与太阳回归年的太阳历的一年360.25天，少了10.89天。所以必须5年再闰。"这也是河图之数形成的基本原理。

田先生的解释通俗、清楚、明确，令人信服。如果我们确认筮是运算月亮运行规律的，那么发明筮法的巫咸便是一个古数学家无疑了。

其二是著星经。巫咸的星经已失传，内容是什么不清楚。巫咸是占星家。占星是指对日、月、五星和太白、荧惑、填星、辰星、岁星的聚合、离散、犯守、相陵、侵蚀等现象的观察，判断它们对人间的影响，以向王朝报告观察结果。诸如日蚀修德，月蚀修刑，荧惑内乱，太白主兵，辰主杀伐之气，填居为吉，岁星所在，国不可伐之类，以及日晕太阳月晕雨，箕风毕雨，风从南大旱，从西南小旱，从东方大水之类，或报告星象灾祸，如流星陨石之类。在3500年前巫咸与巫贤就进行大量的星座和星星位置的系统描述，补充完善了28宿的星历系统，是巫咸的又一重大贡献。但占星预卜吉凶也给后人留下了一些消极影响。

其三是巫咸制礼仪。由巫到礼是一个理性化的发展过程。巫仪有严格的程序和规范制度。《中庸》说："礼仪三百，威仪三千。"礼仪由宗教仪式泛化为社会礼仪。由天地祖先的祭仪，延伸到社会交往和一个人一生的各个成长环节。最后发展到以礼治天下。巫咸是礼仪文化的重要保存者和创造者。在巫文化中，数学、天文学、音乐、舞蹈及礼仪等均属神学范围，是中国的传统文化的一部分。自殷以后，礼仪注进了仁德内容，形成了独立的礼仪文化传统。在这一方面巫咸也是有重大贡献的。

综合上述，可见巫咸不仅是筮数、占星术的发明者，而且是中国传统礼仪文化的继承和传播者。

十四、奇肱人善为机巧

奇肱是古氏族。善机巧，指他们善于制造各种机巧代替体力劳动与手工制作。这里记载的是一例。

《山海经·海外西经》："奇肱之国在其北[1]。其人一臂三目，有阴有阳，乘文马。[2]"其人虽只一臂，却"善为机巧[3]以取百禽，能作飞车，从风远行。汤时得之于豫州界中。即坏之不以示人，后十年西风至，复作遣之。"

注

[1] 在其北：指三身国的北面。
[2] 有阴有阳，乘文马：阴阳指男人女人。文马，吉良马，好马。良马。
[3] 机巧：利用力学原理做的杠杆或机械装置。

在三身国北面生活着奇肱人。奇肱人是游牧民族，他们在草原上过着游牧生活。那里的人像今日的藏族牧民一样，一年四季一个胳臂露在外面，还带着一个用于望远的空竹筒，像三只眼一样。他们不分男女，都骑着吉良马放牧。他们十分聪明，会制作各种机巧捉飞禽走兽烧烤了吃，还能造一种会飞的木车在天上飞行，像当今的无人机一样。有一次商汤在河南商地就捡到过一个飞车，因不识是什么东西，以为对人不好就把它弄坏了，藏了起来。过了10年后，认为它对人没有什么坏处，就找木匠把它修好复原，让它飞走了。

故事大意

根据这段话的意思，倪泰一、钱发平编译《山海经》，演绎出大禹骑龙遇飞车的故事：

大禹等依他的话，走到一间旧屋前，果见一老者坐在里面，他看见大禹等走到，先站起来问道："诸位是中华人么？难得至此，请进来坐坐。"大禹等入内施礼。那老者道："老夫病废，不能还礼，请见谅，请见谅。"大禹等坐下之后，就问那老者道："老先生曾经到过中华么？何以知道某等是中华人？"那老者道："老夫久仰中华是个文化礼仪之邦，但是无福，却不曾到过。"前几年，在别国里遇着中华人不少，现在看见诸位服式相同，所以知道是中华人。不知诸位至此是做何种买卖，还是为游历而来？大禹道："都不是，都不是。"将因看见飞车，特地探访的来意作了说明。那老者听了诧异道："敝国飞车每个时辰走400里，诸位乘的是什么船？竟能追踪而至，亦可谓极快了。"大禹道："某等坐的不是船，是龙，所以能追得上。"那老者听了，益发诧异道："龙可以骑么？究竟是中华天朝，有这种能力，敝国飞车算得什么呢！"大禹道："敝国骑龙不过偶尔之事，并非人人能骑。贵国飞车乃人人所用，且系人力所造，所以某等极愿研究。"那老者道："既然如此，待老夫指引诸位去参观吧。"说着，站起身来，在外先行，大禹等跟在后面。

走约一里之遥，只见一片广场之中停着飞车不少，这时正有二人向车中坐进去，忽然用手指一扳，只听得机声轧轧，车身已渐渐上升，升到约七八丈之高，改作平行，直向前方而行，非常之稳。①

故事解说

大禹时代就有人想造飞机

这是倪、钱二先生根据郭璞注解演绎的故事。那飞行器一个时辰可飞行400里，比火车还快，夸张了一点。制造飞行器一事，在史书中未见记载。从当时的历史条件看，这只能是一种美好的愿望和大胆的想象，在实际生活中是不太可能存在的。到目前为止，我们在世界历史中，也未见到有上古人用木头造飞行器一类的飞行记载。虽然如此，产生飞行器的想法也是十分可贵的。

最早上古人如伏羲等上天是从树上爬上去的，后来靠一种想象中的工具——龙，进了一步。在原始神话中，上天庭的人的主要交通工具都是龙。黄帝乘龙升天，句龙、祝融、蓐收、玄冥、夏禹、夏启等等往来天地靠的都是想象中的龙。龙成了人间联系天庭的桥梁和纽带。这只是一种不可能实现的愿望。飞车虽然也是古人的理想，但它比龙之类更现实。它由会制作捕鸟一类器具的工匠制造，进而联想到制造飞行器，具有可操作性与现实可能性。所以，它比已完全虚空的龙为飞行工具晚了一步，是较为科学的理想。尽管无法成为现实，但它却比现代人制造飞机一类飞行器的想法早了数千年。飞机是现代人的主要交通运输工具。通过飞机将地球上不同的大陆的人连成了一体，打破了山川大海和不同语言、文化、传统的阻隔，使世界各国人民可以相互往来、相互交流。这种木制飞行器的产生，无论它是虚、是实，都表明其时人已产生一种此地与彼地之间联系交往的需求。这种愿望和设想便是现代人制造飞机、火车、汽车的想法的依据。

---

① 倪秦一、钱发平编译，《山海经》，重庆出版社，第151—154页。

十五、颛顼羽人国里驾铁轮的传说

颛顼巡访羽人国

"溟海[1]之北,有勃鞮之国。人皆衣羽毛,无翼而飞,日中无影,寿千岁。食以黑河水藻,饮以阴山桂脂。凭风而翔,乘波而至。中国气暄[2],羽毛之衣,稍稍自落。帝乃更以文豹为饰,献黑玉之环,色如淳漆,贡玄驹千匹。帝以驾铁轮,骋劳[3]殊乡绝域。其人依风泛黑河以旋其国也。"①

注

[1] 溟海:水黑色,实际上是深蓝色,看似黑色。溟海,即天池。
[2] 气暄:暄,暖和。暄气,阳气,暑气。
[3] 骋劳:指到殊乡绝域去巡行慰问。

故事大意

天池是古人对大海的称呼。海里的水碧蓝碧蓝的,看上去像黑水一样。海面上的鸟儿在自由地飞翔。海的北边有一个国家叫勃鞮国。因那里的人会飞,人们又叫它羽人国。由于羽人国地处偏僻,那里的人很少与外界往来。有事外出都穿着羽衣羽服,没长翅膀就会在天空中像海鸟一样飞翔,想飞到哪里就飞到哪里。那地方,太阳到中午还照不出影子来,比较寒冷。人的寿命都很长,能活到1000多岁。他们的饮食习惯也与内地不同,吃的都是一些黑水河里的水藻,喝的都是阴山上的桂脂。凭风而翔,乘波而至,来去十分自由。不像我们中国,天气比较暖和,穿不得羽毛衣。

颛顼帝决定到那里去巡行,看看那里的风土人情,并巡行慰问那里的人民。说话之间,有两个羽人从天上飞了下来,把颛顼等人接走了。颛顼的打扮很简单,只穿一身衣服,加上一点豹纹装饰。他带上珍贵的礼物。礼物有两样,一样

---

① [晋]王嘉著,《拾遗记》卷一,齐治平校注,中华书局,第17页。

是黑玉环,那玉环色如黑漆,又黑又亮;另一样是送给国王的一匹黑马。颛顼不会飞,羽人只好领着他,让他坐着铁轮车,带着这两样东西浩浩荡荡地到勃鞮国慰问。那里的人听到这消息都纷纷从天上飞回去,或从水上飞回去,报告他们国家的人民,热烈欢迎中国客人颛顼的到来。

故事解说

最早想乘铁轮奔跑的人

《山海经》有羽人国,"其为人,长头,身生羽",东南方有羽民,南方讙头国人也有羽,东夷句芒也是鸟身人面。人想飞,神也想飞,人神都想飞。只是想而已,不是真的无翅会飞。所以勃鞮国人会飞的传说,只是一种令人愉悦的谈资罢了。到目前为止,从古到今,从中到外,也没有见过一例会飞的人。这个故事是一个完全虚构的故事,但我们不难从中受到启发。

其一,想飞是古人的一种梦想。古人想飞天,有多种方式。一是乘二龙,驾云雾往来于天地之间;一是用木制作成飞车,像飞机一样,在天空飞行;一是穿上羽毛衣飞天;一是以高山大树为梯,爬到顶就上天了;一是吃药飞天……诸如此类,不一而足。想归想,真正把"想"变成现实,是当今人乘的飞机、火箭、飞艇、飞船等。也就是说,当今的现实是古人的梦想。制造飞行器的是现代人。滋生这种飞行想法并非始于现代,在几千年前就产生了。

其二,颛顼乘铁轮飞跑。这种会跑的车子,像今天的火车一样,有"铁轮",在距今4500年之前是不可能的。这种梦想的实现也同样只有在今天,才能变成现实。这其中最令我们思索的是"铁轮"两字。有人说中国人炼铁,在公元前500年,最近考古发掘出虢国国君的玉柄铁剑,证明在公元前800—前700年就会铸铁剑了。考古发掘出至今4300年前齐家文化的大量青铜制品。这与颛顼铁轮与距今4500年左右时间差不多。如果颛顼"铁轮"被证实,不仅将我国炼铁技术提前了2000多年,而且也为当今的铁轮——火车、汽车的出现提早到4000年之前,就产生了希望和想象的空间。这一点是极为珍贵的思想文化成果。产生梦想是人类的天性,追求梦想、实现梦想是人类的本能。有梦想,才有动力。实现梦想,要有历史条件。火车、汽车、轮船、飞机,古人可以随意想象,但在那个时代,只能是想象,是神话,不可能实现。只有历史发展到现代社会才能实现。

十六、偃师造机器人的传说

《列子·汤问》

周穆王西巡狩，越昆仑，不至弇山[1]。反还，未及中国，道有献工人名偃师[2]，穆王荐之[3]，问曰："若[4]有何能？"偃师曰："臣唯命所试。然臣已有所造，愿王先观之。"穆王曰："若与偕[5]来者何人耶？"对曰："臣之所造能倡者[6]。"穆王惊视之，趋步俯仰，信人[7]也。巧夫，鎮其颐[8]，则歌合律；捧其手，则舞应节。千变万化，惟意所适。王以为实人也，与盛姬内御[9]并观之。技将终，倡者瞬其目而招王之左右侍妾。王大怒，立欲诛偃师。偃师大慑，立剖散倡者以示王，皆傅会[10]革、木、胶、漆、白、黑、丹、青之所为。王谛料之[11]，内则肝、胆、心、肺、脾、肾、肠、胃，外则筋骨、支节、皮毛、齿发，皆假物也，而无不毕具者。合会复如初见。王试废其心，则口不能言；废其肝，则目不能视；废其肾，则足不能步。穆王始悦而叹曰："人之巧乃可与造化者同功乎？"诏贰车[12]载之以归。

注

[1] 弇山：崦山或弇兹山。日入之山。在今甘肃天水西。

[2] 偃（yǎn）师：传说中人物，工匠。

[3] 荐：同见章。荐之，接见他（偃师）。

[4] 若：侬，你。

[5] 偕：偕同。

[6] 倡者：会歌舞的倡优之人。

[7] 信人：真实可信的真人。

[8] 鎮其颐：鎮（qīn），摇动；锁其颐，摇一下他的面孔，他就唱起歌来了。

[9] 盛姬内御：周穆王的妻子、内臣。

[10] 傅会：附会。

[11] 王谛料之：王亲自察看。

[12]诏贰车：诏，命令。贰车，他的随从车子。

故事大意

周穆王到西部去巡视，先到昆仑山，又到弇兹山，准备回国了。在中途，有一个能工巧匠前来献技，周穆王接见了他，问他："你有什么本事呀？"那匠人说："我是木匠，什么都会做，已做了一些东西，愿献给大王你。"周穆王说："好呀，去拿来看看。"第二天，那人来见周穆王，周穆王问："跟着你来的人是谁呀？"那人说："是我造的倡人呀。"周穆王一惊，看了又看，那人走步、俯仰、弯腰和真人一样，摸一下他的脸，他就唱歌，动一动他的手指头，他就跳起舞来，唱的歌合乎音律，跳的舞和着节拍，千变万化，随意自如。周穆王高兴极了，叫妃子、大臣们也来看一看。机器人献完了技，走到王妃面前向王妃暗送秋波，这一下可把周穆王气坏了，他勃然大怒："你，你，你竟敢当着本王的面勾引王妃，来人呀，拉出去斩了！"那匠人闻言吓坏了，赶紧解释说："大王呀，那不是真人，是个机器人呀。"边说边把那人给拆了，打开肚皮给周穆王看，周穆王一看，见尽是一些草、木、胶、漆、黑、白、丹、青之类的东西塞满了那人的肚皮。穆王暗自笑自己错把假人当真人了，命匠人（偃师）再把那假人还原，对偃师说："对不起呀，我刚才把他当成了真人了。好了，这东西送给我了，谢谢你呀！"说罢命人将那假人装进随从车回宫去了。

故事解说

世界最早的机器人

周穆王是公元前976—前922年的西周王者，距今已2900多年了，这个故事未必实有其事，但在那时就产生了造机器人的想法，却是可贵的。

偃师即巧倕，是能工巧匠。巧倕在尧舜时期就闻名了。《吕氏春秋·古乐篇》所论述的"帝喾命咸黑作为声，歌九招、六列、六英。有倕作为鼙、鼓、钟、磬、吹苓、管、埙、篪、鼗、椎、钟"，说明巧倕之巧。

但制作机器人却是头一回。不仅如此，这机器人的能耐并不比当今的机器人差，当今的机器人虽也有会唱歌会跳舞的，但和人的差别很大，他一出现人们一眼就认得出来，偃师所造的机器人让人认不出来，比现在的机器人还高明。现在的机器人是古人追逐的目标。古人向往的机器人是今人追逐的理想。

参考文献

1. [汉]刘安著，赵宗乙译注，《淮南子》，黑龙江人民出版社。
2. [汉]班固著，《白虎通德论》，上海古籍出版社。
3. 班固撰，《汉书》，中华书局。
4. 董楚平译注，图文本《楚辞》，上海古籍出版社。
5. 王强模译注，《列子全译》，贵州人民出版社。
6. 左松超译注，《新译说苑读本》，三民书局印行。
7. [晋]干宝原著，黄涤明译注，《搜神记全译》，贵州人民出版社。
8. 田合禄、田峰著，《周易与日月崇拜》，光明日报社。
9. [美]洛易斯·亨利·摩尔根著，杨东莼、马雍、马巨译，《古代社会》，中央编译出版社。
10. 徐旭生著，《中国古史的传说时代》，广西师范大学出版社。
11. [明]吴昆著，《黄帝内经素问吴注》，学苑出版社。
12. [清]顾观光辑，《神农本草经》，兰州大学出版社。
13. 《玉函山房辑佚书》，蔡季襄著，《晚周缯书考证》，中西书局。
14. [清]马骕纂，《绎史》，上海图书馆藏书。
15. [清]王聘珍撰，《大戴礼记解诂》，中华书局。
16. 陈久金著，《斗转星移映神州：中国二十八宿》，海天出版社。
17. 黄怀信著，《古文献与古史考论》，齐鲁书社。
18. [三国]王肃著，《孔子家语》，时代文艺出版社。
19. 谷德明编，《中国少数民族神话》上下册，中国民间文艺出版社。
20. 赵光贤著，《古史考辨》，北京师范大学出版社。
21. 李步嘉校释，《越绝书校释》，中华书局。
22. [晋]张华等撰，王根林等校点，《博物志》(外七种)，上海古籍出版社。
23. 王大有著，《三皇五帝时代》，时代经济出版社。
24. 董立章著，《三皇五帝史断代》，暨南大学出版社。
25. 许顺湛著，《五帝时代研究》，中州古籍出版社。

26. 倪民编著,《三皇五帝追踪》,旅游教育出版社。

27. 何新著,《诸神的起源》,北京工业大学出版社。

28. 李亦圆著,《宗教与神话》,广西师范大学出版社。

29. 司马迁撰,韩兆琦译注,《史记》,中华书局版四卷本。

30. 夏曾佑著,《中国古代史》,团结出版社。

31. 《国语》上下册,上海古籍出版社。

32. 赵生群注,《春秋左传新注》上下册,陕西人民出版社。

33. 何新著,《楚帛书与夏小正新解——宇宙起源》,时事出版社。

34. 关永礼主编,《白话十三经》,济南出版社,《尚书》卷。

35. 陆思贤著,《神话考古》,文物出版社。

36. 倪泰一、钱发平编译,《山海经》,重庆出版社。

37. 袁珂校注,《山海经校注》,巴蜀书社。

38. 陈成译注,《山海经》,上海古籍出版社。

39. 李坤编著,《中国大考古》,陕西师范大学出版社。

40. 冯时著,《中国天文考古学》,中国社会科学院出版社。

41. [英] Catherine Louboutin 著,张容译,《新石器时代:世界最早的农民》,上海书店出版社。

42. 林河著,《中国巫傩史》,花城出版社。

43. 庞进著,《凤图腾》,中国和平出版社。

44. 庞进著,《八千年中国龙文化》,人民日报出版社。

45. 庞进著,《博大精新龙文化》,西安地图出版社。

46. 冯友兰著,《中国哲学简史》,新世界出版社。

47. 谢浩范、朱迎平译注,《管子全译》,贵州人民出版社。

48. 田合禄、田峰著,《周易真原》,山西科技出版社。

49. 陈久金著,《星象解码》,群言出版社。

50. [梁] 任昉,《述异记》。

51. 陈江风著,《天人合一》,生活·读书·新知三联书店。

52. 王子初著,《中国音乐考古学》,福建教育出版社。

53. 《华夏考古》,《河南舞阳贾湖新石器时代遗址第二至第六次发掘简报》,1988年第2期。

54. 游修龄著,《中国稻作史》,农业出版社。

55. 卫斯撰,《试探我国高粱栽培的起源》,《中国农史》,1982年第2期。

56. 刘军著,《河姆渡文化》,文物出版社。

57. 陈炳应、卢冬著，《古代民族》，敦煌文艺出版社。

58. 苏湲著，《黄帝时代》，清华大学出版社。

59.《马克思恩格斯选集》，人民出版社。

60. 毕硕本、裴安平、闾国年撰，《基于空间分析方法的姜寨史前聚落考古研究》，《考古与文物》，2008 年第 1 期。

61. 郝娟、利民著，《半坡与史前文明》，三秦出版社。

62. 逄振镐著，《东夷文化研究》，山东齐鲁书社。

63. 山东文物考古研究所，《大汶口续集》，科学出版社。

64. 上海市文物保管委员会，《上海福泉山良渚文化墓葬》，南京博物院。

65. 汪遵国著，《良渚文化"玉敛葬"述略》，《文物》1984 年第 2 期。

66. 吴汝祚著，《良渚文化兴衰史》，社会科学院文献出版社。

67. 周新华著，《稻米部族》，浙江文艺出版社。

68. 蒋卫东著，《良渚博物馆藏——良渚文化玉器精粹》，文物出版社。

69. 王宁远著，《遥远的村居：良渚文化的聚落和居住形态》，浙江摄影出版社。

70. 张玉春译注，《竹书纪年》，黑龙江人民出版社。

71. 恩格斯著，《家庭、私有制和国家的起源》，《马克思恩格斯选集》第四卷。

72. 陈皓注，《礼记集说》《礼记》，上海古籍出版社。

73. 赵晔著，《湮灭的古国故都：良渚遗址概论》，浙江摄影出版社。

74. 周膺著，《中国 5000 年文明第一证：良渚文化与良渚古国》，浙江大学出版社。

75. 王大有著，《寻根万年中华——中华百家姓图腾始原》，中国时代经济出版社。

76. 王文光、翟国强撰，《中国西南旧石器文化在中华文化形成中的地位》，云南民族大学学报，2004 年 11 月。

77. 陈连开主编，《中国民族史纲要》，中国财政经济出版社。

78. 林惠祥著，《中国民族史》，商务印书馆。

79. 蒋志华编著，《中国世界部落文化》，时事出版社。

80. 郭旭东著，《走进殷墟》，中国文史出版社。

81. ［英］威尔斯著，《世界史纲：生物和人类的简明史》，北京燕山出版社。

82. 孙危撰，《中国早期冶铁相关问题小考》，《考古与文物》，2009 年第 1 期。

83. 邓荫柯著，《中国古代发明》，五洲传播出版社。

84. 曾文芳著,《夏商周民族思想与政策研究》,人民出版社。

85. 尚刚著,《天工开物》,生活·读书·新知三联书店。

86. 郭大顺、方殿春、朱达编著,《牛河梁红山文化遗址与玉器精粹》,文物出版社。

87. 郭大顺编著,《中华五千年文明的象征》,文物出版社。

88. 苏民生撰,《我国文字的历史究竟有多久?——考古新发现表明:可以上溯到4500—5000年前》,《瞭望周刊》,1987年第9期。

89. 王志俊撰,《关中地区仰韶文化刻划符号综述》,《考古与文物》,1980年第3期。

90. 何崝撰,《论文字生成机制》(二),《中国文字研究》,2008年第2辑。

91. 蒋志华著,《中国世界部落文化》,时事出版社。

92. 蔡连章著,《古文字基础》,百家出版社。

93. 赵国华撰,《八卦符号与半坡鱼纹》,上海社会科学报第二版,1987年4月16日。

94. 谢世俊著,《中国古代气象史稿》,重庆出版社。

95. 逄振镐著,《论原始八卦的起源》,《北方文物》,1991年第1期。

96. 陈久金、张敬国撰,《含山出土玉片图形试考》,《文物》,1989年第4期。

97. 张吉良著,《周易哲学和古代社会思想》,齐鲁书社。

98. [中国台湾]徐芹庭著,《易经源流》(上下),中国书店出版社。

99. 顾颉刚著,《论易系辞传中观象制器的故事》《周易卦爻辞中的故事》,见《周易全书》第三册,团结出版社。

100. 胡道静、戚文编著,《周易十讲》,上海人民出版社。

101. 雷元星著,《文明的起点》,上海东方出版中心。

102. [阿拉伯]伊本·西那(阿维森纳)著,王太庆译,《论灵魂》,商务印书馆。

103. 黄文主编、陈雪编著,《希腊罗马神话》《波斯神话》《埃及神话》《印度神话》,中国林业出版社。

104. 马学良、今旦译注,《苗族史诗》,中国民间文艺出版社。

105. 陶阳、牟钟秀著,《中国创世神话》,上海人民出版社。

106. 冯广宏著,《三星照耀金沙》,巴蜀书社。

107. 王天权主编,郭文编著,《文明的曙光》,中国纺织出版社。

108. 陈雪良著,《中华远古文明之谜》,文汇出版社。

109. [日]藤枝晃著，李运博译，《汉字的文化史》，新星出版社。

110. 周濯街著，《房中始祖彭祖》，团结出版社。

111. [英]维罗尼卡·艾恩斯著，杜文燕译，《神话的历史》，希望出版社。

112. [美]房龙著，《圣经的故事》，科学普及出版社。

113. 力强编著，《星座与希腊神话》，科学普及出版社。

114. [德]古斯塔夫·施瓦布著，曹乃云译，《希腊古典神话》，译林出版社。

115. [法]列维-布留尔著，《原始思维》。

116. 刘文英著，《原始思维与原始文化新探》，中国社会科学出版社。

117. 丁山著，《中国古代宗教与神话考》，上海文艺出版社。

118. 闻一多著，《神话与诗》，上海人民出版社；《闻一多全集》第一卷，生活·读书·新知三联书店。

119. 庞朴著，《火历初探》，《社会科学战线》，1978年4期。

120. 苗启明著，《原始思维》，上海人民出版社。

121.《大汶口》，文物出版社。

122. 刘青著，《甲骨文卜辞神话资料》，云南人民出版社。

123. [宋]李籍著，《周髀算经音义》。

124. 庞朴著，《一分为三论》，上海古籍出版社。

125. 任继愈译著，《老子新译》，上海古籍出版社。

126. 施正康、朱贵平、冯慕云编著，《圣经故事全编》，学林出版社。

127. 南怀瑾著，《中国道教发展史略》，复旦大学出版社。

128. 钟宗宪著，《炎帝神农信仰》，学苑出版社。

129. 张玉春等译注，《吕氏春秋》，黑龙江人民出版社。

130. 袁珂著，《中国古代神话》，华夏出版社。

131. 汪玉川、蒙宪编著，《古代神话》，泰山出版社。

132. 王建国著，《古文明之谜》，京华出版社。

133. [汉]宋衷注，[清]秦嘉谟等辑，《世本八种》，中华书局。

134.《帝王世纪》《逸周书》《世本》《古本竹书纪年》合订本，齐鲁书社。

135.《世本》《竹书纪年》《华阳国志》合订本，四库家藏，山东画报社。

136.《太平御览》1—4册，中华书局。

137. 陈桥驿点校，《水经注》二种，上海古籍出版社，浙江古籍出版社。

138. [北魏]郦道元注，[清]王先谦校，《合校水经注》，中华书局。

139. 陶炎著，《辽东半岛的巨石文化》，《理论与实践》杂志，1981年1期。

140. 茅盾著，《中国神话研究初探》，上海古籍出版社。

141. 玄珠著,《中国神话研究 ABC》,上海书店。

142. 王利器校注,《风俗通义校注》,中华书局。

143. 罗家湘著,《逸周书研究》,上海古籍出版社。

144. [中国台湾]王孝廉著,《中国神话世界》,作家出版社。

145. [中国台湾]王孝廉著,《水与水神》,学苑出版社。

146. [宋]罗泌著,《路史》25卷本,[美]密歇根大学东亚图书馆藏本。

147. [晋]王嘉撰,王根林校点,《拾遗记》,上海古籍出版社,[梁]萧绮录,中华书局。

148. [晋]皇甫谧撰,《帝王世纪》,黄永年校点,《山海经》《新世纪万有文库》等合订本。

149. 李泽厚著,《说巫史传统》,上海译文出版社。

150. 陈鼓应注译,《黄帝四经今注今译》,商务印书馆。

151. 陈鼓应译注,《管子四篇诠译——稷下道家代表作解析》,商务印书馆。

152. 《老子道德经河上公章句》,中华书局。

153. [汉]严遵著,王德有点校,《老子指归》,中华书局。

154. [唐]徐坚等著,《初学记》上下册,中华书局。

155. 程俊英译注,《诗经译注》,上海古籍出版社。

156. 木丽春著,《东巴文化揭秘》,云南人民出版社。

157. 吕思勉著,《中国大历史》,中国华侨出版社。

158. 曹定云著,《殷墟妇好墓铭文研究》,云南人民出版社。

后 记

此书是我的一套读书笔记。谈的都是自己的认识。有的看法可能与专家相左。

我离开教学岗位之后，看了一些书，一些考古与天文历法的书，使我十分震撼，十分激动。有很多东西都是我闻所未闻的。我随手作了一些笔记。现在我把它们整理出来，作一些分析，与朋友们分享。本书的内容环绕探寻神话之源这一论题展开。探索农业初生这一历史时期，即三皇五帝时期为什么会产生大量的神话。渔猎时代的神话之所以不同于采集时代与封建君主制时代的宗教神话，又不同于当代众多的世俗神话，我认为农业的产生和发展是根本原因。

为什么这样说呢？这是因为农业产生后虽然人民过上了定居的生活，生活有了很多改善，但他们面临的最严重的问题是一不知天，二不知地，三不知人。不知天，是不知日月星辰的运行规律，无力抗击自然灾害；不知地，即不知怎么种庄稼，不知何时播种，何时收获，如何才能因地制宜；不知人，是不知人是怎么来到这个世界的。他们认为人是神钻到母亲肚子里生出来的，是万物投胎的结果。因此，他们把一切希望都寄托在神灵身上。他们相信神的灵魂是不灭的，祖宗的灵魂是不灭的，祖宗就是神。因而那些生前立竿测影制定历法的祖宗，便被认定为管理日月星辰运行的天神，是知天知地知人的人，是能使人延年益寿的人神。这就产生了以祖宗为中心的天神崇拜、自然崇拜、日月星神崇拜和图腾崇拜，从而形成了集多种崇拜于一身的祖神系统、自然神系统和天神天帝系统。

又因老祖宗生前敢于治洪水，敢于补天，敢于教民稼穑，勤于为民采药治病，教民养生，延长人民的寿命，他们的事迹构成了"话"的"材料"，遂神而"话"之成为故事。

再加上不同历史时期不同民族的各类联想、补充和对事物的深入思考，进而形成了种种不同形态的原始神话。

追寻这些神话的产生过程，为我的晚年生活带来无穷的乐趣。这种乐趣的赠予者是各位提供阅读资料的朋友与专家。在我九十大寿到来之际，我首先要向他们鞠躬致谢，感谢他们为我的晚年提供了可贵的精神食粮。我深深感谢我的大女儿于学松，是她为我找了许多研究资料；感谢上海科学技术文献出版社为我提供的出版机会与帮助，帮我审稿的老编辑是那样的严谨认真，帮我改正了不少错误，使我十分感动。此书出版的一半功劳是属于他们的。我还要感谢我的小女儿于效梅利用业余时间帮我打字。几年前我开过4次刀，有些稿子是在病床上写的，想到一点，写一点，很杂乱，不连贯，夫人李孔妍是我的第一位读者，她先看，帮我修改。所以，在此我也要特别感谢她。

  我不考古，不懂天文，也不搞这方面的研究，只是离休之后读一点闲书，现在我将自己的所感所想辑合成册，旨在向学者专家们请教，恳请指正。

2022年3月25日
改于海鸿公寓